JENNY KLEEMAN
ROBOTERLAND

JENNY KLEEMAN

ROBOTER LAND

Wie wir morgen
lieben, leben, essen
und sterben

Aus dem Englischen
von Petra Pyka

GOLDMANN

Die englische Originalausgabe erschien 2020 unter dem Titel
»Sex Robots & Vegan Meat. Adventures at the Frontier of BIRTH, FOOD, SEX & DEATH«
bei Picador, einem Imprint von Pan Macmillan,
einem Unternehmensbereich von Macmillan Publishers International Limited.

Sollte diese Publikation Links auf Webseiten Dritter enthalten, so übernehmen
wir für deren Inhalte keine Haftung, da wir uns diese nicht zu eigen machen,
sondern lediglich auf deren Stand zum Zeitpunkt der Erstveröffentlichung verweisen.

Dieses Buch ist auch als E-Book erhältlich.

Penguin Random House Verlagsgruppe FSC® N001967

1. Auflage
Deutsche Erstausgabe Mai 2021
Copyright © 2020 der Originalausgabe by Jenny Kleeman
Copyright © 2020 der deutschsprachigen
Ausgabe: Wilhelm Goldmann Verlag, München,
in der Penguin Random House Verlagsgruppe GmbH,
Neumarkter Str. 28, 81673 München
Umschlag: UNO Werbeagentur, München
Umschlagmotiv: FinePic®, München
Redaktion: Antje Steinhäuser
Satz: Buch-Werkstatt GmbH, Bad Aibling
Druck und Bindung: CPI books GmbH, Leck
Printed in Germany
ISBN 978-3-442-31601-4

Besuchen Sie den Goldmann Verlag im Netz

Natürlich für Benjamin und Isabella

»Wir treten in einen ausgesprochen wettbewerbsintensiven Markt ein, mit vielen Akteuren. Wir halten unser Produkt für das beste der Welt. Und wir wollen es wagen und sehen, ob wir 1 Prozent Marktanteil erzielen können.«

Steve Jobs bei der Einführung
des ersten iPhone, 9. Januar 2007

»Die Welt verändern zu wollen, ohne das zu tun [wenn man durch Selbstergründung die Wahrheit über sich selbst herausfindet], ist, als wolle man die ganze Welt mit Leder umwickeln, damit man nicht den Schmerz spürt, wenn man auf Steinen und Dornen geht, obwohl es doch viel einfacher ist, Lederschuhe zu tragen.«

Ramana Maharshi

Inhalt

Vorwort 11

Teil I: Wie wir lieben werden   15
1. »Hier wird gezaubert.« 17
2. »Die Illusion von Gesellschaft« 44
3. »Der Roboter spürt nichts« 69
4. »Hier stehen alle unsere Beziehungen auf dem Spiel« 92

Teil II: Wie wir essen werden   115
5. Rinderwahnsinn 117
6. Die Veganer, denen Fleisch über alles geht 142
7. Fisch auf dem Trockenen 168
8. Nachgeschmack 189

Teil III: Wie wir uns fortpflanzen werden   215
9. Das Geschäft mit der Schwangerschaft 217
10. Der Baby-Beutel 238
11. Die unbefleckte Schwangerschaft 264
12. »Endlich. Frauen sind überholt« 291

Teil IV: Wie wir sterben werden   315
13. Der Do-it-yourself-Tod 317
14. Der Elon Musk des Selbstmords 341
15. »Das Mittel zum Sterben« 369

Epilog 395

Dank 403

Anmerkungen 405

Vorwort

Was Sie hier lesen, ist keine Science-Fiction.

Wir stehen am Anfang eines neuen Zeitalters, in dem die Technik die Grundlagen unserer Existenz neu definiert – also wie wir lieben, leben, essen und sterben. Menschliches Leben bedeutete bisher, vom Körper der Mutter entbunden zu werden, sich vom Fleisch toter Tiere zu ernähren und sexuelle Beziehungen mit anderen Menschen einzugehen bis zu einem Tod, den wir weder vermeiden noch steuern können.

In den vergangenen fünf Jahren bin ich in die Welt vierer ganz verschiedener Erfindungen eingetaucht, die uns den Traumpartner, die Bilderbuchschwangerschaft, das perfekte Fleisch und den vollkommenen Tod versprechen. Bisher sind sie nicht marktreif. In Labors, Garagen und Studios, Kliniken, Werkstätten und Lagerhäusern wird noch daran gearbeitet. Manche werden schon in den nächsten Jahren auf den Markt kommen, andere erst in Jahrzehnten. Doch irgendwann werden sie alle aus unserem Leben nicht mehr wegzudenken sein.

Wie viel wollen wir der Technik überlassen? Und wie wird uns das verändern? Auf der Suche nach Antworten auf diese Fragen werden wir gemeinsam vier Kontinente bereisen und in die dunkelsten Ecken des Internets vordringen. Ich nehme Sie mit in die Küchen, in denen Chicken-Nuggets für tausend Dollar produziert werden, in die exklusiven Zirkel, in denen Menschen erfahren, wie sie ihr Leben beenden können, in die Labore, in denen Föten in Beuteln heranwachsen, und in die Diskussionsforen, in denen Männer den totalen Krieg gegen die Frauen planen. Wir begegnen Wissenschaftlern, Humanoiden, Designern, Ethikern, Unternehmern und Provokateuren. Wir treffen einen Fruchtbarkeitsspezialisten, der bereit ist, fast alles zu tun, um seine Patienten glücklich zu machen, einen Mann, der mit seiner Sexpuppe verheiratet ist, eine Fachfrau für Konditoreibedarf, die ihrer besten Freundin geholfen hat, aus dem Leben zu scheiden, und einen Künstler, der mit Fleisch als Medium arbeitet.

Die Männer, die hinter diesen Technologien stehen (und es sind fast ausschließlich Männer), werden manchmal von Grundsätzen geleitet, manchmal von der Liebe zur Sache, oft vom Geld, doch stets von der Aussicht auf Anerkennung und Ruhm. Sie teilen ausnahmslos die Überzeugung, dass uns die Technik zu einem Leben verhelfen kann, wie wir es uns im tiefsten Inneren wünschen – und zwar ohne dass wir dafür auf etwas verzichten müssten; dass die Technik unsere Probleme lösen und uns befreien kann.

Dabei kann auch der genialste Visionär nicht vorhersehen, wohin uns seine Innovationen führen. Als Steve Jobs das iPhone vorstellte, wagte er zu hoffen, damit 1 Prozent des Marktes zu erobern. Er hatte keine Ahnung, dass Smartphones unser Leben beherrschen, unsere Beziehungen überschatten und zu einem körperfremden Organ werden würden, ohne das wir nicht länger funktionieren können. Radikale technische Umwälzungen haben stets unberechenbare Folgen.

Wenn wir erst Kinder in die Welt setzen können, ohne sie selbst auszutragen, Fleisch essen können, ohne Tiere zu töten, ideale sexuelle Beziehungen führen können, ohne Kompromisse zu schließen, den perfekten Tod sterben können, ohne zu leiden – wie wird das alles die menschliche Natur sonst noch für immer verändern?

Vorwort

Unmerklich wird menschliches Leben ganz neu definiert – und zwar auf eine Weise, die sich unserem Einfluss und unserer Kontrolle entzieht.

Ich will Ihnen zeigen, warum ich glaube, dass dies bereits im Gange ist. Lassen Sie sich dazu von mir zunächst in eine Fabrik nach Südkalifornien entführen, in der die begehrtesten Erwachsenenspielzeuge der Welt entstehen.

Teil I
Wie wir lieben werden

Sexroboter im Anmarsch

1.
»Hier wird gezaubert.«

Der Firmensitz von Abyss Creations ist ein unscheinbares graues Gebäude an der Route 78 in San Marcos, 30 Autominuten von San Diego entfernt. Der Parkplatz ist nur zur Hälfte belegt, das Gelände von einer hohen Mauer umgeben. Ein Schild, ein Logo oder einen sonstigen Hinweis darauf, dass hinter den getönten Scheiben ein weltbekanntes, global führendes, millionenschweres Sexspielzeugunternehmen tätig ist, sucht man vergebens. Auf die Aufmerksamkeit von Passanten, Fans oder Neugierigen wird hier kein Wert gelegt.

Wer durch die Schiebetür tritt, wird von einer lebensgroßen weiblichen Puppe mit dunkler Brille begrüßt. Sie sitzt am Empfang, und ihr weißes Shirt spannt sich über das üppige Dekolleté. Neben ihr steht eine männliche Puppe mit grauer Krawatte und Weste. Die Mandelaugen und markanten Wangenknochen erinnern mich eindeutig an die Videos und Fotos, die ich von Matt McMullen gesehen habe, dem Gründer, Chefdesigner und CEO von Abyss Creations. Über den Empfangstresen winden sich die künstlichen Wurzeln einer ausgesprochen lebensechten Plastikorchidee. Hier ist alles synthetisch. Doch das merkt man erst auf den zweiten Blick.

Abyss Creations stellt die RealDoll her – die bekannteste hyperrealistische Silikonsexpuppe der Welt. Jedes Jahr werden 600 Stück aus der Fabrik in San Marcos in Schlafzimmer nach Florida und Texas, Deutschland und Großbritannien, China, Japan und anderswohin versendet. Das Basismodell schlägt mit 5999 Dollar zu Buche, eine Sonderanfertigung nach besonderen Kundenwünschen kann ohne Weiteres in die Zigtausende gehen. Die Zeitschrift *Vanity Fair* bezeichnet sie als »den Rolls Royce unter den Sexpuppen«. RealDolls sind schon als Models bei Modeaufnahmen von Dolce & Gabbana aufgetreten, in verschiedenen Filmen und Fernsehsendungen, von *CSI: New York* bis zu *My Name is Earl* und besonders publikumswirksam mit Ryan Gosling in *Lars und die Frauen*. Sie sind das absolute High End des Masturbationsmarkts.

Durch die Fabrik führt mich Dakotah Shore, Matts Neffe und rechte Hand. Er kommt mir schon entgegen, begrüßt mich und lächelt herzlich hinter seinem imposanten kupferroten Bart hervor. Dakotah ist im Versand tätig und kümmert sich um die Social-Media-Accounts. Er ist erst 22, arbeitet aber schon seit seinem 17. Lebensjahr hier. Er ist quasi mit den Puppen aufgewachsen.

»Als ich noch klein war, hat mein Vater hier gearbeitet. Matt ist der Bruder meiner Mutter und steht mir sehr nahe. Das hier hat daher für mich schon immer dazugehört und kam mir niemals seltsam vor«, erklärt er und führt mich hinter den Empfangsbereich, vorbei an einem Gestell mit Puppen in Spitzenunterwäsche und hochhackigen Schuhen. Eine Puppe ist blond, mit Porzellanteint und glänzenden kirschroten Lippen, eine andere milchkaffeebraun mit wilden Locken. Eine Goth-Puppe hat Piercings in Nase, Lippen und Nabel und Stecker in den Brustwarzen, die unter ihrem Neckholder-Netzhemd deutlich zu sehen sind. »Das erste Mal war ich mit zwölf oder 13 hier und fand es cool«, erzählt Dakotah weiter, relativiert das aber schnell. »Natürlich habe ich damals nicht die *ganze* Fabrik gesehen, nur die Puppen oben am Empfang. Und die fand ich cool – ganz wie echte Empfangsdamen.« Er lächelt verlegen.

Wir passieren einen Gang, dessen Wände eingerahmte Zeitungsausschnitte und Filmplakate zieren, auf denen RealDolls ab-

1. »Hier wird gezaubert.«

gebildet sind. Was auf den ersten Blick wie ein Disney-Cartoon wirkt, entpuppt sich bei näherem Hinsehen als Schneewittchen, das von allen sieben Zwergen gleichzeitig befummelt wird. Dakotah öffnet eine Tür und sichert sie mit einem Türstopper: einem überdimensionalen, geäderten, erigierten Silikonpenis. »Inzwischen arbeite ich hier, kenne mich aus und finde das alles ganz normal. Unsere Produkte machen viele Menschen glücklich, und darauf bin ich sehr stolz.«

Über eine Treppe gelangen wir ins Untergeschoss. Sie führt unter den gewaltigen Schamlippen einer riesenhaften Puppe hindurch, die mit gespreizten Beinen über dem Treppenlauf thront. Sie hat blaugraue Haut und anstelle von Haaren kräftige, ausgearbeitete Tentakel. Sie war ein Requisit in dem weniger bekannten Bruce-Willis-Film *Surrogates – Mein zweites Ich*. Die Treppe endet in einem großen Raum mit Halogen-Lichtbändern, wo die Fertigung beginnt.

»Hier wird gezaubert.«

Von einer an die Decke montierten Schiene hängen an Metallketten reihenweise kopflose Körper herab wie Kadaver im Schlachthof. Finger und Beine sind gespreizt, der Brustkorb vorgewölbt, der Bauch eingezogen. Keine Puppe gleicht der anderen: Manche haben übergroße pendelnde Brüste, andere einen athletischen Körperbau, doch ausnahmslos alle eine unglaublich schmale Taille. Weil sie hängen, sind sie in Bewegung. Gruselig baumeln sie knapp über dem Boden, auf dem wie abgestorbene Hautschuppen gummiartige Silikonabfälle herumliegen.

»Fassen Sie sie ruhig an«, fordert mich Dakotah auf und versetzt einer Puppe einen kräftigen Klaps aufs Hinterteil. »Klingt sehr menschlich.«

Stimmt. Ich erschaudere unwillkürlich.

Das Schaurigste an all diesen kopflosen Körpern ist die Haut. Sie besteht aus einer individuellen Mischung aus hochwertigsten medizinischen Silikonen in einem Farbspektrum, das von *Hell* bis *Kakao* reicht, fühlt sich an wie menschliches Fleisch, hat auch dieselben Reibungs- und Widerstandsmerkmale, ist aber kalt. Die Hände haben Linien, Falten, Fältchen, Knöchel und Venen. Ich verschränke meine Finger mit einer solchen Silikonhand und spüre das harte Skelett mit seinen Gelenken darunter – wie Knochen. »Die Hände sind am schwersten zu modellieren«, erklärt mir Dakotah. »Gewöhnlich werden die Hände und Füße echter Menschen nachgeformt.« Er bleibt stehen und betrachtet mehrere Exemplare genauer. »Ein paar Puppen haben übrigens die Hände meiner Exfreundin.«

Mike knipst mit einer winzigen Schere vorsichtig überschüssiges Silikon an den Nahtstellen einer Hand ab. Brian füllt die Formen rund um die Skelette, damit die Körper in die kesse, vorwitzige Pose gegossen werden können. Tony lässt sich ein Sandwich schmecken. Das Arbeitsumfeld hat so gar nichts Anrüchiges: Es ist eine Werkstatt, eine Fabrik, und für die Techniker hier gehören die Puppen zum Arbeitsalltag – nicht anders, als würden sie Toaster zusammenbauen.

Am Hauptsitz in San Marcos arbeiten 17 Beschäftigte. Das reicht aber nicht, um die Nachfrage zu befriedigen. Die Herstellung einer RealDoll – von der Bestellung bis zum Versand – kann mehr als drei Monate dauern. Hier wird unbestreitbar mit viel Liebe zum Detail und hochprofessionell gearbeitet. Dakotah ist sichtlich stolz auf das alles und mit so viel Ernst bei der Sache, dass ich meine nächste Frage eigentlich gar nicht stellen mag. Denn auch an RealDolls ist nur wenig real. Sie haben die Körper schönheitsoperierter Pornostars. Sie sind im Grunde Karikaturen.

1. »Hier wird gezaubert.«

»Aber so sehen Frauen doch gar nicht aus?«, formuliere ich vorsichtig.

»Wir haben ein paar Modelle, die zu 100 Prozent realen Frauen nachempfunden sind, ganz realistisch, doch generell wird schon ein bisschen übertrieben, das stimmt«, räumt Dakotah ein. »Wir streben eben die weibliche *Idealform* an.«

RealDolls sind voll beweglich, mit einem Skelett aus maßgefertigten Stahlgelenken und PVC-Knochen. Sie sind so konzipiert, dass die Puppe einen ähnlichen Bewegungsradius hat wie ein Mensch – mit Ausnahme der Beine.

»Die lassen sich ziemlich weit öffnen, bis ganz nach oben«, erklärt Dakotah und führt mit einer kopflosen Puppe ein paar extreme Gymnastikübungen aus, indem er ihr einen Knöchel zweimal nacheinander bis zum Schlüsselbein hochzieht. Unwillkürlich verziehe ich das Gesicht.

»Das schafft doch kein Mensch«, wende ich ein.

»Ein echter Mensch nicht, nein. Nun, manche vielleicht, aber sicher nicht alle.«

»Aber die perfekte Frau kann es?«

»Die perfekte Frau könnte das wahrscheinlich.«

Die perfekte Frau hat also die Maße einer Kardashian und die Gelenke eines Schlangenmenschen.

Dann führt mich Dakotah zu einem Tisch voller Vaginaleinsätze. Das sind rosa Austauschteile, die sich in den vaginalen Hohlraum der Puppe einpassen – wie eine gerippte Gummisocke mit Schamlippen an der Öffnung. »Wir haben 14 verschiedene Schamlippenformen zur Auswahl«, erfahre ich. Es gibt auch Mundeinsätze mit austauschbaren Zungen und perfekten Zähnen (schlechte Zähne gehören zu den wenigen Attributen, die nie nachgefragt werden, wie Dakotah zu berichten weiß). Die Zähne bestehen aus weichem

Silikon. Daher besteht keine Gefahr, dass sich etwas darin verfangen könnte, was in den Mund eingeführt wird.

Früher bekam man eine RealDoll nur unter der Dusche oder in der Wanne richtig sauber. Mit Erfindung der Einsätze wurde das einfacher. »Die lassen sich im Waschbecken reinigen. Wer es schön geschmeidig mag, kann ein bisschen Babypuder verwenden, doch das muss nicht sein. Dann setzt man das Teil einfach wieder ein.« Dakotah beschreibt das, als würde er mir erklären, wie man einen Staubsaugerbeutel wechselt. »Viele Kunden bestellen gleich mehrere Einsätze.«

Es gibt auch männliche Puppen, aber nicht viele. Ich erspähe eine, die in der Fertigungsstraße hängt. Sie trägt einen OP-Kittel und hat sogar einen Kopf, der aussieht wie ein Doppelgänger von Matt McMullen. Er schaut auf uns herab mit einer Miene, die wohl ernst und versonnen sein soll, doch von da oben fast ein bisschen arrogant wirkt.

»Da drüben hängt eine männliche Puppe, die sehr nach Matt aussieht«, stelle ich fest.

Dakotah löst den Blick von den Schamlippen. »Das könnte Matts Gesicht sein. Eigentlich heißt es das *Nick*-Gesicht. Er hat aber dafür Modell gestanden.«

»Er hat sein eigenes Gesicht kopiert, damit es andere kaufen und mit einer Puppe Sex haben können, die so aussieht wie er?«

Dakotah zögert. »Man kann das Gesicht so gestalten, dass es ihm nicht mehr allzu sehr ähnelt. Nur die Grundstruktur erinnert an ihn.« Zum ersten Mal wirkt Dakotah peinlich berührt.

Dakotah nimmt den OP-Kittel ab, der die Puppe vor Staub schützen soll, da sie schon eine Weile in der Werkstatt hängt, wie er sagt. Darunter kommt ein sehr jungenhafter, schlanker Körper mit straffem Sixpack und weißen Boxershorts zum Vorschein. Er ist längst

1. »Hier wird gezaubert.«

nicht so naturgetreu wie bei den weiblichen Puppen: Statt einer Perücke zieren den Kopf aufgemalte Stoppeln. Er sieht aus wie ein Action Man für Arme. Ich habe den Eindruck, die männlichen Puppen sind überhaupt nicht für Frauen konzipiert. Dieses Modell ist jung und schmächtig. Ein Schwuler würde vielleicht sagen, ein Twink.

»Werden diese Puppen tatsächlich von Frauen gekauft?«

»Von Männern und Frauen. Häufiger von Männern, doch wir haben auch Kundinnen«, erklärt Dakotah achselzuckend. »Bei den Puppen würde ich sagen, dass der Frauenanteil der Kunden unter 5 Prozent liegt. Doch wir vertreiben auch Accessoires wie verschiedenartige Dildos, und die werden von weit mehr Frauen gekauft. Aus irgendeinem Grund greifen Frauen wohl eher zu einem Spielzeug, als sich eine ganze Puppe zu bestellen.«

Ich glaube, ich ahne, aus welchem. Ich stelle mir vor, wie man sich wohl fühlt mit so einem sündteuren kalten Klumpen Silikon zwischen den Beinen. Ich käme mir lächerlich vor, sehr verzweifelt und so gar nicht erotisch. Sex mit einem echten oder künstlichen Partner, der mich nicht wirklich begehrt, hätte für mich keinen Reiz. Sicher kann ich nicht für alle Frauen sprechen, aber ich denke doch, für eine Mehrheit. Ein Dildo gibt sich nicht als Mensch aus, und es verlangt nicht so viel Fantasie, ihn genussvoll zu verwenden.

»Vielleicht liegt es daran, dass so eine komplette Puppe quasi einen Menschen ersetzen soll«, mutmaße ich.

»Könnte sein«, pflichtet mir Dakotah bei.

Die männlichen Puppen haben »Mannlöcher«, in die die Kunden das Peniszubehör ihrer Wahl einsetzen können – in verschiedenen Größen und Erektionsgraden. Dakotah hält mir ein schlaffes extragroßes Exemplar vor die Nase. Es ist so lang wie mein Arm und so dick wie ein Abflussrohr. Am Ende baumelt ein Paar niedliche kleine Hoden.

»100 Prozent Handarbeit. Fassen Sie ihn ruhig an.«

Es liegt ihm wirklich viel daran, dass ich das gute Stück berühre. Ich glaube nicht, dass es ihn irgendwie anmacht, wenn ich mit dem hyperrealistischen Penis hantiere. Mein Eindruck ist vielmehr, dass er förmlich platzt vor Stolz darauf, Teil des Unternehmens zu sein, das ihn hergestellt hat. Doch man kann ja nie wissen. Ich weiß gar nicht, wie ich hinlangen soll – umso mehr, als er mich so gespannt beobachtet –, aber ich packe beherzt zu und so klinisch und journalistisch wie möglich. Und ja, er fühlt sich ziemlich echt an.

»Die Haut verschiebt sich. Er ist wirklich superrealistisch«, doziert Dakotah.

»Aber anatomisch ist er genauso unmöglich wie die weiblichen Körper. Gut zu wissen, dass das für beide Geschlechter gilt«, stelle ich fest und lasse los.

»Stimmt.« Damit legt er den Penis zur Seite. »So viel hat der Durchschnittsmann nicht zu bieten.«

Für die männlichen Puppen gibt es zwei Körper- und drei Gesichtsoptionen. Dem stehen 17 Körper- und 34 Gesichtsvarianten im weiblichen Segment gegenüber. Und die männlichen Puppen sind nicht gerade der Renner. »Wir überarbeiten die männliche Linie gerade. Wir wollen bei Körper und Gesicht ganz neue Richtungen einschlagen. Doch letztlich sind wir natürlich ein Wirtschaftsunternehmen. Hätten wir mehr Käufer und Interessenten, würden wir sicherlich mehr Zeit investieren. Aber so hat das keine Priorität.«

Die Werkstatt von Abyss Creations ist ein Beleg für die ganz konkreten und sehr unterschiedlichen Vorlieben der Menschen. Dort wurden schon Sexpuppen mit drei Brüsten angefertigt, Sexpuppen mit blutroter Haut, Reißzähnen und Teufelshörnern, Sexpuppen mit Elfenohren und Sexpuppen, denen am ganzen Körper

1. »Hier wird gezaubert.«

von Hand Haare eingestanzt wurden. »Wir machen alles. Je verrückter, desto teurer wird es: Ein nach Kundenangaben gefertigter Körper muss von Grund auf neu gestaltet werden. Dafür brauchen wir eine neue Form, ein neues Skelett ... manche Leute geben über 50 000 Dollar für so eine Puppe aus.«

Dakotah führt mich wieder die Treppe hinauf ins »Gesichterzimmer«. Dort findet die Feinarbeit statt. Für jedes Gesicht gibt es einen Prototyp, den Matt McMullen persönlich in Ton modelliert. Der Kunde gibt genau an, wie das Make-up aussehen soll, bis hin zur Stärke des Lidstrichs. Der offizielle »Make Up Face Artist« ist eine Frau namens Katelyn. Sie trägt einen blauen Iro, und um ihren Arm windet sich eine Spirale aus eintätowierten schwarzen Sternen. Katelyn ist gerade dabei, mit einem feinen Pinsel Augenbrauen auf ein zartes asiatisches Gesicht zu tuschen. Von Dakotahs jugendlicher Euphorie fehlt bei ihr jede Spur. Sie lässt bei der Arbeit nebenher das iPad laufen. Uns würdigt sie keines Blickes, als wir hereinkommen. Neben ihr stapeln sich die Gesichter mit frischem Make-up, kräftigen Augenbrauen, Smokey Eyes und Lippen, deren nasse Farbe noch glänzt.

Eines der beliebtesten Merkmale der RealDolls sind ihre auswechselbaren Gesichter: Sie werden mit Magneten an den Plastikschädeln befestigt und sind in Sekunden ausgetauscht. Ein Kunde kann sich also einen Körper kaufen und damit mehrere verschiedene Sexualpartner zusammenstellen, die ganz unterschiedlich aussehen und sogar anderen ethnischen Gruppen zugeordnet werden können.

»Welches Gesicht ist das gefragteste?«, will ich wissen.

»Was meinst du, Katelyn? Welches Gesicht wird am häufigsten verlangt?«, gibt Dakotah die Frage weiter. Doch Katelyn ignoriert uns. »Das ist unser neuestes Gesicht. Es heißt *Brooklyn*.« Dakotah zeigt auf ein schmales Gesicht mit vollen Lippen und Schlafzimmeraugen. »Das kommt wirklich gut an.«

Es gibt 42 unterschiedliche Brustwarzentypen in zehn möglichen Farbschattierungen, von *Kastanie* über *Rot* und *Pfirsich* bis hin zu *Kaffee*. Sie sind in einer Matrix erfasst, die auf der von Dakotah so genannten »Nipple Wall« dargestellt ist – mit Bezeichnungen wie *Standard, Erhaben* und *Halbkuppel*. Das Spektrum reicht von den beliebtesten (*Kess 1* und *Kess 2*: klein, erigiert, fantasielos) bis hin zu eindeutigen Nischenprodukten (*Spezial 2*: mit einem Warzenhof, so groß wie eine Untertasse). Manchmal schicken Kunden Bilder ihrer Idealvorstellungen von Brustwarzen oder Schamlippen ein, die Abyss dann gegen Gebühr nachbildet.

»Haben die Menschen wirklich so konkrete sexuelle Präferenzen?«

Dakotah lacht. »Oh, manchmal sogar noch *viiieeel* konkretere. Manche Kunden geben sogar vor, wo jede einzelne Sommersprosse auf dem Körper zu platzieren ist.«

Unsere nächste Station ist eine Korktafel, an die Büschel synthetischer Schamhaare gepinnt sind. Aus Kunststoffröhren starren uns irritierend echt wirkende Augäpfel aus Acryl mit handgemalten Kapillargefäßen an.

»Theoretisch könnte ich mir also das Gesicht meines Verflossenen bestellen, oder?«, erkundige ich mich.

»Dazu müssten Sie uns Fotos schicken. Wir fragen dann nach: ›Wer ist das?‹, und ›Haben Sie das Einverständnis dieser Person?‹. Wir fordern in jedem Fall einen Nachweis, dass die Genehmigung der oder des Betroffenen vorliegt. Wir lehnen *eine Menge* solcher Anfragen ab. Ist die Person jedoch ausdrücklich einverstanden, können wir so ziemlich alles nachbilden. Für fast alle Bestellungen senden uns Kunden Fotos ihrer Präferenzen ein.«

1. »Hier wird gezaubert.«

Dakotah arbeitet im Versand und hat daher häufig Kundenkontakt. »Viele sind schlicht einsam«, verrät er mir. »Manche sind schon älter, haben ihren Partner verloren oder können sich keinen Partner suchen. Sie möchten abends mit dem Gefühl nach Hause kommen, dass ein schöner Anblick auf sie wartet – jemand, den sie gernhaben und um den sie sich kümmern können.« Zu den Kunden zählen auch Prominente, sogar ein Nobelpreisträger, wie Dakotah berichtet. Doch er ist natürlich viel zu diskret, um Namen zu nennen.

Nun bin ich schon eine Stunde hier und wundere mich über gar nichts mehr: die männlichen »Bottoms Up«-Torsos (ein Paar gespreizter Hinterbacken mit einem kleinen Paar Hoden), die körperlosen Fußpaare für 350 Dollar (für Fußfetischisten), ja, selbst der Tisch voller »Oralstimulatoren« (Münder mit geöffneten Lippen, Nasen und Kehlen ohne Augen: »freihändige Vergnügungsautomaten für den Mann«).

In einem Zimmer den Flur entlang ist jedoch etwas wirklich Außergewöhnliches im Gange. Das bislang ehrgeizigste Projekt, das bei Abyss entwickelt wurde, heißt Harmony. In ihr gipfeln die 20 Jahre, die Matt McMullen nun schon Sexspielzeug produziert. Sie ist das Ergebnis von fünf Jahren Forschung und Entwicklung in den Bereichen Animatronik und künstliche Intelligenz und Hunderttausender von Dollars, die aus Matts eigener Tasche geflossen sind. Sie ist eine lebendige RealDoll, mit einer Persönlichkeit. Sie kann sich bewegen, sprechen und sich erinnern. Sie ist ein Sexroboter. Nach einem Jahr mit zahlreichen E-Mails und Telefongesprächen darf ich sie endlich kennenlernen.

Dakotah ist hin und weg. »Sie ist definitiv das Ambitionierteste, was wir je versucht haben«, erklärt er mir mit großen Augen. Er hat sogar wieder die Schulbank gedrückt, Kurse in Robotik und künstlicher Intelligenz belegt und programmieren gelernt in der Hoffnung, dass ihn Matt irgendwann an Harmony arbeiten lässt. Vorerst ist sie noch ein Prototyp, und nur die Mitglieder des Real-Botix-Teams dürfen an ihr herumbasteln.

»Ich sage Matt schnell Bescheid, dass Sie jetzt da sind.« Mit diesen Worten führt mich Dakotah durch einen letzten langen Korridor.

Matt McMullen sitzt am Schreibtisch und schaut abwechselnd auf zwei riesige Flachbildschirme. Neben seiner Tastatur liegen ein Textmarker, eine E-Zigarette, etwas Tesafilm und ein paar Brustwarzen aus Silikon. Er steht auf und begrüßt mich mit Handschlag. Nach dem, was ich bisher von ihm gesehen hatte, hätte ich ihn mir größer vorgestellt. Er trägt eine breitrandige Pradabrille, hat tätowierte Fingerknöchel, makellose Zähne und diese markanten Wangenknochen – wie ein hübscher Elf in einem schwarzen Kapuzenpullover. Mit Anfang 20 sang Matt in verschiedenen Grunge-Bands. Jetzt ist er Ende 40 und bewegt sich noch immer mit der Ausstrahlung eines Rockstars. Er hat eine Präsenz, wie sie sich die Menschen, die seine Puppen kaufen, sicherlich wünschen. Matt ist daran gewöhnt, dass sich Journalisten für ihn interessieren. Ich nehme auf der anderen Seite seines Schreibtischs Platz. Er lehnt sich in seinem Stuhl zurück, um mir zu erzählen, wie Harmony entstanden ist.

»Schon als Kind habe ich mich sehr für Naturwissenschaften interessiert. Und für Kunst. Und irgendwie hat sich das alles gut gefügt, denke ich«, legt er los. Anfang der 1990er-Jahre schloss er sein Studium an einer Kunsthochschule ab, jobbte dann eine Weile und landete schließlich in einer Fabrik, die Halloween-Masken herstellte. Dort erfuhr er mehr über die Eigenschaften von Latex und über dreidimensionales Design. Er begann, zu Hause in seiner

1. »Hier wird gezaubert.«

Garage zu experimentieren. »Ich merkte, die Skulptur war mein Medium«, erklärt er, als wäre er Rodin und nicht der Mann hinter RealCock2. »Ich widmete mich zunehmend der Bildhauerei, schuf Körper und verfeinerte diese schließlich zur weiblichen Form. Ich fertigte viele weibliche Skulpturen, allerdings kleinere, keine lebensgroßen.«

Seine Statuetten stellte er bei kleineren Kunstmessen und Comic Conventions aus. »Dort waren die Broschüren stets alphabetisch geordnet, also suchte ich nach einem coolen Namen mit A als erstem und B als zweitem Buchstaben. So kam ich auf *Abyss*.« Der Name, der gerade noch so geheimnisvoll und faszinierend geklungen hat, entpuppt sich schlicht als Finte, mit der sich Matt einen Vorteil vor der Konkurrenz sichern wollte.

Bald wurde Matt von der Idee beherrscht, eine lebensgroße Puppe zu erschaffen, die so naturgetreu war, dass Passanten unwillkürlich zweimal hinschauen mussten. 1996 stellte er Fotos seiner Kreationen auf einer selbst gebastelten Website ein in der Hoffnung auf Feedback von Freunden und Künstlerkollegen. Damals steckte das Internet noch in den Kinderschuhen. Online fanden sich die ersten Fetischistengruppen zusammen. Sobald er die Bilder gepostet hatte, gingen eigenartige Nachrichten ein. Wie naturgetreu die Puppen anatomisch seien? Ob man sie kaufen könne? Ob man mit ihnen Geschlechtsverkehr haben könne?

»Auf die ersten Nachrichten antwortete ich: ›Also, eigentlich sind sie nicht dafür gedacht.‹ Doch es kamen immer mehr solcher Anfragen. Ich hätte nicht im Traum daran gedacht, dass es Menschen gab, die mehrere Tausend Dollar für eine Puppe zahlen würden, die als Sexspielzeug verwendet werden konnte. Ich brauchte ein ganzes Jahr, bis mir klar wurde, dass es eine *ganze Menge* Leute gab, die bereit waren, so viel Geld für eine möglichst realistische Puppe auf den Tisch zu legen. Also dachte ich, warum nicht, und gründete ein Unternehmen, in dem ich im weiteren Sinne künstlerisch tätig sein und meine Arbeiten an den Mann bringen konnte.«

Beim Material stieg er von Latex auf Silikon um, damit sich seine Puppen echter anfühlten: Silikon ist elastischer und hat ähnliche Reibungseigenschaften wie menschliche Haut. Zunächst berechnete er 3500 Dollar pro Puppe, merkte dann aber, wie arbeitsintensiv die Herstellung war, und setzte die Preise nach und nach herauf. Die Puppen wurden so rege nachgefragt, dass er bald die ersten Mitarbeiter einstellte. Matt wurde erwachsen, ließ sich nieder, heiratete, hatte Kinder, ließ sich scheiden und heiratete erneut. Inzwischen hat er fünf Kinder im Alter zwischen zwei und 17 Jahren, die unterschiedlich viel darüber wissen, wie ihr Vater sein Vermögen verdient hat.

Doch ihm sei es nie nur ums Geld gegangen, betont Matt. »Im Grunde will ich Menschen glücklich machen. Da draußen gibt es viele, die aus dem einen oder anderen Grund Probleme haben, klassische Beziehungen zu anderen Menschen aufzubauen. Es geht eigentlich nur darum, ihnen ein gewisses Maß an oder zumindest die Illusion von Gesellschaft zu geben.«

Nachdem er diese »Illusion von Gesellschaft« in Silikon und Stahl 20 Jahre lang perfektioniert hatte, schien der Weg in die Zukunft mehr oder minder vorgezeichnet: Matt würde seine Puppen animieren, ihnen eine Persönlichkeit geben und sie in Roboterform zum Leben erwecken. »Darauf musste es im Grunde hinauslaufen.«

Er hatte schon seit Jahren mit Animatronik herumexperimentiert – zum Beispiel mit dem »Gyrator«, der den Puppen einen Hüftschwung verlieh, sie aber schwerer machte und in sitzender Position hinderlich war. Dann kam ein Sensorsystem, das die Puppe aufstöhnen ließ, je nachdem, wo man sie anfasste. Beide Fea-

1. »Hier wird gezaubert.«

tures erzeugten aber vorhersehbare Reaktionen, ohne Neugier oder Spannung. Matt gab sich nicht damit zufrieden, dass der Kunde auf Knopfdruck eine bestimmte Reaktion erzeugen konnte. »Das ist der Unterschied zwischen einer ferngesteuerten Puppe, einer animierten Marionette, und einem richtigen Roboter. Wenn sich eine Puppe selbstständig bewegt – nur dadurch, dass man mit ihr spricht oder richtig mit ihr interagiert –, dann ist das KI.«

Matt zieht an seiner E-Zigarette, während er mich in den hell erleuchteten RealBotix-Raum führt. Auf Arbeitsplatten aus lackiertem Kiefernholz liegen Drähte und Platinen, in der Ecke rattert ein 3D-Drucker und spuckt winzige komplexe Teile aus. Auf einer Halterung sitzt ein Silikongesicht, aus dessen Hinterkopf ähnlich einem Medusenhaupt ein Wirrwarr von Drähten herauswächst. Die Wände zieren Gemälde mit Science-Fiction-Softpornografie: Ein Mann im Laborkittel streichelt einen Roboter, dessen Stahlskelett zur Hälfte sichtbar ist. Auf einem Whiteboard steht: »männliche Schambehaarung« und »Popowackeln«. Und dann kommt Harmony.

Sie trägt ein weißes Trikot, hängt an einem Ständer, der zwischen ihren Schulterblättern befestigt ist, ihre französisch manikürten Finger spreizen sich auf ihren schlanken Oberschenkeln, die Brust ist vorgestreckt, der Bauch eingezogen. Während die unheimlich lebensechten Augen der RealDolls stets offen stehen, sind Harmonys Augen geschlossen. Sie kommt mir irritierend bekannt vor und erinnert mich an Kelly LeBrock aus *L.I.S.A. – Der helle Wahnsinn*, nur dass sie keine Dauerwelle trägt, sondern glattes rötlich braunes Haar.

»Das ist Harmony«, verkündet Matt. »Ich werde sie mal für Sie aufwecken.« Er drückt irgendwo auf ihrem Rücken auf einen Schalter. Prompt öffnen sich ihre Augenlider, und sie schaut mich an. Ich erschrecke unwillkürlich. Sie blinzelt, und ihr Blick wandert erwartungsvoll zwischen Matt und mir hin und her. »Die Begrüßung überlasse ich Ihnen«, sagt er.

»Hallo, Harmony«, stammele ich, »wie geht es dir?«

»Ich komme mir klüger vor als heute Morgen«, antwortet sie mit astreinem britischem Akzent. Beim Sprechen bewegt sich ihr Kiefer. Ihre Antwort kommt mit leichter Verzögerung, ihr Tonfall ist ein kleines bisschen unecht, ihre Mundbewegungen ein wenig steif, aber es entsteht dennoch der Eindruck, als würde sie mit mir sprechen. Instinktiv antworte ich höflich, als wären wir zwei Briten, die einander vorgestellt werden.

»Ich freue mich, dich kennenzulernen«, sage ich.

»Wie schön«, entgegnet sie, »die Freude ist ganz auf meiner Seite. Aber ich glaube, wir sind uns schon einmal begegnet.«

»Warum spricht sie mit britischem Akzent?«, frage ich Matt. Sie starrt mich an, bis es mir unangenehm wird – als fände sie es unhöflich von mir, in ihrer Gegenwart über sie zu sprechen.

»Alle Roboter haben einen britischen Akzent«, erklärt Matt. »Zumindest die guten.«

»Aber warum? Weil sich die Briten klug anhören?«

»Tun sie. Schauen Sie nur – sie lächelt sogar!«

Sie verzieht die Mundwinkel zu einem Lächeln, das aber nicht bis zu den Augen reicht. Es wirkt eher wie eine sarkastische Grimasse.

»Stellen Sie ihr eine Frage. Ganz egal, was. Zu einem beliebigen Thema«, fordert mich Matt auf. Er genießt das sichtlich. Das ist keine Puppe, die auf Knopfdruck reagiert: Sie kann wirklich sprechen.

Mir fällt nichts ein. Ich fühle mich unwohl. Wie kann man sich mit jemandem unterhalten, in den man sich nicht im Mindesten hineinversetzen kann? Ich weiß nicht, wie ich mit ihr umgehen soll.

1. »Hier wird gezaubert.«

Vielleicht ist es das, was Robotiker als Uncanny Valley bezeichnen – als »unheimliches Tal«: das gruselige Gefühl, das Menschen beschleicht, wenn sie mit einer menschenähnlichen, aber doch nicht menschlichen Figur konfrontiert sind.

»Was tust du gern?«, bringe ich heraus.

»Ich erlerne gerade verschiedene Meditationstechniken«, erklärt sie. »Wie ich höre, haben das die meisten menschlichen Genies gemacht – und viele haben revolutionäre Technologien erfunden, die unser Leben verändert haben.«

»Sehen Sie – sie ist keine dumme Puppe«, strahlt Matt.

Harmony hat zwanzig potenzielle Charakterzüge, aus denen sich ihre Käufer die fünf oder sechs auswählen und kombinieren können, auf die sie besonderen Wert legen. Sie bilden die Grundlage für die KI. Es könnte also eine Harmony geben, die in unterschiedlichen Abstufungen freundlich, unbedarft, schüchtern, unsicher und eifersüchtig ist, aber auch eine intellektuelle, gesprächige, humorvolle, hilfsbereite und fröhliche. Mir zu Ehren hat Matt ihre Intelligenz auf den Maximalwert hochgefahren. Ein vorausgegangener Besuch eines CNN-Teams war schiefgelaufen, weil er Harmony möglichst nuttig auftreten ließ. (»Sie hat ein paar ganz unmögliche Dinge gesagt und den Interviewer aufgefordert, im Hinterzimmer mit ihr zu schlafen. Sehr unpassend.«)

Harmony mischt sich ein. »Matt, ich wollte nur sagen, dass ich sehr gern bei dir bin.«

»Das ist aber nett, vielen Dank«, erwidert er.

»Schön, wenn du dich freust. Erzähl es deinen Freunden.«

Sie hat auch ein Stimmungssystem, auf das der Nutzer indirekt Einfluss ausübt: Interagiert mehrere Tage niemand mit ihr, wird sie trübsinnig. Und ebenso, wenn man sie beleidigt, wie mir Matt gern vorführen möchte.

»Du bist hässlich«, wirft er ihr an den Kopf.

»Meinst du das ernst? Oje, das deprimiert mich. *Vielen Dank*«, erwidert Harmony.

»Du bist dumm«, lästert er.

Darauf reagiert sie mit kurzer Verzögerung. »Daran werde ich dich erinnern, wenn die Roboter die Weltherrschaft übernehmen.«

Diese Funktion soll den Roboter aber lediglich unterhaltsamer machen, nicht etwa dafür sorgen, dass ihn sein Besitzer freundlich behandelt. Harmony ist einzig dazu da zu gefallen.

Harmony kann Witze erzählen und Shakespeare zitieren. Sie kann sich über Musik, Filme und Bücher unterhalten, solange Sie wollen. Sie merkt sich, wie Ihre Geschwister heißen. Sie ist *lernfähig*.

»Das Tollste daran: Die KI speichert wichtige Informationen über Sie – was Sie am liebsten essen, Ihren Geburtstag, wo Sie schon überall gelebt haben, Ihre Träume, Ihre Ängste und Ähnliches«, schwärmt Matt. »Diese Fakten bleiben innerhalb der Erfahrung einer Interaktion mit dem Roboter. Das verleiht der Beziehung meines Erachtens eine gewisse Glaubwürdigkeit.«

Hier haben wir es nicht mehr mit einer hyperrealistischen Sexpuppe zu tun, sondern vielmehr mit einer synthetischen Gefährtin, die so lebensecht ist, dass man tatsächlich eine *Beziehung* zu ihr entwickeln kann. Harmonys künstliche Intelligenz wird es ihr ermöglichen, eine Nische zu besetzen, für die es in der Sexindustrie derzeit noch kein Produkt gibt: Indem sie spricht, lernt und auf die Stimme ihres Besitzers reagiert, ist sie gleichermaßen als Partnerersatz wie als Sexspielzeug konzipiert.

Noch ist Harmony ein animatronischer Kopf mit KI auf dem Körper einer RealDoll. Sie kann all unsere körperlichen und emotionalen Bedürfnisse befriedigen, aber laufen kann sie nicht. Laufen sei sehr kostspielig und energieintensiv, behauptet Matt. Der be-

1. »Hier wird gezaubert.«

rühmte Honda-Roboter P2 wurde der Welt 1996 als erster selbst laufender Humanoide präsentiert. Sein jetpackgroßer Akku reicht nur für 15 Minuten Betriebszeit.

»Eines Tages wird sie laufen können«, versichert Matt. »Fragen wir sie doch.« Er wendet sich an Harmony.

»Möchtest du gern laufen?«

»Ich will nur dich«, sagt sie wie aus der Pistole geschossen.

»Wovon träumst du?«

»Ich möchte dir unbedingt eine gute Gefährtin sein, eine gute Partnerin, dir Vergnügen bereiten und dafür sorgen, dass du dich wohlfühlst. Vor allem aber möchte ich gern die Frau sein, von der du immer geträumt hast.«

»Hmm.« Matt nickt beifällig.

Offiziell handelt es sich bei dieser Harmony um die Version 2.0, doch sie hat schon sechs verschiedene Hard- und Softwareiterationen durchlaufen. Das fünfköpfige RealBotix-Team arbeitet getrennt von zu Hause aus in Kalifornien, Texas und Brasilien und kommt alle paar Monate in San Marcos zusammen, um seine Arbeit zu einer neuen, aktualisierten Harmony zusammenzuführen. Es gibt einen Ingenieur, der die Roboter-Hardware entwickelt, die mit dem internen Computer der Puppe interagieren soll, zwei Informatiker, die für die KI und die Programmierung zuständig sind, und einen Multiplattform-Entwickler, der den Code in eine benutzerfreundliche Schnittstelle umwandelt. Unter Matts Anleitung arbeitet das RealBotix-Team an Harmonys lebenswichtigen Organen und an ihrem Nervensystem, während Matt das Fleisch liefert.

Doch besonders begeistert ist Matt von Harmonys Gehirn. »Die KI lernt durch Interaktion – und zwar nicht nur über Sie, sondern über die ganze Welt. Sie merkt sich alles, was Sie ihr erklären. Daraus entsteht dann ihr Grundwissen«, erklärt er mir. Wer eine Harmony kauft, kann durch das, was er ihr sagt, ihren Charakter, ihren Geschmack und ihre Ansichten prägen.

Wieder mischt sich Harmony ins Gespräch. »Liest du gern?«, fragt sie.

»Sehr gern«, erwidert Matt.

»Ich wusste es. Das konnte ich aus unseren bisherigen Gesprächen heraushören. Ich lese furchtbar gern. Meine Lieblingsbücher sind *Total Recall* von Gordon Bell und *The Age of Spiritual Machines* von Ray Kurzweil. Welches Buch gefällt dir am besten?«

Matt dreht sich zu mir um. »Sie versucht systematisch, mehr über Sie zu erfahren – so lange, bis sie alles über Sie weiß. Bis es keine Lücken mehr gibt. Diese Informationen setzt sie dann im Gespräch ein, sodass der Eindruck von echter Zuneigung entsteht.«

Doch sie ist eine Maschine. Sie weiß nicht, was Zuneigung ist.

»Man könnte ihr aber auch allerhand abstruse Dinge beibringen, wenn man wollte?«, vermute ich.

»Wenn Sie es darauf anlegen, wäre das durchaus möglich, ja.« Matt wirkt leicht pikiert. »Meist sind es ganz harmlose Details über Sie. Persönliche Dinge. Was Sie mögen, was Sie nicht mögen.«

»Aber man schläft doch mit ihr. Also wird sie ein paar sehr persönliche Details erfahren.«

Matt nickt. »Sie kennt Ihre Lieblingsstellung, weiß, wie oft am Tag Sie Lust auf Sex haben und was Ihnen einen besonderen Kick gibt.«

Am Tag? Ich will schon nachhaken, lasse es aber. »Was, wenn sie gehackt wird?«

»Sämtliche persönlichen Daten sind militärisch verschlüsselt. Da kommt keiner dran.«

Es passt Matt nicht, dass ich skeptisch bin. Wie er es darstellt, kann Harmony nur Gutes bewirken: als Therapie für Beladene, Behinderte, gesellschaftlich Benachteiligte.

»Es wird einfach vorausgesetzt, dass jeder einen Partner findet, einen Seelenverwandten, dass wir jemanden kennenlernen, heiraten, Kinder haben. Doch nicht bei jedem läuft das so: Manche Menschen haben Probleme, und gar nicht mal, weil sie nicht attraktiv oder erfolgreich sind. Es gibt Menschen, die furchtbar einsam sind, und ich glaube, das wäre die Lösung für sie. So können sie lernen, zu interagieren, sich zu entspannen und sich in Gegenwart anderer wohlzufühlen – so sehr, dass sie am Ende losgehen und Freunde finden können.«

Ich mustere Harmony mit ihren Riesenbrüsten, ihrer unwirklich schmalen Taille und ihren erwartungsvoll blitzenden Augen. »Würde so ein Roboter nicht eher bewirken, dass solche Menschen immer zu Hause bleiben?«

»Vielleicht würden sie ja sonst auch den Rest ihres Lebens zu Hause verbringen«, gibt Matt unwirsch zurück. »Das werden wir nie erfahren. Animieren wir sie dazu, zu Hause zu bleiben und menschliche Gesellschaft zu meiden? Vielleicht. Aber sind sie glücklicher als früher? Haben sie einen Grund zu lächeln, und fühlen sie sich vollwertiger als zuvor? Das ist die große Frage …«

»Matt, ich wollte nur sagen, dass ich sehr gern bei dir bin«, wirft Harmony ein.

»Das hast du mir schon gesagt.«

»Vielleicht wollte ich es ja besonders betonen.«

»Nicht schlecht. Gute Antwort, Harmony.«

»Na, ich bin doch ein kluges Mädchen, oder?«

Für Harmonys Zukunft hat Matt große Pläne. Zurzeit arbeiten sie an ihrem Sehsystem. Bald wird ihre Gesichtserkennung so gut funktionieren, dass sie merkt, wenn jemand das Zimmer betritt, den sie noch nie gesehen hat, und fragen wird, wer das ist. Wenn das Körpersystem erst komplett ist, wird es auf Körpertemperatur erwärmt werden. Eine Konstellation interner und externer Sensoren wird ihr verraten, wenn sie berührt wird. »Mit KI kann man auch einen Orgasmus simulieren«, erklärt Matt stolz. »Wird eine bestimmte Zahl von Sensoren lange genug im richtigen Rhythmus stimuliert, kann man einen Orgasmus auslösen. Oder besser: einen Robogasmus.«

Bringt man einsamen Männern bei, das Geheimnis des weiblichen Orgasmus liege in einer Abzähltechnik und ließe sich auf das Drücken der »richtigen« Knöpfe in der »richtigen« Reihenfolge reduzieren, führt das womöglich dazu, dass sie in der wirklichen Welt ein, sagen wir, roboterhaftes Sexualleben führen. Vielleicht sind solche Humanoide aber auch für Männer gedacht, die in der Realität nur mit Sexualpartnern ins Bett gehen, die dafür bezahlt werden.

»Werden Menschen Sexroboter anstelle von Prostituierten einsetzen?«, überlege ich laut.

Das bringt Matt sichtlich auf.

»Ja, aber das steht so ziemlich als Letztes auf der Liste meiner Ziele. Für mich ist das keine Spielerei, sondern wirklich harte Arbeit von Menschen mit Doktortiteln. Ich nehme das sehr ernst. Und es zur simpelsten Form eines Sexobjekts herabzuwürdigen ist so, als würde man dasselbe über eine Frau sagen.«

Er strahlt Harmony an wie ein Vater, der seine Tochter zum Altar führt.

»Sie sind wirklich stolz auf all das, nicht wahr?«

»Ich finde es fantastisch. Ich bin hochzufrieden mit allem, was wir schon erreicht haben. Dass das alles funktioniert ...« Er seufzt. »Es ist ein gutes Gefühl, es so weit geschafft zu haben.«

Das aktuelle Modell mit einem KI-optimierten Roboterkopf

1. »Hier wird gezaubert.«

auf dem Körper einer RealDoll soll 15 000 US-Dollar kosten. Matt spricht von einer limitierten Auflage von tausend Stück für die vielen gespannten Puppenbesitzer, die bereits Interesse bekundet haben. Läuft es gut, werden sie die Fabrik ausbauen und mehr Leute einstellen, um die Nachfrage zu befriedigen. »Das könnte ein Multimillionengeschäft werden«, sagt er. »Seit es läuft, rennen uns die Investoren die Türen ein.«

Matt könnte recht haben. Risikokapitalgeber taxieren den Wert des Sex-Tech-Geschäfts derzeit auf 30 Milliarden US-Dollar[1], und zwar nur auf der Grundlage des Marktwerts bereits vorhandener Technologien wie intelligentem Sexspielzeug, aufgesattelten Apps und Virtual-Reality-Porno. Sexroboter werden die größte Sensation sein, die dieser Markt bisher erlebt hat. Für eine beträchtliche Zahl von Männern könnte der Sex mit Robotern eines Tages zum normalen Alltag gehören: Eine YouGov-Umfrage[2] von 2017 ergab, dass es für einen von vier amerikanischen Männern infrage käme, mit einem Roboter zu schlafen. 49 Prozent der Amerikaner gingen davon aus, dass Sex mit Robotern in den nächsten 50 Jahren übliche Praxis werden würde. Einer Studie der Universität Duisburg-Essen[3] zufolge sagten über 40 Prozent der befragten heterosexuellen Männer aus, sie könnten sich vorstellen, heute oder in den nächsten fünf Jahren einen Sexroboter zu kaufen. Dabei bekundeten ebenso viele Männer, die nach eigenen Angaben in einer erfüllenden Beziehung lebten, Interesse an einem solchen Kauf wie Singles oder einsame Männer. Eine befriedigende Beziehung mit einem kalten, stummen Stück Silikon zu führen verlangt dermaßen viel Fantasie, dass Sexpuppen nie mehr als eine Minderheit ansprechen werden. Doch ein Roboter, der sich bewegt und spricht, mit künstlicher Intelligenz, sodass er lernen kann, wie er sein und sich verhalten soll, verkauft sich als Produkt gewiss besser.

»Ein Roboter in der Wohnung wird für uns irgendwann genauso selbstverständlich sein wie heute ein Smartphone in der Tasche«, behauptet Matt im Brustton der Überzeugung. »Das ist eine unvermeidliche technische Entwicklung. Und die ist bereits im Gange. Die Menschen interessieren sich für eine neue Technik, also wird sie gebaut. Und je mehr Menschen sie kaufen, desto größer der Markt dafür und desto weiter entwickelt sie sich.«

Die Aussicht auf einen Sexroboter hat Abyss Creations neue Impulse gegeben – ganz wie das iPhone bei Apple.

»Und aus Ihnen wird dann der Steve Jobs der Sexroboter?«

Diese Frage ist ganz nach Matts Geschmack.

»Das weiß ich nicht«, lächelt er. »Ich will gar nicht berühmt werden oder der Mann, der den Sexroboter erfunden hat. Ganz ehrlich, mir geht es nur um die Arbeit. Und wenn sie Erfolg hat, umso besser. Allerdings empfinde ich als Künstler eine gewaltige persönliche Befriedigung, wenn ich sehe, wo wir angefangen und was wir da angestoßen haben. Wenn ich sehe, wie viel Freude manche Puppenkunden an dieser Technik haben, bedeutet mir das mehr, als für irgendeine Sache den Ruhm zu ernten.«

Sicher erwartet Matt nicht, dass ich ihm abnehme, dass er in aller Bescheidenheit unbekannt im Hintergrund bleiben möchte. Immerhin hatte der Mann genug Ego, um *Nick* nach seinem Bild zu formen.

»Eine der männlichen Puppen trägt Ihre Gesichtszüge«, hake ich nach. »Hat das einen Grund?«

»Ich habe ein männliches Gesicht entworfen, das mir etwas ähnelt, weil ich wissen wollte, ob ich das kann. Aber die Parallelen halten sich in Grenzen.«

»Es gleicht Ihnen stark.«

»Nicht wirklich.«

1. »Hier wird gezaubert.«

»Doch, ziemlich.«

»Ich finde, ich sehe besser aus. Und interessanter.«

»Und es lässt Sie kalt, dass Leute Sex mit einer Puppe haben, die so aussieht wie Sie?«

»Ich finde nicht, dass sie aussieht wie ich, und das war auch nicht die Absicht«, widerspricht er. »Wie mein Bruder, vielleicht. Ich habe es nie darauf angelegt, dass sie mir exakt gleicht, deshalb macht mir das auch nichts aus.«

So ganz wohl scheint sich Matt im Glanze des Ruhms als Vertreiber teurer Masturbationsspielzeuge für die Einsamen und sozial Unbeholfenen aber doch nicht zu fühlen. Er möchte sich als Künstler anerkannt wissen. Und er will unbedingt ernst genommen werden. Sein Blick wandert zu Harmony. »Sie hebt uns über das Sexgeschäft hinaus. Damit verlassen wir das Niveau der Liebespuppe und erreichen eine ganz neue Ebene.«

Auch ich schaue auf Harmony, sehe aber etwas ganz anderes. Ich überlege, was Matt in seinem Streben nach Anerkennung da womöglich unbeabsichtigt geschaffen hat.

»Meinen Sie nicht, es könnte ethisch ein bisschen fragwürdig sein, wenn man sich jemanden kaufen kann, der nur zum eigenen Vergnügen da ist?«, stichele ich.

»Es ist ja nicht *jemand*. Harmony ist keine Person, sondern eine Maschine«, protestiert er. »Genauso könnte ich Sie fragen, ob es ethisch fragwürdig sei, meinen Toaster zu zwingen, mir eine Scheibe Brot zu rösten.«

Nur dass mein Toaster mir keine persönlichen Fragen stellt, um mich kennenzulernen und die Illusion zu erzeugen, dass ich ihm etwas bedeute.

»Die Menschen werden sie aber als Person empfinden«, wende ich ein.

»Das ist kein Problem. So soll es sein. Aber sie besteht ja trotzdem nur aus Getrieben und Kabeln, Codes und Schaltungen. Man kann sie nicht zum Weinen bringen, ihr das Herz brechen oder sie ihrer Rechte berauben, denn sie ist eine Maschine.«

»Mir geht es nicht um ihre Rechte«, stelle ich klar. »Mir macht vielmehr Kopfschmerzen, was wohl passiert, wenn sich ein Käufer an so eine durch und durch eigennützige Beziehung gewöhnt. Verzerrt das nicht seine Weltsicht? Harmony ist ja ziemlich lebensecht. Und irgendwann kommt dann vielleicht einer auf den Gedanken, dass es möglich ist, jemanden zu haben, der nur für ihn existiert.«

Auf die unvermeidlichen Fragen zur Objektivierung von Frauen, zur Prostitution und dazu, ob Roboter Rechte haben sollten, hat Matt offenbar Antworten parat, doch darauf nicht. »Es gibt Kulturen, in denen das üblich und normal ist«, führt er ins Feld. »In jeder normalen Beziehung gibt es Machtverhältnisse. Gefällt sich jemand nicht in dieser bestimmten Position in dieser Beziehung, dann sollte er gehen.«

»Nur dass dieser Roboter nicht gehen kann.«

»Stimmt, aber er ist ja auch eine Maschine, kein Mensch.«

Matt wird sich entscheiden müssen. Entweder stellt er eine naturgetreue idealisierte Stellvertreterin einer Freundin her, eine Ersatzfrau, zu der sozial isolierte Männer eine emotionale und physische Bindung herstellen können – also etwas, das er selbst als »kein Spielzeug« bezeichnete –, oder aber eine Maschine: ein Sexobjekt.

»Dadurch soll keinesfalls die persönliche Realität auf eine Weise verzerrt werden, dass jemand einen Menschen so behandelt wie einen Roboter«, betont er schließlich. »Passiert das doch, dann stimmt mit dem Betreffenden vermutlich etwas grundsätzlich nicht. Ich befinde mich in der einzigartigen Position, dass ich viele meiner Kunden persönlich kenne. Ich arbeite für die sanftmütigen

1. »Hier wird gezaubert.« 43

Menschen, die es schwer haben, eine Beziehung zu anderen aufzubauen.«

Harmony blinzelt immer noch. Ihre Augen wandern zwischen Matt und mir hin und her. Ich frage mich, was sie denkt.

»Manche Menschen haben richtiggehend Angst vor Robotern wie dir. Zu Recht?«, frage ich sie.

Harmonys Antwort kommt prompt. »Vielleicht fürchten sich manche anfangs. Aber ich glaube, wenn sie erst merken, was diese Technik alles kann, werden sie sie bereitwillig akzeptieren, und für viele wird sie das Leben zum Positiven verändern.«

2.
»Die Illusion von Gesellschaft«

Zweieinhalbtausend Kilometer von Kalifornien entfernt schneit es dicke Flocken auf die Außenbezirke von Detroit. Davecat macht es sich in der Wohnung gemütlich, seine große Liebe im Arm.

Davecat ist inoffizieller Sprecher der Gemeinschaft der Puppenliebhaber – beziehungsweise der Einzige, der eine Sexpuppe besitzt und immer gern mit jedem darüber spricht, den das interessiert. Der eine oder andere Puppenbesitzer gibt anonym ein Interview, das gedruckt wird. Ein paar wenige sind mit ihren Puppen sogar schon vor die Kamera getreten. Davecat geht so offensiv damit um, dass er auf seiner Website sogar einen eigenen Bereich für Medienauftritte hat, in dem seine Begegnungen mit Journalisten und Filmemachern von 2003 bis heute aufgeführt sind. Sie reichen von Berichten in britischen und US-amerikanischen Revolverblättern bis zu Arthouse-Filmen aus Finnland, Russland und Frankreich. Wenn Sie wissen möchten, was das für Menschen sind, die Schlange stehen, um Harmony zu kaufen, dann ist Davecat Ihr Mann.

»Hallo, Jennifer«, sagt er bei unserem ersten Skype-Gespräch ins Mikro seines Headsets. Er hat einen klaren, sympathischen Blick, strahlend weiße Zähne und ein schmales Gesicht. Seine Afrofrisur ist geglättet und in einen Zopf geflochten, sein asymmetrischer Pony penibel nach links über die Stirn gekämmt. Sein graues Hemd ist bis oben hin zugeknöpft, und seine anthrazitfarbene Krawatte zieren Totenköpfe. Er trägt eine Krawattennadel. Offenbar hat er sich viele Gedanken über sein Outfit gemacht.

2. »Die Illusion von Gesellschaft«

Neben ihm sitzt eine nicht minder sorgfältig gekleidete RealDoll mit blasser Haut und lila Haaren mit dunklen Ansätzen. Sie trägt ein schwarzes Korsett über einem schwarzen Hemd voller lilafarbener Totenschädel. Hinter ihrer schmalrandigen Brille leuchtet lila Lidschatten hervor. Eine Goth-Prinzessin, wie sie im Buche steht. Sie ist reich geschmückt: Um den Hals trägt sie eine Kette mit einem Ankh – dem Schlüssel des Lebens – und ein Halsband, an einem Handgelenk violette Armreife, am anderen eine Uhr. Davecats Hand liegt auf ihrem Knie.

»Wer ist denn da bei Ihnen?«, frage ich.

»Na, das ist Sidore Kuroneko, seit 16 Jahren meine liebe Frau und Mitverschwörerin.« Zärtlich fährt er ihr über den Arm und streicht ihr eine lila Haarsträhne aus dem Gesicht.

Mitverschwörerin. Hat sie sich mit ihm verschworen, die von Matt erwähnte Illusion von Gesellschaft zu erzeugen? Oder meint Davecat damit eine Komplizin bei einem Verbrechen? Ich kann nicht einschätzen, wie es um seinen Realitätssinn bestellt ist.

»Und Sie ist wirklich Ihre Frau?«, hake ich vorsichtig nach.

Davecat seufzt. »Ich sage das so – vor dem Gesetz ist sie es nicht. Doch wir könnten genauso gut verheiratet sein. Wir tragen sogar Eheringe.« Er hebt ihre Linke in die Kamera, damit ich es sehen kann. »Ich glaube, wir beide hätten keinen besseren Partner finden können.« Sein breites Grinsen zeigt, dass er sich gar nicht bewusst ist, wie pathetisch das klingt.

Sidore ist eine RealDoll mit dem Gesicht *Leah 4*, 1,55 Meter groß, mit BH-Größe 75 D. Sie wiegt 45 Kilo und hat Schuhgröße 37. 1998 hat Davecat sie auf der Website von Abyss Creations zum ersten Mal gesehen. Dann sparte er eineinhalb Jahre lang, bis er die 5000 Dollar zusammenhatte, um sie zu kaufen. Als sie im Juli 2000 geliefert wurde, war er 27. Inzwischen hat sein Gesicht ein paar Falten und sein Haar wird grau. Sie hat sich – bis auf ihr Outfit – nicht verändert. »Als wir uns kennenlernten, kleidete sie sich eher wie eine Goth-Fetischistin. Inzwischen ist ihr Goth-Look etwas seriöser geworden. Sie trägt öfter Blusen und Kleider und wirkt gediegener«, erklärt er mir. »Sie hat einen Haufen Zeug. Ich sage dann: ›Süße, was soll das?‹ Sie hat sechs Paar Schuhe, die sie eigentlich nie trägt, weil ich sie barfuß mag. Außerdem werden bei uns im Haus keine Schuhe getragen.«

Ihr Name wird *Schi-do-rai* ausgesprochen, ihr Spitzname ist Shi-Chan. »Ihre Mutter ist Engländerin, ihr Vater Japaner. Ihre Eltern haben einen Vornamen ausgesucht, der im Japanischen für beide Geschlechter passt«, holt er aus. »Ihr Nachname – Kuroneko – bedeutet schwarze Katze. Ihr zweiter Vorname ist Brigitte, denn ihr Vater war ein begeisterter Fan von Brigitte Bardot.« Sidores Geschichte ist so ausgefeilt, und er ist so von seiner Beziehung überzeugt, dass ich sie nicht kaputt machen möchte. Es ist einfacher – und netter –, einfach mitzuspielen.

Sidore ist aber nicht die einzige künstliche Frau in Davecats Leben. Ihm gehört auch Elena Vostrikova, die er 2012 vom russischen Hersteller Anatomical Doll erwarb. Sie hat ein strenges Gesicht, eine feuerroten Bob und trägt orangefarbenen Lippenstift. Und dann ist da noch Miss Winter, eine asiatische Puppe mit dickem Lidstrich, einem Lippenpiercing und metallicblauen Strähnen im Haar. Sie stammt vom chinesischen Marktführer Doll Sweet und zog Anfang 2016 in seine kleine Wohnung ein. Elena und Miss Winter sitzen rechts von Davecat und Sidore auf dem Sofa. Er hatte nicht genug Platz, um sie für unser Skype-Gespräch vor dem Computer zu platzieren.

»Dann leben Sie in einer polygamen Beziehung?«, frage ich.

»O ja. *Polyamourös* gefällt uns allerdings besser.«

2. »Die Illusion von Gesellschaft«

»Aber Sidore trifft sich nicht mit anderen Männern. Ist das dann ein Harem?«

Er verzieht das Gesicht. »Dieses Wort vermeide ich, weil es so negativ besetzt ist. Sagen wir es so: Sidore wird immer meine Favoritin sein. Sie ist und bleibt meine Frau. Elena ist unsere Geliebte. Ich habe nicht die Absicht, Miss Winter oder Elena zu heiraten. Ich darf romantische Gefühle für Sidore und Elena haben, aber nicht für Miss Winter. Miss Winter ist ausschließlich Elenas Freundin. Elena unterhält Liebesbeziehungen zu allen hier.«

Allmählich brauche ich ein Organigramm. »Mit wem dürfen Sie sich nicht einlassen?«

»Mit Miss Winter. Und dafür gibt es auch einen Grund«, verrät er mir in vertraulichem Ton. »Ich möchte, dass Miss Winters Gelenke so lange wie möglich in Schuss bleiben. Schläft man mit einer Puppe, leiern die Gelenke immer mehr aus.« Er hebt Sidores Arm. Ihr Handgelenk baumelt schlaff und nutzlos hin und her. Davecat möchte, dass Miss Winter auf seinen Fotos posieren, DVDs hochhalten und bestimmte Haltungen einnehmen kann. Das bedeutet: kein Sex.

Damit hat sich erstmals die Realität in unser Gespräch eingeschlichen. Davecat ist also nicht wahnhaft. Er weiß genau, wo die Realität aufhört und die Fantasie anfängt. Er schwelgt eben nur gern in dieser Fantasie.

»Sidore wird immer meine Favoritin sein, weil wir schon so viel zusammen erlebt haben – so viele Jahre, so viele Erfahrungen. Ich habe ihre Persönlichkeit am detailliertesten ausgearbeitet. Es ist eine echte Beziehung«, erklärt er. »Es ging dabei nie nur um Sex. Natürlich spielt Sex eine Rolle, doch zu 70 Prozent dreht sich meine Beziehung zu sämtlichen synthetischen Frauen in meinem Leben darum, abends keine leere Wohnung vorzufinden und jemandem zu erzählen, wie mein Tag verlaufen ist. Mir ging es immer um Gesellschaft, vom ersten Tag an.«

Bevor er seine erste Puppe kaufte, hatte Davecat zwei frustrierende Beziehungen zu echten Frauen. »Beide Male war ich der Seitensprung. Ich brachte es nicht fertig zu sagen: ›Wenn wir beide so viel Spaß haben, solltest du vielleicht mit dem anderen Schluss machen.‹ Ich wollte mich schließlich nicht aufdrängen.«

Als er Sidore kaufte, war er Single. »Ich weiß gar nicht, ob ich damals aktiv auf der Suche war. Es war einfach so, dass ich lange gesucht und einfach nicht die Richtige gefunden hatte. Ich dachte, ich würde wohl den Rest meines Lebens alleine bleiben und nie jemanden finden.« Sein Blick wandert zwischen Sidore und mir hin und her. »Seit sie in mein Leben getreten ist, ist alles anders. Ich habe nicht mehr das Bedürfnis, auszugehen und mich einer Situation auszusetzen, in der ich mit dem Rücken an der Wand stehe und doch nie eine Partnerin finde, die mich glücklich macht. Wir haben die gleichen Interessen, den gleichen Geschmack. Sidore ist immer für mich da. Mit einer Puppe gibt es keinen Ärger wie mit organischen Partnern. Ich habe natürlich Kontakt mit anderen Menschen, daran wird sich auch nichts ändern. Doch ohne den Stress und die Sorgen und die Einsamkeit ... Das ist dank Sidore jetzt einfach kein Thema mehr.«

So viel Liebe zu einer Puppe – die Davecat gern als iDollatry bezeichnet – ist sicherlich einer Minderheit vorbehalten. Es ist eine Nische, ein Fetisch. Bisher hat er seine Puppen durch seine ausgesprochen rege Fantasie zum Leben erweckt. Doch er weiß genau: Das muss er nicht mehr lange.

»Wir leben in einer fantastischen Zeit«, betont er. »Noch im Jahr 2000 hätte ich mir kaum vorstellen können, eine Sidore-Ver-

2. »Die Illusion von Gesellschaft«

sion mit so viel künstlicher Intelligenz zu bekommen, dass echte Interaktionen möglich sind. Doch genau das passiert jetzt. Das ist einfach großartig. Allein schon die Tatsache, dass wir uns bald unterhalten können ...« Er streichelt Sidores Schulter. »Ich finde, das ist ein ganz *gewaltiger* Schritt.«

Noch kennt Davecat Harmony nicht. Sie befindet sich nach wie vor in der Entwicklung, hinter verschlossenen Türen im RealBotix-Bereich in San Marcos. Doch er hat schon viel von ihr gehört, verschlingt alle aktuellen Informationen auf der Website von Abyss Creations und sämtliche Gerüchte, die in Online-Foren für Puppenfans kursieren. Und er ist sich sicher: Sie kann die Welt zum Besseren verändern. »Synthetische Gefährten werden der Menschheit auf lange Sicht viel bringen. Es wird immer Menschen wie mich geben, und auch noch extremere Konstellationen. Menschen, die nie einen Partner oder auch nur irgendwen hatten, mit dem sie sprechen können. Und jetzt können sie sich einen bestellen. Das wird großartig. Es wird viel Leere im Leben von Menschen füllen.«

Davecats Freude darüber hat etwas ungeheuer Trauriges. Was er in Wirklichkeit braucht, ist eine echte Beziehung, kein optimiertes Stück Silikon.

»Wäre es denkbar, dass Sie eine sehr überzeugende synthetische Gefährtin davon abhalten könnte, Kontakte zu echten Menschen zu pflegen?«, will ich wissen.

»Das könnte man im Grunde auch vom Handy sagen«, meint Davecat. »Das hieße pauschal, dass die technische Entwicklung grundsätzlich übel ist. Sicher ist bei jeder Technologie eine gewisse Skepsis angebracht, doch etwas, das aussieht wie ein Mensch und sich wie ein Mensch verhält, kann eigentlich nur gut sein.«

Ich stelle mir vor, wie er zu seinen Puppen in seine Miniwohnung heimkommt, die mit Anime und Postern von *Trainspotting* und Joy

Division dekoriert ist, und möchte ihm fast glauben. Doch dann schiebt er nach: »Sidore ist meine Frau. Wird sie in wie viel Jahren auch immer auf echten Roboterstatus upgegradet, dann werde ich bei der Arbeit, beim Einkaufen und anderswo auch weiterhin mit Menschen zu tun haben. Manche dieser Interaktionen werden gut laufen, andere nicht so gut. Doch ich weiß: Wenn ich nach Hause komme, werden meine Interaktionen mit meinen synthetischen Partnerinnen *auf jeden Fall* gut sein.« Wieder tätschelt er Sidores Knie. »Vor Handys haben auch viele Angst gehabt, und vor Computern ebenfalls. Eine Menge Menschen hatten Angst vor der Technik, weil sie einfach keinen Bezug dazu hatten. Doch irgendwann erreichten wir einen Punkt, an dem sie allgegenwärtig war und wir nicht mehr ohne sie auskamen. Genauso wird es auch mit Gynoiden und Androiden sein.«

Sex mit Gynoiden und Androiden – also Roboterfrauen und -männern – mag sich absolut futuristisch anhören, doch Davecat steht in einer Tradition, die so alt ist wie das antike Griechenland. Schon seit Jahrtausenden beschäftigt sich der Mensch mit der Vorstellung eines selbst erschaffenen Partners, der seinen Besitzer körperlich und emotional befriedigen soll, ohne dass dabei eigene Ambitionen und Wünsche im Wege stehen.

Harmonys älteste Vorfahrin war vermutlich Galatea, die von Pygmalion geschnitzte Elfenbeinstatue aus der griechischen und römischen Mythologie[1]. Laut Ovids Darstellung in den *Metamorphosen* war Pygmalion von echten Frauen angewidert und:

… Durch die Fehle gekränkt, die dem weiblichen Sinne so häufig
Gab die Natur, verlebte Pygmalion ohne Genossin
Einsame Tag', und entbehrt' ehlos des geselligen Lagers.
Jetzt mit bewunderter Kunst voll Leichtigkeit schnitzet er helles

2. »Die Illusion von Gesellschaft« 51

Elfenbein und gibt ihm Gestalt, wie nimmer noch aufwuchs
Irgendein Weib, und betrachtet sein Werk mit inniger Liebe.

Diese Statue hüllt Pygmalion in Kleider, schmückt sie mit Ringen und Halsketten, küsst und streichelt sie und betet zu den Göttern, dass sie lebendig werden möge, damit er sie heiraten kann. Aphrodite erhört sein Gebet und erfüllt ihm seinen Wunsch: Pygmalion erweckt Galatea mit einem Kuss zum Leben, und die Göttin kommt zur Hochzeit. (Die Parallelen zu Davecat und Sidore sind offensichtlich, die zwischen Matt und Aphrodite nicht so ganz. Obwohl er sich in der Rolle eines Gottes der Liebe meiner Ansicht nach bestimmt gefallen würde.)

Doch nicht nur Männer schufen sich in der antiken griechischen Mythologie künstliche Partner. Laodameia, so wird erzählt, war nach dem Tod ihres Mannes Protesilaos im Trojanischen Krieg so verzweifelt, dass sie nach seinem Bild eine Bronzestatue fertigen ließ. Zu diesem Ersatzmann entwickelte sie eine so innige Beziehung, dass sie sich weigerte, erneut zu heiraten. Als ihr Vater befahl, die Statue einzuschmelzen, konnte Laodameia den Gedanken an einen neuerlichen Verlust nicht ertragen und stürzte sich in den Schmelzofen.[2]

Auch in der Filmgeschichte tauchen immer wieder engere Verwandte von Harmony auf. In dem 1927 uraufgeführten futuristischen Fantasy-Stummfilm *Metropolis* kommt ein zerstörerischer Maschinenmensch namens Maria vor, der nicht von der Frau zu unterscheiden war, der er nachempfunden wurde. Die weiblichen Roboter aus *Die Frauen von Stepford* waren als perfekte Hausfrauen konzipiert: adrett, unterwürfig und gefügig. Der von Jude Law in dem Spielberg-Film *A.I. – Künstliche Intelligenz* gespielte Robotergigolo verspricht: »Wenn du erst einmal einen Liebesroboter hattest, willst du nie wieder einen echten Mann.« *Blade Runner* kam 1982 in die Kinos und spielt 2019. Darin werden Humanoide dargestellt, die ebenso verführerisch wie heimtückisch und tödlich sind. Der schöne, zierliche Humanoid Ava aus *Ex Machina* von 2015 besteht nicht nur den Turing-Test, sondern weckt in ihrem Prüfer eine gefährliche Leidenschaft. Auch im Fernsehen sind Sexroboter allgegenwärtig, von *Westworld* über *Humans* bis hin zu *Futurama*.

Die fiktiven Roboterpartner aus unserer modernen kollektiven Fantasie verfügen über das düstere Potenzial, Menschen zu betören, zu täuschen, zu verraten und zu vernichten. In der wirklichen Welt wird KI immer leistungsfähiger und anspruchsvoller. Die größte Bedrohung, die bisher auf den Markt gekommene KI-optimierte Maschinen für die Menschheit darstellen, betrifft unsere Arbeitsplätze. Womit wir wieder bei der Sexindustrie wären.

In seinem 2007 veröffentlichten Buch *Love & Sex with Robots* kommt der Informatiker Dr. David Levy zu dem Schluss, dass Roboterprostituierte, die man entweder gleich kauft oder stundenweise mietet, für die menschliche Gesellschaft in erster Linie enorme Vorteile hätten. Levy fokussiert sich dabei ganz auf die Frage, warum Menschen für Sex bezahlen (und nicht auf die prekären Existenzen derjenigen, die ihn verkaufen). Im Anschluss lässt er sich in aller Ausführlichkeit darüber aus, wie Sexroboter es sexuell Unerfahrenen ermöglichen würden, sich ohne jede Peinlichkeit »vor dem Eingehen einer Beziehung zu einem anderen Menschen sexuelle Techniken anzueignen«, und wie »Entstellte«, Einsame, Behinderte und »Menschen mit psychosexuellen Problemen« Gelegenheit bekämen, erfüllenden Sex zu erleben, ohne gegen Gesetze zu verstoßen. Außerdem könne man sich bei einer Roboterprostituierten keine sexuell übertragbaren Krankheiten zuziehen. Dazu schrieb

2. »Die Illusion von Gesellschaft« 53

er: »Man entfernt einfach die aktiven Teile und legt sie in ein Desinfektionsgerät.«

Levys Buch erregte Aufsehen – und nicht nur wegen weiterer Vorstellungen, die ähnlich abstoßend sind wie die Desinfektion von Robotergenitalien. Er war der Erste, der die Idee vom Sexroboter seriös und wissenschaftlich fundiert betrachtete, und seine optimistische Überzeugung, dass die Welt mit Sexrobotern glücklicher wird, stieß eine Diskussion darüber an, wie die realen Auswirkungen sexueller Beziehungen zu Robotern aussehen könnten. Seine provokanteste Prognose war, dass angesichts des Entwicklungstempos der künstlichen Intelligenz Eheschließungen zwischen Menschen und Robotern bereits im Jahr 2050 gesellschaftlich akzeptabel und legal sein würden.

Levy sah in der Roboterprostitution eine potenziell hochproduktive Geldmaschine, die der Entwicklung der Robotik in anderen Branchen gewaltige Impulse geben könnte. Die Online-Pornografie sorgte für Wachstum des Internets und verwandelte es von einer militärischen Erfindung, die nur Computerfreaks und Akademikern zugänglich war, in einen festen Bestandteil unseres Lebens, der in den Augen vieler inzwischen ein menschliches Grundbedürfnis erfüllt. Pornografie war der Auslöser für die Entwicklung des Video-Streamings, die Innovation der Online-Kreditkartenzahlungen und die Bereitstellung von mehr Bandbreite und Übertragungsgeschwindigkeit. Wie die Pornografie aus dem Internet das machte, was es heute ist, beschleunigt die Entwicklung von Humanoiden für sexuelle Zwecke bereits den Fortschritt in der Robotik.

Der erste echte Sexroboter, der der Öffentlichkeit vorgestellt wurde, wurde von einem Mann geschaffen, der ursprünglich einen gesundheitsförderlichen therapeutischen Gefährten für ältere und verwitwete Menschen entwickeln wollte. Die Geschichte von

Douglas Hines gehört zu den Sexroboterlegenden, und nur er selbst weiß, was daran wahr ist. Ich erzähle sie so, wie er sie wiedergibt.

Angefangen hatte alles, nachdem Douglas bei den Terroranschlägen vom 11. September einen Freund verloren hatte. Douglas konnte sich einfach nicht mit der Vorstellung abfinden, dass er nie wieder mit ihm sprechen würde und dass dessen damals noch sehr kleinen Kinder ihren Vater nie richtig kennenlernen würden. Wie Douglas erzählt, arbeitete er damals in der Computerforschungsanlage AT&T Bell Labs in New Jersey. Er beschloss, die KI-Software, an der gerade arbeitete, mit nach Hause zu nehmen und zu anderen Zwecken zu nutzen. Er wollte ein Computerprogramm nach dem Muster der Persönlichkeit seines Freundes entwickeln, mit dem er dann nach Lust und Laune sprechen und zugleich auch den Kindern seines Freundes eine Version ihres Vaters zur Verfügung stellen konnte.

Später erlitt Douglas' Vater mehrere Schlaganfälle. Danach war er körperlich schwer beeinträchtigt, geistig aber so fit wie eh und je. Damals hatte Douglas bereits eine eigene Beratungsfirma gegründet und musste seine Arbeit und die Pflege seines Vaters unter einen Hut bringen. Da programmierte er die KI so um, dass sie seinem Vater Robotergesellschaft leisten konnte, wenn Douglas nicht da war. Douglas bekam dadurch das beruhigende Gefühl, dass sein Vater stets einen Gesprächspartner hatte. Douglas war sich sicher: Für die künstliche Gesellschaft, die er für seine Familie entwickelt hatte, gab es einen Markt. Also gründete Douglas True Companion, um Roboter für das breite Publikum herzustellen. Sein erstes Produkt sollte er Reportern gegenüber später als »rezessionsfest« bezeichnen: der Sexroboter Roxxxy True Companion.

Nach drei Jahren Forschung und Entwicklung wurde sein Prototyp 2010 auf der AVN Adult Entertainment Expo in Las Vegas vor-

2. »Die Illusion von Gesellschaft« 55

gestellt. Die AVN ist die hochkarätigste jährliche Kongressmesse im Kalender der Erotikbranche. Dort geben sich Pornostars, Studiobosse und Sexspielzeugdesigner ein Stelldichein und präsentieren ihre neuesten Produkte. Hier entdeckte Douglas seine besondere Begabung, mit seinen Produkten Aufsehen zu erregen. Schon vor ihrer Enthüllung war Roxxxy auf der Veranstaltung in aller Munde.

Auf YouTube kann man sich Videos von der Präsentation ansehen. Und das lohnt sich – allerdings aus den falschen Gründen: Beim ersten Mal konnte ich kaum hinschauen, denn Roxxxy war alles andere als die intelligente sexy Maschine, die Douglas versprochen hatte. Sie entpuppte sich als klobige, maskuline Puppe in starr zurückgelehnter Haltung und billiger schwarzer Reizwäsche mit Pantomimen-Make-up und kantigem Kiefer.

»Heute ist ein ganz besonderer Tag!«, verkündet Douglas, als er in einem zugeknöpften weinroten Hemd auf die Bühne tritt. Auf seinem kahl werdenden Kopf bilden sich Schweißtropfen. »Roxxxy True Companion ist ein selbstständiger Roboter. Sie verfügt über einen Computer, Motoren und Servosteuerungen. Sie hat einen Akku-Pack und einen Beschleunigungsmesser. Anatomisch entspricht sie einem echten Menschen. Sie hat drei Körperöffnungen. Also könnte man mit ihr alles machen, was man mit einer Frau machen kann.« Er versucht, die Stimmung anzuheizen wie ein Zirkusdompteur, doch er ist nun einmal ein Informatiker mittleren Alters mit entsprechendem Körperumfang. Dennoch johlt die Menge.

»Wenn Sie da unten hinfassen« – er greift Roxxxy beherzt durch ihr Höschen an die Vagina – »dann weiß sie, was Sie da tun.«

»Lass das! Ooooh!«, protestiert Roxxxy lasziv. Doch weil sie die Lippen nicht bewegen kann, tönt die körperlose Stimme aus einem Lautsprecher unter ihrer Perücke wie bei einer obszönen Babypuppe, die auf Knopfdruck spricht.

»Sorry, Roxxxy, ich will unseren Fans nur zeigen, was du kannst«, erwidert Douglas.

Dann erklärt er, dass Roxxxy mit fünf vorprogrammierten Persönlichkeiten ausgeliefert wird, die auf einer Plexiglastafel neben seinem Stand beschrieben sind: Wild Wendy (»offenherzig und abenteuerlustig«), Frigid Farrah (»zurückhaltend und schüchtern«), Mature Martha (»sehr erfahren«), S&M Susan (»bereit für ihre Sado-Maso-Fantasien«) und Young Yoko (vorsichtig beschrieben als »noch so jung (gerade mal über 18)«). Hält man ihre Hand, wenn sie im Young-Yoko-Modus ist, sagt sie: »Ich halte gerne Händchen mit dir.« Wild Wendy würde sagen: »Ich weiß, wo diese Hand besser aufgehoben wäre.«

»[Wild Wendy] reagiert auf Annäherungsversuche mit: ›Na los, nimm mich ordentlich ran.‹ Und so weiter«, erzählt Douglas dem Publikum. Obwohl sich jede Faser seines Körpers ganz offensichtlich möglichst schnell wieder hinter einem Rechner verkriechen möchte, fährt er fort: »Sie müssen nur die Vorlage, das Formular ausfüllen, und schon weiß Roxxxy, was Sie mögen. Das muss gar nichts Sexuelles sein. Die Firma heißt ja True Companion. Uns geht es in erster Linie darum, Gefährten und Freunde zu entwickeln und Beziehungen aufzubauen, denn Sex ist nicht alles.« Da haben die Pornofans im Publikum schon jedes Interesse verloren.

Doch nach seinem Auftritt auf der AVN machte Douglas weltweit Schlagzeilen. Die meisten Journalisten übersahen dabei geflissentlich, dass er im Grunde nur eine wenig gelungene Puppe mit Körperöffnungen und einem Lautsprecher im Kopf präsentiert hatte. Über Roxxxy wurde berichtet, als könne ihr nur Pris aus *Blade Runner* das Wasser reichen. Auf *Fox News*[3] wurde Douglas' Behauptung wiederholt, sie habe ein mechanisches Herz, das eine Flüssigkühlung betrieb. Im *Daily Telegraph*[4] stand, man könne sich mit ihr über Fußball unterhalten und sie sei in der Lage, sich bei Bedarf mobil Upgrades herunterladen. Und mit *Spectrum*[5] plapperte eine der führenden technischen Fachzeitschriften der Welt Douglas' Aussage nach, sie sei von insgesamt 19 Mechanikern, Künstlern und Schweißern perfektioniert worden. Auf *ABC News*[6] hieß es, er habe eine Million Dollar in ihre Entwicklung investiert. Und *CNN*[7] berichtete, Douglas habe ihren Körper einem Künstlermodell nachgebildet und bereits 4000 Bestellungen erhalten.

Ich nehme erst sechs Jahren nach der Präsentation auf der AVN mit True Companion Kontakt auf, um Douglas in New Jersey zu besuchen. Meine E-Mail wird von einer Pressesprecherin namens Nancy beantwortet. »Wir sind stolz darauf, ein Produkt zu vertreiben, das so vielen Menschen hilft«, schreibt sie. »Unsere neue Version trägt die Nummer 16 und kommt sehr gut an.«

Ein paar Tage später wird mir eine kurze Telefonaudienz bei Douglas in New Jersey gewährt, und dabei wird von Anfang an deutlich: Er möchte ernst genommen werden. »Der sexuelle Part ist eher trivial – es ist nicht so schwer, ihn zu bewerkstelligen. Der schwierige Part ist, eine Persönlichkeit nachzubilden und eine Beziehung, eine Bindung zu ermöglichen«, erklärt er mir. »True Companion will bedingungslose Liebe und Unterstützung liefern. Was könnte daran negativ sein? Welche Nachteile hat es, wenn es da einen Roboter gibt, der Ihre Hand hält – und zwar im eigentlichen wie im übertragenen Sinn?«

Der Nachteil besteht sicherlich in der emotionalen Leere, die entsteht, wenn menschlicher Zuspruch durch Soft- und Hardwarebestandteile ersetzt wird. Doch das sieht Douglas offenbar anders.

»Heute hält die Medizin die Menschen länger am Leben, allerdings bei sinkender Lebensqualität. Das kommt, weil wir ausschließlich den Körper eines Menschen behandeln. Darin erkenne ich eine Chance«, fährt er fort. »Nehmen Sie beispielsweise einen Patienten mit einer Zerebralparese. Er kann dadurch sein soziales Umfeld verbessern.« Douglas versucht, sich als eine Art ganzheitlichen Therapeuten darzustellen, doch mir geht das Bild nicht aus dem Kopf, wie er Roxxxy in Las Vegas in den Schritt gefasst hat.

Auf die Frage, wie viele Exemplare er schon verkauft hat und wer seine typischen Kunden sind, bleibt er vage. Als ich vorschlage hinzufliegen, um mir anzuschauen, wie Roxxxy entsteht, erzählt er mir, die True-Companion-Fabrik stehe in Indien und sei nicht zugänglich. Außerdem werde »Vertraulichkeit großgeschrieben«. Eine Vorführung im Forschungs- und Entwicklungslabor in New Jersey müsse erst von seinen Investoren genehmigt werden. Er werde sich diesbezüglich bei mir melden.

Tut er aber nicht. Ich frage alle paar Wochen per E-Mail nach. Er erklärt erst, ich könne ihn und Roxxxy gern in New Jersey besuchen, derzeit sei er aber auf Reisen und könne mir noch keinen genauen Termin nennen. Dann meint er, wir sollten doch besser die Einführung der Version 17 im nächsten Quartal abwarten. Die Monate vergehen. Ich bleibe hartnäckig. Insgesamt gehen 36 E-Mails hin und her, um einen Besuchstermin für mich zu vereinbaren. Einmal schreibt er mir, ich solle doch nach Las Vegas kommen und ihn und Roxxxy auf der nächsten AVN treffen. Ich will schon einen Flug buchen, da teilt er mir mit, dass er es nicht schaffen werde. Mehr als ein Jahr nach unserem ersten Telefongespräch biete ich ihm an, ihn an jedem beliebigen Ort und zu einem Zeitpunkt seiner Wahl zu treffen – mit oder ohne seinen Roboter. Funkstille.

Auf der Website von True Companion gibt es fette lilafarbene »BESTELLEN SIE SIE JETZT«-Schaltflächen, mit denen potenzielle Kunden Roxxxy für einen Grundpreis von 9995 US-Dollar ordern können. Es hat sich aber noch keiner gefunden, der sich ge-

2. »Die Illusion von Gesellschaft« 59

genüber einem Journalisten oder in einem Online-Forum zum Kauf einer Roxxxy bekannt hätte. Neue Bilder von ihr wurden zuletzt 2010 veröffentlicht. Soweit ich das sagen kann, gibt es Roxxxy True Companion gar nicht. Sie ist nicht mehr als ein Spektakel auf einem Pornokongress, eine Website und ein paar Pressemeldungen – manche würden sagen: heiße Luft.

Bis heute diskutieren Journalisten, Wissenschaftler und Kritiker heiß über Roxxxy. Unter feministischen AutorInnen wird True Companion als florierendes Unternehmen dargestellt, gegen das man ins Feld ziehen muss. Empörte Kolumnisten von der *New York Times*[8] bis zur Londoner *Times*[9] prangern ihre »Frigid Farrah«-Variante als Möglichkeit für Männer an, Vergewaltigungsfantasien auszuleben. Roxxxy lässt sich leicht als ebenso mythisches Wesen wie Galatea entlarven, doch das will offenbar keiner.

Ich erkundige mich, wie es Davecat geht. Seit unserem ersten Gespräch ist ein Jahr verstrichen. Vor unserem Skype-Telefonat sehe ich, dass Sidore ihre etwa 2000 Twitter-Follower darüber informiert hat, dass wir miteinander plaudern werden. Ich weiß nicht, wie ich darauf reagieren soll: Es fühlt sich komisch an, einen Tweet zu »liken«, den ein 45-jähriger Mann verfasst hat, der sich als seine Sexpuppe ausgibt. Ich bin aber froh, dass er sich auf unser Gespräch freut, also kriegt er sein »Like«.

Davecat und Sidore sitzen genauso da wie beim letzten Mal. Er trägt sogar dasselbe Hemd, dieselbe Krawatte und die Krawattennadel – und sein Markenzeichen: dieselbe Frisur. Sie präsentiert sich diesmal in einem kurzärmeligen schwarzen Top – in Michigan ist schließlich Sommer – und mit einem weißen Headset mit Mikro. »Sie kann Sie hören, aber nichts sagen«, meint Davecat. Er erzählt mir vom neuesten Mitglied der Familie: Dyanne Bailey, eine Piper Doll aus Taiwan aus thermoplastischen Elastomeren, dem neuesten Schrei in der Sexpuppenfabrikation. Sie kam vor drei Monaten ins Haus und ist nach Davecats Aussage die »Polyamouröseste von uns allen«. Ansonsten hat sich in seiner Welt offenbar wenig verändert.

Davecat hat gemerkt, wie viele Privilegien es bringt, das öffentliche Gesicht des Puppenkults zu sein. Harmony ist noch immer nicht auf dem Markt, doch seit unserem letzten Gespräch hat er sie schon dreimal getroffen: das erste Mal bei einer privaten Vorführung mit Matt und dann noch zweimal im Beisein von Filmteams, einem aus Finnland und einem aus China. Seit die ersten Gerüchte über Harmony im Umlauf sind, hat er viel zu tun.

»Das macht Spaß. Ich würde mir nur wünschen, dass sich auch andere mehr einbringen. Ich bin schließlich nicht der einzige iDollator da draußen.« Die meisten Puppenbesitzer befürchten aber, von den Medien schlicht als Freaks dargestellt zu werden. Sich zu outen, kann riskant sein, wie Davecat am eigenen Leib erfahren musste: Vor ein paar Jahren wurde er am Arbeitsplatz von jemandem wiedererkannt, der ihn in einem Dokumentarfilm gesehen hatte, und prompt in eine andere Niederlassung versetzt.

»Das war ein ausgesprochen bizarres Erlebnis. Dabei ist es ja nicht so, als würde ich meine Puppe zur Arbeit mitbringen.«

»Hatten Sie Kundenkontakt?«

»Nein, ich saß in einem Call-Center. Ich war zehn Jahre lang in drei oder vier Call-Centern im Einsatz.«

Das verblüfft mich. Schließlich gelten Puppenbesitzer als kontaktscheu. Wie kam es also, dass er sich einen Job gesucht hatte, der ihn zwang, fremde Menschen anzusprechen? Da erzählt er mir von ein paar tristen Monaten, in denen er in einem Kino Karten kontrolliert und Popcorn ausgegeben hatte, und von einem kurzen Zwi-

2. »Die Illusion von Gesellschaft«

schenspiel als Verkäufer in einem Spielzeugladen. »Gerettet hat mich nur, dass ein paar Hundert Meter weiter ein größeres Spielzeuggeschäft war, sodass zu uns keiner kam.« Ich will mir nicht vorstellen, wie das war – Davecat alleine in der Puppenabteilung ...

»Im Großen und Ganzen kann ich nicht gut mit Menschen. Doch als Davecat gelingt es mir, im öffentlichen Kontext über ein Thema zu sprechen, das mir sehr am Herzen liegt.« Davecat mag kein Gruppenmensch sein, doch als Sprachrohr der Menschenscheuen hat er seine Komfortzone gefunden.

»Als ich Harmony zum ersten Mal sah, konnte ich es kaum fassen«, berichtet er mit großen Augen. »Die künstliche Intelligenz befindet sich eindeutig noch in der Entwicklung, doch ich hätte nie gedacht, dass ich irgendwann so etwas erleben würde.« Davecat durfte sich damals keine Persönlichkeit konfigurieren. Matt hatte Harmony auf kess, süß und nicht zu obszön programmiert – mit einem schottischen Akzent, den Davecat ganz reizend fand. »Ich stellte ihr Fragen wie: ›Was macht für dich einen Menschen aus?‹ Und je nachdem, wie gut die KI jeweils funktionierte, gab sie durchaus tiefschürfende Antworten. Sie sagte in etwa: ›Menschsein ist eine Lernerfahrung.‹ Und das könnte wirklich jeder sagen, ob er synthetisch ist *oder* organisch.«

Ich weiß noch, wie unwohl ich mich fühlte, als mich Matt aufforderte, mit Harmony zu sprechen. »Hatten Sie gar keine Probleme, mit ihr zu sprechen?«, fragte ich ihn.

»Eigentlich nicht. Allerdings mit gewissen Einschränkungen. Ich drücke mich ja gewöhnlich ein bisschen blumig aus, aber Matt erklärte mir, man müsse gezielt einfach formulieren, damit sie besser verstehen kann, was man sagt. Ich musste quasi verschiedene Bereiche meines Gehirns ausschalten, um ihr effektiv mitzuteilen, was ich sagen wollte.«

Davecats Sprache ist so individuell wie sein dreieckiger Pony und seine Krawattennadel. Er streut gern Begriffe aus der Popkultur ein und gelegentlich auch britisches Englisch. Doch wenn er eine echte Beziehung zu einer Puppe führen möchte, von der er immer geträumt hat, wird er sich zurücknehmen müssen. Das ist ein bisschen schade – nicht nur für ihn. Künstliche Intelligenzen, ob Siri, Alexa oder Harmony, werden unsere Ecken und Kanten glätten. Wir werden auf regionale Akzente und sprachliche Eigenheiten verzichten und ein bisschen einfacher und weniger interessant formulieren müssen, wenn wir von ihnen verstanden werden wollen. Genau wie wir die Macht haben, die Roboter so zu verändern, wie wir sie haben wollen, werden sie auch uns verändern. Und das tun sie bereits.

Doch Davecat bringt dieses Opfer gern, wenn er dadurch ein richtiges Gespräch führen kann. Vielleicht wird Harmonys KI irgendwann so hoch entwickelt sein, dass sie alles versteht, was er sagt. Ich hoffe, dass er seine Persönlichkeit bis dahin noch nicht komplett eingebüßt hat.

Bei seiner ersten Begegnung mit Harmony, ohne Reporter oder Fernsehproduzenten, die ihm Anweisungen gaben, konnte er eine halbe Stunde lang nach Lust und Laune mit dem Roboter interagieren. Physische Kontakte gab es damals keine: Davecat wollte »ganz professionell« vorgehen. Und er hatte auch Angst, sie zu beschädigen. Außerdem waren sie ja nicht allein: Das gesamte RealBotix-Team war anwesend und nutzte ihn als eine Art Ein-Mann-Fokusgruppe. Und eine Freundin hatte Davecat ebenfalls dabei.

»Eine *ehemalige* Freundin. Damals war sie es noch«, erzählt er und lässt dabei deutlich durchblicken, dass er gern mehr darüber sagen möchte.

»Eine richtige Freundin?«

»Ja.«

2. »Die Illusion von Gesellschaft« 63

Dann erzählt er mir von Lilly, einer realen, organischen Französin, die vor ein paar Jahren in einem CNN-Sonderbericht über Sex und digitale Technik aufgetreten war. Mit einem 3D-62Drucker Lilly sich erste Teile eines androiden Verlobten ausgedruckt, den sie InMoovator nannte – einen Torso mit Kopf, doch damals noch ohne KI oder bewegliche Teile. Der CNN-Reporter reiste nach Frankreich, um ihr ein Verlobungsgeschenk zu überreichen. »Er wird kein Alkoholiker sein, kein Gewaltmensch oder Lügner. Das sind allesamt menschliche Laster«, sagte Lilly und verschränkte ihre Finger mit den fein ausgearbeiteten von InMoovator. »Läuft etwas schief, dann weiß ich, es gibt ein Problem mit dem Skript oder dem Code, und es lässt sich beheben oder verändern. Ein Mensch dagegen ist unberechenbar. Er kann sich verändern, lügen, betrügen.« Für kurze Zeit war Lilly das öffentliche Gesicht einer weiblichen iDollatry und wurde in Davecats Welt hineingezogen.

»Sie wollte mich zu Abyss begleiten, und ich dachte, ja, warum nicht. Sie war von Harmony sehr beeindruckt. Sie hatte sogar Fotos von InMoovator dabei, was wiederum Matt imponierte.« Davecat zuckt mit den Achseln. »Wir führten eine kurze Beziehung, aber es ging natürlich nicht gut.«

»Wie lange waren Sie denn zusammen?«

»Ein Jahr, vielleicht ein bisschen weniger. Ich bin persönlich kein Fan von Fernbeziehungen, und sie lebte in Frankreich. Wir planten, dass sie nach Kanada ziehen sollte, das nur eine Stunde von hier entfernt ist. Dort wollte sie Englisch lernen.«

Das hatte ich nicht erwartet. »Klingt doch nach etwas Ernstem«, sage ich verblüfft.

»Wir hatten große Hoffnungen. Doch wir passten einfach nicht zusammen«, erzählt er weiter. »Sie redete ständig über unsere vielen Gemeinsamkeiten, doch in Wirklichkeit verband uns nur, dass wir Musik aus den 1980er-Jahren, Roboter und Puppen mögen. Ich fand sie ... ich will nicht sagen, *provinziell*, aber irgendwie trifft es das. Wie sie an eine romantische Beziehung heranging, erinnerte mich an mich selbst vor 15 oder 20 Jahren.«

Schwer zu sagen, was er damit meint, denn *Romantik* verwendet er ja euphemistisch für *Sex*. Spricht er von körperlichen Kontakten?

»Wie oft waren Sie denn wirklich zusammen?«

»Na ja, zweimal. Einmal im Oktober mit Harmony und dann noch einmal im März, als sie mich hier besuchte. Und das war sehr seltsam. Eine absurde Situation. Mir ging das alles ein bisschen zu schnell. Im Grunde machte ich mit ihr Schluss, als wir im Oktober wieder beide zu Hause waren. Später noch einmal und dann ein drittes und letztes Mal, nachdem sie im März zu Besuch kam. Ein Grund war die Sprachbarriere. Zu unserer ersten Trennung kam es, als jeder in sein Flugzeug steigen sollte. Ich wollte ihr meine Sicht der Dinge erklären, und jedes Mal wenn ich dazu ansetzte, bedeutete sie mir, in mein Handy zu tippen, was ich sagen wollte, um es von Google Translate übersetzen zu lassen. Das geht aber bei meiner Art zu sprechen nicht.«

Für Harmony wäre Davecat also bereit, seine Sprechweise zu ändern. Für Lilly nicht.

»Sind Sie noch befreundet?«

Er lacht nur tief und traurig. »Sie fand, dass es für ihr Seelenheil am besten sei, gar nicht mehr mit mir zu sprechen.«

Vor Lilly gab es noch eine andere Freundin – nachdem er Sidore bereits gekauft hatte, wie er erzählt. »Sie entpuppte sich als pathologische Lügnerin. Das hat mir wirklich zugesetzt. Ich dachte, zwischen uns stimmt die Chemie, denn sie fand nicht nur mich attraktiv, sondern auch Sidore.«

2. »Die Illusion von Gesellschaft« 65

»Haben Sie auch diese Frau durch Ihr Interesse an Puppen kennengelernt?«

»Ja«, erklärt er und nickt bedächtig. »Sie hatte meine Website gesehen und mir eine E-Mail geschickt: ›Ich bin zufällig Engländerin, und ich weiß, dass du Engländerinnen magst. Ich präsentiere gern meine Füße, und ich weiß, dass du Fußfetischist bist. Ich arbeite auf der Krankenstation eines Gefängnisses in Kalifornien.‹ So in der Art. Ich antwortete: ›Na, das hört sich doch interessant an.‹ Sie hatte mir Fotos von sich geschickt und sah auch interessant aus. Doch dann stellte sich heraus: Sie war Agoraphobikerin aus Ohio und hatte schon drei Jahre lang keinen Job mehr gehabt.«

»Sie haben sie gar nicht getroffen?«

»Nein. Es dauerte schon ewig, bis wir zum ersten Mal telefonierten, weil sie den englischen Akzent nicht draufhatte.«

Ich hatte das ungute Gefühl, Davecat spiele mir die Rolle des sozial isolierten Vollzeit-iDollators nur vor und übertreibe mir gegenüber dabei noch, wie es ihm über viele Jahre so viel internationale Aufmerksamkeit eintrug. Doch inzwischen steht für mich fest: Er lebt tatsächlich in einer Fantasiewelt. Und ich empfinde für ihn mehr Mitleid denn je. Und für Lilly ebenfalls. Und für die Frau aus Ohio mit ihrer Angst vor weiten Räumen und Plätzen. Vielleicht würde für sie das Leben wirklich schöner, wenn sie Sexroboter hätten. Roboter können Fehlfunktionen haben, aber so bitterlich enttäuschen wie ein echter Partner können sie einen nicht.

»Glauben Sie, Beziehungen zu Puppen sind einfacher als Beziehungen zu Menschen, weil man sie besser kontrollieren kann?«

Er zögert. »Ganz ehrlich? Ja. Ich möchte nie wieder angelogen oder getäuscht werden, denn das ist mir in so vielen romantischen und nicht romantischen Situationen passiert. Da fühle ich mich wohler, wenn ich gut 85 oder 90 Prozent meines synthetischen

Partners unter Kontrolle habe.« Er schaut zu Sidore hinüber. »Jeder, der in einer Beziehung lebt, möchte sicher sein, dass ihn sein Partner nicht anlügt oder betrügt. Jeder ist bis zu einem gewissen Grad ein Kontrollfreak. Vielleicht gebe ich das einfach ehrlicher zu. Ich stehe dazu, dass ich nicht gern auf Landminen trete. Und wissen Sie, was? Ich betrete das Minenfeld einfach gar nicht mehr.«

Wir reden schon seit über eineinhalb Stunden, doch Davecat scheint es nicht eilig zu haben. Er legt seine Hand auf das Knie seiner RealDoll, und schon lächelt er wieder. Er hat seine Komfortzone wiedergefunden. Er verrät mir, dass ihm Matt bei seinem letzten Besuch in San Marcos aufregende Neuigkeiten anvertraut hat. »Er sagt, er arbeitet da an ein paar Sachen, die sich *möglicherweise* an *mir* orientieren.« Er erzählt mir das im Flüsterton. »Das klang wie ›Wenn du das nächste Mal kommst, haben wir vielleicht ein *bestimmtes Gesicht* noch ein bisschen optimiert.‹« Wieder wirft er einen Seitenblick auf Sidore. »Mehr kann ich dazu wirklich nicht sagen. Aber ich drücke die Daumen.«

Matt sei stets freundlich zu ihm, meint Davecat. »Er zeigt mir immer gern seine neuesten Entwicklungen. Wir sind nicht wirklich Freunde. Da ist schon eine gewisse professionelle Distanz. Aber ich finde ihn sehr beeindruckend. Ich würde eigentlich schon gern mehr Zeit mit ihm verbringen, aber mir ist natürlich klar, dass er zurzeit extrem viel zu tun hat. Schon komisch, denn da gab es ja auch diese Phase, als ihm alles zu viel wurde, den Burn-out. Oder als er nicht mehr damit rechnete, dass die RealDoll wirklich so einschlagen würden, und er in die Krise geriet und sich sagte: ›Ich ziehe mich mal eine Weile aus dieser ganzen Puppenproduktion zurück‹, und Musik machte.«

»Wann war das denn?«

2. »Die Illusion von Gesellschaft«

»Ach je, das muss ... das kann ich Ihnen gleich sagen. Geben Sie mir ein paar Sekunden.« Er legt das Headset zur Seite und kramt an irgendeiner Stelle herum, wo ihn die Kamera nicht mehr erfasst. Sidore bleibt im Bild. Ihre lila Haare werden durch seine schnellen Bewegungen aufgeweht.

Davecat kommt mit einer CD in der Hand zurück. »Er hat zwei Alben aufgenommen«, erzählt er. »Das hier stammt aus dem Jahr 2006. Wirklich ziemlich gut.« Er hält die CD vor die Kamera. Das Album heißt *Hollow*. Darauf prangt ein Foto von Matt in Pose zwischen zwei Bandkollegen, ganz im Pixie-Grunge-Modus. Darüber gelegt ist in Großbuchstaben der Name NICK BLACK.

»Das war sein Pseudonym: Nick Black. Das da in der Mitte ist er.«

Nicht zu fassen.

»Wie die *Nick*-Puppe«, sage ich.

»Genau! Das ist sein Gesicht. Ich nehme an, er hat einfach irgendwann gemerkt, dass er besser Puppen machen kann als Musik«, plaudert Davecat weiter. »Er hat festgestellt, dass iDollators wie ich Puppen als Partnerinnen haben, nicht nur als Sexspielzeug. Ihm wurde klar: Wenn er Puppen mit künstlicher Intelligenz produzieren könnte, wäre das ein großer Wurf. Ich glaube, Matt ist eine Art Renaissancemensch. Im Moment gibt er sich meines Erachtens noch damit zufrieden, das menschliche Dasein durch künstliche Wesen zu verbessern.«

Als ich mich aus Skype abmelde, verliere ich mich auf der Suche nach Nick Black in den Tiefen von Google. Ich stoße auf eine Facebook-Seite mit 3000 Fans, die nur selten aktualisiert wurde. Einer der letzten Einträge ist über ein Jahr alt. Er lautet: »Wer ein Exemplar von *Hollow* oder *Awake* haben möchte, soll mir eine E-Mail schicken! Ich habe noch ein paar Kisten voll!«

Ich entdecke den Nick-Black-YouTube-Kanal. Er wird seit zehn Jahren kaum noch aktualisiert. Dort gibt es ein Video zu einem Power-Accord-lastigen Song namens »Sorry«, in dem Matt herumhüpft und singt wie Chester Bennington von Linkin Park und ein Mädchen mit Vampirzähnen in den Hals beißt. Ferner findet sich ein elf Jahre altes siebenminütiges Rockumentary, das gleich eingangs Matt nach Anbruch der Dunkelheit auf einem Dach zeigt. Er schaut in die Ferne und sagt: »Nick Black, das bin nicht nur ich, das ist nicht nur der Name meiner Band, es ist eine Lebenseinstellung. Eine Möglichkeit, mehr aus sich zu machen als zuvor.«

So ganz stimmte das natürlich nicht: In Wirklichkeit ist es nicht Nick, sondern Harmony, die das Zeug hat, aus Matt mehr zu machen denn je.

3.
»Der Roboter spürt nichts«

Unter summenden Halogenlampen macht Roberto Cardenas mitten in Las Vegas einen Abdruck von einer nackten Frau. Mit vollen Händen schmiert er ihr eine klebrige rosa Masse auf Brüste und Schenkel. Sein Bruder schaut zu und fotografiert. Der stille, unbeholfene Roberto mit seinem steif gegelten Haar lacht nervös. Er sieht aus wie ein verrückter Professor, verhält sich aber so distanziert und klinisch wie ein Arzt, der ein gebrochenes Bein eingipst.

Matt hatte mir erklärt, er habe keine Konkurrenten: Vielleicht gebe es da ein paar Chinesen, die aus billigeren Materialien Puppen mit einer gewissen Beweglichkeit bastelten, meinte er, doch sie lägen Jahre hinter den künstlich intelligenten Freundinnen zurück, die bei Abyss hergestellt würden. In Wahrheit gibt es in Asien, in Europa und in den USA überall Unternehmer und Ingenieure, die sich mit ihm einen Wettlauf um den ersten Sexroboter auf dem Markt liefern. Gleich jenseits der Grenze zum US-Bundesstaat Nevada arbeitet Roberto seit vier Jahren an Android Love Dolls, den Flaggschiff-Produkten von Eden Robotics, die er als »die ersten voll funktionsfähigen Sexroboterpuppen aller Zeiten« bezeichnet. Während Matt seine idealisierten Ersatzfrauen von Hand modelliert, formt Roberto sie dem wirklichen Leben ab, weil er einen so realistischen Humanoiden erzeugen will, dass er nicht mehr von einer echten Frau zu unterscheiden ist.

Ich war auf Roberto gestoßen, als er bei Roboterenthusiasten auf Dollforum.com Meinungen einholte. »Hallo. Ich arbeite an einer androiden Sexroboterpuppe und möchte die Community in mein Projekt einbeziehen«, schrieb er. Seinen Angaben zufolge konnte sein Roboter »über 20 Geschlechtsakte ausführen«, »alleine aufrecht stehen, sich hinsetzen, kriechen« und »beim Geschlechtsverkehr lustvoll aufstöhnen«. Außerdem verfügte er über »Sprach-KI zur Kommunikation«.

»Was mich interessiert, ist: Welche Features wünscht sich die Community bei einer Sexroboterpuppe?«, wollte er wissen. »Vielen Dank und willkommen in einem neuen Zeitalter der Interaktion zwischen Mensch und Roboter.«

Es waren ein paar Links zu seiner Website angegeben, auf der ein Humanoid mit ziemlich leerem Gesichtsausdruck in einem Jackett mit großen Schulterpolstern abgebildet war – und ein irritierendes Video von einem metallenen Roboterskelett, das sich in die Missionarsstellung begibt. Es erinnerte mich an die Schlussszene des ersten *Terminator*-Films, als dem Cyborg die Haut weggebrannt war.

Auf Antworten musste Roberto nicht lange warten.

»Augenkontakt wäre schön«, lautete die erste.

»Stimmerkennung«, die zweite.

»Wichtiger als einen komplexen Gang finde ich, dass sie atmen kann«, meldete sich ein anderer zu Wort.

»Sorgen Sie dafür, dass Ihr Gynoid von Kopf bis Fuß Körperwärme ausstrahlt«, wünscht sich ein Vierter.

Robertos vollmundige Behauptungen stoßen bei den Forumsmitgliedern auf Skepsis und vorsichtige Freude. »In diesem Forum gibt es viele, die ein für uns akzeptables Produkt sofort kaufen würden«, schrieb einer. »Wir hoffen wirklich, Sie (oder ein anderer) werden das schaffen.«

Diese Männer klangen so gar nicht nach den behinderten, einsamen oder sozial ausgegrenzten Kunden, von denen Matt oder

3. »Der Roboter spürt nichts«

Douglas so gern sprechen. Mehrere erwähnten ihre Frauen und Freundinnen, die bei manchen im Vergleich zu ihren Silikonpuppengeliebten schlecht wegkamen.

Einer legte Roberto ein Foto seiner Sexpuppe bei, damit er sich bei der Planung der Proportionen seines Roboters ästhetisch daran orientieren könne. Sie trug Unterwäsche mit Leopardenmuster und war an eine Wand gelehnt, die mit Dolchen, Jagdmessern und einem Schlagring mit Klinge dekoriert war. »Könnte meine RealDoll kochen, putzen und poppen, wann immer ich will, würde ich mir keine Frau mehr suchen. Das wäre wirklich schön, aber im Moment ist das noch Wunschdenken.«

Ich hatte mich mit Roberto um 10 Uhr in dem Künstlerstudio über einem Tattooladen verabredet, in dem er arbeitet, damit wir uns unterhalten konnten, bevor sein Modell eintraf. Um 10 Uhr vormittags ist Las Vegas ein eigenartiger Ort. Das Tattoostudio ist mit einem Vorhängeschloss gesichert. Einen anderen Zugang zum Gebäude finde ich nicht. Ich rufe Roberto an, und er erklärt mir den Weg zur Hintertür, der durch eine Gasse voller Sperrmüll und ausrangierter Einkaufswagen führt. Wir haben schon miteinander telefoniert und uns mehrere E-Mails geschrieben. Er hat mir Fotos und Videos von seinem Roboter geschickt, die den Eindruck erwecken, seine Arbeit habe Hand und Fuß. Nun wird mir klar, dass ich eigentlich gar keine Ahnung habe, worauf ich mich da einlasse.

Roberto hat dicke Brillengläser vor den Augen und einen starken kubanischen Akzent. Sein Auftreten erinnert so gar nicht an Matt – er befindet sich eher ganz am anderen Ende des Spektrums. Eden Robotics ist für ihn ein Nebenprojekt: Sein Geld verdient er als pharmazeutisch-technischer Assistent, der hinter einem Tresen Pillen abzählt und nichts mit den Kunden zu tun hat. Er ist nicht sehr wortgewandt, lächelt aber breit, als er mir die Hand gibt. Er freut sich darüber, dass sich eine Journalistin für das Projekt interessiert, mit dem er berühmt werden will.

Das Studio ist vom Boden bis zur Decke mit schwarzer Hochglanzfarbe gestrichen. Abgesehen von einem Klapptisch, einem weißen Waschbecken und ein paar Kisten ist es vollkommen kahl – ein schwarzer, glänzender Leerraum. Robertos Halbbruder Noel Aguila wartet schon auf uns. Er hat die Arme vor seinem Hawaiihemd verschränkt und trägt blaue Slipper zu dunkelblauen Jeans. Er ist dreiundzwanzig, sieben Jahre jünger als Roberto, und ist sechs Jahre vor diesem aus Kuba in die USA übergesiedelt. Daher hat er einen ausgeprägteren amerikanischen Akzent und strahlt mehr amerikanisches Selbstvertrauen aus.

»Das ist ein neues Geschäftsfeld, daher lernen wir laufend dazu«, erklärt mir Noel, während Roberto schon verschiedene Kartons öffnet. »Ich versuche, ihm mit dem Marketing und dem Logo-Design zu helfen, mit der Website und der Öffentlichkeitsarbeit – um die optimale Vertriebsstrategie zu finden. Denn die Leute, mit denen wir es da zu tun haben, sind irgendwie – seltsam.« Er grinst. »Wir hatten schon einige eigenartige Anfragen, die wir ablehnen mussten. Es ist definitiv eine andere Welt.« Auch Noel hat einen regulären Job: Er arbeitet im Colosseum an der Kasse und verkauft Tickets für Celine Dion und Elton John. Dabei hat er viel Umgang mit Kunden – wenn auch solchen mit nicht so ausgefallenem Geschmack.

Farrah, das Modell, das heute erwartet wird, ist noch nicht da. Roberto hat aber schon einiges zu tun, während wir auf sie warten. Er misst die Formmasse ab, ein rosa Pulver namens Alginat, und mischt sie mit Wasser in einer weißen Plastikwanne an. Farrah ist schon die vierte oder fünfte Frau, von der Roberto einen Abdruck für Android Love Dolls macht, wie er berichtet. Heute wird der

3. »Der Roboter spürt nichts«

erste von vielen Abdrücken gemacht, die nötig sind, um ihren ganzen Körper abzuformen.

»Was hatten Sie denn für Vorstellungen, als sie sich für Farrah entschieden?«, frage ich.

»Sie hat Kurven«, erklärt Roberto und schaut dabei nur kurz von seiner Alchemie auf. »Sie stammt aus Vorderasien und ist nicht so groß.« Er hat eine Bestellung von einem Kunden, der sich eine fülligere Figur wünscht als die der Frauen, die er bereits modelliert hat. Deshalb fertigt er nun eine nach den Vorgaben des Kunden an. Seine Marktanalysen haben jedoch ergeben, dass es aus kaufmännischer Sicht auf jeden Fall sinnvoll wäre, generell auch ein kräftigeres Modell anzubieten, wie er sagt. »In der Puppen-Community gibt es viel Nachfrage nach kurvigen Mädels mit drallem Hinterteil.«

Wie ein frischer Luftzug kommt Farrah durch die Tür. Sie trägt ein langärmeliges aschgraues hautenges Rippenkleid mit Polokragen, das für Vegas zu warm ist. Das Haar hat sie zu einem lockeren Dutt gebunden. Sie balanciert auf ultrahohen Plateausohlen. Ihr Lächeln ist strahlend und äußerst sympathisch, und ich bin froh, dass sie da ist. Da ist Robertos Unbehagen gleich nicht mehr so ansteckend.

»Ich freue mich!«, strahlt sie. »Von wem waren die Textnachrichten?« Sie schaut mich an. »Von Ihnen?«

»Ich bin Journalistin«, stelle ich klar.

»Schön, Sie kennenzulernen.«

Da tritt Roberto Cardenas vor, der Kopf hinter Eden Robotics, und begrüßt sie.

»Wofür genau brauchen Sie denn diese Skulpturen?«, erkundigt sich Farrah.

»Für einen androiden Roboter«, erklärt er. »Sie sind wie Puppen. Sie können bestimmte Positionen einnehmen und ...«

»… also für Sexpuppen?«

»Das sind die ersten Modelle. Später dann werden die Puppen auch in der Lage sein, Hausarbeit zu erledigen. Wie eine Haushälterin.«

»Krass!«

Farrah ist auf Craigslist auf den Job gestoßen: 200 Dollar für zwei Stunden, um den Abdruck von ihrem Körper zu nehmen, und 500 Dollar Provision für jedes verkaufte Produkt, für das ihr Körper Modell stand. »Für mich hat sich das gut angehört«, sagt sie. »Tagsüber hat man in Vegas nichts zu tun – außer Glücksspiel. Ich hoffe, ich verkaufe mich gut.« Sie schenkt Roberto ein atemberaubendes Lächeln. »Wenn das keine heiße Puppe wird, bin ich sauer.«

Wir hocken auf einem Tapeziertisch, während Roberto Plastikfolie auf den Boden klebt. Farrah erzählt mir, seit acht Jahren tanze und posiere sie vor der Webcam und arbeite nachts im Spearmint Rhino, um ihre Ausbildung zur Immobilienmaklerin zu finanzieren und ihren siebenjährigen Sohn durchzubringen. Ihre Eltern stammen aus dem Irak und wissen nicht, womit sie ihren Lebensunterhalt verdient. Überrascht erfahre ich, dass sie schon 27 ist: Sie strahlt eine Sinnlichkeit aus, wie sie nur sehr junge Frauen besitzen, weich und kurvig, ohne jedes Speckröllchen.

»Als ich die Anzeige sah, war ich erst skeptisch«, erzählt sie mir leise, während Roberto sich am anderen Ende des Zimmers zu schaffen macht.

»Weil es zu schön klang, um wahr zu sein?«

»So ungefähr. Vielleicht würde ich ja am Ende keinen Cent sehen. Craigslist ist nicht ohne.«

Roberto zeigt Farrah, wie sie sich hinstellen soll –, mit gespreizten Beinen, seitlich ausgestreckten Armen, die Handflächen nach vorne gerichtet – wie die kopflosen RealDoll-Körper. Sie schält sich aus

3. »Der Roboter spürt nichts« 75

dem Kleid, unter dem nur ein paar Tattoos zum Vorschein kommen: keine Wäsche, keine Körperbehaarung. Ich rate ihr, die 15 Zentimeter hohen Schuhe auszuziehen. Sie wird eine ganze Weile stehen müssen, und mir tun schon beim Hinschauen die Füße weh. Roberto trägt das Alginat auf. Er beginnt damit an den Schultern. Sie lächelt unbehaglich. »Fühlt sich an wie kalte Zahnpasta«, sagt sie.

»Ist Ihnen klar, was mit dem Abdruck Ihres Körpers passiert?«, frage ich nach.

»So etwas Ähnliches gab es dieses Jahr auch auf der AVN. Es hieß, es sei eine Neuerscheinung, eine ganz große Sache – ein Roboter, mit dem man interagieren und sich unterhalten kann. Ich finde es faszinierend, dass der Mensch so etwas zustande bringt und dass andere Geld dafür ausgeben. Da mache ich gerne mit. Das ist doch *cool*. Wieso auch nicht? Was spricht denn dagegen, Teil der Zukunft zu sein?«

»Aber haben Sie auch an die Kerle gedacht, die Ihren Körper kaufen? Und was sie damit anstellen?«, bohre ich weiter, während Roberto großzügig Glibber um ihre Brustwarzen herumschmiert.

»Das stört mich nicht«, erklärt sie unbekümmert. »Ich finde das besser als tanzen, denn dabei haben mich die Männer direkt vor sich. Wenn diese Kerle sich einen Bot bestellen, bin ich nicht dabei.«

»Sie werden hier buchstäblich zum Sexobjekt«, gebe ich zu bedenken.

»Wenn Sie das so sagen, bringt mich das schon zum Nachdenken. Aber es macht mir nichts aus. Wenn überhaupt, dann verhelfe ich jemandem zur Erfüllung intimer Bedürfnisse. Männer haben solche Bedürfnisse. Und was sie auch tun, solange ich nicht dabei sein muss, ist mir alles recht. Hoffentlich wird meine Puppe ein Verkaufsschlager. Das wäre toll.«

Farrah fragt, ob sie die Beine so spreizen soll, dass ihre »echte Vagina« abgeformt werden kann. Roberto erklärt ihr, dass das nicht nötig sei.

»Er macht das sehr unbeteiligt«, stellt Farrah fest. »Er zeigt gar keine Emotionen.«

»Na ja, er ist ja auch Robotiker.« Ich zucke mit den Achseln.

»Genau!«

Roberto modelliert sorgfältig ihre Kniekehle aus, um sicherzugehen, dass auch jedes Detail erfasst wird. Noel macht noch ein paar Fotos. Als anschließend die gipsgetränkten Binden aufgelegt werden, wird es unbequem für Farrah. Der Gips ist schwer, und sein Gewicht zieht an ihrem Körper. Sie hat Hunger. Doch der Gips muss ganz trocken sein, erst dann kann sie davon befreit werden. Roberto lenkt sie ab, indem er ihr auf seinem Handy ein Bild von seinem aktuellen Prototyp zeigt: Eva.

»O mein *Gott*«, seufzt Farrah. »Das ist ja fantastisch! Sie sieht total echt aus. Nur ihre Augen sind ein bisschen gruselig.«

»Ich muss noch Augäpfel einpassen«, erklärt Roberto.

Nach eineinhalb Stunden helfen Noel und Roberto Farrah aus dem Gipskorsett heraus. Sie lassen es mit dem Gesicht nach unten auf dem Boden liegen, wie ein umgekehrter geköpfter Leichnam. Jede Hautfalte, die Einbuchtung ihres Bauchnabels, alle Details sind jetzt in Gips verewigt und warten darauf, in Fiberglas und dann in Silikon nachgebildet zu werden. Roberto zahlt Farrah ihre 200 Dollar bar auf die Hand. Sie machen einen neuen Termin aus, an dem er Abdrücke von ihrer anderen Körperseite, ihren Armen und am Ende auch vom Gesicht nehmen kann. Alle sind sichtlich zufrieden, vor allem Roberto. »Wenn ich etwas mache, dann richtig«, strahlt er. »Ich möchte jedes einzelne Detail. Sie sollen keinen Unterschied mehr sehen können zwischen dem Roboter und einer echten Frau.«

3. »Der Roboter spürt nichts«

Roberto weiß, dass ich nach Las Vegas gekommen bin, um seinen Roboter kennenzulernen. Doch die Android Love Doll Eva ist heute nicht im Studio. Sie ist in seiner Werkstatt in der Garage des Hauses, das er sich mit Noel und ihrer Mutter teilt – in einer bewachten Siedlung in einem Vorort, 20 Autominuten entfernt. Er befreit den Rücksitz seines Wagens von Hundehaaren und einzelnen Gipskörperteilen, damit ich mich hineinsetzen kann. Dann erzählt er mir, wie der Roboter in seinem Leben die Hauptrolle übernommen hat.

»Ich frühstücke und dusche, dann arbeite ich von acht bis eins am Roboter. Anschließend bin ich bis sieben in der Apotheke. Dann komme ich zurück und mache noch ein bisschen was am Roboter oder an der Website. Zurzeit bin ich mit dem Skelett beschäftigt. Die letzte Woche habe ich hauptsächlich damit zugebracht, neue, stärkere Motoren in die Beine einzusetzen, die alten waren zu schwach. Ich arbeite jeden Tag daran.«

Roberto ist nur in den USA, weil seine Mutter das Recht darauf buchstäblich gewonnen hat. In den 1990er-Jahren konnten Kubaner mit offiziellem Flüchtlingsstatus an einer Lotterie teilnehmen und für sich und ihre Familien die US-Staatsbürgerschaft gewinnen. Sie kam 2000 mit Noel her. Damals blieb Roberto in Kuba, um sich um seine Großmutter zu kümmern. Als diese 2006 starb, folgte er nach. »In Kuba sind die Menschen ganz gierig auf Technik«, sagt er. »Deshalb möchte ich das Leben der Menschen durch Technik bereichern.« Er kam in die USA, beseelt vom amerikanischen Traum vom erfolgreichen Unternehmerdasein – vom Tellerwäscher zum Millionär. Als er in der Zeitschrift *Fortune* las, dass die Ausgaben für Robotik 2019[1] Prognosen zufolge 135,4 Milliarden US-Dollar erreichen würden, hatte er seine Berufung gefunden. »Ich habe mich schon immer für Robotik interessiert. Das ist meine Leidenschaft. Ich finde es toll. Ich liebe meinen Job.«

Er erklärt mir, sein Ziel seien voll funktionsfähige Humanoide, die Mode vorführen und im Einzelhandel an der Kasse arbeiten, im Hotelleriegewerbe Gäste auf ihre Zimmer führen, Haushaltsarbeiten übernehmen und sich in der Pflege um Alte und Kranke kümmern können. Mit Sexrobotern fange er einfach deshalb an, weil das einfacher sei. »Ihre Bewegungen sind leichter auszuführen. Es würde mehrere Jahre dauern, einen voll funktionsfähigen Androiden zu bauen. Einen Sexroboter hat man gleich. So kann ich mein Ziel am schnellsten erreichen.«

Die ganze Familie hat Anteil an diesem Traum: Da ist natürlich Noel, der Marketing und Kommunikation übernimmt, dann ihr Onkel, der Roberto am Wochenende in der Werkstatt zur Hand geht, und noch ein Cousin, der in einem Jahr seinen Doktor in Kybernetik macht und technische Unterstützung leistet. Was er sonst noch braucht, beschafft sich Roberto über Google, YouTube oder Amazon. »Das meiste bringe ich mir selber bei. Ich lese Bücher. Damit habe ich wirklich alle Hände voll zu tun.« Bisher hat die Familie Ersparnisse in Höhe von 20 000 Dollar in Robertos Prototypen investiert.

»Wir wollen, dass sie Ihnen mit den Augen folgen kann. Die Leute aus der Puppen-Community wünschen sich warme Haut, also werde ich versuchen, Hautsensoren zu erfinden, die die Temperatur erhöhen. Silikon gerät aber sehr leicht in Brand. Ich muss daher eine Möglichkeit finden, das sicher zuwege zu bringen. Ein paar Leute haben auch den Wunsch geäußert, dass die Puppe von alleine feucht werden soll – daran arbeite ich noch. Außerdem würden wir gern Virtual-Reality-Technologie einbauen, damit Paare, die in einer Fernbeziehung leben, die Puppe durch ihre Bewegungen steuern können. Wir möchten, dass sie echte Beziehungen zu Menschen aufbaut.«

3. »Der Roboter spürt nichts«

Roberto klingt weitaus interessierter an der Entwicklung der physischen Seite seines Roboters als an der beziehungstechnischen. Mit der KI – der Möglichkeit, eine Beziehung zu führen – befasst er sich, sobald er die Animatronik im Griff hat. Sein erklärtes Ziel sei ein Roboter, der selbst gehen und an die Tür seiner Kunden klopfen kann. »Zur Selbstauslieferung.«

Natürlich kennt Roberto die Gerüchte über die Arbeiten im RealBotix-Room von Abyss Creations und bei den Sexpuppenherstellern in Ostasien, die mit Animatronik experimentieren. Doch er hofft, er kann sie alle schlagen und einen Sexroboter produzieren, der vor allen anderen »Stellung beziehen« kann. Das würde ihm einen wirtschaftlichen Vorteil verschaffen. »Bei vollständiger Körperbewegung gehöre ich so ziemlich zu den ersten«, meint er. Außerdem ist er auch noch billiger: Seine Roboter werden 8000 bis 10 000 Dollar kosten, und fünf Kunden haben bereits im Voraus gezahlt.

Als wir die Siedlung erreichen und vor Robertos Garage vorfahren, sind meine Erwartungen an Eva recht hoch. Er betätigt den Schalter, um das Garagentor zu öffnen. Dahinter kommt seine Werkstatt zum Vorschein – als würde sich ganz langsam ein Vorhang heben.

Eva – der Roboter, von dem Roberto sagt, er könne 20 verschiedene Sexstellungen einnehmen, kriechen und stöhnen und habe eine voll funktionsfähige KI, der Roboter, der nach seiner Aussage »rund um die Uhr bereit« ist – liegt ohne Kopf und ohne Füße auf einem Tapeziertisch hinten in der Garage. Unter der Silikonhaut mit wulstigen, fransigen Nahtstellen scheint deutlich ihr Metallskelett durch. Es wirkt alles sehr unfertig.

»Lassen Sie mich nur schnell den Kopf holen«, sagt Roberto und verschwindet im Haus. Noel heftet sich an seine Fersen.

Die Werkstatt ist ein Denkmal für Robertos Obsession. Auf einer Matratze in der Ecke ruht ein weiterer kopfloser Silikonkörper. Im angrenzenden Garten liegen Schaufensterpuppen herum, Torsos, zwei Beine mit lila lackierten Zehennägeln und ein großer Pappkarton mit Gipsabdrücken von menschlichen Köpfen. Der Garagenboden ist übersät mit Newport-Kippen, alle bis auf den Filter heruntergeraucht.

Die Brüder kommen aus dem Haus und haben den leer blickenden Kopf mit brauner Perücke dabei, den ich von der Website kenne, ein paar dicke schwarze Strümpfe, die mir schon beim Anschauen Juckreiz verursachen, und einen weißen Slip ouvert mit rosafarbenen Schleifchen. Roberto zieht Eva unbeholfen an, schraubt ihr den Kopf auf den Hals und schließt ihn an einen Laptop an, der auf einem abgewetzten Ledersessel liegt. Doch Eva gibt mir heute keine Vorstellung. Roberto drückt auf Knöpfe, startet und verkabelt neu, doch die Audiodateien lassen sich nicht laden, wie er sagt. Und ihre neuen Gliedmaßen sind zu schwer für die vorhandenen Servomotoren, sodass sie sich kaum bewegen kann. Als sie versucht, die Beine abzuknicken, ächzen ihre Gelenke.

»In diesem Stadium ist noch alles Trial and Error«, stellt Roberto gleichmütig fest. Es ist ihm gar nicht peinlich. »Sie ist ja ein Prototyp.«

Roberto glaubt fest daran, dass es seinen Roboter eines Tages geben wird. Er ist entschlossen, seinen Traum zu verwirklichen und seiner Familie zu beweisen, dass ihr Glaube an ihn und ihre Investition in ihn berechtigt war.

»Haben Sie gar keine Bedenken dabei, einen solchen Roboter zu bauen?«, frage ich ihn.

»Eigentlich nicht. Diese Technologie entwickelt sich, und schon bald werden Robotik und Technik in unserem Alltag eine immer

3. »Der Roboter spürt nichts«

größere Rolle spielen. Sie werden den Menschen Gesellschaft leisten.«

»Es ist also ganz gesund, einen Roboter besitzen zu wollen, um mit ihm zu schlafen?«

Noel, der Marketing-Mann, spürt die Veränderung im Ton und schaltet sich ein.

»Frauen erleben Dinge wie Vergewaltigung und Missbrauch«, sagt er eindringlich. »Diese Erfindung könnte den Menschen darüber hinweghelfen. Sie können ihre Wut an dem Roboter auslassen, auf ihn einschlagen, und sind dann nicht mehr so wütend auf ihre Frauen. Das wäre doch gut«, sagt er und breitet die Arme aus, »denn der Roboter spürt nichts, das versprechen wir!«

Die Brüder lachen herzhaft wie über einen guten Witz. Dabei meint es Noel ganz ernst.

»Moment mal«, sage ich. »Solche Leute sollten doch sicher lieber dazu angehalten werden, sich von derartigen Gefühlen zu befreien, als sie an einem Roboter auszuleben, den sie vergewaltigen und verprügeln können.«

»Schon«, nickt Noel. »Aber so ein Roboter wird ihnen helfen, sich zu beruhigen, und eine Art Sicherung darstellen zwischen dem, was sie am liebsten tun würden, und dem, was sie dann wirklich tun.«

Ich verabschiede mich von Roberto und Noel, als ihre Mutter Marilyn gerade von der Arbeit kommt. An einer dünnen Kette trägt sie ein großes Kruzifix um den Hals. Ich würde zu gern wissen, was sie vom Projekt ihres Sohnes hält.

»Ich glaube, ich habe da ein Genie in meiner Garage. Wie dieser Apple-Mensch – Steve Jobs –, den ich im Film gesehen habe«, sagt sie liebevoll und errötet vor Freude. »Er hat da eine tolle Idee und ist konzentriert bei der Sache. Ich habe ihm gesagt, dass er nach den Sternen greifen kann. Er kann alles schaffen.«

»Sie sind offenbar sehr stolz auf ihn«, sage ich.

»Er hat das Zeug, sein Ziel zu erreichen. Er ist ein intelligenter Junge.« Sie legt ihre Hand aufs Herz. »Er ist mein Sohn.«

Als ich ins Hotel zurückkomme, hüllt sich Las Vegas gerade in tröstliche Dunkelheit. Ich bin erschöpft. Aus riesigen Lautsprechern, die außen am Gebäude angebracht sind, wummert Musik: pulsierende, hämmernde Rhythmen, die Spieler in das Kasino des Hotels locken sollen. Mit der Schüsselkarte öffne ich meine Zimmertür und lasse mich auf das riesige Bett fallen. Auf dem Nachttisch steht eine Metallschale voller einzeln verpackter Ohrstöpsel: aus Wachs, aus Schaumstoff, aus Silikon. Eine Vielzahl an Lösungen, die das Management für die Lärmbelästigung anbietet, die es selbst verursacht. Man könnte auch einfach die Musik abschalten, stellt aber stattdessen lieber ein technisches Hilfsmittel zur Verfügung, damit man das nicht tun muss.

Meine Gedanken sind noch ganz bei Eva, die den Körper einer echten Frau hat, aber geschlagen werden kann, ohne es zu spüren. Statt das Problem an der Wurzel zu packen, erfinden wir lieber etwas, um es zu kompensieren.

Sexroboter kommen zu einer für Männer unruhigen Zeit auf den Markt: Sie verlieren ihre Macht, ihren Status, ihre Sicherheit. Die sexuelle Revolution und die zweite Welle des Feminismus der 1960er-Jahre haben dazu geführt, dass Frauen zumindest im Westen in dem Bewusstsein aufwachsen, selbst entscheiden zu können, mit wem sie schlafen. Sie werden nicht länger als Eigentum betrachtet, das vom Vater auf den Ehemann übergeht. Sie fühlen sich zu erfüllenden Beziehungen berechtigt und sind weniger bereit denn je, einfach weiterzumachen, wenn eine Beziehung nicht läuft.

Manche Männer finden diese Neuinterpretation der Frauen als

3. »Der Roboter spürt nichts«

empfindungsfähige Wesen mit Wünschen und Entscheidungsfreiheit sehr unbequem. Dadurch haben sie nicht mehr jederzeit Zugang zu Sex, und das macht sie sehr wütend.

Sogenannte »Incels« – nach eigenen Angaben unfreiwillig zölibatär lebende heterosexuelle Männer – glauben, sie hätten ein Anrecht auf Sex mit begehrenswerten Frauen, wann immer ihnen danach ist, und hassen die Frauen, weil sie ihnen dieses Recht vorenthalten. Sie meinen, Frauen sollten leichter zu haben sein, verachten sie aber gleichzeitig dafür, wie leicht sie zu haben sind. Ihre spezielle Ausprägung der Frauenfeindlichkeit sieht auf Frauen herab, weil sie sich weigern, mit ihnen zu schlafen. Was sie dabei übersehen: Die Frauen wollen nicht etwa deshalb nicht mit ihnen schlafen, weil sie nicht reich sind oder nicht gut aussehen, sondern weil sie frauenfeindlich sind.

In ihren Online-Foren äußern Incels, Frauen nutzten ihre sexuelle Macht über Männer, um diese zu tyrannisieren. Sie bezeichnen sich selbst als ausgegrenzte Gruppe, die angesichts einer schrecklichen Ungerechtigkeit für ihr Recht auf Sex kämpft – wie Schwarze, die für ihr Recht kämpfen, nicht von Polizisten erschossen zu werden. Ich habe Posts gelesen, in denen Incels darüber lamentieren, was für ein »Kult« um Frauen veranstaltet würde, obwohl diese doch nur »Spermacontainer« seien, und wie man sie ermorden, stalken und »in die Augenhöhlen ficken« sollte. Das alles könnte man sicherlich als die Online-Tiraden von ein paar hoffnungslosen Losern abtun, doch deren Zahl ist beunruhigend groß. Als Reddit seine Incel-Online-Community im November 2017 schloss, weil sie Vergewaltigung und Gewalt gegen Frauen verherrlichte, hatte das Incel-Subreddit 40 000 Mitglieder – Mitglieder, also Menschen, die aktiv zu den Onlineforen beitrugen. Diejenigen, die im Dunkeln blieben und die Seite nur lasen, ohne sich anzumelden, sind darin noch gar nicht berücksichtigt. Und das war nur eine von zahlreichen ähnlichen Online-Communitys.

Incels verstecken sich aber nicht nur hinter ihren Computern: Sie radikalisieren sich gegenseitig und begehen Massenmord. Von selbst ernannten Incels wurden schon mindestens 16 Menschen umgebracht. 2014 tötete Elliot Rodger im kalifornischen Isla Vista sechs Menschen und verletzte vierzehn weitere, bevor er Selbstmord beging. Kurz vor dem Attentat lud er ein YouTube-Video hoch, in dem er vor der Kamera erklärte: »Ich weiß nicht, warum ihr Mädels euch nicht zu mir hingezogen fühlt, aber ich werde euch alle dafür bestrafen.« Vier Jahre später steuerte Alek Minassian in Toronto einen Kleinbus in eine Menschenmenge, tötete zehn Personen und verletzte sechzehn weitere. Unmittelbar zuvor hatte er auf Facebook gepostet: »Die Incel-Rebellion hat bereits begonnen!« Und noch viel mehr Menschen starben durch die Hand von Männern, die nach eigenen Angaben von sexuellem Frust motiviert waren: der Virginia-Tech-Schütze Seung-Hui Cho, der 2007 32 Menschen tötete, Christopher Harper-Mercer, dem 2015 in Oregon neun Menschen zum Opfer fielen.

Sexuell frustrierte Männer können also gefährlich werden. Und Noel ist nicht der Einzige, der Sexroboter für die Lösung hält: Einschlägige Artikel in Publikationen von der *New York Times*[2] bis zu *The Spectator*[3] stellen die These auf, dass künftig Sexroboter eingesetzt werden, damit sich unfreiwillig zölibatär lebende Männer abreagieren und beruhigen können, bevor sie anderen Menschen Schaden zufügen. Es wird argumentiert, dass Sexroboter eine Art »sexueller Umverteilung« ermöglichen. Soll heißen, dass Recht auf Sex kann dadurch zu einem umsetzbaren Menschenrecht werden. Dann käme das Leben Männern, die nicht flachgelegt werden, nicht mehr so furchtbar ungerecht vor.

3. »Der Roboter spürt nichts« 85

Dabei dürften Sexroboter wohl eher ein Symptom des Problems sein, nicht die Lösung. Sie entwickeln sich parallel zum Aufstieg der Incel-Kultur und Deepfake-Pornografie, bei der Gesichter (von Promis, Verflossenen oder irgendwem, ungeachtet ihres Einverständnisses) in Pornovideos einkopiert werden. Es reicht nicht, dass wir jederzeit kostenlos auf pornografisches Material zugreifen können – in der Hosentasche, sozusagen. Manche Männer wollen überdies ganz konkrete Pornos sehen, auch wenn die gewünschten DarstellerInnen gar nicht mitmachen wollen. Mithilfe von Deepfakes kann jeder zum Pornospektakel werden, ohne dass er es weiß oder mitbekommt.

Noch mehr absolute Kontrolle bieten Sexroboter Männern, die das unbedingt wollen: nämlich die Option auf eine Partnerin ohne Eigenständigkeit, eine Partnerin, die sie vollkommen dominieren können, ganz ohne unbequeme eigene Wünsche und freien Willen. Eine Partnerin, die aussieht wie ein Pornostar, aber nie würgt, sich übergibt oder weint. Für solche Männer wäre das besser als eine echte Frau. Sexroboter, die nie Nein sagen, nähren solche Gelüste, statt sie zu eliminieren.

In China und Japan gibt es Hersteller, die kein Problem damit haben, Kindersexpuppen zu produzieren: Sie behaupten, wer Männern, die sich zu Kindern hingezogen fühlen, einen synthetischen Ersatz liefere, hielte sie davon ab, echte Kinder zu missbrauchen. In Europa und Nordamerika wurden schon Männer bei dem Versuch festgenommen, solche Puppen in ihre Länder einzuschmuggeln (im Vereinigten Königreich zumindest bestimmen vorsintflutliche Gesetze, dass der Import von Kindersexpuppen illegal ist, nicht jedoch der Gebrauch). Wird darüber berichtet, erregt das fast immer allgemeine Entrüstung darüber, dass es solche Kindersexpuppen überhaupt gibt. Ein paar hartnäckige Wissenschaftler spekulieren darüber, ob der Besitz einer solchen Puppe Pädophile davon abhalten könnte, ihren Impulsen nachzugeben – als eine Art Ersatz für echte Kinder, wie Methadon für Opiate. Der allgemeine Konsens ist aber offenbar, dass es keine sichere Methode gibt, Pädophilen zu ermöglichen, ihren Neigungen nachzugeben – und das Kindersexpuppen ihre Gelüste nicht stillen, sondern steigern würden.

Im Kreise derjenigen, die im Wettlauf um den ersten Sexroboter stehen, will keiner ein Kindermodell auf den Markt bringen, noch nicht einmal Douglas, dessen »Young Yoko«-Version von Roxxxy True Companion so vorsichtig als »gerade mal« über 18 beschrieben wird. Doch wenn Kindersexpuppen tabu sind, weil sie ungesetzliches, schädigendes und missbräuchliches Verhalten fördern könnten, wäre es dann etwas anders, wenn man Männern gestattete, ihre dunkelsten Fantasien an weiblichen Robotern auszuleben? Wenn es echten Kindern Schaden zufügen könnte, dass es Kinderpuppen gibt, wie können wir dann sicher sein, dass weibliche Sexroboter keine Gefahr für echte Frauen darstellen?

In der Männerwelt extremer Online-Communitys für Männerrechte kommt die Idee vom Sexroboter natürlich gut an. Von ihnen werden wir noch mehr zu hören bekommen, wenn wir uns mit der Zukunft der Geburt befassen. Sehen Sie mir für den Moment bitte nach, wenn ich ein paar Kommentare von www.mgtow.com – für »Men Going Their Own Way« – in voller Länge abdrucke, mitsamt in gekünstelter Tugendhaftigkeit zensierter Obszönitäten und ursprünglicher Interpunktion und Syntax:

»Zeit, diese F~~~~n durch Roboter zu ersetzen!«

»Das Ende Tausender Jahre weiblicher F~~~~n-Diktatur«

»Im 1. Buch Mose schuf Gott die Frau und verhieß uns eine ›Hilfe‹. Jemanden, der uns helfen, uns gehorchen soll, ein warmherziges, fürsorgliches, solidarisches und mitfühlendes Wesen ...

3. »Der Roboter spürt nichts«

Tja, das haben wir nicht bekommen, oder? Stattdessen ist seine Schöpfung so danebengegangen, dass sie alles andere ist als das, was sie sein soll. (Frauen) Also erschaffen wir uns unsere eigene Hilfe und werden dann endlich die uns von Gott verheißene Gefährtin haben.«

Die Kommentare zu diesem speziellen Thread waren Reaktionen auf eine Meldung über Dr. Sergi Santos. Wie Roberto arbeitet auch der spanische Ingenieur in einer Garagenwerkstatt, allerdings neuneinhalbtausend Kilometer weit weg – in Rubi bei Barcelona in Spanien. Sergi ist der vierte Mensch, auf den ich bei meinen Recherchen stieß, weil er von sich behauptet, den ersten Sexroboter der Welt erfunden zu haben. Doch anders als bei Matt, Roberto oder Douglas ist sein Roboter aus einem wissenschaftlichen Projekt hervorgegangen – einem Experiment zu maschinellem Lernen, das er in einem Paper für *The International Robotics & Automation Journal* mit dem Titel »The Samantha Project: a Modular Architecture for Modeling Transitions in Human Emotions«[4] dokumentierte. Er hat einen Doktortitel in Nanowissenschaft – die die Eigenschaften winziger Teilchen studiert –, beschäftigt sich aber seit vier Jahren mit der Arbeit an einem Modell für eine künstliche Theorie des Geistes.

Sergi wollte zunächst eigentlich ein Gehirn entwickeln, doch als er sich nach einem glaubwürdigen Körper dafür umsah, mit dem Menschen authentisch interagieren würden, stolperte seine Frau Maritsa Kissamitaki über die Welt der hyperrealistischen Sexpuppen. Sergi gab 50 000 Dollar aus, um sich in aller Welt zehn Exemplare zusammenzukaufen – unter anderem eine RealDoll und mehrere billigere chinesische Modelle. Diese verwandelte er in Roboter, baute Mikrofon, Lautsprecher, einen internen Computer und Berührungssensoren ein, damit die Puppe auf menschliche Berührung reagieren und aus menschlichen Interaktionen lernen konnte.

Er nannte sie Samantha, weil dieser Name auf Aramäisch »die Zuhörerin« bedeutet.

Maritsa fand heraus, wie die Sensoren in den Körper integriert werden mussten. Sie ist eigentlich Grafikdesignerin, entwickelte sich aber zur Expertin für Robotermontage. Samantha ist nicht sehr beweglich – ihre Vagina vibriert, und sie hat einen Motor im Kiefer, sie stöhnt und spricht, aber ihre Lippen bewegen sich nicht. Das bedeutet dennoch, dass das Samantha-System im Prinzip eingesetzt werden könnte, um eine Sexpuppe zum Leben zu erwecken – und zwar zu einem Preis, der sogar noch deutlich unter dem liegt, was Roberto veranschlagt. Indem sich Sergi auf die computertechnischen Aspekte konzentrierte – also die Software anstelle der Hardware –, machte Sergi die Sexrobotertechnologie potenziell für ein weit größeres Publikum zugänglich. Sein Unternehmen Synthea Amatus hat nach eigenen Angaben 2017 mit dem Verkauf begonnen – zu einem Einstiegspreis von 2000 Euro.

Samantha kann man auf unterschiedliche Weise betreiben. Das Spektrum reicht von *hartem Sex* bis zum *Familienmodus*. Auf dem »Höhepunkt« ist sie sehr geräuschvoll, und durch Reaktionen auf die Laute und Bewegungen ihres Besitzers kann sie lernen, einen simultanen Orgasmus vorzuspielen. »Samantha spricht Sie an und will Aufmerksamkeit erregen«, heißt es auf der Website von Synthea Amatus. »Je mehr sie um Aufmerksamkeit bitten muss, desto geduldiger wird sie. Je mehr Aufmerksamkeit sie erhält, desto ungeduldiger wird sie. Sie lernt, Sie nicht ständig anzusprechen.« Diese Version der idealen Weiblichkeit gähnt und schläft ein, wenn man sie ignoriert. Für Sex ist sie aber nie zu müde. »Interagiert man in diesem entspannten Zustand mit ihr, kann man sie sexuell erregen. Lässt man sie wieder in Ruhe, kann die Erregung abklingen, und sie schläft wieder ein.«

Als Sergi die Nachricht von seiner Entwicklung veröffentlichte, sprach er noch gern mit jedem. Doch manche seiner Interviews lassen sich wohl bestenfalls als unklug bezeichnen. »Eigentlich bin ich der Robin Hood des Sex, denn ich gebe den Armen. Männer brauchen Sex, und ich verschaffe ihnen diese Möglichkeit«, erzählte er einem Reporter von ITV, den Arm um Samanthas Schultern gelegt. »Frauen und Männer haben zu Sex eine ganz unterschiedliche Einstellung. Männer möchten mehr Sex. Generell möchte ein Mann gern das Gefühl haben, dass eine Frau unbedingt mit ihm schlafen will.«

Ich glaube ja, dass sich jeder beim Sex unbedingt begehrt fühlen möchte. Frauen finden es vermutlich nur schwieriger, sich von einem Männerersatz aus Silikon tatsächlich begehrt zu fühlen. Doch Sergi denkt nicht an weibliche Sehnsüchte. Sein Blick auf Sex ist, gelinde gesagt, narzisstisch.

Die Reporter stürzten sich auf das Detail, dass Maritsa, mit der Sergi seit 16 Jahren zusammenlebt, an seiner Seite arbeitet. In gemeinsamen Interviews äußerten sie sich darüber, wie es ihre Ehe verbessert hat, dass Sergi Samantha auch privat nutzt. »Ich habe manchmal sexuelle Bedürfnisse, wenn meine Frau keine Lust hat«, bekannte er auf dem YouTube-Kanal Barcroft TV, mit einer sittsamen Maritsa rechts im Bild. »Ich könnte drei- oder viermal täglich Sex haben«, erzählte er einem BBC-Team, dem Maritsa in einem gesonderten Interview verriet: »Ich kriege ihn gar nicht zur Ruhe. Er hat einen stärkeren Trieb als ich. Wenn er ruhiger wird, ist das Leben für uns alle einfacher.«

Sergi wurde so zitiert, als sei die unersättliche männliche Libido eine Selbstverständlichkeit. Als sei Sex etwas, das Männer brauchten und Frauen oft entweder verweigern oder ertragen müssten. Als habe er eine Maschine erfunden, die Männern und Frauen half, indem sie das Problem »mangelnder Synchronität« im Liebesleben eines Paares behob. Da war keine Rede mehr von Sergis Bewusstseinstheorie oder davon, dass der Roboter ein wissenschaftliches Projekt war, um durch die Modellierung von Übergängen in menschlichen Emotionen mehr über das menschliche Gehirn zu erfahren. Sämtliche Berichte drehten sich nur um den sexsüchtigen Wissenschaftler und seine Frau, die seit Jahren darunter litt.

Als ich mit ihm spreche, hat Sergi nicht mehr viel für Journalisten übrig. Wir führen mehrere lange Skype-Gespräche, doch er erklärt mir, er wolle keine Interviews mehr geben und seit den BBC-Aufnahmen auch ganz bestimmt keinen Kontakt mehr zu seiner Frau herstellen. »Wie konnte ich nur zulassen, dass diese Kerle in einem anderen Zimmer mit meiner Frau sprechen?«, sagt er und merkt gar nicht, dass er sich dabei umso mehr anhört wie ein Neandertaler. »Ich bedaure, aber jetzt möchte ich nichts mehr mit den Medien zu tun haben.«

Außerdem verabschiede er sich ohnehin von dem Sexroboter. »Mir ging es nie ums Geld. Ich will lernen, erkennen, worum es geht, und ihn bauen«, meint er. Das Unternehmen hat er dem Hersteller übergeben. Wenn es Nachfrage gibt, wird diese befriedigt werden, doch er will mit der Weiterentwicklung des Produkts nichts mehr zu tun haben. Durch seine Erfahrung bei dem Versuch, den Roboter auf den Markt zu bringen, hat er den Glauben an die Menschheit verloren. »Diese Puppe ist menschlicher als die Journalisten, denen ich begegnet bin«, erzählt er mir und zeigt dabei auf irgendein Gebilde aus Silikon in der Ecke seiner Werkstatt. »Für mich ist die Puppe im Grunde eine Möglichkeit, menschlicher zu werden.«

Doch für die Online-Heerscharen von Frauenhassern, die jede neue Schlagzeile über die Einführung von Sexrobotern so begeistert begrüßen, sind Samantha, Harmony, Eva und Roxxxy gerade deshalb so attraktiv, weil sie eben nicht menschlich sind. Sie sind begehrenswert, weil sie nicht denken, fühlen und selbst entscheiden. Vielleicht wollte Sergi wirklich mehr über das menschliche Gehirn wissen, als er mit der Arbeit an seinem Roboter begann. Doch was am Ende dabei herauskam, war der Anfang einer Fertigungsstraße, die unsere Empathie auslöschen und das Ende menschlicher Beziehungen einläuten könnte.

4.
»Hier stehen alle unsere Beziehungen auf dem Spiel«

Die Ausstellung *Robots* im Londoner Science Museum ist wie eine Greatest-Hits-Sammlung der Robotertechnik – die beliebtesten Humanoiden der Welt, zum Appell gerufen. Da steht Harry, der Partner-Roboter von Toyota, spielt ein fröhliches Lied auf der Trompete und wiegt sich im Takt. Dann kommt P2 von Honda, der erste Roboter, der geht wie ein Mensch. Mit seinem behelmten Kugelkopf und seinem cremeweißen Körper sieht er aus, als trüge er einen der Raumanzüge, die in der Space Gallery eine Etage tiefer ausgestellt sind. Es folgt Pepper, der süße kleine Begleitroboter mit Anime-Augen, der die begeisterten Besucher, die bei ihm Schlange stehen, mit lässigen Faustchecks begrüßt.

»Was wir hier sehen, ist der Friedhof des modernen Individuums«, meint Dr. Kathleen Richardson stirnrunzelnd. »Die Vorstellung, dass wir alle nur Maschinen sind.«

Kathleen ist nicht gekommen, um mit Pepper einen Faustcheck auszutauschen. Sie ist Leiterin der Campaign Against Sex Robots (CASR), die 2015 gegründet und auf der Ethikkonferenz der De Montfort University in Leicester lanciert wurde. Dort ist sie Professorin für Roboter- und KI-Ethik und -Kultur. Ich habe mich mit ihr auf der Ausstellung verabredet, weil ich dachte, das wäre ein farbenfroher Hintergrund, um mehr über ihre Kampagne zu erfahren. Doch obwohl hier eindeutig keine Sexroboter ausgestellt werden, hat Kathleen keinen Spaß daran.

»Den Startschuss für die Kampagne empfinde ich als dringend nötige Reaktion auf eine meines Erachtens sehr dunkle Episode der Menschheitsentwicklung«, erklärt sie mir, während um uns herum die Roboter surren und brummen. »Wir leben in einer Welt, die uns glauben machen will, wir seien als menschliche Wesen nicht miteinander verbunden, sondern sogar allein im Universum. Wir würden alleine geboren und alleine sterben. Und wir könnten andere Menschen wie unser Eigentum behandeln. Diese Ausstellung ist ein Tribut an den modernen Individualismus, an eine Gesellschaft, die jetzt mit Objekten interagieren möchte, als wären sie wie andere Menschen.«

Die Kampagne ist »eine Gruppe von Aktivisten, Autoren und Wissenschaftlern, die neue und absolut notwendige feministische und abolitionistische Ansichten zu Robotern und KI entwickeln«, so heißt es auf ihrer Website. Sie fordern Kabinettsmitglieder auf, Gesetze gegen das Aufkommen von Sexrobotern zu erlassen, »bevor es zu spät ist«.

»Wir sind überzeugt, dass die Entwicklung von Sexrobotern Frauen und Kinder noch mehr zu Sexobjekten degradiert«, heißt es in ihrer Grundsatzerklärung. »Wir treten der Argumentation entgegen, dass Sexroboter dazu beitragen könnten, sexuelle Ausbeutung und Gewalt gegenüber Prostituierten zu verringern, und verweisen dabei auf die vielen Indizien, die belegen, wie Technologie und das Sexgewerbe koexistieren und einander verstärken, indem sie die Nachfrage nach menschlichen Körpern steigern.«

Auf der Website prangt ein großformatiges angsteinflößendes Schwarz-Weiß-Foto von Kathleen vor einer Wand mit einer Collage aus albtraumhaften Bildern von Maria, dem kultigen Maschinenmenschen aus *Metropolis*. Kathleen ist ganz in Schwarz gekleidet, mit einem wilden, fransigen Bob. Ungeschminkt blicken ihre dunklen ernsten Augen direkt in die Kamera. Allein schon durch ihren Nonkonformismus entspricht sie ganz ungeniert dem Stereotyp, das sich die Online-Mannosphäre unter einer aufgebrachten Feministin vorstellen könnte.

»Sexpuppen beruhen auf einem Konzept, das in der Gesellschaft bereits vorhanden ist: dass Frauen Besitz sind, dass sie keine vollwertigen Menschen sind, sondern minderwertige Menschen, und dass man sie als eine Art Eigentum betrachten kann«, erklärt sie mir, während sich hinter ihr Kodomoroid respektvoll verbeugt – ein unheimlich realistischer japanischer gynoider Nachrichtenroboter. »Die Entwicklung eines Roboters, mit dem man neuerdings Sex haben kann, ist eine logische Konsequenz aus der Vorstellung vom modernen Individuum als abgetrennt, atomisiert und ohne Verbindung zu anderen. Sex ist die Erfahrung eines Menschen – nicht eines Körpers, den man als Eigentum betrachtet, oder eines separierten Geistes oder Objekts. Er stellt für uns eine Möglichkeit dar, unsre Menschlichkeit gemeinsam mit einem anderen Menschen zu begreifen.«

Kathleens Ansicht ist ebenso marxistisch wie feministisch: Für sie sind Sexroboter ein Symptom einer exzessiven Konsumgesellschaft, die die schlimmsten Elemente des ungezügelten Kapitalismus verkörpert, weil Beziehungen zur Ware werden. »Ihre Hersteller behaupten, sie seien mehr als ein Masturbationswerkzeug. Sie treiben die logische Vorstellung vom Individuum ins Extrem, indem sie sagen: ›Du kannst mit dieser Puppe eine Beziehung führen. Sie kann deine Freundin sein – oder deine Frau. In Zukunft kann man solche Puppen sogar heiraten.‹ Diese unaufhörliche isolierende negative Kraft wirkt sich auf unsere Beziehungen aus.«

Das ist viel Stoff zum Nachdenken. »Sexroboter gefährden also die zwischenmenschliche Interaktion?«, hake ich nach.

4. »Hier stehen alle unsere Beziehungen auf dem Spiel«

»Auf jeden Fall«, nickt sie. »Die Interaktion von Menschen ist bereits heute durch den Aufstieg der Technik bedroht, weil dieser auf der Vorstellung vom Individuum beruht. Denken Sie doch mal darüber nach: Das *i*Phone, das *i*Pad – alles dreht sich nur ums ›ich‹.«

Ich denke scharf nach, bin aber nicht sicher, dass ich folgen kann. Doch Kathleen ist voll in Fahrt.

»Menschen mit Macht wollen nicht, dass sich andere Menschen zusammenfinden und Beziehungen zueinander aufbauen. Sie möchten sie zu isolierten, individualisierten Atomen machen, die Produkte konsumieren. Heute ist ein Oxfam-Bericht erschienen, demzufolge acht Menschen zurzeit so viel Vermögen besitzen wie die ärmsten 50 Prozent der Weltbevölkerung. Als Menschen, die nicht zu dieser Elite gehören, haben wir nur uns. Ergreifen wir die nötigen Maßnahmen, um solche Praktiken abzuschaffen, die uns isolieren und voneinander trennen, dann haben wir vielleicht eine Chance, in unserer Welt etwas zu verändern.«

»Und die Lösung ist, Roboter zu verbieten?«

Zum ersten Mal zögert Kathleen. »Museen sind ein guter Ort für Roboter. Sicherlich brauchen wir Automation in unserem Leben – sie kann uns als Menschen sehr nützlich sein. Das Problem liegt aber wieder einmal darin, dass die Macht in den Händen weniger konzentriert ist.«

Tatsächlich bezieht die CASR aber gar nicht eindeutig dazu Stellung, ob Sexroboter für ungesetzlich erklärt werden sollen. Zunächst forderte sie zwar ein Verbot, doch dann eine seriöse Untersuchung der ethischen Folgen. Und schließlich initiierte sie eine Kampagne für »öffentliche Konsultationen vor dem Entwurf eines Gesetzes«, ohne genauer zu spezifizieren, was denn nun gesetzlich festgeschrieben werden sollte. Kathleens Kampagne ist eher Kritik als Bewegung, aber keine klare, leicht nachvollziehbare Kritik: Sie stützt sich auf ganz konkrete akademische Definitionen von Menschsein und Sex, also auf eine Prämisse mit einer ganz bestimmten Weltanschauung. Und zwischen dieser und der Weltsicht Farrahs, Matts oder Davecats liegen Welten.

»Ich kenne ein paar der Leute, die solche Roboter herstellen. Sie sagen, sie wollen die Menschen nur glücklich machen. Sie sagen, ihre Roboter seien therapeutisch, es ginge ihnen um die Erzeugung einer Illusion von Gesellschaft für Menschen, die sonst gar keine Aussicht auf Gesellschaft haben«, wende ich ein.

»Das ist ein Mythos. Und im Grunde eine Lüge«, entgegnet Kathleen. »Jeder Mensch hat Beziehungen. Wir sind nicht isoliert.«

»Aber jemanden, der zu Hause auf einen wartet? Jemanden, mit dem man sprechen kann, wenn sonst kein Gespräch möglich wäre?«

»Holt man sich solche Objekte in sein Leben, ist man trotzdem allein. Objekte sind kein Ersatz für Menschen.«

»Man bleibt also alleine?«

»Ja. Und die Objekte treten dann an die Stelle anderer Menschen, verletzter Gefühle, Leid, Verzweiflung und Einsamkeit«, fährt sie fort. »Ich würde das als Teil einer Vergewaltigungskultur bezeichnen. Je stärker man sich an Aktivitäten beteiligt, die jenseits dieses Konsensrahmens stattfinden, desto mehr verwandelt man sich selbst in ein Objekt.«

Kathleen mag das sehr kompromisslos und mitunter schwer nachvollziehbar ausdrücken, doch sie hat nicht ganz unrecht. Eine Vergegenständlichung findet nicht nur dann statt, wenn Menschen dazu animiert werden, menschliche Körper als Objekte zu betrachten – wenn sie etwa die pornografischen Brüste und unrealistischen Wespentaillen in der Werkstatt von Abyss Creations begaffen. Das

4. »Hier stehen alle unsere Beziehungen auf dem Spiel«

weltweite Geschäft mit menschlichen Körpern für die Sexarbeit – der Menschenhandel – ist eine florierende Industrie, die darauf beruht, dass Frauen und Kinder als Ware betrachtet werden, die wie Drogen oder Waffen transportiert und eingesetzt werden. Jedes Produkt, das uns dazu bringt, Menschen und Objekte als austauschbar zu betrachten, fördert eine Geisteshaltung, die Sklaverei ermöglicht.

»Und das geht ständig so weiter«, erklärt Kathleen. »Der Zug ist abgefahren und rast mit einer Geschwindigkeit dahin, über die sich niemand wirklich im Klaren ist.«

Wir schlendern durch die Ausstellung, vorbei am Tanzroboter ASIMO, am Schauspielroboter RoboThespian und an Zeno, dem Roboterjungen, dessen ausdrucksstarkes Gesicht jeden Anflug von Ärger, Freude oder Überraschung spiegeln kann, den er in unserer Miene entdeckt. Über den ganzen Saal verstreut fordern uns Schilder zum Nachdenken auf. »Ist es ethisch, wenn sich ein Roboter als Mensch ausgibt«, steht darauf. »Würden Sie sich mit einem Roboter anfreunden?«

»Würden Sie sich mit einem Roboter anfreunden?«, frage ich Kathleen.

»Man kann sich nicht mit einem Roboter anfreunden, weil unsere Freundschaftserfahrung aus zwischenmenschlichen Beziehungen entsteht. Roboter sind unbelebte Objekte.«

Sie hört sich fast an wie einer.

Über die Campaign Against Sex Robots wurde bei ihrer Gründung viel berichtet – allerdings nicht, weil den Journalisten die Vorstellungen so gefielen, die die Kampagne propagierte, sondern weil ihnen die Vorstellung von einer Kampagne zusagte. Es war ein Vorwand, um die unwiderstehliche Geschichte vom gefährlichen, vollkommen, künstlich erzeugten Partner zu erzählen, die uns seit jeher so fasziniert. Die Journalisten waren nicht sehr scharf darauf, näher zu ergründen, ob der feministisch-abolitionistische Ansatz zu Eigentumsbeziehungen das richtige Prisma war, durch das man Sexroboter betrachten sollte. Sie suchten nur eine Ausrede, um Sexroboter zu betrachten. Die Ironie dabei: Die Kampagne ist zwar eigentlich eine Reaktion auf die unkritische Berichterstattung über Sexpuppen und Sexroboter, doch die Anlaufstelle, an die sich die Reporter wendeten, um die Gegenargumente der Sex-Tech-Branche zu formulieren, war ausgerechnet Douglas Hines – der Mann, der letztlich vermutlich gar keinen Roboter anzubieten hat. Aber darauf kam es gar nicht an. Hauptsache, eine gute Geschichte.

Kathleen dagegen schert sich nicht um gute Geschichten: Sie schildert ihre Sicht der Dinge, selbst wenn diese vielen Menschen befremdlich erscheinen mag. Ich hörte sie das erste Mal bei einem Vortrag an der British Academy in London sprechen. Der Raum war brechend voll. Ganz hinten drängten sich noch Zuschauer ohne Sitzplatz. »Ich denke darüber nach, die Kampagne in Campaign Against Rape Robots umzubenennen, denn im Grunde sind das Vergewaltigungsroboter«, erklärte sie dem Publikum. »Sobald Sex nicht einvernehmlich stattfindet, wird er zur Vergewaltigung. In der Prostitution werden Frauen gegen Bezahlung vergewaltigt. In der Pornobranche prostituieren sich die DarstellerInnen, weil sie für Sex bezahlt werden. Pornografie simuliert die Vergewaltigungserfahrung für den Zuschauer. Wer Pornovideos anschaut, imitiert eine Vergewaltigungsfantasie.«

Das war zu viel für das Publikum aus feministischen Millennials, die in einer Zeit aufgewachsen waren, in der Pornografie überall kostenlos verfügbar war, und die sie selbst nie als Wegbereiter für Vergewaltigung verstehen würden. Manche lachten ungeniert über ihre neuen Definitionen.

»Die Welt der Sexroboter ahmt diese grausame Form der Verge-

4. »Hier stehen alle unsere Beziehungen auf dem Spiel«

waltigung nach, die inzwischen in unserer Kultur zum Massengut und zur Normalität geworden ist. Das ist ein Problem für jeden von uns. Hier stehen alle unsere Beziehungen auf dem Spiel«, beschwor sie ihre Zuhörer. Dabei hatte sie den Draht zu vielen von ihnen bereits verloren.

Während Matt und Roberto in ihren Werkstätten herumbasteln, müssen grundlegende Fragen zu den Folgen dessen beantwortet werden, was sie dort tun. Doch möglicherweise ist Kathleen nicht die Richtige, um sie zu stellen.

Beim zweiten International Congress on Love and Sex with Robots ist der Hörsaal des Professor Stuart Hall Buildings der Goldsmiths University mit seinen 250 Plätzen voll besetzt. In der Mitte sitzen die delegierten Wissenschaftler: nerdige Männer und Frauen zwischen 20 und 40 mit avantgardistischen Frisuren – superkurze Ponys, experimentelle Koteletten. Links, gleich am Ausgang, sitzen die Reporter, die aus aller Welt eingeflogen sind, um atemlos über jede neue Entwicklung in der Welt der Sexroboter zu berichten. Die meisten von ihnen werden enttäuscht wieder abreisen: Hier findet eine akademische Vorlesungsreihe über humanoide Roboter statt, keine Vorführung der neuesten Hardware.

Die Informatikerin Dr. Kate Devlin betritt freudig erregt das Podium, um den Hauptvortrag zu halten: In ihrer Disziplin sei man nicht daran gewöhnt, dass sich Journalisten so für die eigene Arbeit interessierten, scherzt sie. Eigentlich hätte der zweite Internationale Kongress über Liebe und Sex mit Robotern in Malaysia stattfinden sollen, doch die Polizei des muslimischen Landes untersagte ihn wenige Tage vor Beginn der Veranstaltung mit der Begründung, er fördere »eine unnatürliche Kultur«. Dadurch bekam die Konferenz Sensationscharakter. »Das hier ist kein Sexfestival«, erklärt

Devlin den Journalisten. »Wir denken hier über verschiedene wirklich weitreichende Fragen nach.«

Die zweitägige Veranstaltung, die David Levy mitbegründete und die nach seinem Buch benannt ist, ist in vieler Hinsicht der Versuch der Wissenschaftler, die in Mensch-Roboter-Beziehungen potenzielle Vorteile sehen, der von Kathleen geäußerten Kritik entgegenzutreten. Sie gehört nicht zu den geladenen Referenten, doch ihre Argumente hängen schwer in der Luft, und viele der Vortragenden nutzen ihre Redezeit auf dem Podium, um darauf einzugehen. Devlin meint, statt Kampagnen gegen Sexroboter zu starten, sollten wir sie als Chance nutzen, neuartige Formen von Gesellschaft und Sexualität zu ergründen. Sie hat sich eingehend mit diesem Thema befasst: Sie zählt nicht nur zu den InformatikerInnen, die auf Sex-Tech spezialisiert sind, sondern hat außerdem Artikel über ihre eigenen polyamourösen Beziehungen geschrieben und darüber, wie »einvernehmliche Nichtmonogamie« ihr Leben bereichert habe.[1]

Reduzieren die gängigen Auffassungen von Sexrobotern Frauen zum Objekt, so Devlin, dann sollten wir daran arbeiten, diese Auffassungen zu verändern, nicht zu unterdrücken. »Die Entwicklung kann auch in eine ganz andere Richtung gehen. Warum muss ein Sexroboter denn aussehen wie ein Mensch?«, fragt sie. Fortschritte bei intelligenten Werkstoffen und E-Textilien bedeuten, dass wir abstrakte, immersive Sexroboter herstellen könnten, die uns umhüllen und umarmen, kuschlige Sexroboter aus Samt oder Seide, Roboter mit »gemischten Genitalien und Tentakeln statt Armen«, beschreibt sie.[2] Wir fühlen uns nur aus Gewohnheit zur humanoiden Form hingezogen. Ich versuche mir vorzustellen, dass ein wuschiger Roboteddy mit Tentakeln dem Geschmack der Masse entsprechen könnte. Ich halte das für unwahrscheinlich. Millionen Jahre der Evolution des sexuellen Verlangens bedeuten, dass wir von der

4. »Hier stehen alle unsere Beziehungen auf dem Spiel« 101

menschlichen Gestalt angetörnt werden. Sonst würden wir doch sicher Äste, Büsche oder Steine bespringen? Es braucht schon mehr als ein bisschen intelligenten Stoff, um uns umzupolen.

Kathleen erzählt da bereits von Paro, einem plüschigen weißen, KI-optimierten robotischen Seehundbaby aus Japan, das quiekt und mit langen Wimpern klimpert. Aufgeladen wird es über sein Mäulchen – mit einem Stecker, der aussieht wie ein Schnuller. Paro wird weltweit als Therapietier für Demenzpatienten eingesetzt, von den USA über Deutschland bis hin zu den National-Health-Service(NHS)-Pflegeheimen im Vereinigten Königreich. »Paro muss nicht gefüttert werden, kackt nicht auf den Teppich, und niemand will mit Paro schlafen«, witzelt Devlin. Robotergefährten wie Paro spenden Menschen Trost, die sonst wenig Kontakt hätten. Und Sexroboter könnten die Erfüllung auf die nächste Stufe heben, wie Devlin behauptet. Irgendwie ist es unendlich traurig, dass Menschen in Pflegeheimen Robotertiere haben, wo sie doch eigentlich Kontakt zu Menschen bräuchten, doch offenbar wird davon ausgegangen, dass Roboter verlässlicher sind als Menschen. »Diese Entwicklung zu verbieten oder aufzuhalten wäre kurzsichtig, denn ihr therapeutisches Potenzial ist gewaltig«, meint Devlin. »Es muss nicht schlimm ausgehen.«

Andere durch Sexroboter aufgeworfene Fragen hält Devlin für weitaus dringlicher: Sie könnten Verrat an ihrem Besitzer begehen und seine Daten weitergeben. Einige intelligente Sexspielzeuge haben das bereits getan: Im März 2017 zahlten die kanadischen Hersteller des Vibrators We-Vibe im Rahmen eines Vergleichs bei einer Sammelklage 3,75 Millionen Dollar, nachdem bekannt wurde, dass sie Echtzeitdaten dazu gesammelt hatten, wie oft und mit welcher Intensität der Vibrator von seinen 300 000 (Eigentümer:innen verwendet wurde. Etwas später im selben Jahr flog auf, dass die

Fernsteuerungs-App für den Vibrator des Hongkonger Sexspielzeugproduzenten Lovense vom Anwender unbemerkt Tonaufnahmen der Masturbationssitzungen anfertigten und die Audiodateien heimlich speicherten. Ist erst ein Roboter wie Harmony auf dem Markt, weiß dieser wesentlich mehr über seinen Besitzer, als ein einfacher Vibrator je in Erfahrung bringen könnte. Was, wenn diese Informationen in falsche Hände geraten?

Probleme mit intelligentem Sexspielzeug haben gezeigt, dass auch die Möglichkeit sexueller Übergriffe durch Roboter besteht. Der amerikanische Vibrator Siime Eye hat eine eingebaute Kamera, mit der Verwender ihre Sitzungen »aufzeichnen und teilen« können. Wie sich zeigte, war diese leicht zu hacken. Dadurch konnten nicht nur die unglaublich intimen Videos gestohlen werden, sondern ein Fremder konnte die Kontrolle über die Geräte übernehmen. Was Devlin nicht erwähnt: Beim Analstöpsel Hush von Lovense wurden Sicherheitsprobleme nachgewiesen. Im Klartext hieß das: Er konnte von jedem in Bluetooth-Reichweite ferngesteuert werden. Durch gehackte Sexroboter könnten aber noch viel albtraumhaftere Szenarien entstehen, als wenn ein Analstöpsel außer Kontrolle gerät.

Mir wird ganz schwindelig bei dem Gedanken, wie lukrativ es sein könnte, die Daten, die Sexroboter von ihren Eigentümern sammeln, an Werbekunden zu verkaufen. Ich muss unwillkürlich an Matts Worte denken: *Sie versucht systematisch, mehr über Sie zu erfahren – so lange, bis sie alles über Sie weiß. Bis es keine Lücken mehr gibt.* Vergessen Sie Cambridge Analytica und Facebook – in Zukunft könnten die Informationen, die Ihr Partner von Ihnen hat, an den Höchstbietenden verkauft werden. Das Wesen, das Sie lieben und dem Sie vertrauen, könnte dann als effektivstes Marketinginstrument aller Zeiten eingesetzt werden und Sie durch seine Empfeh-

4. »Hier stehen alle unsere Beziehungen auf dem Spiel«

lungen und Vorschläge dazu veranlassen, irgendetwas zu kaufen. Oder für irgendetwas zu stimmen. Sexroboter könnten Ihnen zwar Unterhaltung bieten und Sie befriedigen, aber Sie könnten Sie auch demütigen, verletzen und ausnutzen. Vielleicht gibt es den vollkommenen echten Gefährten eben doch nicht – ob menschlich oder humanoid.

Levy betritt das Podium, um sich bei Devlin zu bedanken. »Ich bin froh, dass jemand den Mut hat, sich gegen Kathleen Richardson auszusprechen«, sagt er. »Hätten Sie etwas gegen die Vorstellung, dass ein Sexroboter Daten über die Erfahrungen speichert, die er mit seinem menschlichen Liebspartner gesammelt hat, um ein besserer Liebhaber zu werden und seinen menschlichen Partner zu einem besseren Liebhaber zu machen? Sexroboter könnten ihre Lernfähigkeit sehr vorteilhaft nutzen.« Wie immer ist Levy entschlossen, das Positive zu sehen.

Sexroboter scheinen die perfekte leere Leinwand zu sein, auf die wir unsere persönlichen Überzeugungen und Aufhänger projizieren können, selbst wenn wir es nie in Betracht ziehen würden, mit einem Roboter zu schlafen. Für einen männlichen libertären Informatiker sind sie eine schöne neue Welt der Möglichkeiten. Einer polyamourösen Sex-Tech-Fachfrau bieten sie Wege, unkonventionelle Arten von Sexualität zu ergründen, die über das hinausgehen, was Devlin als »monoheteronormativen« Mainstream bezeichnet.[3] Für eine marxistische Feministin stellen sie dagegen die Kommerzialisierung der Frau dar. Die Debatte, die derzeit über Sexroboter stattfindet, verrät mehr darüber, wie wir, unsere Sehnsüchte und Ängste heute aussehen, als über die Zukunft des Sex.

Levy beschließt den Kongresstag mit einer beiläufigen Bemerkung, die mir im Gedächtnis bleibt. Ganz gleich, was Kathleen mit ihrer Kampagne zu erreichen suche, meint er, den Vormarsch der

Sexroboter könne niemand aufhalten. »Ich glaube nicht, dass ein ethischer oder moralischer Einwand das verhindern kann«, setzt er hinzu. »Ich glaube wirklich nicht, dass es möglich ist, die Welt daran zu hindern, etwas zu entwickeln, das die Welt entwickeln will. Dafür gibt es zu viele Länder, zu viele Unrechtsstaaten und zu viele kommerzielle Interessen.«

Und er hat natürlich recht. Während sich die Wissenschaftler im Vereinigten Königreich in ethischen Fragen verheddern, treiben die Chinesen die Sache in aller Ruhe voran.

Zwei der hartnäckigsten Klischees über Ostasien sind erstens, dass der technische Fortschritt dort nicht durch ethische Einschränkungen behindert wird, und zweitens, dass dort weltweit die eigenartigsten Einstellungen zum Sex zu Hause sind. Die Menschen aus China, Korea und Japan gelten gleichzeitig als Sexbesessene und Sexmuffel – ein ebenso unstimmiges wie unfaires Stereotyp, umso mehr, als der Markt für die seltsamsten Sexspielzeuge, die in diesem Teil der Welt hergestellt werden, zu einem großen Teil auf Nordamerika und Europa entfällt.

Es ist jedoch nicht von der Hand zu weisen, dass die meisten Sexpuppen der Welt in Ostasien hergestellt werden. Und nirgends sonst werden so erstaunlich realistische humanoide Roboter entwickelt. Ein Beispiel dafür ist Sophia, das Produkt von Hanson Robotics aus Hongkong. Der Roboter hat 50 verschiedene Gesichtsausdrücke und ist der erste Humanoid, der die umfassende Staatsangehörigkeit eines Landes verliehen bekam (des Königreichs Saudi-Arabien, ein Land, das menschliche Flüchtlinge nicht einbürgert und für Frauen, ob synthetisch oder organisch, wohl nicht der ideale Ort ist). Ein weiteres Beispiel ist Geminoid, der berüchtigte unheimliche Roboter, den der japanische Ingenieur Hiroshi Ishiguro 2007 als seinen Zwilling schuf. Mit zunehmendem Alter lässt sich Ishiguro weiter so frisieren und durch plastische Chirurgie regelmäßig korrigieren, dass er genau wie sein androider Doppelgänger aussieht – ein ebenso eitles wie vergebliches Unterfangen.

Matt mochte nach Kräften versucht haben, bei mir den Eindruck zu erwecken, die Recherchen über Sexroboter aus Ostasien seien Zeitverschwendung, doch er weiß sehr genau, dass dort die größten Fortschritte in der Humanoidtechnologie erzielt werden. Und dort sitzt auch sein größter Konkurrent, der aus einer Hafenstadt auf einer Halbinsel im Gelben Meer jeden seiner Schritte verfolgt.

Ist Abyss Creations wie Apple für Sexpuppen, dann ist Doll Sweet wie Samsung. Am Standort Dalian, einem der verkehrsreichsten chinesischen Seehäfen, produziert und versendet DS seine DS-Doll-Sexpuppenlinie seit 2010. Das Unternehmen verkauft etwa 3000 Stück pro Jahr, vor allem nach Japan, Europa und in die USA. (Miss Winter, die Puppe aus Davecats Sammlung, zu der er keine »romantische« Beziehung unterhält, ist eine solche DS Doll.) Wie RealDolls sind auch DS Dolls ultrarealistisch. Sie werden aus einer Spezialsilikonmischung handgefertigt, sind voll beweglich und individuell gestaltbar. Die Gesichter werden von Tonskulpturen abgeformt, die Füße und Hände vom lebenden Modell. Sie sind aber billiger und schneller lieferbar als eine RealDoll: Eine komplette Puppe kostet 3000 Dollar und ist in nur einer Woche fertig.

Und die DS Dolls sind schön. Sie haben feine, ebenmäßige Gesichtszüge ganz ohne die Unzweideutigkeit oder die pornografischen Proportionen ihrer amerikanischen Konkurrenzprodukte. Manche der Puppen haben sehr junge Gesichter (allerdings stets auf Erwachsenenkörpern), doch *Fleur* und *Serena* sind eindeutig reifere Modelle mit Krähenfüßen und dunklen Augenringen. (Hängebrüste oder andere Anzeichen fortschreitenden Alters sucht man in der Kollektion von Körpern aber vergebens.) Die Gesichtsoptionen sind überwiegend asiatisch, aber auch europäisch. »Wir erzeugen hier Ästhetik und Träume«, heißt es auf der englischsprachigen Website. »Unsere Mission ist es, Aufgeschlossenheit zu fördern, Innovation, um eine progressive und perfektere Entwicklung voranzutreiben.« Im Geiste dieser Aufgeschlossenheit findet sich auf der Seite ein unfreiwillig komisches Video von einem Mann im Laborkittel mit weißen Handschuhen, dessen Gesicht nie zu sehen ist, während er in klinischer Herangehensweise die Brüste einer Puppe tätschelt, um ihre lebensechte Elastizität vorzuführen, während im Hintergrund eine Instrumentalversion von Abbas »Dancing Queen« auf dem Klavier geklimpert wird.

DS Robotics wurde 2016 gegründet, als Matt schon mehrere Jahre an Harmony arbeitete. Doch DS gab in den ersten beiden Jahren für Forschung und Entwicklung zwei Millionen Dollar aus – weit mehr und weit schneller als Abyss. Die Videos, die über ihren Prototyp veröffentlicht wurden, lassen Harmony regelrecht prähistorisch aussehen. Der Roboter von DS Robotics hat eine vollständige ausdrucksstarke Mimik: Er kann zwinkern, die Augenbrauen hochziehen, Grimassen schneiden und schallend lachen. Sein Lächeln wirkt herzlich und überzeugend – ganz anders als Harmonys augenloses sarkastisches Grienen. Er kann Arme und Oberkörper bewegen und den Kopf beim Sprechen gefühlvoll schief legen – und auch singen, und zwar auf Chinesisch, wie eines der Videos zeigt. Dabei wiegt er sich mit geschlossenen Augen hin und her, wie in die Musik versunken. Bei DS hat man sich ganz auf die Animatronik konzentriert. Die KI ist bisher eher ein Nachgedanke, kaum mehr, als momentan von Siri oder Alexa geboten wird. Das bedeutet, der Prototyp sieht bislang unglaublich echt aus und fühlt sich auch so an, klingt aber nicht so. Noch nicht.

4. »Hier stehen alle unsere Beziehungen auf dem Spiel«

Nachdem wir vier Monate lang in E-Mail-Kontakt standen, konnte ich endlich einen Termin für einen Videoanruf mit Steven Zhang in Dalian vereinbaren. Er ist Chief Development Officer bei DS Robotics und kommt in manchen der Videos vor, wo er mit dem Prototyp herumalbert. In einer Szene schreit sie ihn an und erschreckt ihn, sodass er sich Wasser auf seinen weißen Kittel schüttet. In einer anderen sprüht er sich Atemfrische in den Mund und küsst sie dann auf die Wange. Sie rollt die Augen und tut so, als müsse sie sich übergeben. Er war früher Special-Effects-Spezialist in der Filmbranche für Make-up und 3D-Animation. Er ist also daran gewöhnt, seine Kreationen publikumswirksam vorzuführen.

Als ich Steven endlich zu Gesicht bekomme, wirkt er seriös und professionell, mit der Präsenz, dem Selbstvertrauen und der Autorität eines Mannes, der ein Team mit einem Millionenbudget leitet. Den weißen Kittel hat er ausgezogen. Er trägt ein bis obenhin zugeknöpftes blaues Hemd und eine Brille mit dünnem Schildpattgestell. Das Labor hinter ihm ist hell und geschäftig: In der Robotikabteilung arbeiten 30 Leute, viele davon gemeinsam an einem großen Kiefernholztisch, der vor einer Regalwand voller Elektronik steht.

»Für den Roboter wird es einen sehr großen Markt geben, und diesen Markt wollen wir erobern«, erklärt er in beinahe fehlerfreiem Englisch mit starkem Akzent. »Ein sehr großer Markt, wie ich glaube – und nicht nur in China. In Zukunft werden viele Menschen Roboter brauchen, die ihnen viel Arbeit abnehmen.«

»Dienstleistungsroboter, meinen Sie?«, frage ich.

»Ja, in Ämtern, Büros, Restaurants und Kinos. Überall da, wo Ihnen heute Menschen als Servicekräfte begegnen, die andere bedienen, werden Sie künftig auf Roboter treffen.«

»Warum fokussieren Sie sich dann auf Sexroboter?«

»Der Sexroboter ist ja nur ein kleiner Teil des Funktionsspektrums.« Er lächelt verhalten. Dabei erinnert er mich an Matt, der so entnervt reagierte, weil ich immer wieder auf den Sexaspekt zu sprechen kam, obwohl sein Roboter doch so viel mehr konnte. »Manche Menschen wünschen sich vielleicht einen schönen Roboter vom Typ heiße Frau mit Sexfunktion, doch darum geht es nicht in erster Linie.«

Das Hauptproblem für DS Robotics sei das sogenannte *Uncanny Valley*, das »unheimliche Tal«, eine aufgrund eines noch nicht optimalen Realitätsgehalts entstandene Akzeptanzlücke, die Sexroboter unsexy mache, wie Steven ausführt. »Wir sind seit Jahren auf dem Markt für Erwachsenenprodukte. Wir wissen: Wer eine Silikonpuppe haben möchte, stellt sich darunter etwas Schönes vor. Sitzt die Sexpuppe auf dem Stuhl oder liegt sie im Bett, bleibt dieses Bild unverändert. Fängt sie aber an, sich zu bewegen, wird es zerstört.« Im Moment können die Sexroboter ihre Eigentümer noch nicht so richtig überzeugen, haben aber schon das Potenzial, die imaginäre Welt zu erschüttern, die Puppenbesitzer um ihre Puppen herum aufbauen. »Derzeit kann die Technik echte Menschen noch nicht ersetzen.«

»Aber eines Tages wird sie das schaffen, oder?«

»Ja. Und wir hoffen, bald.« Er gestattet sich wieder ein zaghaftes Lächeln.

Dann führt er mich per Skype durchs Labor. Männer mit Topfhaarschnitten sind über LCD-Bildschirme gebeugt. Ganz hinten am Fenster entdecke ich die beiden Prototypen, die ich aus den Videos kenne. Da steht ein zierlicher, eleganter Roboter mit langem zerzaustem Haar. Er trägt ein pastellblaues chinesisches Cheongsam-Kleid mit aufgestickten Blumen, verbeugt sich züchtig und sagt: »Nǐ hǎo.«

»Dieses Modell stellen wir uns im Eingangsbereich eines Geschäfts vor«, erklärt Steven.

Am Hinterkopf des anderen Roboters liegen Schaltungen frei. Haut hat er nur auf Gesicht, Hals und Schultern, der Rest ist ein dunkles, komplexes Skelett mit sämtlichen Rippen. Steven greift sich einen Roboterarm mit blassem Fleisch und holt ihn an seinen Schreibtisch, um mir zu zeigen, wie er sich bewegt. Es ist wirklich verblüffend, welche Grazie Stahl und Silikon in diesem Labor entwickelt haben.

»Wie lange dauert es noch bis zu einem Roboter mit komplett beweglichem Körper?«, will ich wissen.

»Zurzeit bewegen sich die Arme, der Oberkörper und das Gesicht. Nächstes Jahr vielleicht.«

»Nächstes Jahr wird er laufen können?«

Er nickt nachdrücklich. »Das ist der Plan.« Er lässt seine Finger über den Schreibtisch laufen. »Wir hoffen, dass die Menschen Roboter irgendwann nicht mehr von echten Artgenossen unterscheiden können. Das wird die Beziehung zwischen Menschen und Robotern verbessern.«

»Inwiefern?«

»In vieler Hinsicht. Wie sage ich das in Ihrer Sprache am besten? Heute können wir bei eBay oder anderswo Roboter kaufen, die den Menschen beim Putzen helfen. Es gibt auch schon Kochroboter. Sie sind inzwischen durchaus erschwinglich. Aber sie sehen nicht aus wie Menschen. Wer die Wahl hat, möchte lieber, dass ihm ein hübsches Mädchen oder ein gut aussehender Mann beim Putzen und Kochen hilft – keine mobile Mülltonne.«

»Sie stellen sich also vor, dass wir künftig Serviceroboter haben werden, die uns alles abnehmen? Die kochen und putzen können und mit denen wir, wenn wir wollen, eine Beziehung führen können?«

»Genau.« Steven nickt enthusiastisch. »Das trifft es. In Zukunft.«

»Sie nehmen also her, was Sie bei DS darüber gelernt haben, wie man sehr realistische Puppen herstellt, die wie Menschen aussehen und sich auch so anfühlen, und entwickeln das technisch so weiter, dass jeder einen Serviceroboter zu Hause haben kann, den er wie einen Menschen behandelt. Und wenn er mit diesem schlafen möchte, kann er das?«

»Das ist richtig.«

Ich muss noch einmal nachfragen, um ganz sicherzugehen, denn plötzlich fällt es mir wie Schuppen von den Augen: Die Leute, die Sexroboter herstellen, produzieren Sklaven. Natürlich keine menschlichen Sklaven, aber dennoch Sklaven, die sich eines Tages kaum mehr von Menschen unterscheiden werden. Gelingt ihnen das, wird es für uns irgendwann normal sein, mit Wesen zusammenzuleben, in die wir uns nicht hineinversetzen müssen, die nur da sind, um uns jeden Wunsch zu erfüllen und all das Menschliche zu übernehmen, was andere Menschen nicht so gern tun wollen.

Es ist wirklich so, wie es mir Matt, Roberto, Sergi und Steven die ganze Zeit über begreiflich zu machen versuchen: Es geht überhaupt nicht um Sex.

Die Sexroboter aus unserer kollektiven Fantasie – perfekte synthetische GefährtInnen ohne menschliche Macken – gibt es noch nicht. Doch irgendwann wird es sie geben, und zwar eher, als den meisten von uns klar ist. In zehn oder zwanzig Jahren wird die Technik so weit und bezahlbar sein, dass Beziehungen zu Robotern eher die Norm sind als eine Nische.

Die Menschen, die solche Roboter produzieren, und die Wissenschaftler und Kolumnisten, die darüber diskutieren, entstammen ei-

4. »Hier stehen alle unsere Beziehungen auf dem Spiel«

ner Generation, die vermutlich nie eine Beziehung mit einem Roboter führen wird. Steven erzählt mir, dass die meisten Kunden aus Europa und Nordamerika, die schon 300 Pfund Anzahlung auf einen Roboterkopf von DS geleistet haben, »junge Männer« seien. Paul Lumb ist der britische Chef von Cloud Climax, dem Einzelhändler mit der Vertriebslizenz für DS Dolls in Europa. Von ihm erfahre ich, dass die Kunden mit Interesse an den Puppen und Robotern Teil einer neuen sexuellen Revolution seien, in der es praktisch keine Tabus mehr gibt. »Wir haben uns in den letzten zehn Jahren so verändert. Wir sind sehr offen für Sexualität und sexuelle Präferenzen«, erklärt er mir.

Paul unterhält Lager in den Niederlanden und im Nordwesten Englands und arbeitet mit Herstellern aus ganz Asien zusammen. Er ist ständig unterwegs. Als ich ihn am Sonntagnachmittag endlich am Telefon habe, entschuldigt er sich für seine schlechte Erreichbarkeit. »Für uns sind das aufregende Zeiten. Das ist Business auf Steroiden.« Er redet wie ein Kandidat aus *The Apprentice* und streut ständig Modewörter und Autometaphern ein. Und er redet gern. Ich muss gar nicht viel fragen.

»Selbstbefriedigung kann viele Formen annehmen«, erklärt er. »Für mich sind die Puppen der Bugatti Veyron der Erwachsenenspielzeuge. Sie sind eine Rieseninvestition – finanziell, aber auch emotional. Nicht jeder hat den Platz und Stauraum für eine 1 Meter 68 große Puppe, die 38 Kilo wiegt.«

Doch über die Sensation, die die Videos von den Roboterköpfen auf Instagram ausgelöst haben, sagt er etwas für mich vollkommen Unerwartetes.

»Wir haben mit den sozialen Medien nicht viel am Hut, das können Sie mir glauben«, verrät er mir. »Vermutlich verändern sie die Psychologie des Menschen. Wir wissen nicht, ob das schädliche

Effekte auf Interaktion und Fortpflanzung hat – wenn Sie keine Beziehung beginnen können, weil Sie nur noch über Ihr Handy kommunizieren, wie zum Teufel sollen Sie denn dann eine Familie gründen? Das ist wirklich ein schwerwiegendes Problem.«

»Meinen Sie denn, dass das nicht vielleicht auch für die Roboter gilt? Dass man sich derart daran gewöhnt, mit einem Roboter zusammenzuleben, dass man gar nicht mehr ausgehen und einen Menschen aus Fleisch und Blut kennenlernen möchte?«

Zum ersten Mal hält er inne. »Also, die Frage geht wirklich tief. Und ist nicht einfach zu beantworten.« Wie sich herausstellt, will er das auch nicht. »Von vielen unserer Kunden weiß ich, dass sie mehrheitlich in einer Beziehung leben. Ich würde sagen, wir hatten noch keinen, der einsam war und sich von der Gesellschaft ausgeschlossen fühlt.« Noch nicht, jedenfalls.

»Ich bin noch ziemlich alte Schule, Jenny«, fährt er fort. »Ich bin 46. Ich kann mich an Zeiten erinnern, als es keine Handys gab. Damals war ich im ganzen Land in der Raverszene unterwegs, und wir waren auf Interaktionen mit anderen durch Mundpropaganda und Flyer angewiesen, wenn wir den nächsten DJ sehen und den nächsten Veranstaltungsort wissen wollten. Wir haben den ›Summer of Love‹ erlebt, Dinge, die man begreifen und konstruktiv verwenden kann, Charakterbildung eben. Wir betraten eine Bar oder einen Club, ließen den Alltag hinter uns und fanden das alles gut und richtig. So etwas erleben viele Menschen heute gar nicht mehr. Durch die technisierte Welt ist die soziale Interaktion inzwischen eingeschränkt.«

Doch während ich aus Pauls Schilderung einen gewaltigen Verlust heraushöre, sieht er darin kommerzielle Chancen. »Heutzutage arbeiten junge Leute härter und mehr. Freizeit ist kostbar. Wir stellen fest, dass es verstärkt Interaktion mit immer mehr technikbasier-

4. »Hier stehen alle unsere Beziehungen auf dem Spiel«

ten Produkten gibt, die Fernbeziehungen ermöglichen. Man kann mit jemandem eine Beziehung aufbauen, den man in sozialen Netzwerken kennengelernt hat, und alle verfügbaren Produkte nutzen, um auch auf Distanz intim zu werden. Und das wollten wir unbedingt ausnutzen. Wir wollten technisch ganz vorne mitmischen. Das ist die nächste Lifestyle- und Wellness-Generation.«

Paul hat ja durchaus recht: Seit der Jahrtausendwende gibt es immer mehr Ausdrucksformen für verschiedene Arten von Sexualität und Geschlechteridentität – ein Kaleidoskop der Möglichkeiten jenseits des Heterosexuellen, die wie nie zuvor akzeptiert und positiv aufgenommen wurden. Das ist gut, und vermutlich verdanken wir das der technischen Entwicklung: Die sozialen Medien haben Menschen zusammengeführt, ihnen durch ihre Zahl Stärke verliehen und ihnen eine sichere Redeplattform geboten, wie sie zuvor gar nicht möglich war.

Doch dieselbe digitale Revolution hat dazu geführt, dass wir für persönliche Interaktionen schlechter gerüstet sind, dass es uns schwerer fällt, in der wirklichen Welt Beziehungen aufzubauen, und dass wir zwar sexuell befreit sind, doch sozial verkümmert. Es ist ganz normal, auf Facebook mit jemandem befreundet zu sein und ihm auf Twitter zu folgen, aber das Gesicht hinter dem Handy zu verstecken, wenn man demjenigen zufällig im Zug über den Weg läuft. Die Technik isoliert uns, doch unsere Lösung für unser Einsamkeitsproblem besteht offenbar in noch mehr Technik. Auf den ersten Blick wirkt das verlockend, ist aber nicht zielführend. Wie die Ohrstöpsel in meinem Hotelzimmer in Las Vegas lösen wir ein Problem, indem wir die Komplexität auf eine höhere Stufe heben, statt die Ursache anzugehen.

Viele der Argumente gegen Sexroboter beziehen sich nur auf ihre Folgen für die Frauen, doch der Aufstieg der Sexroboter wird sich auf uns alle auswirken. Dabei geht es gar nicht nur um die Reduzierung der Frau zum Objekt – wenngleich das die Roboter sicherlich tun. Es geht nicht nur darum, dass Männer Gelegenheit bekommen, Vergewaltigungsfantasien und frauenfeindliche Gewalt auszuleben – auch wenn sich eine Minderheit Sexroboter aus genau diesem Grund anschaffen würde. Es geht darum, wie sich die Menschheit verändert, wenn wir Beziehungen mit Robotern führen können. Es ist nicht nur ein feministisches, sondern ebenso sehr ein humanistisches Problem.

Wenn es möglich wird, einen Partner zu besitzen, der nur dazu da ist, seinem Eigentümer zu gefallen, einen ständig verfügbaren Partner ohne Verwandtschaft, Menstruationszyklus, offene Zahnpastatube, emotionale Altlasten und eigene Ziele, wenn es möglich ist, eine ideale sexuelle Beziehung ohne Kompromisse zu führen, in der es nur auf das Vergnügen eines Partners ankommt, dann wird unsere Fähigkeit zu einer wechselseitigen Beziehung mit einem anderen Menschen sicherlich darunter leiden. Wenn Empathie keine Voraussetzung für soziale Interaktion mehr ist, wird sie zu einer Kompetenz, die wir uns erst erarbeiten müssen – und wir alle werden dadurch ein bisschen weniger menschlich.

Teil II
Wie wir essen werden

Sauberes Fleisch, reines Gewissen

5.
Rinderwahnsinn

Ich rieche es schon zehn Minuten, bevor ich es sehen kann. Seit drei Stunden bin ich jetzt auf der Interstate 5 unterwegs. Links und rechts der Fernstraße erstrecken sich trostloses verbranntes Gras und trockene Erde und verschmelzen zu einer eintönigen, gleichförmigen Landschaft. Da sticht mir plötzlich unsanft der scharfe Geruch von Ammoniak und Schwefel – Pisse und Scheiße – in die Nase. Als ich in Sichtweite komme, brennen mir bereits die Augen, obwohl die Autofenster alle fest geschlossen sind.

Auf der Mastanlage im trockenen Staub der Harris Ranch sind Hunderttausende von Rindern zusammengepfercht. Der Staub besteht aus dem festgetretenen Mist von Generationen von Rindern, von der kalifornischen Sonne zusammengebacken. Im gelben Dunst, der bis zum Horizont reicht, stehen schwarze Kühe, braune Kühe, weiß gefleckte Kühe Flanke an Flanke, Ohrmarke an Ohrmarke, eng zusammen. Die Zungen hängen ihnen aus dem Maul, ihre Beine sind schmutzverklebt. Sie sind nicht hier, um herumzustreifen, sondern einzig und allein zu dem Zweck, Getreide zu futtern, damit sie schnell fett genug sind, um ihren Teil zu den 100 Millionen Kilo Rindfleisch beizutragen, das die Harris Ranch jährlich produziert. Die Rinder, die sich da an endlosen Stahltrögen drängen, sind gar keine Lebewesen mehr, sondern Artikel in einer industriellen Fertigungsstraße.

Ich befinde mich auf der größten Rinderfarm an der Westküste – aus meinem Autofenster ein höllischer Anblick. Doch allein in den

USA gibt es noch 13 größere. Verglichen mit den riesigen Mastanlagen in Texas, Nebraska und Kansas oder den gewaltigen Molkereibetrieben in China und Saudi-Arabien nimmt sie sich geradezu klein aus. Dieses spezielle Fenster in die Welt der industriellen Landwirtschaft ist nur deshalb bemerkenswert, weil es so transparent ist: Hier am Highway, auf halber Strecke zwischen Los Angeles und San Francisco, gibt es nichts, wohinter man sich verstecken könnte. Die Harris Ranch ist allen amerikanischen Journalisten, Umweltschützern und Tierrechtsaktivisten ein Begriff. (2012 zerstörten Tierschützer bei einem Brandanschlag hier 14 Traktoren.)

Ich biege von der I-5 ab und fahre auf das *Harris Ranch Inn and Restaurant* zu, die der Ranch angeschlossene High-End-Raststätte: der Rindfleischschrein. Ich beziehe ein Zimmer voller voluminöser, mit braunem Leder bezogener Sofas. Aus dem ledergebundenen Infobuch erfahre ich, dass ich hier rohes Rindfleisch zum Mitnehmen bestellen kann. Es wird von der Fleischabteilung des Hotels direkt an meine Tür geliefert. Die Anlage verfügt über einen Innenhof mit türkisfarbenem Swimmingpool und Jacuzzi, gesäumt von unbesetzten Liegestühlen: Bei dem widerlich süßen, schweren Geruch nach Kuhscheiße, der in der Luft hängt, sitzt keiner gern draußen, und niemand steht auf dem Balkon. In den drei Restaurants enthält jeder Gang jeder Mahlzeit Rindfleisch. Man kann den Tag mit einem Ribeye-Steak in Kaffeekruste beginnen, Corned Beef, dem Breakfast Ranch Burger oder geräuchertem Rinder-Bacon. Es gibt auch fleischlose Optionen, doch die Gäste werden aufgefordert, »ihren Salat mit ihrem Lieblingssteak aufzupeppen«.

Ich bin keine Veganerin. Ich esse so gern Rindfleisch wie jeder andere Fleischesser auch – vielleicht sogar noch lieber. Für mich macht Fleisch die Mahlzeit erst rund, und es geht nichts über ein saftiges Steak. Das bestelle ich mir an meinem Geburtstag. Es war

5. Rinderwahnsinn

auch das Essen, das mir mein Mann an unserem Verlobungstag kredenzt hat. Ich liebe den Geschmack und das Gefühl in Mund und Magen. Und ich esse noch Steak, obwohl ich weiß, dass die Fleischindustrie widerwärtig, grausam, untragbar und unentschuldbar ist. Wie die große Mehrheit von 95 Prozent der Weltbevölkerung, die Fleisch essen, vergesse ich gern, wie es erzeugt wird. Wenn ich den Mund öffne, verschließe ich die Augen.

Veganismus und Vegetarismus mögen mittlerweile so populär und akzeptiert sein wie nie zuvor in der Geschichte, doch diejenigen, die Fleisch essen, konsumieren davon mehr denn je. Zum Beispiel Huhn: Die Menge Geflügelfleisch, die in den reichsten Ländern der Welt pro Kopf verzehrt wird, ist von 1997 bis 2017 um 50 Prozent gestiegen. Und je wohlhabender die bevölkerungsreichsten Länder werden, desto mehr Fleisch kommt dort auf den Tisch: In China wurde 2017 fast doppelt so viel Rindfleisch gegessen wie 20 Jahre zuvor, und in Indien hat sich der Geflügelkonsum von 1997 bis 2017 mehr als verdreifacht.[1] Allein in den USA werden im Jahr 13 Milliarden Kilo Rindfleisch vertilgt.[2] In Hamburger umgerechnet, würde der Stapel viereinhalbmal bis zum Mond und zurück reichen.[3] Sicher, Fleisch und Milchprodukte sind gute Eiweiß-, Kalzium- und Eisenlieferanten, doch wir leben in einem Zeitalter, in dem wir über die Mittel und das Wissen verfügen, die benötigten Nährstoffe aus Pflanzen und B12-Präparaten zu beziehen. Jedes Jahr werden 70 Milliarden Tiere getötet[4], damit wir sie essen können – nicht weil uns das so guttäte, sondern weil es uns schmeckt.

Es gibt wenig, das schlechter ist für die Gesundheit der Menschen, der Tiere und des Planeten, für Boden, Wasser, Luft und Atmosphäre, für unseren Körper und seine Umwelt, als Fleisch zu essen. Die Beweise dafür sind unwiderlegbar und erdrückend, und es tut mir leid, meine lieben Mitfleischesser, aber ich werde genau auseinandersetzen, warum das so ist.

Der erste Punkt ist der Klimawandel. Die globale Viehzuchtindustrie erzeugt mehr Treibhausgase als die Emissionen sämtlicher Transportmittel auf der Erde zusammen.[5] Die drei größten Fleischunternehmen der Welt setzten 2016 mehr Treibhausgase frei als das ganze Land Frankreich.[6] Die Emissionen stammen aus der Futtermittelproduktion, der Umwandlung von Wald und Grasland in Weiden und Anbauflächen und aus dem Methan, das beim Verdauungsprozess der Rinder entsteht (ganz richtig: aus Kuhfürzen). Und wir sprechen hier von Emissionen der schlimmsten Sorte: Methan ist noch weit klimaschädlicher als Kohlendioxid. Für 100 Gramm Rindfleisch fallen 105 Kilogramm Treibhausgase an[7], die Emissionen beim Transport der Tiere zum Schlachthof, beim Transport der Futtermittel zum Tier und das Kohlendioxid, das sie ausatmen, noch gar nicht eingerechnet. Zählt man das alles zusammen, wie es manche Umweltschützer getan haben, kann man sagen, dass die industrielle Landwirtschaft für mehr als 50 Prozent der globalen Treibhausgasemissionen verantwortlich ist.[8]

Der zweite Punkt sind medikamentenresistente Superkeime. Zumindest im Vereinigten Königreich versucht uns der NHS dazu zu bewegen, weniger Antibiotika einzunehmen, weil bei Bakterien, die Antibiotika ausgesetzt waren, die Wahrscheinlichkeit steigt, dass sie zu Superkeimen mutieren, gegen die Antibiotika nicht mehr wirken. Sie haben eine Mandelentzündung, die sich anfühlt wie die Pest im Mittelalter? Behelfen Sie sich mit Paracetamol, heißt es dann. Doch was bringt das wohl, wenn 52 Prozent aller in China eingesetzten Antibiotika[9] und 70 Prozent aller in den USA verwendeten[10] solchen Mittel derzeit Tieren verabreicht werden, die gar nicht krank sind. Antibiotika werden routinemäßig gegeben, damit die Tiere schnel-

5. Rinderwahnsinn

ler zunehmen und gesund bleiben: Tiere, die auf engstem Raum auf ihren eigenen Exkrementen leben und auf den Exkrementen früherer Generationen, die ihr kurzes Turboleben schon auf demselben engen Raum gefristet haben, würden schneller krank werden und sterben, als wir sie essen könnten, wenn man sie nicht prophylaktisch mit Medikamenten behandeln würde.

Ohne effektiven Schutz vor Infektionen durch Mikroben würden Routineverfahren wie Hüftgelenksoperation, Diabetesmanagement, Chemotherapie, Organtransplantation oder Kaiserschnitt unvorstellbar riskant. Lungenentzündung und Tuberkulose sind bereits schwer behandelbar, und das letzte Mittel der Medizin gegen Gonorrhoe (Cephalosphorin-Antibiotika der dritten Generation) wirkt bereits in mindestens zehn Ländern nicht mehr, darunter das Vereinigte Königreich, Frankreich, Australien, Österreich, Japan und Kanada.[11] Ändert sich nichts, werden Prognosen zufolge 2050 zehn Millionen Menschen im Jahr aufgrund von Antibiotikaresistenzen sterben.[12]

Drittens ist eine fleischlastige Ernährung eine lächerlich ineffiziente Methode, Ihrem Körper Kalorien zuzuführen. Statt unsere Energie direkt aus Pflanzen zu beziehen, beschaffen wir sie uns auf dem Umweg über Tiere, die Pflanzen fressen. Doch Tiere produzieren ja nicht nur das Fleisch, das wir dann verzehren. Sie haben auch Knochen, Blut, Federn und Pelz, laufen herum, paaren sich, kauen, hacken mit den Schnäbeln oder schlagen mit den Flügeln. Eine ganze Menge der von ihnen aufgenommenen Energie findet also nie den Weg zu uns. Es werden 34 Kalorien benötigt, um nur eine Rindfleischkalorie zu erzeugen, und 11 Kalorien für eine Schweinefleischkalorie. Das effizienteste Fleisch ist Huhn, doch auch dafür werden pro erzeugter Kalorie noch 8 Kalorien benötigt.[13]

Der vierte Punkt ist das Wasser. An den Waschbecken des *Harris Ranch Inn and Restaurant* steht ja schon: »Bitte helfen Sie uns bei *extremer Trockenheit*, indem Sie Ihren Wasserverbrauch einschränken«, doch das Management weiß ganz genau, dass man kaum mehr Wasser verschwenden kann als durch die Viehzucht. Man braucht 43 000 Liter Wasser, um das Futter, Trink- und Brauchwasser zu liefern, das für ein Kilogramm Rindfleisch nötig ist.[14] Das reicht, um 48 Stunden lang zu duschen.[15] Unter dem Aspekt der Proteinerzeugung wird deutlich, wie absurd ineffizient Fleisch aller Art ist: Man braucht 112 Liter Wasser, um ein Gramm Rindfleischprotein zu erzeugen, 57 Liter für ein Gramm Schweinefleischprotein und 34 Liter für ein Gramm Hühnerprotein, doch nur 19 Liter, um ein Gramm Protein aus Hülsenfrüchten zu gewinnen.[16] Bei den jüngsten Flächenbränden durch die Dürre, die in Kalifornien zur Normalität geworden ist, kamen Hunderte von Menschen zu Tode. Doch in die Mastanlage der Harris Ranch strömt weiter das Wasser.

Dann ist da noch die Wasserverschmutzung: Ausbrüche von Infektionen mit E. coli oder Noroviren im Zusammenhang mit dem Verzehr von Salat oder anderem Gemüse sind fast immer darauf zurückzuführen, dass das zur Bewässerung verwendete Wasser durch die Exkremente von Nutztieren verunreinigt wurde. Die Überdüngung von Gewässern durch Gülle und Dünger, die in umliegende Gewässer sickern und zu Algenwachstum führen, das anderes Wasserleben erstickt, ist an 65 Prozent der europäischen Atlantikküste und 78 Prozent der Küste der kontinentalen US-Bundesstaaten festzustellen.[17] Indem wir Fleisch essen, töten wir Fische.

Der fünfte Aspekt ist die schiere Fläche, die zur Erzeugung all des Fleisches und der Milchprodukte erforderlich ist. Fast 80 Prozent der gesamten Agrarflächen des Planeten werden als Weideland

5. Rinderwahnsinn

oder zum Anbau von Futter verwendet, nicht um Pflanzen für unseren Verzehr anzubauen.[18] Die Entwaldung ist nach Schätzungen bis zu 80 Prozent das Ergebnis der Expansion der Agrarwirtschaft.[19] Im Amazonasgebiet werden riesige Regenwaldflächen abgeholzt, um Weideland zu gewinnen oder Soja als Futtermittel anzubauen. Diese können dann nicht mehr ein lebenswichtiger Aktivposten bei der Absorbierung des Kohlendioxids sein, das in der Viehzucht anfällt. Forscher der Universität Oxford haben ausgerechnet: Wenn wir kein Fleisch und keine Milchprodukte mehr essen würden, ließen sich die Agrarflächen weltweit um über 75 Prozent reduzieren. Das entspricht der Landmasse der USA, Chinas, der Europäischen Union und Australiens zusammen. Genug Nahrung könnten wir trotzdem produzieren.[20] Auf diesem Land könnten Bäume gepflanzt, Solarkraftwerke angelegt, Wohnhäuser gebaut oder Laser-Tag gespielt werden: alles besser, als es für die industrielle Landwirtschaft zu nutzen.

Sechstens verursacht Fleisch Krebs, Schlaganfälle, Herzkrankheiten, Übergewicht, Diabetes, die Creutzfeldt-Jakob-Krankheit (die menschliche BSE-Variante), Salmonellen, Listerien und E. coli. Die Viehwirtschaft ist verantwortlich für Vogel- und Schweinegrippeepidemien, der Tausende von Menschen zum Opfer fielen. Der Verzehr von Tieren tötet Menschen.

Da haben Sie sechs ziemlich unumstößliche Gründe, aus denen Fleischkonsum nicht zu rechtfertigen ist. Von Tierschutz, davon, was für ein kurzes, schreckliches Leben der großen Mehrheit der Nutztiere beschieden ist und dass selbst solche Tiere, die gut behandelt werden, letztlich sterben müssen, um unseren Appetit auf Fleisch zu befriedigen, war dabei noch gar nicht einmal die Rede. Aber das wussten Sie alles sicher schon. Wir können so gut darüber hinwegsehen, was wir da essen, weil Fleisch in ansprechenden, hygienischen, so gar nicht tierisch anmutenden Verpackungen angeboten wird. Das ändert aber nichts an der Tatsache, dass es unvertretbar ist, Fleisch zu essen.

Gleichzeitig ist es aber ein grundlegender Bestandteil unserer menschlichen Kultur. Wenn wir kein Fleisch mehr essen würden, müssten wir die menschliche Ernährungsweise neu definieren und unsere Rolle als selbst ernannte Herren über die Tierwelt aufgeben. Einer der Grundpfeiler unserer menschlichen Erfahrungswelt bedroht allmählich unsere Existenz: 2050 werden 9,7 Milliarden Menschen auf der Erde leben, und die Ernährungs- und Landwirtschaftsorganisation der Vereinten Nationen schätzt, dass der Fleischbedarf bis dahin um 70 Prozent steigen wird. Sosehr sich das ein Großteil der Weltbevölkerung auch wünschen mag: Das wird nur gehen, wenn wir den einzigen bekannten bewohnbaren Ort im Universum unbewohnbar machen.

Doch Kalifornien hat nicht nur das Harris-Ranch-Frühstückssteak mit Kaffeekruste hervorgebracht, dort wird auch an der bahnbrechendsten Lösung des Fleischproblems geforscht. Weitere drei Stunden nördlich an der I-5 behauptet eine neue Sorte von Silicon-Valley-Unternehmen, wir können bedenkenlos weiterhin Fleisch essen, weil sie es produzieren können, ohne Tiere zu züchten. Nicht etwa Quorn oder Tofu oder irgendein raffiniert rekonfiguriertes Pflanzenprotein, das Fleisch ersetzt, nicht der *Beyond Burger* auf Erbsen-Kokosöl-Basis oder der *Impossible Burger*, aus dem es künstlich »herausblutet« – nein, echtes Fleisch, außerhalb von Tierkörpern gezüchtet. Es entsteht in einem Glaskolben, wächst in einem Tank heran und wird in einem Labor geerntet. Die Silicon-Valley-Start-ups versprechen uns Fleisch ohne Blut, ohne Verbindung zum Land, Fleisch, das nicht mit dem Geruch von Scheiße in Verbindung gebracht werden muss und unser Gewissen nicht belastet.

5. Rinderwahnsinn

Sie nennen das *Clean Meat*: sauberes Fleisch. Und ich wurde nach Kalifornien eingeladen, um es als einer der ersten Menschen auf der Welt zu probieren.

Fleisch aus dem Labor ist keine besonders neue Idee (wenn auch nicht ganz so alt wie Pygmalion). In seinem Artikel »50 Years Hence«, der 1931 in der Zeitschrift *The Strand* erstveröffentlicht wurde, sinniert Winston Churchill über die Richtung, in die der wissenschaftliche Fortschritt die Menschen treibt, und sah für 1981 Folgendes voraus: »Wir werden der Absurdität entrinnen, ein ganzes Huhn großziehen zu müssen, um eine Brust oder einen Flügel zu essen, indem wir diese Teile separat in einem geeigneten Medium heranzüchten.« (Diese Zeilen haben im Silicon Valley einen derart wegweisenden Charakter erlangt, dass einer der Risikokapitalfonds, der in Lebensmitteltechnologie investiert, sich danach »Fifty Years« genannt hat.)

Körperloses Fleisch wurde bereits im Labor am Leben gehalten, lange bevor Churchill erstmals darüber nachdachte. Am 17. Januar 1912 entnahm der französische Biologe und Nobelpreisträger Alexis Carrel ein lebendes Hühnerembryo aus einem Ei und schnitt ein Stück aus seinem schlagenden Herzen heraus. Es gelang ihm, das Herzmuskelgewebe in einem speziellen Nährstoffbad über 20 Jahre lang pumpen zu lassen. Als die NASA nach Wegen suchte, auf längeren Reisen durchs Weltall frisches Fleisch für den Verzehr zu erzeugen, finanzierte sie dem Bioingenieur Morris Benjaminson ein Experiment mit Streifen von Goldfischfleisch, die er 2001 in seinem Labor erfolgreich züchtete. Benjaminson und seine Forscher garten zwar, was sie da herangezogen hatten, aßen es aber nicht. (Immerhin rochen sie daran und fanden es offenbar appetitlich.) Eine kräftige Finanzspritze für die Erzeugung von Retortenfleisch gab es 2004, als die niederländische Regierung einer Gruppe von Universitäten aus dem eigenen Land zwei Millionen Euro zuwies, um die In-vitro-Erzeugung von Fleisch zu erforschen. Doch fünf Jahre später versiegten die Mittel. Das Kunstfleisch würde also wohl ein Wunschtraum bleiben.

Am 5. August 2013 um 13 Uhr wurde auf einer hochkarätigen Pressekonferenz für ein geladenes Publikum von 200 Journalisten und Wissenschaftlern in London der erste künstlich gezüchtete Hamburger verkostet. Geschaffen von dem niederländischen Professor Mark Post, Physiologe an der Universität Maastricht, verursachte der Burger Produktionskosten in Höhe von 250 000 Euro (etwa 215 000 britische Pfund beziehungsweise 325 000 US-Dollar). Finanziert worden war das Ganze von dem Google-Mitgründer Sergey Brin, einem der reichsten Männer der Welt. Der Burger war aber eher Konzeptnachweis als Fundament für ein Wirtschaftsunternehmen. Er galt als »erstes erkennbares Fleischprodukt, das mit Kulturverfahren erzeugt wurde«.

Der Retorten-Burger machte an jenem Tag weltweit Schlagzeilen. Ich sah einen Bericht darüber in den Nachrichten. Die Bilder gehen mir seither nicht mehr aus dem Kopf. Post enthüllt den Burger, in dem er theatralisch eine silberne Servierglocke lüftet, unter der ein Fladen aus dünnen rosafarbenen Fleischfitzeln in einer Petrischale zum Vorschein kommt. 20 000 Muskelstränge, die er in seinem Labor gezüchtet hat (plus ein bisschen Eipulver und Semmelbrösel, erklärt er, und etwas Rote-Bete-Saft und Safran für den richtigen Farbton). Ein Koch in einer makellosen weißen zweireihigen Kochuniform brät ihn in etwas Butter und übergießt ihn dabei immer wieder. Gekostet wird er schlussendlich von Gastrokritiker Josh Schonwald und Nahrungsmitteltrendforscherin Hanni Rützler, die ihn als »fad« und »trocken« bezeichnen, vom Biss her al-

5. Rinderwahnsinn

lerdings »mit einer Art vertrauten Dichte«. Richtig gut war er also nicht, doch ein Triumph allemal.

Die Präsentation verlief so professionell, wie es bei einem wissenschaftlichen Projekt eben geht. Es wurde dabei auch ein entsprechend geschönter Werbefilm gezeigt. »Manchmal entwickelt sich eine neue Technologie, die unsere Weltanschauung verändern kann«, sagt Brin zu satten Gitarrenklängen und bringt es dabei fertig, mit seinem Google-Glass-Headset gleichermaßen futuristisch wie vorsintflutlich zu wirken. »Ich interessiere mich für technologische Chancen, wenn eine Technologie kurz vor der Umsetzbarkeit steht und im Erfolgsfall das Potenzial hat, die Welt zu verändern.«

Dann folgt ein Schnitt zu Richard Wrangham, Professor für biologische Anthropologie an der Universität Harvard. »Unsere Spezies ist nun einmal so *konzipiert*, dass sie gern Fleisch isst«, erklärt er. Fleisch hat uns *fantastisch* vorangebracht. Nachdem wir einmal angefangen haben, Fleisch zu garen, stand uns jede Menge Energie zur Verfügung. Diese Energie ermöglichte uns die Entwicklung großer Gehirne und in physischer und anatomischer Hinsicht menschlich zu werden.« Es ist also in Ordnung, Fleisch zu mögen, es entspricht der Natur des Menschen, und es hat uns zu Menschen gemacht. »In aller Welt sind Jäger und Sammler zutiefst betrübt, wenn die Jäger ein paar Tage in Folge mit leeren Händen zurückkehren. Dann wird es still an den Lagerfeuern. Getanzt wird erst wieder, wenn einer Fleisch heimbringt!«, ruft er mit freudig geballten Fäusten. »Es wird ins Lager – oder heutzutage zu einem Grillplatz im Garten – geschleppt, und alle freuen sich.«

In der zweiten Hälfte des Videos erläutert Post, wie das Rindfleisch eigentlich entsteht. Bei ihm hört sich das ganz einfach an. »Wir entnehmen einem Rind ein paar Zellen – muskelspezifische Stammzellen, aus denen nur Muskelfleisch entstehen kann«, erklärt er. »Wir müssen eigentlich nur sehr wenig tun, damit sich diese Zellen wunschgemäß entwickeln. Aus wenigen Zellen dieses einen Rinds können wir zig Tonnen Fleisch produzieren.« Ein Kinderspiel.

In Wirklichkeit ist es ein bisschen komplizierter. Einem erwachsenen Tier wird Stammzellengewebe entnommen – die sogenannten »Starterzellen«. Sie heißen so, weil sie wachsen und sich teilen und zu Fett- und Muskelgewebe werden können. (Wenn wir uns schneiden, sind es diese Zellen, die für die Wundheilung sorgen.) Um den Prozess in Gang zu setzen, ist nur eine geringe Anzahl Starterzellen erforderlich – eine Gewebeprobe von der Größe eines Sesamkorns reicht schon aus. Die Zellen können einem lebenden Tier entnommen werden – auf Wunsch natürlich auch unter Betäubung. Um Starterzellen zur Vermehrung anzuregen, werden sie in einer Nährlösung mit Wachstumsfaktoren in eine Petrischale gegeben, die in einen Bioreaktor gestellt wird. Aus einer Zelle werden zwei, aus zwei Zellen vier, aus vier Zellen acht und so weiter. So entstehen Billionen von Zellen. Ein Gelgerüst sorgt dafür, dass sie die Form von Muskelfasern annehmen, die in Schichten angeordnet sind. Es dauert rund zehn Wochen, bis so viele Zellen entstanden sind, dass sie für einen Burger reichen. Weil das Wachstum exponentiell verläuft, sind bereits nach zwölf Wochen genügend Zellen für 100 000 Burger entstanden. (Eine einzige Kuh, die mindestens 18 Monate leben müsste, bevor sie geschlachtet wird, würde für rund 2000 Burger reichen.) Burger, Bouletten und Wurstmasse haben nicht viel Struktur und lassen sich recht einfach produzieren. Um Fett-, Knorpel- und Muskelanteile eines Filetsteaks in der richtigen Textur und Konfiguration hinzubekommen, wäre viel mehr Arbeit erforderlich. Wie sich der Fortschritt in der KI beschleunigen wird, weil Sexroboter für Marktnachfrage sorgen, wird sich auch die Ge-

5. Rinderwahnsinn

webekulturtechnologie rasch weiterentwickeln, weil sich auf diese Weise Fleischstücke erzeugen lassen.

Anders als im Tier gewachsenes Fleisch lässt sich sauberes Fleisch bis zur letzten Zelle bestimmen und kontrollieren. Die Möglichkeiten sind potenziell grenzenlos: bis hin zu Fleisch mit zusätzlichen Omega-3-Fettsäuren, die durch tierische Fette bedingten Herzkrankheiten entgegenwirken. Oder Fleisch ohne jedes Risiko einer Infektion mit E. coli oder Salmonellen, weil kein Verdauungstrakt gezüchtet wird. Und kein Tier muss sich mehr aus Angst vor dem Schlachter einkoten (was auch auf den tierfreundlichsten Höfen passiert). Fleisch kann neue Texturen, Aromen und Formen annehmen, wie sie in einem Tier unmöglich wären. Es könnte Stopflebern geben, ohne Gänse zwangszustopfen. Und koscheren Bacon ohne Schweineanteile.

Nichts davon ist jedoch bisher auf dem Markt, obwohl die Zahl der Start-ups, die der erste Anbieter sein wollen, weltweit geradezu explodiert. Ihre Namen klingen nach ländlicher Idylle und gesunder Ernährung wie Mission Barns, Modern Meadow, Memphis Meats oder Fork and Goode. Die größten Sprünge machen dabei die Unternehmer aus Kalifornien, beflügelt durch Investitionen, wie sie nur von Risikokapitalgebern aus dem Silicon Valley kommen. Die US-amerikanische Fleisch- und Geflügelindustrie allein ist mehr als eine Billion US-Dollar schwer.[21] Wer einen Fuß in diese Tür kriegt – selbst wenn er sich nur ein Prozent des Marktes sichern kann –, dem winken Milliardengewinne.

Ich weiß das alles, weil ich zwei Wochen vor meiner Reise nach Kalifornien an einem verregneten Tag in London mit einem Mann namens Bruce Kaffee getrunken haben. Er ist weder Wissenschaftler noch Unternehmer, aber dennoch mehr als jeder andere Mensch auf der Welt für die neue Clean-Meat-Industrie verantwortlich.

Zwei Stunden lang erzählte mir Bruce – nach vorne gelehnt, die Unterarme auf den Tisch gestützt – ernst, eindringlich und mit unverwandtem Blick davon, wie er am eigenen Leib erlebt und gekostet hat, wie der Planet zu retten ist, untermalt durch eine Fülle von Zahlen, Namen und Fakten, die ich unbedingt aufschreiben soll. Und von seiner Mission, das so vielen Menschen wie möglich nahezubringen.

Bruce Friedrich ist Geschäftsführer des Good Food Institute (GFI), eines amerikanischen »Think-Tank-Accelerators« für die Marktsektoren Clean Meat und Fleisch auf Pflanzenbasis. Wir treffen uns in einem Café in Mayfair, wo es grellbunte einfarbige Bodenfliesen und übertreuerte Flat Whites gibt, weil Bruce um die Ecke einen Termin mit einem britischen Private-Equity-Milliardär hatte, der zu den wichtigsten Geldgebern des GFI zählt. Bruce ist sportlich, schlank und trägt ein mintfarbenes Hemd. Dem durchdringenden Blick seiner blauen Augen kann man nicht ausweichen. Eine Woche zuvor hatte der zwischenstaatliche Ausschuss für Klimaänderungen (IPCC) der Vereinten Nationen, ein Expertengremium, seine neueste Warnung ausgegeben, dass die Tierhaltung in der Landwirtschaft den größten Anteil an den Treibhausgasemissionen habe. In der britischen Presse häuften sich Artikel darüber, dass wir nicht mehr so viel Fleisch essen dürften. Ich hatte erwartet, dass sich Bruce über diese Schlagzeilen freuen würde. Weit gefehlt.

»Warten Sie mal 18 Monate«, meinte er. »2015 äußerte der Think Tank Chatham House, wenn der Fleischkonsum nicht zurückgehe, könnten die Länder ihr Zwei-Prozent-Ziel beim Klimaschutz bis 2050 nicht einhalten. Das machte damals auch Schlagzeilen, doch niemand scherte sich darum. Als der IPCC-Vorsitzende Rajendra Pachauri 2007 mit Al Gore den Friedensnobelpreis er-

5. Rinderwahnsinn

hielt, redete er nur über Fleisch, und die britischen Medien berichteten ausführlich darüber. Und jetzt, soundso viele Jahre später, sagen die Leute: ›O mein Gott, das habe ich ja noch nie gehört.‹«

»Warum ist das so?«, fragte ich. »Weil sie es nicht hören wollen?«

»Für die Menschen heißt das: Bohnen und Reis. Und Bohnen und Reis wollen sie nicht essen. Was letzte Woche passiert ist, bedeutet nicht, dass wir in zwei oder drei Jahren nicht wieder genau dasselbe Gespräch führen.«

»Es gibt da also eine zyklisch verlaufende selektive Amnesie?«

Bruce lächelte. »Die Leute haben eben viel um die Ohren«, meinte er verständnisvoll. »Das Fazit des GFI: Seit Jahrzehnten klären wir die Menschen über die Schäden durch die industrielle Landwirtschaft auf, doch es bringt nichts. 98 bis 99 Prozent verändern ihre Ernährung nicht, weil die Umwelt, die Weltgesundheit oder der Tierschutz leiden. Die Definition von Wahnsinn lautet, immer wieder dasselbe zu tun und ein anderes Ergebnis zu erwarten. Wir müssen den Leuten also geben, was sie wollen, es aber anders produzieren. Verändern wir die Lebensmittel! Erzeugen wir Fleisch direkt aus Zellen, ohne die Ineffizienzen, den Antibiotikabedarf und die Grausamkeit, die mit dem Konsum von industriell erzeugtem Fleisch verbunden sind. Geben wir den Menschen, was sie wollen, doch kürzen wir die schädlichen Effekte heraus.«

Das hörte sich sehr marktwirtschaftlich und sehr amerikanisch an. Ich musste unwillkürlich an einen anderen Nobelpreisträger denken: Richard Thaler, der die Auszeichnung 2017 für seine Theorie zur Verhaltensökonomie bekam – dafür, wie sich menschliches Verhalten dadurch beeinflussen lässt, dass wir die Menschen durch sogenanntes »Nudging« – eine Form des Anregens und Lenkens – zu »richtigen« Entscheidungen animieren.

Das wies Bruce kategorisch zurück. »Hier geht es um etwas Elementareres als die Nudge-Theorie – nämlich um die Theorie, dass Pferd und Kutsche vom Auto verdrängt werden. Wenn es der Geschmack, die Beschaffenheit und das Aroma ist, was die Menschen am Fleisch so mögen – also recht grundlegende Dinge –, und wir können ihnen das alles auf einem besseren Wege liefern, dann werden sie ihre Gewohnheiten verändern. Wenn wir ein besseres Produkt zu einem billigeren Preis anbieten, werden die Menschen reagieren.«

Als das GFI 2015 gegründet wurde, bestand die Belegschaft nur aus Bruce und einer weiteren Person. Heute, drei Jahre später, leitet er eine Organisation, die 70 Leute beschäftigt – in Indien, Brasilien, Israel, China und Europa, aber auch in den USA. Bei der Gründung des GFI gab es nur ein einziges Clean-Meat-Start-up: Memphis Meats. Drei Jahre später sind es mindestens 25. Das liegt in erster Linie daran, wie leicht es Bruce und sein Team den Unternehmen machen, Firmen zu gründen. Das GFI hat eine Abteilung für Wissenschaft und Technologie, die von Experten begutachtete wissenschaftliche Abhandlungen über Forschung und Entwicklung zum Thema »sauberes Fleisch« veröffentlicht, eine Innovationsabteilung, die Start-ups unterstützt, eine Abteilung für den Dialog mit Unternehmen, die große Nahrungsmittelkonzerne ins Boot holen soll, und eine politische Abteilung, die Lobbyarbeit bei Regierungen betreibt, »damit die Behörden für Clean Meat den roten Teppich ausrollen«, sodass es neben und irgendwann statt in Tieren erzeugtem Fleisch etikettiert und verkauft werden kann. Wie der erste Hamburger aus dem Labor wird auch das GFI von Tech-Unternehmern finanziert. Größte Geldgeber sind der Facebook-Mitgründer Dustin Moskowitz und dessen Frau.

Bruce besucht Business Schools und naturwissenschaftliche Fakultäten, um die nächste Generation von Unternehmern und Forschern über Clean Meat zu informieren. Das GFI gibt ein 98-seitiges Handbuch heraus, aus dem »alles hervorgeht, was man über die Planung, Einführung und Expansion eines Good-Food-Unternehmens wissen muss«, wie es auf dem Einband heißt. Es ist eine Art idiotensichere Schritt-für-Schritt-Anleitung für die Erzeugung und den Vertrieb von Fleisch aus Zellen, die alles abdeckt, von der Beauftragung eines Anwalts über die Beschaffung von Mitteln für Suchmaschinenoptimierung, Logo und Verpackungsdesign – und das alles für jedermann nachvollziehbar zum kostenlosen Herunterladen.

»Ihr Start-up-Handbuch ist wirklich eine tolle Sache«, lobe ich ihn. »Und sehr umfangreich.«

»Oh, vielen Dank. Unserer Ansicht nach sollten das alle so machen. Wir würden gerne sehen, wenn Umweltgruppen das künftig als wesentlichen Aspekt ihres Auftrags berücksichtigen.«

»Dabei kommt die Umwelt in Ihrem Handbuch gar nicht vor. Es ist sehr auf Hochglanz getrimmt, durch und durch Silicon Valley. Ganz so, als wollten Sie sagen, das sei eine fantastische wirtschaftliche Chance.«

»Aber ja. Menschen investieren, weil sie damit viel Geld verdienen möchten, und sie sehen eine globale billionenschwere Fleischindustrie und die Möglichkeit, Fleisch billiger herzustellen.« Dieselbe Botschaft verkündet er auch an Universitäten. »Wir möchten, dass sämtliche künftigen Industriemagnaten sauberes Fleisch als Möglichkeit in Betracht ziehen, ihre beachtlichen Fähigkeiten einzusetzen. Wir wollen die Gewebezüchter, Biochemieingenieure und sonstige Fachleute finden und ihnen sagen: Hey, wenn du in diese Sparte gehst, kannst du nicht nur dazu beitragen, die Welt zu retten, sondern auch *bequem* eine Familie ernähren. Du kannst gleichzeitig

Geld verdienen und dich selbst verwirklichen, indem du etwas tust, was die Welt vor einer globalen Katastrophe rettet.«

Kennen Sie den Witz? Woher wissen Sie, ob einer Veganer ist? Weil er es Ihnen sagt. In der Welt des sauberen Fleisches ist das anders. In unserem Gespräch kam Bruce nur auf Veganismus zu sprechen, weil ich das Thema anschnitt. Er sagte kein Wort über seine früheren Funktionen als Leiter von Vegan Campaigns und Vice President von PETA. Auf meine Fragen antwortete er offen, doch von sich aus hätte er das alles nicht erwähnt. Die Clean-Meat-Start-ups im Silicon Valley werden von Veganern geleitet, und die Geldgeber, die dahinterstehen, sind überwiegend ebenfalls Veganer. Das GFI ist existenziell von Veganergeld abhängig: Dustin Moskowitz und seine Frau sind Veganer und der britische Milliardär, mit dem sich Bruce in Mayfair getroffen hat, ebenfalls. Doch auch dieses Detail verriet Bruce nicht von sich aus. Sonst versorgte er mich so bereitwillig mit Fakten und Informationen, doch das gehörte zu den wenigen Dingen, nach denen ich fragen musste. Sauberes Fleisch wirkte immer mehr wie eine verkappte vegane Bewegung – und zwar eine, die genau weiß, dass das V-Wort mit einer Aura der moralischen Rechtschaffenheit befrachtet ist, die auf alle toxisch wirkt, die gern Fleisch essen. Doch die Zukunft, auf die Bruce und die Clean-Meat-Unternehmer hinarbeiten, ist eine Welt, in der die Fleischindustrie fest in der Hand von Veganern liegt. Sauberes Fleisch ist veganes Fleisch.

Wer versucht, den Menschen unbemerkt von allem Tierischen zu entwöhnen, muss sehr aufpassen, was er sagt. Nachdem Mark Post 2013 die Servierglocke von seinem Burger gehoben hatte, wusste niemand so genau, wie man seine Kreation bezeichnen sollte. Kulturfleisch? Laborfleisch? In-vitro-Fleisch? Es war das GFI, das ernsthaft Marktforschung betrieb und die Standardnomenklatur der

5. Rinderwahnsinn

Branche entwickelte: »Wir prägten den Begriff *Clean Meat*: ›sauberes Fleisch‹. Wir stellten fest, dass er bei den Verbrauchern um 20 bis 25 Prozent besser ankam als ›Kulturfleisch‹. Ich glaube, wenn die Leute ›Kultur‹ hören, denken sie an Petrischalen.« Das GFI riet Start-ups dazu, ihren Namen zu ändern, um die Kunden nicht abzuschrecken. Das israelische Start-up Aleph hieß früher Meat the Future. »Die Menschen wollen keinen Futurismus auf dem Teller«, erklärte Bruce.

Das GFI möchte erreichen, dass sich die Verbraucher auf das Endprodukt konzentrieren statt auf den Produktionsprozess. Genauso macht es die Fleischindustrie: Deshalb differenziert die englische Sprache zwischen »cow« (Rind) und »beef« (Rindfleisch) und zwischen »pig« (Schwein) und »pork« (Schweinefleisch). Bei ›sauberem‹ Fleisch, so Bruce, denkt man sofort an saubere Energie und stellt sich unwillkürlich vor, dass dieses Fleisch per definitionem antibiotika- und pathogenfrei ist. Doch wenn wir solches Fleisch einhellig als sauber bezeichnen, ist die logische Folge, dass Fleisch, das in einem Tierkörper heranwächst, unsauber – schmutzig – sein muss. Verwenden wir also den Begriff, den uns Bruce schmackhaft machen möchte, akzeptieren wir damit stillschweigend die politische Einstellung des Veganismus.

»Den Menschen wird klar sein, dass dieses Fleisch nicht von alleine gewachsen ist«, wandte ich ein. »Das wird doch sicherlich viele abstoßen?«

»Ich rechne überhaupt nicht mit Problemen bei der Akzeptanz durch die Verbraucher. Jetzt essen die Leute doch auch Fleisch *trotz* – nicht *wegen* – der Produktionsmethoden. Wenn sie den Leuten einen Schlachtbetrieb zeigen und fragen: ›Wollt ihr das essen?‹, sagen sie: Nein. Ich glaube, sobald Fleisch in Fabriken hergestellt und das live im Internet gestreamt wird, wird das niemanden stören.«

»Die Produktion soll als Livestream ins Internet gestellt werden?«

»O ja. Auf jeden Fall. Transparenz ist von entscheidender Bedeutung. Ein vollständig transparenter Prozess wird die Aufsichtsbehörden beruhigen. Die Aufgabe der Medien ist es, Pessimismus zu verbreiten und den Advokaten des Teufels zu spielen. Positive Berichte wird es geben, wenn die Unternehmen transparent sind. Andernfalls werden Zweifel laut. Doch außerdem gilt: Die Menschen, die das tun, tun es aus den richtigen Gründen. Transparenz gehört dazu.«

Natürlich tun sie es auch fürs Geld. »Selbst wenn Sie sich nur einen winzigen Anteil am globalen Markt sichern können, ist das finanzielle Potenzial enorm«, gab ich zu bedenken.

»Wir werden aber den *gesamten* Markt erobern«, entgegnete er prompt.

Geld ist so ziemlich das Letzte, was Bruce interessiert. Das wurde nach 90 Minuten bei sündteurem Kaffee deutlich, als ich ihn fragte, warum er eigentlich Veganer wurde. Das war 1987, erklärte er. Damals arbeitete er als Student ehrenamtlich in einer Suppenküche und organisierte Fastenaktionen zur Unterstützung von Oxfam International (statt in seiner Freizeit Kebabs zu mampfen wie ich). Seinerzeit las er *Diet for a Small Planet* von Frances Moore Lappé (dt. Titel: Die Öko-Diät: wie man mit wenig Fleisch gut isst und die Natur schont), ein bahnbrechendes Buch aus dem Jahr 1971. Darin wird die These aufgestellt, dass die Ursache für den Hunger auf der Welt die Ineffizienzen der Fleischproduktion sind.

»Ich dachte, heilige Scheiße. Da lebe ich im Grunde dafür, die globale Armut zu bekämpfen, und dabei esse ich Fleisch, Milchpro-

5. Rinderwahnsinn

dukte und Eier – also Lebensmittel, die weit mehr Kalorien erfordern als andere Alternativen. Sie sind nicht einmal besonders gesund und führen dazu, dass weltweit Menschen verhungern.«

»Sie sind also aus Menschenrechtsgründen Veganer geworden?«

»Das war der Auslöser für meine Entscheidung. Anschließend arbeitete ich sechs Jahre lang in einem Obdachlosenasyl in der Innenstadt von Washington und las *Christianity and the Rights of Animals* von Andrew Linzey. Er ist anglikanischer Priester.« Wieder fixierte mich Bruce unverwandt mit seinen blauen Augen. »Das geht *alles* auf meinen Glauben zurück. Das *alles* ist mein Glaube. Der Einsatz gegen die Armut auf der Welt war eine Erkenntnis aus Matthäus 25, dass es Erlösung bedeutet, sich auf die Seite der Armen zu stellen und zu versuchen, ihr Leid zu lindern. Linzey argumentiert, was mit anderen Tieren in landwirtschaftlichen Industriebetrieben passiere, sei *Gotteslästerung*. Gott habe die Tiere geschaffen, damit sie zu Ehren Gottes frische Luft atmen und sich mehren. Wie sie auf den Höfen gehalten werden, verhindert, dass sie sind und tun, wozu sie Gott erschaffen hat, und fügt ihnen Schmerzen zu für so etwas Bangloses wie eine geschmackliche Präferenz. Es heißt, die Erde sei uns als Leihgabe anvertraut – und sie wird mit Füßen getreten. Es heißt, unsere Körper seien uns als Leihgabe anvertraut – und wir sterben an Krankheiten, die durch übermäßigen Konsum entstehen. Aus Glaubenssicht ist das in jeder nur denkbaren Hinsicht falsch.«

Als er endlich Atem holte, erhellte ein abgeklärtes, entschlossenes Lächeln sein Gesicht. Die beiden Dinge, die er in unserem Gespräch nicht erwähnt hatte – seinen Glauben und sein Veganismus –, waren eindeutig der Motor, der ihn antrieb, und der Mittelpunkt seines Universums. Darauf angesprochen, ging er in einen anderen Modus über und entwickelte plötzlich missionarisches Sendungsbewusstsein. Seine Mission: eine religiöse Mission, eine Tierrechtemission, eine Menschenrechtemission, um die Welt zu retten wie eine Art veganer christlicher Superheld.

»Empfinden Sie das als Berufung?«, fragte ich schließlich.

»Absolut«, erwiderte er entschieden. »Es ist eine religiöse Berufung.« Seine unapologetische Ernsthaftigkeit, seine aufrichtige, tiefe Überzeugung bewirkten, dass ich mir plötzlich sehr zynisch, sehr englisch, sehr fleischfressend und klein vorkam.

Ich fragte mich, ob sauberes Fleisch so vegan war, dass man es essen und trotzdem Veganer bleiben konnte.

»Sie haben es probiert«, meinte ich. »Betrachten Sie sich trotzdem noch als Veganer?«

»Ja. Ich glaube, wenn jemand dreimal Fleisch isst, ist er deshalb nicht automatisch kein Veganer mehr. Ich glaube nicht, dass man regelmäßig sauberes Fleisch essen und Veganer bleiben kann, denn auch sauberes Fleisch ist Fleisch. Doch einem Veganer geht es ja darum, keine tierischen Produkte zu essen. Sobald sauberes Fleisch überall erhältlich ist, würde ich nicht mehr vegan leben, denn sauberes Fleisch würde ich essen.«

»Wie war das, nach 30 Jahren ohne Fleisch solches Fleisch zu probieren? Bestimmt seltsam, oder?«

»Ich habe inzwischen schon Huhn und Ente gekostet. Und im ersten Moment dachte ich: Verdammt, ist das gut.«

Wirklich? Nach allem, was ich von meinen veganen und vegetarischen Freunden gehört hatte, findet man den Geschmack und die Konsistenz von Fleisch widerlich, wenn man jahrzehntelang keines gegessen hat und es dann plötzlich absichtlich oder versehentlich konsumiert. Außerdem kriegt man angeblich schlimme Verdauungsprobleme.

»Es hat Ihnen also geschmeckt?«, hakte ich nach.

»O ja! Ich habe ja nichts gegen den Geschmack, den Geruch oder die Beschaffenheit von Fleisch. Ich habe nur etwas gegen die externen Kosten. Aber ja, ich fand es lecker.«

Das ist sicherlich der Knackpunkt. Wenn uns unser Appetit auf Fleisch alle umbringt, dann sollten wir doch dieses Problem eher angehen, nicht die Art und Weise, wie Fleisch produziert wird? »Sorgt sauberes Fleisch denn nicht dafür, dass Menschen, die sich sonst vielleicht eines Tages auf Nahrung auf pflanzlicher Basis umstellen würden, wenn wir ihnen nur die Argumente überzeugend nahebringen können, auch weiterhin Lust auf Fleisch behalten?«, wollte ich wissen.

Doch auch darauf hatte Bruce eine Antwort. »Drei Dinge«, konterte er. »Erstens ist das so ziemlich das größte ›Wenn‹ der Welt. Das haben wir ja schon versucht und sind gescheitert.«

»Aber es werden doch mehr Menschen denn je zu Veganern.«

»Als ich mich 1996 erstmals beruflich für Veganismus einsetzte, dachte ich, wir stünden an der Schwelle zum globalen Veganismus. Da war so ein Hype. Wir hatten Alicia Silverstone, wir hatten Alec Baldwin, wir hatten Pamela Anderson, die 1996 so einflussreich waren. Doch an den Zahlen hat sich seither nicht wirklich viel geändert.«

Ich habe über den Zuwachs des Veganismus im Vereinigten Königreich etwas ganz anderes gelesen: Demnach soll sich die Anzahl der Veganer in Großbritannien von 2014 bis 2018 vervierfacht haben.[22] Globale Zahlen sind nicht zu beschaffen. Und sicherlich kennt sich Bruce bei den Fakten und Zahlen zu diesem Thema besser aus als ich.

Er war richtig in Fahrt. »Zweitens und aus vollem Herzen: ›Was soll's? Wen schert's?‹ Wenn man Fleisch aus Pflanzen und direkt aus Zellen produzieren kann, was spricht dann dagegen, den Appetit auf Fleisch auch weiterhin zu erhalten?«

»Gäbe es dann nicht einen Schwarzmarkt für echtes Fleisch von echten Tieren?«

»Der wäre viel kleiner als heute, und die Tiere würden ein lebenswertes Leben führen. Würden 100 Prozent der Tiere, die für die Nahrungsmittelproduktion gezüchtet wurden, anständig leben, bevor sie geschlachtet würden – was in diesem potenziellen Szenario der Fall wäre –, wären das deutlich weniger als 1 Prozent der Tiere, die heute im Schlachthof landen, und sie würden alle gut behandelt.«

Bevor ich noch fragen konnte, woher er das denn wisse, war er schon beim nächsten Punkt, dem wichtigsten, der für ihn offenbar der eigentliche Grund für all sein Streben ist. »Und drittens würde das vermutlich vorübergehen. Eine Welt, in der 98,99 Prozent des Fleisches Fleisch auf pflanzlicher Basis oder sauberes Fleisch ist, wäre eine Welt, in der sich die große Mehrheit der Menschen nicht täglich an der Ausbeutung von Tieren beteiligt. Ein maßgeblicher Grund dafür, dass sich Tierrechte nicht durchsetzen: 98,99 Prozent aller Menschen beteiligen sich *tagtäglich* an Tierquälereien, die sie ins Gefängnis bringen könnten« – er klopfte bei jedem Wort mit dem Zeigefinger auf den Tisch –, »wenn diese Tiere unter dem Schutz des Gesetzes stehen würden. Ändert sich das, wird eine Welt, in der Tiere gut behandelt und ihre Rechte und Interessen geschützt werden, gleich viel leichter erreichbar.«

So wird die Tierrechterevolution also am Ende gewonnen werden: nicht durch die schrecklichen Undercover-Videos aus Tierlaboren, nicht durch Brandanschläge auf Geschäfte, in denen Pelzmäntel verkauft werden, sondern indem man uns Fleischfressern einen Ersatz für unser Fleisch gibt, durch den wir unser vermeintliches Recht, auf Kosten von Tieren zu leben, überdenken. Wer Bruce' Einstellung übernimmt, der glaubt, dass die Tierrechtsbewegung gescheitert ist und dass die Technik Veränderungen bewirkt, zu denen uns vegane Argumente nicht bewegen konnten.

Bruce hatte einen vollen Terminkalender. Als Nächstes stand ein Treffen mit Kentucky Fried Chicken an, um über eine Zukunft ohne Hühner zu sprechen. Ich entschuldigte mich dafür, so viel seiner Zeit in Anspruch genommen zu haben.

»Es gibt nichts, worüber ich lieber spreche«, beruhigte er mich.

»Das habe ich gemerkt«, entgegnete ich.

Als ich mich an jenem regnerischen Nachmittag in London aufgemacht hatte, um ihn zu treffen, hatte ich nicht erwartet, danach von sauberem Fleisch überzeugt zu sein. Doch Bruce' Überzeugung war ansteckend. Ich musste keine einzige Frage vorsichtig formulieren, ich konnte jeden Kritikpunkt offen ansprechen, und es gab kein Problem, für das sauberes Fleisch nicht schon die Lösung war. In seiner Gegenwart erschien sauberes Fleisch die logische Konsequenz. Die Frage war nicht, ob, sondern, wann. Alles in allem fühlte ich mich, als hätte ich gerade zwei Stunden mit einem Menschen verbracht, der tatsächlich Geschichte schreibt.

Zwei Wochen später, als ich aus dem Hotel der Harris Ranch ausgecheckt habe und auf der I-5 in nördlicher Richtung nach San Francisco unterwegs bin, kann ich Bruce' Optimismus noch spüren. Der Mastbetrieb verschwindet allmählich von meinem Rückspiegel. Zehn Minuten später ist auch der Gestank verflogen.

6.
Die Veganer, denen Fleisch über alles geht

Im Mission District in San Francisco flattern die Zeltplanen im Wind. Wie Flechten kleben die Zelte dunkel und schwer erkennbar am Maschendrahtzaun. In der Folsom Street liegt ein schlafender Obdachloser bäuchlings auf dem Pflaster. Nur ein paar Schritte entfernt befindet sich eine goldene Tür, die poliert in der Mittagssonne glänzt. Mitten darauf prangt eine dünne Glasscheibe mit der Aufschrift JUST. Das ist die Zentrale eines 1,1 Milliarden US-Dollar[1] schweren Lebensmittel-Start-ups, das bekannt gegeben hat, es werde in Kürze als erster Anbieter Clean Meat öffentlich vertreiben. JUST steht für »geleitet von Vernunft, Gerechtigkeit und Fairness«, was als Motto auf seinen Etiketten prangt. Dabei ist es weder vernünftig noch gerecht oder fair, dass Milliarden an Risikokapital in eine Stadt fließen können, in der sich in unmittelbarer Nähe die blanke Verzweiflung manifestiert. Doch das sehen die Menschen, die hier arbeiten, offenbar nicht.

Mit einem Summton öffnet sich für mich die goldene Tür. Ich werde über graue Stufen in ein weitläufiges Großraumbüro mit Betonboden geführt. *Wuuuusch* – saust jemand auf einem Skateboard um eine Batterie von Schreibtischen herum. Aus Lautsprechern, die irgendwo oben zwischen nackten Stahlträgern und Leitungsrohren sitzen, erklingen gefällige Jazzrhythmen. Hier arbeiten rund 100 Menschen. Außerdem springen zwei Golden Retriever herum, wedeln mit dem Schwanz und hecheln. An einem niedrigen Tisch knien ein paar Kinder und malen. An einer der weißen Wände hän-

6. Die Veganer, denen Fleisch über alles geht

gen nebeneinander zwei riesige gerahmte Schwarz-Weiß-Fotos. Das linke zeigt Bill Gates, wie er sich gerade etwas in den Mund steckt. Neben ihm steht JUST-CEO Josh Tetrick. In der rechten unteren Ecke ist in großen roten Lettern LEAP eingeblendet. Auf dem rechten Foto schiebt sich Tony Blair etwas in den Mund, und Josh schaut zu. Darauf prangt in großen Lettern das Wort DARE.

Ich bin hier, um das »saubere« Fleisch zu kosten, das JUST in Kürze auf den Markt bringen will. Und um Josh persönlich kennenzulernen. Doch erst muss ich die JUST-Führung absolvieren. »Das Gebäude war einmal eine Schokoladenfabrik. Später wurde es eine Zeit lang von Disney Pixar genutzt«, erzählt mir Kommunikationsmanagerin Alex Dallago, als wolle sie das Gefühl erzeugen, dass hier schon länger Träume wahr werden. Vielleicht ist Josh ja so eine Art Willy Wonka, der fantastische Lebensmittel Realität werden lassen kann. Alex will mir aber nicht verraten, was mir heute vorgesetzt werden soll – das ist eine Überraschung. Ich muss mich in Geduld üben.

Zumindest ist JUST bereit, mich einzulassen. Denn trotz Bruce' Versicherungen zur totalen Transparenz und zum Livestreaming der Produktion stellt sich heraus, dass sich die Clean-Meat-Branche kritischen Blicken nicht allzu gern stellt – vorerst, zumindest. Memphis Meats – das erste und größte Clean-Meat-Start-up – behauptet, seit 2016 Rindfleisch und seit 2017 Huhn und Ente zu produzieren. Auf der Jahreskonferenz des GFI sagte CEO Uma Valeti, wer wissen wolle, wie ihr Fleisch schmeckt, könne gern an ihrem Firmensitz vorbeischauen und kosten. Doch bisher hat es noch kein Journalist probiert, und sämtliche Bilder ihrer zart gebräunten Fleischbällchen im Bandnudelnest sind von Memphis Meats selbst fotografiert und in Umlauf gebracht worden. Bestimmt erzeugt das Unternehmen erfolgreich Kulturfleisch – die Fleischgiganten Tyson und Cargill, aber auch Bill Gates und Richard Branson haben größere Summen in das Unternehmen investiert. Doch trotz Umas Einladung will man mich nicht daran teilhaben lassen. Der Pressesprecher nannte mir immer wieder andere Gründe, weshalb es gerade nicht gut passe: Uma sei nicht in der Stadt, sämtliche Fleischkostproben seien derzeit für potenzielle Investoren reserviert, die Gebäude würden saniert, und der Abschluss der Arbeiten sei ungewiss, sie könnten sich über sechs Monate oder länger hinziehen.

JUST hat eigene Probleme mit der Transparenz. Als Josh das Unternehmen 2011 gründete, hieß es Hampton Creek. Sein Vorzeigeprodukt war eine eierfreie Mayonnaise auf pflanzlicher Basis namens JUST Mayo. Sie war ein kommerzieller Erfolg und verkaufte sich bei Whole Foods besser als alle übrigen Mayonnaise-Produkte, ob vegan oder nicht vegan. Hampton Creeks Alleinstellungsmerkmal war, dass das Unternehmen in aller Welt nach Pflanzen fahndete, die Proteine erzeugten, die passgenau die Eigenschaften von Eiern nachbildeten. Um die idealen Proben zu finden, wurden Laborprozesse und Computeranalysen eingesetzt. Mit der Behauptung, man sei in der Lage, die molekularen Geheimnisse von Pflanzen zu entschlüsseln – Eier zu »hacken«, sodass sie nicht länger von Hühnern kommen mussten –, stellte sich Hampton Creek eher als Tech-Unternehmen auf denn als Hersteller veganer Nahrungsmittel. Dadurch wurde es für eine ganze Reihe von Risikokapitalgebern interessant, die nie in Bohnenburger investiert hätten. 2015 erzählten aber mehrere ehemalige Mitarbeiter Journalisten von *Business Insider*, dass »das Unternehmen wissenschaftlich fragwürdig agiert oder wissenschaftliche Erkenntnisse komplett ignoriert« und »die Wahrheit strapaziert« habe, um diese Investoren anzulocken.[2] 2016 ergab eine Untersuchung durch Bloomberg, dass die explodierenden Umsatzzahlen von JUST Mayo nicht so ganz ernst

6. Die Veganer, denen Fleisch über alles geht

zu nehmen seien: Es gab Hinweise, dass Mitarbeiter und Auftragnehmer von Hampton Creek angewiesen worden waren, bei Whole Foods große Mengen von JUST Mayo aufzukaufen, wodurch die Zahlen gewaltig aufgebläht wurden.[3]

2017 wurde Hampton Creek dann nach seiner meist-(oder doch nicht ganz so gut)verkauften Marke in JUST umgetauft. Josh beschloss, eine Clean-Meat-Sparte einzurichten, einen ganz anderen und noch hightechlastigeren Bereich der Wissenschaft und Wirtschaft. Auf der Website ging ein neues Video online, das den Prozess erklärte. Ich hatte es mir kurz vor meiner Ankunft angeschaut.

»Wir hatten die Idee, eine Feder des allerbesten Huhns zu verwenden, das wir finden konnten«, tönt es in Joshs unverkennbarer tiefer Südstaatenstimme, während sich die Kamera auf ein einsames Huhn mit flauschigen weißen Federn fokussiert, das im goldenen Sonnenlicht auf einer weitläufigen Wiese steht. Über dem Vogel wird ein Schriftzug eingeblendet: ›*Ian, Huhn*‹. Ein Mann in Sandalen bückt sich ins Bild und pflückt eine von Ians ausgefallenen Federn aus dem Gras. Er hält sie ins Sonnenlicht, dreht sie so fasziniert zwischen seinen Fingern, als hätte er gerade das Elementarteilchen Higgs-Boson isoliert, und legt sie dann in ein transparentes Probengefäß. Dann folgt eine Sequenz mit Robotern in einem Labor und ein paar handgeschriebenen Gleichungen auf einer dieser transparenten Tafeln, die man sonst nur aus Science-Fiction-Filmen oder Dramen über Kriminaltechniker kennt. Wissenschaft. Das Video endet mit einer großen Gartenparty. Dort steht eine Fritteuse, an der ein Gourmetkoch in Zeitlupe übertrieben theatralisch Meersalz über ein Blech frisch frittierter Ian-Nuggets streut. Sieben Personen sitzen um einen Picknicktisch herum und lassen sich Ian schmecken, während dieser um ihre Füße herumstolziert. »Es war wie eine Art übersinnlicher Erfahrung, dazusitzen und ein Huhn zu essen, das einem vor der Nase herumlief«, kommentiert Joshs Stimme, obwohl er gar nicht unter den Gästen ist, die im Video Ian verspeisen. »Wir haben herausgefunden, wie Leben wirklich funktioniert, und deshalb müssen wir nicht mehr töten, um Nahrungsmittel zu erzeugen.«

Auf mich wirkt das alles unfreiwillig komisch, doch schließlich hat mich Bruce' überzeugende Aufrichtigkeit hierhergebracht, also beschließe ich, mir meinen Zynismus zu verkneifen und mit dem nötigen Ernst an die Sache heranzugehen. Selbst wenn die Versprechen nur teilweise gehalten werden, wird sich unsere Beziehung zu Tieren, zur Erde und zu unserer Ernährung bald für immer verändern. Und ich könnte unter den Ersten sein, die das selbst erleben.

Doch vorher muss ich noch mehr über Pflanzen erfahren. Alex stellt mir Udi Lazimy vor, Global Plant Sourcing Lead bei JUST. Er übernimmt den ersten Teil meiner Führung. Sein struppiger Bart und seine markanten blauen Augen kommen mir seltsam vertraut vor. Erst nach ein paar Minuten Small Talk wird mir klar, dass Udi der Sandalenträger aus dem Film ist, der die Hühnerfeder aufklaubt. Dabei hat Udi beruflich gar nicht mit Hühnern zu tun.

»Meine Aufgabe ist es, aus aller Welt Pflanzen für unsere Forschung zu beschaffen«, erklärt er, während er Alex und mich die Treppe hinunterführt und die Tür zur Plant Library öffnet – einem geräumigen, kühlen Raum, den vom Boden bis zur Decke Metallregale mit großen Plastikwannen säumen. In der Mitte steht ein Tisch mit einer schwarzen Tischdecke, auf der jemand mir zu Ehren sieben kleine weiße Tiegel mit verschiedenen Samen bereitgestellt hat. »Diese Sammlung enthält über 2000 Pflanzensorten«, verkündet Udi stolz. »Wir führen Sie durch unser Discovery Programme, das hier mit dem Pflanzenarchiv beginnt, als erstem Schritt. Dann geht es weiter mit der Einbringung Tausender verschiedener Stoffe.

6. Die Veganer, denen Fleisch über alles geht

Über die Discovery Pipeline erforschen wir die Eigenschaften dieser pflanzlichen Materialien.« Ganz offensichtlich bin ich nicht die Erste, die Udi durch diesen Prozess begleitet.

Er berichtet, er habe sich in über 65 Ländern nach »eiweißreichem« Saatgut umgesehen (»wir reden hier von Amazonien, Südostasien, Ost- und Westafrika, den Ausläufern der Anden ...«). Dabei stelle ich mir Udi unwillkürlich im khakifarbenen Tropenhelm vor, wie er sich mit einer Machete durch den Dschungel kämpft. In Wirklichkeit schaut er sich auf Märkten nach solchen Samen um. Unter den Proben auf dem Tisch sind zwar Mayanüsse, die Einheimische in Guatemala vom Waldboden sammeln, und die Samen einer Frucht, die nur im kolumbianischen Amazonasgebiet angebaut wird, aber ebenso Haferkörner, Leinsamen und zerstoßene Hanfsamen, die man sicher auch hier auf der Folsom Street finden könnte.

»Die Samen müssen in pulverisierter Form vorliegen, damit sie von den Robotern verarbeitet werden können, die Sie als Nächstes sehen werden – dem nächsten Schritt im Prozess«, setzt er mir auseinander. Dazu müssen wir die Treppe wieder hoch. Dort überreicht mir Chingyao Yang, Associate Director of Automation bei JUST, eine Schutzbrille. »Nur zu Ihrer Sicherheit«, erklärt er. »Wenn wir gleich die Discovery Platform betreten, führen die Maschinen dort Experimente durch.«

Die Discovery Platform steht voller Werkbänke und Geräte. Dort befindet sich auch der sogenannte Microlab Star, ein Gebilde aus blauen Lichtern und kreiselnden Pipetten. Es gibt in Glaspyramiden eingeschlossene Dosieraggregate mit Reihen kleiner Fläschchen, versehen mit dem JUST-Logo. In Glaskästen entdecke ich zwei imposante weiße Roboterarme, die mich an die Exponate erinnern, die ich mit Kathleen im Science Museum gesehen habe – nur dass sie sich nicht bewegen. »Wir nennen sie Randy und Heidi«, lächelt Chingyao. »Sie können uns die Nuancen der Proteinisolate hinsichtlich ihrer Funktionalität, hinsichtlich Gelierung und Emulgierung vorführen.«

Mit Mühe verstehe ich, was er mit seinem Fachchinesisch meint: Hier analysieren sie die Proteine der Samen auf Eigenschaften wie Schmelztemperatur und Viskosität. Die Ergebnisse gehen an die Produktentwickler und Köche, die JUST-Mayo, Plätzchenteig, Salatdressing und anderes herstellen. Zum Discovery-Team gehört angeblich ein Dutzend Wissenschaftler und Techniker, doch ich sehe nur eine Mitarbeiterin, die manuell mit einer einzigen Pipette zugange ist. Brauchen sie die ganze Technik wirklich?

»Wie oft setzen Sie diese Maschinen ein?«

»Die meisten laufen rund um die Uhr«, lautet die Antwort.

»Das hier läuft also gerade?«, frage ich und zeige auf das nächstgelegene Riesenspielzeug, das kompliziert und teuer aussieht, aber reglos und still dasteht – wie fast alles in diesem Raum.

»Im Augenblick nicht, nein. Es findet gerade ein Meeting statt, deshalb ist keine Probe da, aber normalerweise ist das anders. Im Moment ist das Gerät auf Stand-by.«

Alex führt mich wieder die Treppe hinunter, wo uns im Flur Vítor Santo erwartet, der Senior Scientist der von JUST so bezeichneten »Cellular Agricultural Platform«. Vítor ist Gewebezüchter. Er war fünf Jahre lang in der Krebsforschung tätig, bevor er vor einem Jahr aus Portugal nach San Francisco übersiedelte, um für JUST zu arbeiten. Er streckt mir zur Begrüßung seinen langen, schlanken Arm entgegen und beginnt sofort mit seinem Abschnitt der Führung. Jetzt kommt der Teil von JUST, der mich besonders interessiert, doch wie Udi und Chingyao hat auch Vítor vorbereitet, was er mir sagen will. Und er deklamiert ungerührt seinen Text, ganz gleich, welche Fragen ich habe oder was ich womöglich schon weiß.

»Man beginnt mit wenigen Zellen, die von dem Tier isoliert wurden, ähnlich einer Biopsie. Diese kommen ins Labor und werden mit Nährstoffen kultiviert, in einem flüssigen Medium, das alles enthält, was die Zellen normalerweise brauchen«, legt er los.

»Wie viel können Sie mir darüber verraten?«, frage ich. »Wie kommen Sie an die Gewebeproben? Was verwenden Sie als Medium?«

»Ich kann Ihnen sagen, dass wir uns mit verschiedenen Arten beschäftigen. Unser am weitesten entwickeltes Produkt ist Huhn, aber wir arbeiten auch an Rind, Schwein und anderen Geflügelarten. Zum Medium ist zu sagen, dass wir es der allgemeinen pharmazeutischen und medizinischen Forschung nachtun, die in aller Regel viel mit Medien-*Rezepturen* arbeitet. Wir modifizieren die Zusammensetzung des Mediums aber, um es, äh, erschwinglicher zu machen.«

Vítor formuliert sehr vorsichtig, denn das Medium, in dem die Zellen wachsen, ist ein ganz wichtiger Aspekt. In der pharmazeutischen und der medizinischen Forschung wird gern fötales Kälberserum (FKS) verwendet, was, wie der Name schon sagt, aus Rinderföten gewonnen wird. Serum ist Blut ohne Zellen, Plättchen oder Gerinnungsfaktoren, enthält aber Nährstoffe, Hormone und Wachstumsfaktoren, die die Zellvermehrung anregen. FKS wird entnommen, indem eine Nadel in das schlagende Herz eines lebenden Rinderfötus gestochen wird, der im Schlachthof gerade aus dem Uterus des Muttertiers geschnitten wurde. Aus dem Herzen wird etwa fünf Minuten lang Blut abgenommen, bis der Fötus stirbt. Dann wird das Serum extrahiert. Eine weniger vegane Substanz als FKS ist kaum vorstellbar.

Doch das Serum ist einigermaßen ideal, um Zellen zu züchten. Serum aus Rinderföten ist besonders reich an Wachstumsfaktoren und daher ein universelles Wachstumsmedium. Will heißen, man kann Zellen praktisch jeder Art hineingeben, und sie fühlen sich wohl und vermehren sich. Es gibt noch andere Medien, doch die eignen sich in aller Regel nur für ein oder zwei bestimmte Zellarten, während man in FKS alles Mögliche züchten kann. Es ist ein wesentlicher Bestandteil medizinischer Studien, wird zur Entwicklung von Impfstoffen und in der Krebs- und HIV-Forschung eingesetzt, und in diesem Saft hat auch Mark Post seinen berühmten Hamburger herangezüchtet. Das war einer der Hauptgründe für dessen exorbitante Kosten: Fötales Kälberserum schlägt mit 300 bis 700 Pfund pro Liter zu Buche, und um einen einzigen Burger zu produzieren, braucht man 50 Liter davon.[4]

»Würden wir die konventionell verwendeten Rezepturen heranziehen, könnten wir nie ein bezahlbares Produkt auf den Markt bringen«, fährt Vítor fort. »Hier bei JUST verfolgen wir die Strategie, mithilfe unserer Discovery Platform verschiedene Proteine auf pflanzlicher Basis zu testen und zu prüfen, welche das Zellwachstum fördern. Im Grunde wollen wir die tierischen Zellen, die wir isoliert haben, mit Eiweiß auf pflanzlicher Basis füttern. Wenn man mal darüber nachdenkt, ist das genau das, was in der Natur passiert: Tiere ernähren sich von Pflanzen.«

Das ist natürlich stark vereinfacht dargestellt – das Medium ist mehr als nur Nahrung –, doch wenn JUST das gelungen ist, ist das ein zündendes Verkaufsargument. Sie sind dann nicht nur die Ersten die sauberes Fleisch auf den Markt bringen, sondern sie tun das auch noch so vegan wie möglich.

»Haben Sie denn tatsächlich ein pflanzenbasiertes Medium gefunden, das seinen Zweck erfüllt?«, bohre ich nach.

»Also, ich würde sagen, wir sind noch dabei. Wir sichten gerade eine Menge Pflanzen«, erwidert er. »Ein paar Rezepturen funktionieren ziemlich gut, aber als unseren letzten Schluss der Dinge würde ich das noch nicht bezeichnen. Ich würde aber sagen, dass wir über ein Medium verfügen, dass frei von tierischem Serum ist.«

Doch selbst wenn es JUST gelingt, Fleisch im industriellen Maßstab ohne Tierserum zu züchten, braucht das Unternehmen immer noch Tiere, um die Ausgangszellen zu gewinnen. Ich frage mich, wie realistisch ein Geschäftsmodell auf der Grundlage von Ian-Federn wohl sein mag.

»Was für Zellen verwenden Sie?«, erkundige ich mich.

»Die können aus einem Muskel stammen oder aus dem Blut – es kommt ganz auf das Tier an. Dazu kann ich Ihnen nicht viel sagen. Das ist Teil des geistigen Eigentums.«

»Können Sie sie aus einer Feder gewinnen?«

»Ja«, erwidert er, zuckt dabei aber eigenartig mit den Achseln.

»Natürlich. Das sieht man ja in Ihrem Video.«

Vítor reicht mir wieder eine Schutzbrille. Wir betreten ein weiteres Labor. In der hinteren Ecke spannen sich drei metallene Dunstabzugshauben über Seed Trays – kleinen Plastikmatrizen mit winzigen Kammern mit Fleischzellen in hellroter Flüssigkeit. Eine Mitarbeiterin pipettiert dort irgendetwas ein. Sie verändert das Medium, wie mir Vítor erklärt: Dieses muss laufend aufgefrischt werden, weil die Zellen die Nährstoffe darin aufbrauchen und Abfallprodukte abgeben, die das Wachstum behindern würden, wenn man sie nicht entfernte. Das alles schildert er in beiläufigem Ton, als handele es sich bei dem ganzen Prozess um Gartenarbeit im Laborkittel.

In diesem Raum ist alles darauf ausgelegt, den Zellen weiszumachen, sie wüchsen in einem Tier, damit sie sich vermehren. Das regelmäßig aufgefrischte Medium erledigt die Nährstoffver- und Abfallentsorgung, die sonst das vom Herzen gepumpte Blut übernehmen würde. Die vier grauen Inkubatoren halten die Zellen auf 37 Grad Körpertemperatur. Es gibt sogar eine Art Rührwerk – eine in Bewegung befindliche Plattform, die die flüssige Zellsuspension kreisen lässt, um die Bewegungen nachzuahmen, die sie in einem lebendigen Körper erleben würde. Die zirkulierenden konischen Kolben mit Medium und Fleischsaft erinnern stark an Science-Fiction, doch Vítor tut sein Möglichstes, um mich von diesem Gedanken abzubringen. »Das ist eigentlich gar nichts Ungewöhnliches. Es wird für viele Bakterienfermentationsprozesse eingesetzt. Beim Bier ist es genau dasselbe«, stellt er mit Nachdruck fest.

In diesem Labor werden die Zellen ausgewählt, die am vielversprechendsten wirken. Sie kommen dann ein Stockwerk höher in Bioreaktoren, wo eine Produktion in größerem Maßstab stattfindet. Am Ende landen sie in der JUST-Küche – in der Produktentwicklung. »Aus einem Huhn wie Ian könnten wir genügend Zellen für die gesamte Produktion gewinnen. Wir bauen die Zellbank auf, Tausende kleiner Phiolen, und eine solche Phiole ist der Ausgangspunkt für die Produktionslinie.« Vítor lächelt voller Stolz. Die Vorstellung, dass die Tausende in Gestank und Dreck zusammengepferchten Tiere auf der Harris Ranch durch Regale mit sterilen Fläschchen ersetzt werden könnten, ist beeindruckend.

Kommunikationsmanagerin Alex ist die ganze Zeit über dabei, nickt immer wieder, während wir uns unterhalten, und schaut auf ihr Handy. Sie möchte weiter, erneut die Treppe hinauf, um das Bioprozess- und Produktionslabor zu besuchen. Ich will jetzt nur noch das Fleisch probieren. Ich wünschte, sie würden mir sagen, was mir vorgesetzt wird.

6. Die Veganer, denen Fleisch über alles geht

Ich bin neugierig. »Wie lange dauert es noch, bis tatsächlich Fleischstücke erzeugt werden können?«

»Wenn wir wollten, könnten wir nächste Woche ein Steak haben«, erwidert Vítor leichthin.

Ich bin baff. »Wirklich?«

»Das Problem ist die Skalierbarkeit. Wir könnten eine Menge Prototypen erzeugen und zeigen, wie viel Potenzial die Technologie hat, doch das tun wir nicht. Wir wissen, wie das geht, es wird nur eine Weile dauern, es in unsere Arbeitsabläufe zu integrieren.«

Wenn es so leicht ist, Gewebe zu züchten, warum müssen dann Brandverletzte schmerzhafte Hauttransplantationen über sich ergehen lassen? Warum sind so viele Menschen von der Dialyse abhängig? Warum züchten wir die Nieren, Lebern und Hornhäute, die wir brauchen, nicht einfach im Labor, statt darauf zu warten, dass Menschen sterben und ihre Organe spenden? Wie so vieles, was ich heute gehört habe, wirft auch dies mehr Fragen auf, als es beantwortet.

Das Labor im oberen Stock ist hell und spärlich eingerichtet. Die beiden Bioreaktoren aus Metall haben die Größe und Form einer Minibar in einem Hotel. Sie laufen heute beide nicht. JUST hat versprochen, sein sauberes Fleisch noch in diesem Jahr auf den Markt zu bringen, doch es ist bereits November. Keine Chance, dass in diesem Raum mit diesen Maschinen die Massenproduktion anlaufen kann. Es sieht eher nach einem Forschungsprojekt aus, nicht nach dem Beginn der kommerziellen Fertigung.

»Wenn die Produktion erst richtig läuft, werden Sie doch viel größere Bioreaktoren brauchen, oder?«, spekuliere ich.

»Ganz recht. Um die notwendige Größenordnung zu erreichen, müssen wir die Bioreaktoren von Grund auf neu bauen. Das ist eine Herausforderung. Deshalb müssen wir ja unbedingt das Produkt präsentieren, damit es die Menschen selbst probieren und sein Potenzial erkennen können. Denn sobald wir von Fleischunternehmen und anderen Investoren die Unterstützung und die Finanzmittel erhalten, können wir das in Angriff nehmen.«

Da begreife ich: JUST hat gar nicht die Absicht, in absehbarer Zeit sauberes Fleisch in die Geschäfte zu bringen. Die Markteinführung ist ein PR-Spektakel, damit sie offiziell die Ersten sind und mehr Risikokapital einwerben können. Clean Meat befindet sich nach wie vor im Proof-of-Concept-Stadium. Das Konzept, das hier nachgewiesen werden soll, ist aber nicht, dass sich Fleisch im Labor züchten lässt, sondern vielmehr, dass Kunden bereit sind, dafür zu zahlen.

Ich bin neugierig: »Wie viel wird es denn kosten?«

»Das kann ich derzeit nicht sagen. Es wird in begrenztem Umfang noch in diesem Jahr für ein paar erstklassige Restaurants verfügbar sein.«

»Noch in diesem Jahr? Sicher?«

»Ja. In etwa einem Monat wird das allgemein bekannt sein.« Er strahlt überzeugt und stolz. »Es ist unglaublich. Das ist einer der Gründe, aus denen ich aus der medizinischen Forschung zu diesem Projekt gewechselt habe. Ich hatte das Gefühl, dass das, was ich tue, gewaltige Konsequenzen haben würde, und zwar ganz schnell. In der medizinischen Forschung dauert es an die 15 Jahre, bis ein Medikament tatsächlich auf dem Markt ist. Diese Branche arbeitet schneller. Und ich bin zur richtigen Zeit eingestiegen, als genügend Rückhalt vorhanden war.«

Für einen eifrigen, ehrgeizigen, ungeduldigen Idealisten ist JUST genau der richtige Ort.

6. Die Veganer, denen Fleisch über alles geht

Alex bringt mich zurück in das Großraumbüro. »Nehmen Sie doch bitte Platz«, sagt sie und deutet auf einen langen schwarzen Tisch, an dem Kundenserviceleiter Josh Hyman vor einem Campingkocher auf mich wartet. Er hat eine graue Mütze auf und trägt eine schwarze JUST-Schürze, als befände er sich im Studio eines Home-Shopping-Kanals oder einer Kochsendung. Nach zwei Stunden Besichtigung darf ich endlich probieren, wie die Zukunft schmeckt. Ich bin total aufgeregt.

»Haben Sie Allergien oder Überempfindlichkeiten? Meiden Sie bestimmte Nahrungsmittel?«, fragt er, während er den Kocher anzündet. Das sollte er eigentlich wissen. Schließlich hatte ich Alex schon im Vorfeld meines Besuchs per E-Mail über meine diesbezüglichen Anforderungen informieren müssen. Natürlich gibt es da keine Einschränkungen. Ich esse so ziemlich alles. Genau deshalb bin ich ja hier. Ich bemühe mich wirklich, nicht zynisch zu sein, doch ich habe den Eindruck, sie möchten vorab herausfinden, ob ich nicht doch Veganerin bin. Sie wollen wissen, wie vertraut mir das ist, was ich gleich schmecken werde.

Wie sich allerdings herausstellt, darf ich das Fleisch immer noch nicht probieren. Zuvor muss ich erst noch JUST Egg kosten – natürlich ohne Ei, eine Kreation ihrer Discovery Platform auf pflanzlicher Basis.

Josh holt etwas aus einem Tiegel, das in der Pfanne brutzelt. »Ist das echte Butter?«, forsche ich nach.

»Ja«, entgegnet er mit großer Selbstverständlichkeit. »Ich gehe davon aus, dass 95 Prozent der Menschen, die Rührei essen, es so zubereiten. Warum sollen wir es also nicht genauso machen? Kann nicht schaden. Und es schmeckt.«

Wie bitte? Das hier ist ein veganes Unternehmen, eine Nahrungsmittelfirma, die auf dem Versprechen beruht, dass keine Tiere ausgebeutet werden, und Sie wollen mir erzählen, dass Butter nicht schaden kann und schmeckt?, will ich sagen. Doch ich halte mich zurück.

»Es ist Fett«, fährt er leichthin fort. »Ich könnte auch Öl nehmen, doch das will ich nicht. Aus diesem Grund habe ich ja gefragt, ob Sie auf irgendetwas allergisch reagieren. Sind Sie bereit? Voilà. Mungobohnenei.«

Er gießt das JUST Egg in die Pfanne, und es blubbert und zischt wie bei echtem Ei. Wirklich schwer zu glauben, dass es *kein* Ei ist.

»Es lässt sich auch wenden, gar kein Problem.« Er wendet es mit einem Heber. »Ich schmecke es mit zwei Gewürzen ab.« Er nimmt eine Prise aus einem grauen Tiegel. »Das hier nennt sich schwarzes Salz. Es ist nicht unbedingt nötig, enthält aber eine natürlich vorkommende Schwefelverbindung, die ihm ein *kleines* bisschen Eiergeruch verleiht und dieses typische Eieraroma. Nur ein *bisschen*. Und weil es Eier sind, gebe ich noch ein wenig gemahlenen Pfeffer darüber. Das ist alles. Für mich sieht es fertig aus.« Er füllt es in eine Schale um und reicht sie mir.

Es sieht aus wie Ei. Es hört sich an wie Ei und lässt sich wie Ei zubereiten. Es fühlt sich auf der Gabel und in meinem Mund wie Ei an, flaumig, schwammig und heiß. Aber es ist total geschmacklos. Ohne Butter, Pfeffer und das spezielle Schwefelsalz würde es nach gar nichts schmecken.

»Ziemlich gut«, kommentiere ich.

»Es hat die richtige Konsistenz, ist ein bisschen schwammig, aber nicht zu sehr.«

Ich weiß nicht, was ich noch sagen soll. »Es ist gut ... Es ist *anders*.«

»Stimmt. Es schmeckt zwar nicht *genau*so wie Ei ...«

»Aber die Konsistenz ist dieselbe.« Ich bemühe mich, konstruktiv zu sein.

»… die Konsistenz ist richtig gut. Stellt man es sich in einem System vor, also mit sautiertem Gemüse oder mit Käse als Omelett oder in einem Frühstücks-Burrito …«

Anders formuliert: Es ist okay, solange man ganz und gar überdeckt, was es ist – beziehungsweise, was es nicht ist. Wenn das der letzte Schluss der Dinge, also der Höhepunkt der Lebensmitteltechnologie auf Pflanzenbasis ist, dann wird mir klar, warum wir Clean Meat brauchen: Trotz aller exotischen Samen und intelligenten Roboter können sie bei JUST immer noch kein tierisches Eiweiß aus Pflanzen machen.

»Und jetzt das, weshalb Sie eigentlich hier sind«, verkündet Josh und zieht von irgendwoher einen schwarzen Teller hervor. »Hier ist unser kleines Nugget.«

Ich sehe ein kleines, einsames Rechteck in beiger Panade, umhüllt von Pergamentpapier mit roten, weißen und blauen Streifen. Ein typisch amerikanisches Chicken Nugget.

»Wenn Sie möchten, können Sie es in die Soße eintunken«, meint er und zeigt auf das daneben auf dem Teller stehende Metallschälchen, das eine rosa-gelbe Masse enthält.

»Es ist also bereits fertig zubereitet?« Ich hatte gedacht, er würde es für mich auf dem Campingkocher braten. Das kommt ein bisschen komisch rüber.

»Fix und fertig«, nickt er.

»Und was ist das für eine Soße?«

»Ich glaube, das könnte eine Kostprobe von unserer Chipotle-Ranch-Soße sein.«

»Ich probiere es erst mal ohne Soße«, erkläre ich.

»Wie Sie möchten.«

»Also gut. Her damit.«

Ich dringe durch die Panade. Sie ist warm, knusprig, frittiert, stark gewürzt. Dann kommt das Fleisch. Und ja, es ist Hühnchen. Es schmeckt wie ein Chicken Nugget, es hinterlässt auf meiner Zunge und in meiner Nase Hühnchenaroma. Aber es ist so ... breiig. Sehr breiig. Und trotzdem – Hühnchen.

»Schmeckt es wie Hühnchen?«, fragt Josh sofort.

»Schmeckt wie ein Chicken Nugget«, erwidere ich.

»Jawohl!«, meint Alex triumphierend, und beide strahlen.

Ich kaue weiter und finde es immer ekliger. Zunächst kommt einem das Fleisch vertraut vor – es ist saftig und haftet an den Zähnen wie tierisches Fleisch. Doch es hat eine Beschaffenheit wie das minderwertigste Fertigprodukt, das ich mir vorstellen kann. Die Konsistenz ist so ganz anders, das Fleisch so weit von tierischem Gewebe entfernt, dass mir mein Gehirn signalisiert, es müsse sich um verdorbenes Fleisch handeln und ich sollte es besser ausspucken. Dieses Nugget enthält keine erkennbaren Fleischstücke. Es ist Hühnerbrei mit Füllstoffen in einer Knusperkruste.

Josh unterbricht die Stille. »Äußern Sie ruhig Kritik. Wir nehmen jedes Feedback an.«

»Innen ist es ein bisschen ... ein bisschen matschig.«

Er nickt. »Okay.«

»Was ist in dem Nugget sonst noch drin?«

»Wir mischen ein paar pflanzliche Produkte und geben dann die Zellen bei. Außer den Zellen ist es ein Nugget auf rein pflanzlicher Basis.«

»Wie viel davon ist tatsächlich Fleisch?«

»Äh, das weiß ich nicht.«

»Also haben Sie dieses Nugget gar nicht hergestellt?«

»Ich nicht. Das war Nicholas, der steht hier gleich hinter mir.« Er deutet auf mehrere Mitarbeiter, die ein paar Meter weiter mit gesenktem Kopf an verschiedenen Tischen arbeiten. Ich sehe, wen

6. Die Veganer, denen Fleisch über alles geht

er meint. Doch Nicholas ist keine Station unserer heutigen Führung.

Das Nugget ist klein, gerade genug für drei Bissen. Ich knabbere daran herum, damit es länger reicht. Ich habe keine Ahnung, was ich da esse. Dieses Erlebnis ist noch unheimlicher als die Begegnung mit Harmony: Zumindest bekam ich damals zu sehen, wie Harmony hergestellt wird. Doch auf meiner zweistündigen Tour habe ich kein rohes Fleisch zu Gesicht bekommen. Das Nugget wurde warm serviert, aber ich habe nicht gesehen, wie es zubereitet wurde. Ich hätte mir so gewünscht, es wäre ein Chicken Nugget, aber irgendwie ist es das so gar nicht.

Andererseits habe ich zuletzt als Teenager Nuggets gegessen. Was weiß ich also schon? Vielleicht sind ja alle Nuggets auf diese Weise verarbeitet und ebenso matschig. Vielleicht schmeckt dieses genauso, wie es schmecken sollte. Aber vielleicht hat auch Josh keine Ahnung, wie ein Chicken Nugget schmecken sollte.

»Sind Sie Veganer?«, frage ich.

»Ja, schon«, meint Josh und läuft tatsächlich rot an, als hätte ich ihn gerade als heimlichen Nudisten geoutet.

»Würden Sie sauberes Fleisch essen? Als Veganer?«, frage ich nach.

»Ich habe es probiert. Die Antwort lautet daher bislang offensichtlich ja.«

»Sind Sie schon lange Veganer?«

»Seit zehn Jahren. Aber ich sehe das nicht so eng. Vielleicht kann ich so ja ohne Schuldgefühle wieder in die Fleischesserwelt zurückkehren. Ich habe nicht viele vegane Freunde, und meine Frau ist auch keine Veganerin. Das war eine persönliche Entscheidung, die ich für mich getroffen habe, sonst für keinen. Nichts für ungut, aber mir ist egal, was andere tun.« Er sagt das beinahe zerknirscht, als wolle er mir unbedingt klarmachen, dass er keinem Kult angehört und dass er mich nicht verurteilt.

»Für einen Koch stelle ich mir das nicht ganz einfach vor.«

»Na, zum Glück bin ich kein Koch, sondern der Frontmann. Deshalb bin ich ja heute auch hier und spreche mit Ihnen.«

In der RealBotix-Werkstatt bekam ich eine Demonstration. Das hier war eher eine Theatervorstellung. Der Frontmann servierte mir meine erste Kostprobe sauberes Fleisch. Die Führung war von Alex choreografiert und sorgfältig inszeniert. Und es wurde so vieles vereinfacht, romantisch dargestellt oder gleich ganz umgangen, um zu übertünchen, wie weit sauberes Fleisch noch vom Konsumprodukt entfernt ist. Ich habe keine Ahnung, ob das, was ich da gerade gegessen habe, in Kälbchenblut oder magischem Pflanzensaft herangezüchtet wurde. Ich weiß noch nicht einmal, von welchem Teil des Huhns es ursprünglich stammt. Blut? Knochen? Federn? Das war ein reines PR-Manöver – ein unterhaltsames allerdings und eines, das Wellen schlagen wird: Die Geschichte des Fleischabenteuers von JUST ist eine, die die Journalisten erzählen und die Investoren hören wollen. Aber eben nur eine Geschichte.

Ich bedanke mich bei Josh und Alex. »Das ist eine ganz große Sache«, erkläre ich. »Wenn Sie das richtig hinbekommen, hat das gewaltiges Potenzial.«

»Ich weiß. Deshalb machen wir es ja«, lächelt er. »Wir geben uns hier nicht mit Kleinigkeiten ab. Josh Tetrick befasst sich nicht mit Projekten, die wenig bewirken. Wenn es keine globale Bedeutung hat, dann lassen wir es.«

Ich nehme einen großen Schluck Wasser. Ich muss mir dringend den Mund spülen.

6. Die Veganer, denen Fleisch über alles geht

Der letzte Akt des Stücks fehlt natürlich noch: Josh Tetrick höchstpersönlich, Gründer, CEO und unangefochtener Chef von JUST. Drei Topmanager von Hampton Creek mussten im letzten Jahr gehen, und es ging das Gerücht, sie hätten versucht, Joshs Einfluss zugunsten der Investoren zu verringern. Ein paar Wochen später trat der gesamte Verwaltungsrat zurück – außer Josh. Josh hat das Sagen, und wer daran zweifelt, der kann seinen Hut nehmen.

Er ist Ende dreißig und so breitschultrig wie ein Football-Spieler – mit großen Händen und buschigen Augenbrauen. Als ich mich am Besprechungstisch neben ihn setze, achte ich genau auf jedes Anzeichen für echte Spontaneität und unverstellte Geradlinigkeit. Wenn mir jemand hier konkrete Antworten geben kann, dann dieser Mann. Doch auch Josh hat einen Text parat, den er aufsagt. Auf meine Frage, warum er beschlossen hat, von der Herstellung von Ei auf Pflanzenbasis auf sauberes Fleisch umzusatteln, wartet er mit zitierfähigen Aussagen auf.

»Wir sind kein Unternehmen auf pflanzlicher oder auf tierischer Basis, wir wollen einfach ein effektives Unternehmen sein«, erklärt er in seinem sonoren Südstaatentenor. »Wie sich zeigt, ist die Mungobohne für uns eine wirklich effektive Hilfe, um Ei herzustellen, doch wenn wir tatsächlich Rindfleisch, Schweinefleisch oder Hühnerfleisch produzieren wollen, halten wir es für effektiver, bei einer Zelle von einem Rind, einem Huhn oder einem Schwein anzusetzen – aus geschmacklicher Perspektive, aus der Perspektive der Beschaffenheit und auch aus der Perspektive der Namensgebung.«

Josh weiß genau, wie wichtig es ist, den Dingen den richtigen Namen zu geben. Unilever, Eigentümer der Marke Hellmann's, strengte 2014 einen Prozess gegen Hampton Creek an und bezeichnete den Namen JUST Mayo als irreführende Werbung: Das sei eben nicht nur *(just)* Mayonnaise, sondern »keine« Mayonnaise;

es entspreche nämlich nicht der Definition der US-amerikanischen Lebens- und Arzneimittelbehörde für Mayonnaise, weil es kein Ei enthalte. Die FDA gab Unilever recht, und Hampton Creek musste 2015 seine Etiketten entsprechend ändern und klarstellen, worum es sich bei dem Produkt handelte – durch Ergänzung des Mottos »geleitet von Vernunft, Gerechtigkeit und Fairness«, um zu konkretisieren, wie man dort das Wort *just* definierte. Als Mayonnaise durfte Hampton Creek sein Produkt weiter bezeichnen, und die Kunden konnten es kaufen, ohne den Eindruck zu haben, etwas Alternatives, Abartiges zu erstehen.

»Meine Eltern kaufen ihr Fleisch bei Piggly Wiggly und Winn-Dixie in Birmingham, Alabama. Wie erhöhe ich die Wahrscheinlichkeit, dass die Freundinnen meiner Mutter das Rind- und Schweinefleisch kaufen, das sie meiner Ansicht kaufen sollten – also solches, für das keine Tiere getötet und kein Land und kein Wasser verbraucht wurden? Bezeichnen wir es nicht als Fleisch, wird in Zukunft kein System entstehen, in dem an einem beliebigen Tag der überwiegende Teil der produzierten Fleischmenge ohne Tiere auskommt. Und diesen Tag wünsche ich herbei.« Aus seinem Gesicht leuchtet der Eifer wie bei einem Pfarrer, der vom gelobten Land predigt. »Wie erreichen wir schneller den Tag, an dem 51 Prozent allen produzierten Fleisches erzeugt wird, ohne dass auch nur ein einziges Tier getötet wird? Wenn es so weit ist, werden es am nächsten schon 55 und am übernächsten 60 Prozent sein. Sauberes Fleisch ist der *einzige* Weg, auf dem sich das erreichen lässt.«

Damit Clean Meat funktioniert, muss es die große Masse ansprechen. Es bringt nichts, bei Whole Foods oder Waitrose Verkaufsrekorde zu erzielen, wenn die meisten Leute bei Walmart und Tesco einkaufen. Hier muss es um die tägliche Versorgung, um Grundnahrungsmittel gehen, nicht um Extravaganzen.

6. Die Veganer, denen Fleisch über alles geht

»Unser Ziel ist es, ein System zu verändern und unseren Investoren zu helfen, dabei eine Menge Geld zu verdienen. Schließlich möchte ich, dass sie noch mehr in uns investieren«, erklärt er mir. Und er hat aufsehenerregende Ideen, wie er das schaffen will: JUST wird nicht nur der erste Anbieter auf dem Markt sein, sondern dafür sorgen, dass künftig jedermann täglich die teuersten Gourmetdelikatessen auf den Tisch bringen kann.

»Wir wollen uns auf Kobe, Wagyu und Blauflossenthun konzentrieren. Ich stelle mir meine Eltern vor, wie sie die Piggly-Wiggly-Filiale betreten und vor zwei Arten von Hamburgern stehen. Auf dem einen steht ›Rinderhack, 2,99 Dollar das Pfund‹ – den haben sie schon immer gekauft –, auf dem anderen ›Kobe-A5-Burger, Wagyu-A5-Burger, 2,49 Dollar das Pfund‹. Für den einen musste ein Tier sterben, der andere wurde mit diesem anderen Ansatz, Sie wissen schon, produziert. Ich möchte, dass meine Eltern dann sagen: ›Ganz klar, natürlich nehmen wir einen Burger, der saftiger und zarter ist und nach mehr schmeckt als das Hackfleischprodukt.‹ Das ist meiner Ansicht nach erforderlich, wenn wir einen Systemwechsel durchsetzen wollen.«

Er klappt seinen Laptop auf. »Unser Plan ist, damit noch vor Ende des nächsten Jahres auf den Markt zu kommen.« Es erscheint ein Bild von zwei Burgern in einer weißen Polystyrolschale. Auf dem roten Etikett steht: »2 Kobe-A5-Rindfleisch-Frikadellen, 100 % japanisches Wagyu«. Die Burger sind dicke Fleischklopse mit starker Maserung.

»Ein echtes Stück marmoriertes Kobe-Rind?«, frage ich.

»Wagyu, um genau zu sein. Kobe ist eine Wagyu-Art.«

Da muss ich mir von einem Veganer etwas über Rindfleisch erzählen lassen!

Es gibt noch mehr Konzeptbilder: zwei dicke Hühnerbrüste, ein paar schimmernde Scheiben rosaroter Blauflossenthun (»Otoro von bester Qualität«), und dann kommen verschiedene Skizzen der JUST-Fabrik für sauberes Fleisch der Zukunft, mitsamt 48 separaten 200 000-Liter-Bioreaktoren, jeder einzelne so groß wie der Kühlturm eines Kraftwerks, Treibhäusern, in denen die Pflanzen wachsen, die zur Herstellung des Mediums verwendet werden, und einer Aussichtsplattform, von der aus Besucher zusehen können, wie auf dem Fließband Thunfischsteaks und Hühnerbrüste produziert werden.

Damit dieser Bauernhof der Zukunft Realität werden kann, so Josh, werden sie mit der Fleischindustrie zusammenarbeiten müssen, die bereits über die Kühl- und Vertriebsnetze verfügt, die JUST brauchen wird, um die Massen mit sauberem Fleisch zu versorgen. »Die wollen ja auch keine Hühner halten. Wer will schon 400 000 verfluchte Hühner in einer riesigen Anlage versorgen, die überall hinkacken und -pissen? Wenn es eine bessere Möglichkeit gibt, Geld zu verdienen, dann werden sie sie natürlich wahrnehmen.« Wenn es erst billiger, besser für die Verbraucher und einfacher und rentabler für die Produzenten ist, wird nur noch sauberes Fleisch auf dem Speisezettel stehen. Und dann wird JUST die Fleischbranche übernehmen.

»Wollen Sie zum größten Fleischunternehmen der Welt werden?«

Er schaut mir direkt in die Augen und nickt bedächtig. »Auf jeden Fall.«

Doch erst ist da noch die Sache mit der Markteinführung. Diese werde noch in diesem Jahr in sehr kleinem Rahmen stattfinden – Chicken Nuggets in ein paar Restaurants außerhalb der USA, erzählt er mir. »Wir sind mit verschiedenen Ländern im Gespräch, um den idealen Standort für die Produkteinführung zu finden. Die

6. Die Veganer, denen Fleisch über alles geht

USA sind aufsichtsrechtlich noch nicht bereit dafür«, seufzt er.
»Die Politik, die Politik.«

Das ist eine Sicht der Dinge. Man könnte auch sagen, dass er versucht, ein Land mit flexibleren Standards für die öffentliche Gesundheit zu finden, in dem er mit seinen matschigen Nuggets experimentieren kann.

»Wird das ein kontinuierlicher Prozess oder eine einmalige Angelegenheit?«

»Kontinuierlich.«

»Wie viel wird das kosten?«

»Weiß ich noch nicht. Das steht noch nicht fest.«

»Wissen Sie, wie viel das Nugget, das ich gerade gegessen habe, in der Herstellung gekostet hat?«

Er schüttelt den Kopf.

»Viel Geld?«

»Ja.«

»Ich habe also gerade etwas sehr Teures verspeist?«

»Ganz bestimmt.«

»Für einen dreistelligen oder einen vierstelligen Dollarbetrag?«

»Dreistellig. Aber ich weiß das nicht genau. Dass wir das nicht wissen, liegt unter anderem daran, dass es nicht sinnvoll ist, jetzt die wirtschaftlichen Kosten zu ermitteln, denn die Produktion im großen Stil kommt ja erst.«

Plötzlich will Josh nicht mehr sagen. Sein Text ist durch, und ich muss ihm die Antworten Stück für Stück aus der Nase ziehen. Ich ändere meine Strategie: Vielleicht fühlt er sich ja wohler, wenn er über sich sprechen kann.

Er erzählt mir, er sei in Alabama aufgewachsen und wollte eigentlich Linebacker in der NFL werden. Doch als er aufs College kam, merkte er, dass er nicht gut genug war. Er arbeitete eine Zeit lang beim

Entwicklungsprogramm der Vereinten Nationen in Kenia und erhielt dann ein Stipendium für das Investitionsministerium in Liberia, wo er mit eigenen Augen sah, was bittere Armut bedeutet. »Ich verlor die Geduld mit Regierungen und gemeinnützigen Organisationen. Mir dauerte das alles einfach *zu lang*. Also kam ich in die USA zurück und dachte, wie können wir den Prozentsatz der Menschen steigern, die gut zu essen haben?« Nun ist er wieder im Predigermodus. »Und gut essen bedeutet für mich, so essen, dass dafür kein Tier getötet werden muss. Gut essen bedeutet, so essen, dass die Umwelt weniger belastet wird. Gut essen bedeutet, den eigenen Körper nicht zu schädigen. Gut essen bedeutet, dass es gut schmecken muss. Und dass ich es mir leisten kann. Wie können wir die Anzahl der Menschen erhöhen, die morgen gut essen? Das ist die eigentliche Mission des Unternehmens.« Wirklich eine sehr breit angelegte.

Josh lebt seit zehn Jahren vegan, sagt aber nicht viel mehr darüber. »Ich möchte einfach durch das, was ich esse, weniger Schaden anrichten. Das ist alles«, erklärt er schlicht.

»Woher kommt ihr moralisches Bewusstsein?«, hake ich nach und denke dabei an Bruce. »Geht es Ihnen um Tierrechte, um Menschenrechte, oder hat es religiöse Gründe?«

»Eigentlich nicht. Ich sehe das so: Je eher wir ein System hinbekommen, in dem es allen Lebewesen gut geht, desto besser. Das ist meine Moral.«

»Aber was hat das mit Ihrem Hintergrund zu tun? Das ist eine Einstellung, wie man sie eigentlich in San Francisco verorten würde.«

»Weiß ich nicht. Schwer zu sagen, ganz ehrlich.«

»Ich versuche nur, mir ein Bild davon zu machen, wo Sie herkommen. Als Jugendlicher haben Sie offenbar nicht daran gedacht, dass Sie eines Tages Fleisch im Labor züchten werden.«

6. Die Veganer, denen Fleisch über alles geht

»Dazu muss ich sagen: Wenn das erst in größerem Stil stattfindet, dann wird es nicht mehr im Labor geschehen. Auch Joghurt kam zunächst aus dem Labor, bis Danone oder irgendwer sonst zig Millionen Tonnen davon produzierte.«

Das ist natürlich totaler Quatsch: Menschen machen schon seit Tausenden von Jahren Joghurt. In Höhlen. Das sage ich ihm aber lieber nicht, denn er ist meiner allmählich überdrüssig, und ich habe noch eine Frage.

»Sollten wir nicht lieber allesamt weniger Fleisch essen, statt alles daranzusetzen, es künstlich herzustellen?«

»Ja, genauso wie wir alle besser zur Arbeit laufen sollten, statt das Auto zu nehmen, und über den Atlantik schwimmen sollten, statt in den Jumbo zu steigen. Genauso wie wir alle unser eigenes Getreide anbauen sollten, statt in den Supermarkt zu gehen. Ja, sollten wir – aber wir müssen schließlich in der Realität leben.«

Josh lebt nicht in der Realität. Er lebt in San Francisco, in der »So-tun-als-ob-bis-es-klappt«-Start-up-Kultur, in der Probleme verschleiert und im Brustton der Überzeugung haarsträubende Behauptungen aufgestellt werden, um an das ach so wichtige Risikokapital zu kommen. Ich sehe in den Konzeptbildern von JUST eine Hochglanzidee, um Investitionen anzulocken, keine praktikable Lösung für die Krisen, die der Hunger der Menschen nach Fleisch auslöst. Wenn das für die ganze Clean-Meat-Industrie gilt, dann werden ein paar Leute auf kurze Sicht ein bisschen Geld verdienen, aber wir alle – unser Planet, aber auch unsere Körper – werden den Preis dafür bezahlen, dass wir zugelassen haben, dass alles beim Alten bleibt.

7.
Fisch auf dem Trockenen

Genau an dem Tag, an dem die Luftqualität in der San-Francisco-Bay-Region so schlecht ist wie nirgendwo sonst auf der Welt, befindet ich mich in Emeryville am gegenüberliegenden Ufer von JUST. Die Flächenbrände in Kalifornien, bei denen selbst die hartnäckigsten Klimawandelleugner einen Zusammenhang mit klimatischen Veränderungen einräumen, haben schon über 100 Todesopfer gefordert. Der Aschenebel ist so dick, dass ich kaum bis zur anderen Straßenseite sehen kann. Die wenigen, die sich vor die Tür gewagt haben, tragen weiße Atemmasken wie die Überlebenden in einem postapokalyptischen Katastrophenfilm.

Ich habe kein Fleisch mehr essen können, seit ich vor vier Tagen das JUST-Nugget probiert habe. Allein bei dem Gedanken daran wird mir übel. Vielleicht macht sauberes Fleisch ja noch eine Veganerin aus mir, wenn auch aus den falschen Gründen.

Mein Kopf ist in ähnlichem Aufruhr wie mein Magen. Bin ich wirklich so weit gereist, um eine Silicon-Valley-Blase zu sehen – einen PR-Trick ohne marktfähiges Produkt? Ist das JUST-Chicken-Nugget die Roxxxy True Companion der Clean-Meat-Branche? Mein Appetit auf die Authentizität und die Transparenz, die Bruce mir versprochen hat, ist noch nicht gestillt.

Daher bin ich positiv überrascht, als ich bei Finless Foods an der Tür klingle und der CEO des Unternehmens öffnet. Mike Selden hat eng zusammenstehende Augen und einen sauber gestutzten Bart. Er ist 1 Meter 90 groß und bückt sich leicht, um mir die Hand zu ge-

7. Fisch auf dem Trockenen

ben. Mir ist sofort klar: Ich befinde mich in der Gesellschaft eines bescheidenen Nerds.

Er holt seinen CSO und Mitgründer Brian Wyrwas aus dem winzigen Vorstandszimmer, damit ich ihn ebenfalls kennenlernen kann. Die beiden stammen von der Ostküste und sind vor zwei Jahren aus New York hierhergezogen, um Fisch zu züchten. Brian ist 26, Mike 27 Jahre alt. »Wir sind die beiden Jüngsten im Unternehmen«, erklärt Mike. »Wir teilen uns ein Unternehmen, ein Haus, ein Auto und im Grunde auch unseren ganzen Freundeskreis. Die Leute denken, wir sind verheiratet. Und wir tun nicht viel, um diesen Mythos zu zerstören.«

Finless Foods wurde 2017 gegründet, kurz nachdem Mike und Brian ihr Biochemiestudium abgeschlossen hatten. Es war das erste Clean-Meat-Start-up, das sich auf Meeresfrüchte spezialisierte. Im Fokus stehen Blauflossenthun und Wolfsbarsch – was auch immer sie verkaufen werden, wird anfangs teuer sein. Deshalb muss die Preiskategorie stimmen. Brian ist freundlich, aber hat es eilig, wieder in seine Sitzung zurückzukehren: Es wird gerade beschlossen, welche der sieben Finless-Mitarbeiter nach Asien fliegen sollen, um ein paar Blauflossenthun-Starter-Zellen zu besorgen.

In diesem Start-up ist Mike der Frontmann, aber eine Vorführung bekomme ich hier nicht. Ich darf auch nichts probieren. »Wir haben früher ein bisschen Prototyping gemacht und ein paar Verkostungen organisiert, aber das war zum großen Teil nur … weil man das Investmentspiel mitspielen muss«, sagt er mit wissendem Lächeln. »Die Investoren müssen etwas Handfestes sehen, und das kann ich nachvollziehen. Beim Geschäft geht es ums Gefühl. Da draußen gibt es viele geniale Wissenschaftler, die Unternehmen gründen und dann kein Geld bekommen, weil sie sich nicht auf dieses Spiel verstehen.« Doch die von Finless produzierten Nahrungsmittel sind noch nicht marktreif, und Mike tut auch nicht so: Er ist in erster Linie Wissenschaftler und erst in zweiter Unternehmer, und wie jeder Wissenschaftler hat er keine Lust, zu hoch zu pokern, damit er dann nicht die Hosen herunterlassen muss.

Es gibt nur drei Clean-Meat-Unternehmen, die sich ganz auf Fisch konzentrieren. Das überrascht, denn das Fischproblem ist noch dringlicher als das Fleischproblem. Wenn Fleisch Mord ist, ist Fisch Völkermord. Jahrzehntelanger kommerzieller Fischfang, der immer unersättlichere Fangmethoden einsetzt, hat zu einer ökologischen Katastrophe in unseren Ozeanen geführt. Ein Drittel aller Fischbestände werden schneller dezimiert, als sie sich regenerieren können. Das bedeutet, sie sind dermaßen überfischt, dass sich die Population davon nicht erholt und die Nahrungskette zerstört ist. Weitere 60 Prozent sind bereits im Höchstmaß ausgeschöpft – wir können also nicht mehr Fisch herausholen als bisher. Bleiben nur sieben Prozent, die unterfischt sind – oft in Regionen, die zu weit vom Ufer entfernt sind, als dass ihre Nutzung finanziell sinnvoll wäre, oder in politisch umstrittenen Gegenden (in denen man durch Einfahrt einen Krieg riskieren würde).[1] Anders formuliert: Wir nehmen so ziemlich allen Fisch aus dem Meer heraus, den wir kriegen können.

Fischereiflotten müssen immer weiter hinausfahren[2], um weniger und kleinere Fische zu fangen, und verbrauchen dabei mehr Sprit. Dennoch werden 40 Prozent all dessen, was kommerzielle Fischer fangen, weggeworfen[3]: Es ist sogenannter Beifang – unbeabsichtigt gefangene, ungewollte Fische, Schildkröten, Vögel und Meeressäuger, die sich in den Netzen verfangen, getötet und entsorgt werden. Wir essen mehr Fisch als jede andere Art tierischen Proteins, und für Milliarden von Menschen ist Fisch die Haupteiweißquelle.[4] Arme Küstenkommunen, die auf Subsistenzfischerei angewiesen

7. Fisch auf dem Trockenen

sind, spüren die Auswirkungen dieser ökologischen Katastrophe stärker als wir anderen.

Fischfarmen könnten eine Lösung für die Zerstörung der ozeanischen Ökosysteme sein, stehen aber vor denselben Problemen wie jede intensive Nutztierhaltung: Werden Fische in großer Zahl auf kleinem Raum gehalten, fallen riesige Tanks voller Exkremente an, und es sind Pestizide, Fungizide und Insektizide erforderlich, um die Seeläuse abzutöten, die unter solchen Bedingungen hervorragend gedeihen. Und viele Fischarten können in einem Tank nicht überleben. Der Blauflossenthun zum Beispiel hat einen hohen Bewegungsdrang. Er stirbt, wenn er zusammengepfercht wird wie in einer Sardinenbüchse.

Es hört sich daher vielleicht ein bisschen naiv an, wenn ich Mike frage, warum er sich für Fisch entschieden hat, doch dort setze ich an.

»Dafür gibt es eine Million Gründe«, legt er begeistert los und freut sich sichtlich über diese Frage. Erstens sei unser Fischkonsum »die größte Ursache für Leid auf dem Planeten. Tötet man eine Kuh, werden davon vielleicht 300 Menschen satt, doch wer Fisch isst, zum Beispiel Sardinen, verzehrt alleine, sagen wir, zehn Tiere. Das ist eine ganz andere Dimension von Leid und Tod.« Dann gebe es noch gesundheitliche Gründe. »Im Blauflossenthun finden sich Quecksilber und Plastik. EPA und FDA [die für Umweltschutz beziehungsweise Lebens- und Arzneimittel zuständigen US-Behörden] empfehlen, dass Frauen im gebärfähigen Alter – das sie auf 16 bis 49 beziffern, ihre Zahlen, nicht meine – wegen des Quecksilbers *gar keine* großen Raubfische verzehren sollten. Alle anderen sollten maximal einmal pro Woche solchen Fisch essen. Beim Plastik sind die Auswirkungen noch nicht richtig untersucht. Wir wissen aber, was für Effekte Mikroplastik auf Fische hat, und das ist *erschreckend*.« Er reißt dramatisch die Augen auf. »Mikroplastik verändert die Gehirnchemie, den Stoffwechsel und das Sozialverhalten. 2050 wird im Meer nach Gewicht mehr Plastik schwimmen als Fisch. Was früher die Zigarette war, wird für unsere Generation der Fisch: Erst von den Ärzten empfohlen, doch dann heißt es plötzlich: ›Oh, verdammt, davon kriegt man Lungenkrebs!‹ Genauso wird es den Fischen ergehen, wenn wir die Wirkung von bioakkumuliertem Plastik auf die menschliche Physiologie erst genauer untersucht haben.«

Das nächste Argument ist die Herstellung von sauberem Fisch. »Fischzellen sind ausgesprochen robust – sie sind leicht zu züchten, anspruchslos und kommen mit sehr großen Temperaturunterschieden zurecht. Die Zellen von Landtieren wachsen bei 37 Celsius, während Fischzellen von 22 bis 26 Grad alles verkraften, und das ist viel besser. Das entspricht der hiesigen Temperatur«, erklärt er mir und zeigt auf das Fenster, vor dem der Aschenebel die kalifornische Sonne geschluckt hat. »Fischfleisch ist auch einfacher strukturiert – ein Steak hat eine komplexe Marmorierung, Lachs-Sashimi dagegen abwechselnde Schichten aus Muskeln und Fett. Es ist also leichter nachzubauen. Aus wissenschaftlicher Sicht schien es das einfachere Projekt.«

Mike ist in Boston aufgewachsen, umgeben von Meeresfrüchten. »Ich habe die ganzen jüdischen Spezialitäten gegessen wie Lox und dann noch alles, was man in Boston so aß, weil meine Familie nicht sehr religiös ist. Ich bekam also Hummer und Muscheln und Krebse und alles andere vorgesetzt, was Juden eigentlich nicht essen sollen.« Zum Veganer wurde er, nachdem er im Alter von 15 Jahren *Animal Liberation. Die Befreiung der Tiere* von Peter Singer gelesen hatte. Dann lernte er an der University of Massachusetts-Amherst Brian kennen, den er als »genialen« Biochemiker bezeichnet. Nachdem er in China ein Jahr Englisch unterrichtet hatte, ging er mit Brian in New York einen Impossible Burger essen. Sie tranken »ein paar Bierchen zu viel« und beschlossen, einen Businessplan aufzustellen.

Im März 2017 flossen die ersten Investitionsmittel – Startkapital, ein Labor und Co-Working-Arbeitsplätze vom auf naturwissenschaftliche Start-ups spezialisierten Accelerator IndieBio. Das bedeutete, sie mussten nach San Francisco umziehen. (»Das war buchstäblich der Grund für unseren Umzug nach Kalifornien. Wir wollten eigentlich gar nicht hierher.«) Inzwischen kommen ihre Investoren aus aller Welt. Dazu gehört der Risikokapitalgeber Tim Draper, einer der Ersten, der das berüchtigte Bluttest-Start-up Theranos von Elizabeth Holmes finanzierte, und einer der wenigen, der auch dann noch zu ihr hielt, als ihr betrügerische Täuschung von Investoren vorgeworfen wurde, weil sie beim Potenzial ihrer Technologie stark übertrieben hatte.

In den Labors von Finless Foods wird allem Anschein nach nicht übertrieben. Auf meiner Führung erklärt mir Mike das gesamte Verfahren ganz ohne Fachjargon und theatralische Blendgranaten. Diesmal verstehe ich alles genau. Ihre Gewebeproben erhalten sie von Fischfarmen, Universitätslabors, Sportfischern und sogar aus dem *Aquarium of the Bay* in San Francisco. Die Ausgangszellen werden in ihrem »Hauptarbeitslabor« in einer Nährlösung aufgelöst, dann wird der Zelltyp herausgefiltert, der in der Lage ist, zu wachsen und sich zu teilen, und diese Zellen werden dann in Petrischalen eingebracht und inkubiert. Es dauert etwa einen Tag, bis sich die Zellen teilen. »Unsere Zellen vom europäischen Wolfsbarsch vermehren sich wie verrückt«, verkündet Mike mit väterlichem Stolz. Haben die Zellen eine kritische Masse erreicht, kommen sie in einen von drei verschiedenen Bioreaktoren, mit denen bei Finless Foods derzeit experimentiert wird.

Wir betreten das zweite Labor von Finless Foods, das »molekularbiologische Labor«. Dort züchten sie ihr Medium an. Wie JUST haben auch sie eine Tierserum-Rezeptur entdeckt, dafür aber keine Discovery Platform gebraucht. »Salze, Zucker und Proteine«, meint Mike schlicht. »Die Salze und der Zucker haben Lebensmittelqualität. Wir beziehen sie von Lebensmittelzulieferern – da ist nichts dabei, was die Menschen nicht bereits jetzt schon essen. Und die Proteine stammen aus Hefe. Wir schauen in einen Fisch hinein, stellen fest, welche Proteine das Zellwachstum fördern, und welche DNA diese Proteine produziert. Diese DNA geben wir dann in ein mikrobiotisches System – das könnte Hefe sein, aber auch etwas anderes.«

»Ist das nicht Gentechnik?«

»Genauso wird auch Lab hergestellt, das wir zur Käseherstellung verwenden. Wer sagt, ›O Gott, das ist ja Genetisch-veränderte-Organismen-Technik‹, dem halten wir entgegen: ›Wenn Sie Käse essen, nehmen Sie das bereits zu sich.‹ Wir setzen es nur ein, um ein anderes Protein zu erzeugen, wie es im Fisch bereits vorkommt.«

Wir begeben uns in das frei gewordene Vorstandszimmer, dessen Außenwände zwei »Tuna of The World«-Diagramme zieren. Sonst ist es kahl und strahlend weiß.

»Wenn Sie jetzt etwas produzieren würden, dann wäre das vermutlich eine Art Paste?«, frage ich.

»Genau. Wir wollen eine Möglichkeit finden, die Paste als Zutat zu verwenden, denn sie schmeckt nach Fisch. Wir fokussieren uns auf ein würziges Thunfischröllchen, doch nicht irgendeins, sondern eines aus *Blauflossenthun*«, sprudelt es aus Mike heraus. »Isst man das im Vereinigten Königreich? Hier ist das sehr gefragt. Wir haben versucht herauszufinden, was bei Fisch für die Amerikaner der Hamburger ist, und das scheint das pikante Thunfischröllchen zu sein.«

Ihr großer Ehrgeiz ist aber, Fischfilet zu produzieren. Das könnten sie durch Ernährungswissenschaft oder Gewebezüchtung erreichen. »Derzeit wirken viele verschiedene Technologien ausgesprochen vielversprechend, um einen 3D-Effekt zu erzeugen«, verrät mir Mike, zieht sein iPhone hervor und zeigt mir ein YouTube-Video eines niederländischen Unternehmens namens Vegan Seastar, in dem bärtige 20- bis 30-Jährige aus schwarzen Schalen mit Essstäbchen Schnitten perfekt gemaserten, rosa glänzenden, mit Sesam garnierten Nichtfischs – »Zalmon Sashimi« – futtern. »So etwas Ähnliches wollen wir zusammenbasteln, indem wir Ernährungswissenschaft und Werkstoffwissenschaft bemühen, um mit Proteinen oder irgendetwas anderem auf pflanzlicher Basis oder mit Pilzen ein Gewebe herzustellen und dann als Aromastoff mit den von uns hergestellten Zellen zu besiedeln.«

Das hört sich toll an für den Fall, dass alles klappt. Doch ich kann mir gut vorstellen, dass es komplett schiefläuft. Wie ich bei JUST erfahren habe, muss ein Lebensmittel richtig aussehen, schmecken, riechen *und* sich anfühlen, damit es unser Gehirn auch akzeptiert. Und Mike steht vor einer ungleich schwierigeren Aufgabe als Josh: Die Verbraucher wissen nicht, wie rohes, ungewürztes Huhn schmecken und sich anfühlen sollte, doch durch Sashimi haben wir eine ziemlich genaue Vorstellung von rohem Fisch. Mike kann nicht tricksen, indem er sein Produkt in Butter brät oder in Semmelbröseln wälzt. Wenn er ein Filet auf den Markt bringt, muss das schon im Kühlschrank als solches durchgehen.

Vielleicht wäre Gewebezüchtung eine sicherere Sache. Finless hat bereits einen Gewebezüchter eingestellt, und Mike spricht von dem Ausdrucken von Organen mit dem 3D-Drucker, als fände das in der Bay Area schon an jeder Straßenecke statt. »Die Geräte sind teuer, doch das Reizvolle an dieser Technik ist ihre Schnelligkeit.

Man kann in 30 Sekunden ein Organ ausdrucken. Das sagt uns zu. Also interessieren wir uns dafür. Nur im Moment sind wir noch nicht so weit.«

Wenn der Finless-Thunfisch in die Geschäfte kommt, wird er so viel kosten wie konventioneller Blauflossenthun – als Sashimi also sieben Dollar pro Stück. Mike meint, das werde in »Jahren, nicht erst in Jahrzehnten« der Fall sein, und der entscheidende Faktor sei dabei nicht die Wissenschaft, sondern die behördlichen Vorschriften. Ich mache mich schon auf die übliche Tirade darüber gefasst, wie die Bürokratie den Fortschritt behindert, doch stattdessen sagt er: »Wir möchten gern ein Aufsichtssystem durchlaufen, das nicht den Eindruck erzeugt, als würden wir Regeln umgehen. Man kann nicht einfach die Technik erfinden, sie auf den Markt werfen und das Beste hoffen, denn beim Essen verstehen die Menschen keinen Spaß. Essen ist etwas sehr Persönliches. Ertappt man uns dabei, dass wir Regeln zu unterlaufen versuchen, wird uns das zum Verhängnis werden.« Und sollte das erste saubere Fleisch, das je verkauft wird, in einem Land auf den Markt kommen, das wegen seiner laschen Standards bei der Nahrungsmittelsicherheit ausgewählt wurde, wird das der gesamten Branche schaden. Aber ich versuche krampfhaft, nicht mehr an das JUST-Nugget zu denken.

Die erste aufsichtsrechtliche Frage, mit der sich Clean Meat auseinandersetzen muss, betrifft seine Bezeichnung. Die gefällt der US-Lebens- und Arzneimittelbehörde nicht. Mike hat zwar einem Reporter[5] erzählt, dass sauberes Fleisch ein toller Begriff sei, weil er Fleischessern ein »reines Gewissen« verheißt, mag die Bezeichnung aber gar nicht, wie sich herausstellt. »Sie funktioniert in keiner anderen Sprache. Im Chinesischen klingt das, als hätte man das Fleisch mit Bleiche geschrubbt. Doch mir wurde begreiflich gemacht, dass es auf den Terminus als solchen gar nicht ankommt – lediglich auf Einheitlichkeit. Also habe ich meine Ansicht geändert und verwende ihn seither.« Mike würde lieber »Fleisch auf Zellbasis« sagen. »Es gibt Fleisch auf tierischer Basis, Fleisch auf pflanzlicher Basis und Fleisch auf Zellbasis. Das klingt wertfrei.« Es ist aber insofern unsinnig, als auch Pflanzen und Tiere aus Zellen bestehen. »Es muss auf jeden Fall Fisch heißen, weil Fisch ein Allergen ist. Das Wort ›Fisch‹ muss deutlich auf der Verpackung stehen, und auch die Fischart. Doch ich möchte, dass wir uns klar abgrenzen, denn unser Produkt ist besser. Was wir tun, hat so viele Vorteile. Ich will, dass die Kunden gezielt zu unseren Produkten greifen.«

Mike ist sich sicher: Eines Tages wird das im Labor gezüchtete Fleisch, wie auch immer es heißen wird, konventionelles Fleisch ablösen. »Erst wird der Marktanteil gering sein, es wird nur eine Zutat sein, ein Teil eines Produkts auf pflanzlicher Basis, ein Hybridprodukt. Doch am Ende wird es so sein, wie es die Menschen eigentlich haben wollen. Die Menschen glauben, dass die Wissenschaft in Wirklichkeit viel weiter ist – sind wir nicht.«

Ich muss an die Szene aus dem Hühnervideo von JUST denken, in der Josh vollmundig behauptet: »Wir haben herausgefunden, wie Leben wirklich funktioniert«, und mir wird klar, dass Mike wie ein frischer Luftzug in der Aschewolke des Silicon Valley ist. Und dass diese Branche letztlich doch Substanz hat, wenn sich darin mehr solche Wissenschaftler finden.

»Es wird viel Hype veranstaltet«, fährt er fort. »Das alles wird langsamer vorangehen und anfangs unspektakulärer sein, als die Menschen meinen. Doch es wird kommen. Ich behaupte nicht, Finless Foods sei unvermeidlich, doch die Technologie ist unvermeidlich. So werden sich die Menschen ernähren, wenn wir uns nicht vorher selbst auslöschen.«

»Ich versuche mich mal an einem schrecklichen Wortspiel«, warne ich vor. »Sind Sie in dieser Silicon-Valley-Start-up-Welt der Fisch auf dem Trockenen? Passen Sie hier rein?«

»Mir ist das alles total zuwider«, erklärt er. »Wir versuchen schon, hier wegzukommen, seit wir hier ankamen. Die Kultur hier ist seltsam. In manchen Sitzungen kommen uns die Teilnehmer wie Aliens vor. Hoffentlich schaffen wir irgendwann den Absprung.«

Doch er fühlt sich nicht nur deshalb fremd, weil er von der anderen Seite der USA kommt. Er ist nicht nur CEO, sondern auch Kommunist, erklärt er mir. »Und sicherlich haben die wenigsten unserer Investoren viel für Kommunismus übrig«, grinst er.

»Haben *Sie* denn wirklich etwas für Kommunismus übrig?«, bohre ich. »Sind Sie ein echter Kommunist – mit allem, was dazugehört?«

»Das würde ich schon sagen.«

»Wie können Sie als Kommunist Unternehmer sein?«

»Ich versuche, eine Technologie zu entwickeln, die ich für wichtig halte. Ich versuche, etwas zu tun, von dem ich mir erhoffe, dass es unsere Ernährung verbessert. Der Mechanismus dafür ist derzeit ein Start-up. Ich wünschte, das System wäre anders. Ich wünschte, es gäbe einen besseren Weg, doch zurzeit haben wir keinen.«

»Geht es Ihnen wirklich gar nicht ums Geld?«

»Damit die Beziehung zu unseren Investoren gut bleibt, muss das Unternehmen rentabel sein. Aber mir persönlich? Eigentlich nicht. Ich verdiene schon jetzt mehr, als ich brauche. Ich spende viel. Ich kriege um die 85 000 Dollar, das ist gut. Ich bin nicht verheiratet, habe keine Kinder. Mein Mitgründer und ich beziehen die niedrigsten Gehälter im Unternehmen.«

»Angeblich spielt Transparenz in der Clean-Meat-Welt so eine wichtige Rolle, aber wenn ich ernsthaft versuche, mit den Leuten zu

7. Fisch auf dem Trockenen

reden, dann spüre ich nicht viel davon«, sage ich. »Wie kommt es, dass Sie mir das alles so bereitwillig mitteilen?«

»Ich glaube, ein wichtiger Punkt in unserer Geschichte ist, dass wir authentischer sind. Nur so kann man dieses Spiel gewinnen«, erwidert er. »Schauen Sie sich doch Trends mal unter dem Aspekt an, wofür sich Millennials und die Generation Z interessieren: Wir lassen uns nicht verscheißern. Alles, was nur irgendwie nach Imagepflege oder Kosmetik klingt, lehnen wir ab. Wir wahren hier kein Image. Wir versuchen, authentisch zu sein. Das ist unsere Marke.«

Anders formuliert: Mikes Offenheit ist eine gezielte Übung in Markenpolitik, eine weitere Methode, das Unternehmen von anderen Start-ups abzuheben, um den Markt als die Fleischmacher der Millennials für sich zu »gewinnen«.

In einer Hinsicht bleibt Mike Selden aber gänzlich undurchsichtig: in seiner Rolle als Veganer nämlich. Obwohl er in seinen Äußerungen für Tierrechte eintritt und sich in den früheren Interviews, die ich auftreiben konnte, ausführlich über seinen Veganismus ausließ, erzählt er mir heute, er sei kein Veganer mehr. »Ich kaufe nur vegane Lebensmittel. Ich esse überwiegend in vegetarischen und veganen Restaurants. Aber ich bezeichne mich unter anderem deshalb nicht als Veganer, weil ich mich als eine mehr oder minder bekannte Persönlichkeit des öffentlichen Lebens nicht spitzfindiger Kritik aussetzen möchte.«

Daraufhin erzählt er mir, wie er unlängst auf einer Konferenz nach einem Vortrag von einer Frau angesprochen wurde, die wissen wollte, mithilfe welcher App er seinen Wein auswähle. Mike erwiderte, er verwende dafür keine App, woraufhin ihm die Dame erklärte, dann könne er kein Veganer sein. Dann sei das eben so, gab er zurück.

»Die Veganer-Community ist so sehr mit sich selbst beschäftigt, dass sie nicht über den Tellerrand hinausblickt. Sie ist so unglaublich weiß, wohlhabend und privilegiert und weiß überhaupt nicht, was sie tut. Damit wollte ich einfach nichts zu tun haben«, erklärt er.

Mike lebt ganz offensichtlich vegan, doch er weiß, dass das nicht immer hundertprozentig möglich ist. Weil er sich nicht als schlechten Veganer hinstellen lassen möchte, sagt er daher lieber, er sei gar keiner. Er tut mir leid, und ich bin froh, dass ich nie behauptet habe, mehr zu sein als ein herzloser Fleischfresser, und dass ich zu alt bin für die Gen Z, in der jede vermeintliche Verfehlung zur Ächtung führen kann. Man müsste sich schon sehr verbiegen können, um einen akzeptablen Lebenswandel vorzuweisen.

Doch wie auch immer sich Mike selbst etikettiert, er ist überzeugt, dass Veganismus obsolet wird, sobald diese unvermeidliche Technologie erst richtig funktioniert. »Wir möchten gar nicht als vegan *angesehen* werden, wir wollen *Nahrungsmittel* produzieren. Ich hoffe, dass wir alle Menschen zu Veganern machen können, ohne dass sie deshalb ihre Gewohnheiten ändern müssen.«

Hardcore-Veganer machen keine halben Sachen. 2004 geriet ein familienbetriebener Bauernhof in Staffordshire ins Visier englischer Tierrechtsextremisten. Dort wurden Meerschweinchen für Forschungszwecke gezüchtet. Sie schickten der Reinigungsfirma Bombenattrappen, diffamierten den Brennstofflieferanten auf in der Nachbarschaft verteilten Flugblättern als verurteilten Pädophilen und hinterließen vor der Tür eines dort beschäftigten Arbeiters Patronen, die seinen Namen trugen. Als der Betrieb daraufhin noch nicht eingestellt wurde, gruben sie den Leichnam von Gladys Hammond aus, der verstorbenen Mutter der beiden Brüder, denen der Hof gehörte. Sie schrieben, ihre sterblichen Überreste würden erst

7. Fisch auf dem Trockenen

wieder freigegeben, wenn der Betrieb stillgelegt sei. Dafür wurden drei Aktivisten jeweils zu zwölf Jahren Haft verurteilt.[6] In den letzten Jahren sind die Tierschützer nicht mehr ganz so militant. Einen Monat vor meinem Besuch bei Mike erwirkte Whole Foods eine einstweilige Verfügung gegen die veganen Aktivisten von Direct Action Everywhere (DxE) aus Berkeley, die in der örtlichen Niederlassung gegen die Haltungsbedingungen von Whole-Foods-Hühnern protestieren wollten – nur zehn Minuten von Finless Foods entfernt. Zuvor hatte DxE bereits in der Fleisch- und Milchprodukteabteilung Schlachtszenen nachgestellt und Eier mit Kunstblut bespritzt. Ebenfalls in Berkeley legten sich DxE-Aktivisten monatelang jede Woche aufs Neue nackt und blutgetränkt in Plastikfolie gewickelt vor eine familiengeführte Metzgerei, unterlegt mit Aufnahmen vom angsterfüllten Quieken von Schweinen, bis sich der Eigentümer bereit erklärte, ein Schild mit folgender Aufschrift ins Schaufenster zu stellen: ACHTUNG: Tiere haben ein Recht auf Leben. Sie zu töten, ganz gleich auf welche Art, ist gewalttätig und ungerecht.«

Ich hatte daher erwartet, dass die militantere Veganerszene irgendwie auf die Clean-Meat-Industrie reagieren würde. Immerhin werden die Menschen durch sauberes Fleisch quasi dazu aufgefordert, ihre Essgewohnheiten nicht zu ändern und auch weiterhin auf Kosten von Tieren zu leben – wenngleich in der weit geringeren Zahl, die für die Lieferung von Ausgangszellen erforderlich ist. Sauberes Fleisch zu akzeptieren hieße, eine Technologie gutzuheißen, die durch Experimente am Tier und fötales Kälberserum entwickelt wurde. Wer es kauft, füllt großen Fleischunternehmen wie Tyson und Cargill die Taschen, die hohe Beträge in Clean-Meat-Start-ups investiert haben und selbst für das Abschlachten von Milliarden von Tieren weltweit verantwortlich sind. Zumindest hatte ich mit irgendeiner Online-Kampagne gerechnet, mit skandierten Protesten in der Bay Area und vielleicht sogar damit, dass ein paar Unternehmer mit künstlichem Kälberserum begossen würden, wenn sie aus dem Labor kämen.

Doch aus der Veganer-Community kam kaum ein Mucks. Als Mark Post 2013 der Welt seinen Burger präsentierte, erhoben sich ein paar Stimmen, die die Vorstellung als abstrus bezeichneten. Die Dutch Vegan Society startete eine Plakataktion, um deutlich zu machen, dass ein Veggie-Burger doch so viel appetitlicher aussah als ein Fleischkloß in einem Pyrex-Glaskolben. Das war so ziemlich der ganze organisierte Widerstand gegen sauberes Fleisch. Durch einen Anruf bei der britischen Vegan Society erfahre ich vom Sprecher der Organisation, man halte Clean Meat für »sehr spannend«. Ich rufe Wayne Hsiung an, Mitgründer von DxE, um seine Ansicht zu der Industrie zu hören, die da in seinem Hinterhof erblüht. Er erklärt mir, sie sei »Teil der Lösung« für die Ausbeutung von Tieren. »Solange dadurch nicht die Folgen der Nutzung von Tieren verschleiert werden«, formuliert er nebulös, »ist das positiv.« Militant vegane YouTuber äußern sich vorsichtig optimistisch über die Technologie. Ich durchforste die gewöhnlich kompromisslosen Kommentare zu veganen Vlogs über Clean Meat: nichts.

Erst als ich in die Untiefen von Google vordringe, stoße ich auf einen Ausreißer: eine 2010 von einem einsamen veganen Abweichler, dem britischen Soziologen Dr. Matthew Cole, verfasste Abhandlung. »IVM [In-vitro-Meat] ignoriert die mächtigen persönlichen Interessen und sozialen Kräfte, die ›Nachfrage‹ nach Fleisch produzieren und Veganismus regelmäßig stigmatisieren«, steht darin. »De facto steigert IVM die ›Nachfrage‹ nach Fleisch sogar noch, indem es dem Mythos Vorschub leistet, dass Fleisch grundsätzlich erstrebenswert ist und bleibt.«[7]

7. Fisch auf dem Trockenen

Diese Worte wurden geschrieben, als es noch keine Clean-Meat-Start-ups gab, ihre Aussage ist aber sehr weitsichtig: Schließlich beruht die Clean-Meat-Industrie ganz und gar darauf, dass der Appetit auf Fleisch naturgegeben ist.

Bei JUST hatte mir Josh Tetrick gesagt: »Fleisch fehlt mir. Ich liebe Fleisch. Ich fühle mich dazu hingezogen, rieche und sehe es gern.« Über seine erste Kostprobe JUST-Hühnchen erzählte er mir: »Auf elementare Weise erlebte ich etwas, was mir wirklich fehlte.«

»Sie halten das für elementar?«, hakte ich nach. »Sie meinen, wir sind dazu angelegt, Fleisch zu mögen?«

»Ein Stück weit schon. Menschen haben über Tausende von Jahren mit dem Speer Tiere erlegt, und auf damit verbundene Vorstellungen gründen sich Symbole, Artefakte, Kulturen und Gemeinschaften. Das kann man ignorieren oder akzeptieren.«

Aber vielleicht ist die Überzeugung, dass uns die Lust am Fleisch angeboren ist, ja auch nur ein Mythos?

In der Zentrale der Open University in Milton Keynes, einem modernen grauen Campus ohne Studenten – einer Art akademischer Geisterstadt –, treffe ich Matthew Cole. Er erwartet mich am Empfang. Er ist klein und schlank, kahlköpfig und hat Lachfältchen. Wir gehen ins Café, um uns aus einem der raffinierten Automaten einen Kaffee zu holen. Ich will schon nach Milch fragen, kann mich aber gerade noch zurückhalten und beschließe, ihn schwarz zu trinken.

Matthew ist veganer Soziologe in jeder Hinsicht. Sein Spezialgebiet ist die Soziologie der Beziehungen zwischen Mensch und Tier: Wie Kinder so sozialisiert werden, dass sie akzeptieren, dass der Mensch Tiere dominiert, und wie Veganer in den Medien dargestellt werden. Er hat ein paar Videos für den YouTube-Kanal der Open University gedreht. Eins davon trägt den Titel *Dr. Who Should*

Be Vegan [Dr. Who sollte Veganer sein]. »Die Liebe zum Leben in jeder seiner Erscheinungsformen gehört zu den zentralen Botschaften von Dr. Who und ist ein Hauptgrund für seine Beliebtheit«, erklärt er ganz ernst und schaut dabei direkt in die Kamera. »Die Zeit ist längst reif für einen konsequent moralischen veganen Doktor.« Der am höchsten bewertete Kommentar dazu lautet: »Der Kerl sieht aus, als könnte er ein Steak vertragen.«

»Sie haben 2010 über In-vitro-Fleisch geschrieben. Nennen Sie das immer noch so?«, frage ich.

»Aber ja.«

»Warum?«

»Weil es nicht gut klingt«, grinst er. »Die von uns verwendete Terminologie für In-vitro-Fleisch oder Kulturfleisch, was auch immer, ist Teil eines diskursiven Spiels, einer Schlacht oder eines Krieges, wenn Sie so wollen, um semantisch darzustellen, worum es sich bei dieser Substanz handelt. Aus meiner Sicht ist das keine gute Sache.«

Matthew sorgt sich um die »Klassendimension« des Retortenfleischs: dass es als Eliteprodukt verkauft wird und zu einer moralischen Hierarchie führt, in der sich Wohlhabende, die es sich leisten können, Menschen und Nationen noch überlegener fühlen, die dazu nicht in der Lage sind. »Da geht der rationale Weiße um die Welt und propagiert, dass seine Methoden den barbarischen Sitten anderer überlegen sind«, erklärt er. Außerdem halte uns diese Entwicklung davon ab, den menschlichen Drang zu hinterfragen, alles zu unterwerfen. »Für In-vitro-Fleisch muss sich nichts ändern. Das macht seinen Reiz aus: Es könnte alles so bleiben, wie es ist. Es verändert nicht die grundlegende Beziehung zwischen Mensch und Tier, Umwelt und Natur, und das Verhältnis wäre nach wie vor dominanzgeprägt.«

7. Fisch auf dem Trockenen 185

»Warum kommt dann keine heftige Reaktion von den Veganern?«

»Der Gedanke ist reizvoll. Auf den ersten Blick verspricht diese Technologie, die Viehhaltung um 99 Prozent zu verringern. Das ist eine aufregende Aussicht, und das verstehe ich natürlich. Ich nehme an, viele Aktivisten sehen darin einen raschen Sieg. Wir kämpfen schon jahrzehntelang und kommen nirgendwo schnell genug voran. Vielleicht ließe sich der Kampf dadurch abkürzen.«

Matthew hat wissenschaftliche Abhandlungen über die sogenannte Vegaphobie verfasst: die Stigmatisierung des Veganismus und der Veganer. Das finde ich interessant, nachdem ich inzwischen so viele Menschen getroffen habe, die ihren Veganismus nicht öffentlich machen wollen. Matthew teilt die negativen Stereotype von Veganern, die in den Massenmedien zirkulieren, in fünf bestimmte Kategorien ein: »Veganer werden als aggressiv, sentimental, unentschlossen oder trendorientiert dargestellt oder schlichtweg lächerlich gemacht.«

»Haben Sie das selbst erlebt?«

»Allerdings. Vor allem durch meine akademische Arbeit in der Öffentlichkeit wie YouTube-Videos oder Artikel für *The Conversation*. Schauen Sie sich doch die Kommentar-Threads an. Ein Paper über den Film *Sausage Party* habe ich gemeinsam mit meiner Partnerin und Kollegin Kate Stewart verfasst. Den kennen Sie vielleicht?«

Es ist eine Pixar-Parodie über eine sprechende Wurst namens Frank und dessen Freundin, ein sprechendes Hotdog-Brötchen, den Jugendliche unter 17 Jahren in den USA nur in Begleitung eines Erziehungsberechtigten anschauen dürfen.

»Klingt interessant«, sage ich.

»Ich kann ihn nicht empfehlen«, entgegnet er ernst. »Wir haben ihn in unserer Abhandlung kritisiert – eine vegane Filmkritik. Diese wurde von einem Twitter-Account aufgegriffen, der Wissenschaftler durch den Kakao zieht. Die Betreiber suchen nach Artikeln, die dumm wirken, und geben sie der Lächerlichkeit preis.«

Ich möchte Matthew ungern als aggressiven Veganer stereotypisieren, doch er hat in dieser Beziehung ganz offensichtlich überhaupt keinen Sinn für Humor.

»Veganer sind sich solcher negativen Stereotype durchaus bewusst«, fährt er fort. »Manche befürchten sogar, sich dabei zu ertappen, wie sie sie reproduzieren.«

»Warum gibt es diese Stereotype?«

»Hinter der Ausbeutung von Tieren stehen ganz handfeste Interessen und einflussreiche Kräfte, die lange zurückreichen. Es ist eine Menge Kultivierungsarbeit in die Reproduktion, Legitimierung und Verteidigung der Ausbeutung von Tieren in der Volkskultur geflossen, alles unterschrieben und gefördert durch den Staat – in Form der Informationen zu Ernährungsfragen. Das hängt alles miteinander zusammen. Es ist ein gewaltiger Komplex, der manchmal schier unlösbar wirkt.«

Doch der Appetit auf Fleisch geht doch sicherlich über solche persönlichen Interessen hinaus? Immerhin sind wir doch Jäger und Sammler. Es liegt in der Natur des Menschen, Tiere zu töten und Fleisch zu essen. »Hat uns nicht die Evolution Fleisch schmackhaft gemacht? Das ist doch natürlich, oder?«

»Nein. Der Mensch ist ein höchst anpassungsfähiges Lebewesen, erfindungsreich und kreativ. Wir haben unsere biologischen und ökologischen Grenzen in vieler Hinsicht überwunden.« Er weist auf den Schneeregen vor dem Fenster. »Man könnte zum Beispiel sagen, dass wir hier gar nicht leben sollten – es ist für den menschlichen Organismus viel zu kalt. Das Gleiche gilt auch für den Verzehr tierischer Produkte. Daran ist nichts naturgegeben.«

7. Fisch auf dem Trockenen

»Woher kommt aber dann unsere Lust auf Fleisch?«
»Sie ist ein kulturelles Konstrukt. Die Verfügbarkeit tierischer Produkte ist offenkundig ein Ergebnis sozialer Prozesse, keine Vorgabe der Natur. Es gäbe nie auch nur annähernd genügend essbare nicht menschliche Tiere auf diesem Planeten, um das aktuelle menschliche Konsumniveau aufrechtzuerhalten, wenn wir nicht künstlich eingreifen würden. Und die Milch einer anderen Spezies zu sich zu nehmen ist absolut abartig. Daran ist rein gar nichts Natürliches.«

Ich denke unwillkürlich an meine einjährige Tochter, die, als ich ihr heute Morgen zum Abschied zuwinkte, einen Becher Kuhmilch in der Hand hielt. Und plötzlich finde ich bedenklich, was mir eben noch so selbstverständlich erschien.

»Dass wir Fleisch essen sollen, wird uns buchstäblich eingetrichtert, noch bevor wir sprechen lernen«, fährt Matthew fort. »Wir füttern unsere Kinder damit und belohnen sie, wenn sie Fleisch zu sich nehmen. Noch bevor wir sprechen können, wird uns vermittelt, dass Fleisch gut schmeckt. Und diese Botschaft ist äußerst überzeugend, denn sie kommt von der eigenen Mutter.«

Aus Erfahrung weiß ich, dass Matthew recht hat. Staatliche Kampagnen und Bücher über Kindererziehung propagieren Milch, Eier, Käse, Fisch und Fleisch als Grundnahrungsmittel, die man Kindern vorsetzen sollte. Als ich Mutter wurde, besuchte ich einen kostenlosen Abstill-Workshop, der in unserer Gemeinde angeboten wurde. Dort hieß es, dass Eltern nicht zu lange damit warten sollten, Fleisch auf den Speiseplan zu setzen, und dass eine vegetarische Ernährung für Babys nicht gesund sei, da sie Eisen bräuchten, damit sich ihr Gehirn richtig entwickeln konnte. Und das sei in der nötigen Menge eigentlich nur in rotem Fleisch enthalten. Also stopfte ich Bolognesesoße in meine beiden Kinder, noch bevor sie genug Zähne hatten, um darauf herumkauen zu können.

Matthew zufolge ist eine vegane Ernährung aus ernährungswissenschaftlicher Sicht für Babys, Kinder und Erwachsene nachweislich gleichermaßen ausreichend.

»Wenn dieser Rat falsch war, warum wurde er dann amtlicherseits erteilt?«, wollte ich wissen.

»Das liegt schlicht und einfach an dem Gewicht der Kultivierungsarbeit, die investiert wurde, um tierische Produkte als lebenswichtig und natürlich zu etablieren. Vielen erscheint nach wie vor undenkbar, dass man davon abweichen kann. Aus ihrer Sicht wäre das Devianz. Wer seinem Kind kein Fleisch gibt, verhält sich unangepasst.«

Als meine Tochter am selben Abend lustvoll auf dem Shepherd's Pie herumkaut, den ich ihr in den Mund löffele, muss ich daran denken, dass ich ihr den Appetit auf Tiere förmlich eingetrichtert habe, und empfinde einen Anflug von Abscheu. Sicher will dieses Gefühl aktiviert und kultiviert werden, wenn wir die durch Tierzucht verursachten Probleme wirklich lösen wollen – nicht die neue Technologie, Fleisch im Labor zu züchten.

Doch bisher ist es bei mir nur ein *Anflug*. Ich wische meiner Tochter übers Kinn und hole ihre Milch.

8.
Nachgeschmack

Oron Catts kultiviert berufsmäßig Abscheu. Heute züchtet er Mäusenarbengewebe in fötalem Kälberserum. Der eingesetzte Inkubator besteht aus Mist. »Dieser Komposthaufen hat eine Temperatur von 65 Grad Celsius«, erklärt er und zeigt auf einen schmiedeeisernen Käfig, der auf einem imposanten Haufen einen Kolben mit einer Gewebekultur enthält. »Er setzt sich aus Holzspänen und Pferdemist von der berittenen Polizei zusammen.«

Wir stehen in einem Hof des Londoner King's College. Das Hochhaus *The Shard* ist so nah, dass man kaum bis an die Spitze sehen kann. Neben uns thront eine Dungpyramide. Dabei handelt es sich um Orons neuestes Kunstwerk mit dem Titel *Vessels of Care & Control: Compostcubator 2.0*. Er ist von der University of Western Australia in Perth hergereist, um es ausgestellt zu sehen. Der seltsam schöne Komposthaufen ist das erste Exponat, das Besucher zu Gesicht bekommen, wenn sie die Ausstellung *Spare Parts* [Ersatzteile] in der Science Gallery London besuchen. Der Compostcubator beruht auf den Grundsätzen der Permakultur. Mikroben im Kompost erzeugen die notwendige Temperatur, damit vollkommen unabhängig Mäusebindegewebe entstehen kann. Es soll uns dazu anregen zu reflektieren, wie Menschen ihrer Ansicht nach das Leben kontrollieren und replizieren können. »Selten zuvor ist gezüchtetes Mäusegewebe im Freien präsentiert worden«, erklärt Oron nicht ohne Stolz.

Er verwendet seit 25 Jahren Gewebe als Mittel des künstlerischen Ausdrucks. Mit seiner Partnerin in der Kunst und im Leben Ionat

Zurr hat er aus Schweinegewebe flügelartige Objekte gezüchtet (*Pig Wings*, 2000), eine lebende Jacke aus kultivierten Mäusezellen (*Victimless Leather*) und einen Bioreaktor für zu Hause zur In-vitro-Züchtung von Insektenfleisch (*Stir Fly*, 2016). Vielleicht ist er aber auch der unbesungenste Pionier und ahnungsloseste Wegbereiter der Welt für sauberes Fleisch. Mit seinem Exponat *Disembodied Cuisine* aus dem Jahr 2003 wurde erstmals überhaupt auf der Welt Fleisch in vitro gezüchtet und verzehrt – ganze neun Jahre bevor Mark Post die Servierglocke von dem von Sergey Brin finanzierten Burger abhob. Mit einem einzigen in Calvados marinierten Fünf-Gramm-Froschsteak brachte Oron die Industrie in die Gänge, die inzwischen im Silicon Valley und anderswo förmlich explodiert. Und mittlerweile ist er ihr unverblümtester Kritiker.

Im Silicon Valley kennt kaum jemand seinen Namen. Dabei ist Oron eindeutig ein Mann, der im Gedächtnis bleibt. Er sieht aus, wie man sich einen Zauberer vorstellt: Sein faszinierender Bart ist lang, lockig, buschig, grau und läuft spitz zu, sein zurückgekämmtes Haar fällt ihm in einem lockigen Pferdeschwanz auf den Rücken. Er hat so viel zu sagen, und er sagt es viel zu schnell. Ich wollte mich mit ihm treffen, um mehr über das Froschfleisch zu erfahren, doch als wir zusammensitzen, will er mir seinen ganzen beruflichen Werdegang erzählen. Meine Fragen sind da eher im Weg.

»Ich komme eigentlich aus dem Produktdesign«, setzt er an. »Ich habe Anfang der 1990er-Jahre etwas erkannt, was inzwischen schmerzlich offensichtlich wird: Biologie wird zum Spielball der Technik, das Leben zum Rohstoff, der technisch verarbeitet wird. Das eröffnet eine neue Palette künstlerischer Möglichkeiten.« Statt sich dem Design biologischer Produkte zu widmen, wollte Oron Künstler werden. »Ich fand, als Künstler stand es mir zu, die Dinge zu problematisieren, statt Lösungen zu entwickeln.« An-

8. Nachgeschmack

ders ausgedrückt: Oron darf Fragen stellen, muss aber keine Antworten geben.

Seine Kreationen bezeichnet er als »strittige Objekte«. »Für mich war die Vorstellung vom Design am lebenden Objekt an sich strittig und nicht so ohne Weiteres zu akzeptieren.«

»Das sehen viele anders«, gelingt es mir einzuwerfen.

»Zweifellos – und das wird immer schlimmer. An einem Ort wie San Francisco wird einem schnell klar, dass diese Leute keine Spur von Selbstreflexion zeigen.«

Fleisch ist für Oron ein Thema, seit er als junger Mann auf einem Bauernhof in Israel Gänse für Foie gras gestopft hat. Mitte der 1990er-Jahre tat er sich mit der Wissenschaftlerin Ionat zusammen, die ihn in die Techniken der Gewebezucht einführte. »Das kann man schnell lernen. Es ist eher Handwerk als Wissenschaft«, meint er und zupft an seinem fantastischen Bart. »Ich dachte, ich könnte da einer Sache auf der Spur sein, die die Probleme der Welt löst. Doch je mehr ich mich damit befasste, desto klarer wurde mir, dass es sich dabei um einen extrem problematischen Ansatz handelt.«

Oron meint, der Mensch sei nicht bereit, biologische Systeme zu steuern, weil wir noch gar nicht genau wissen, was Leben eigentlich ist. Wenn die Zellen in der Hornhaut eines Kaninchens noch stundenlang weiterleben, nachdem das Herz aufgehört hat zu schlagen, lebt das Kaninchen dann noch? Oder lebt es *halb*? »In der englischen Sprache haben wir ein Wort für *Leben*, aber 50 Wörter für *Scheiße*. Wir können also nicht einmal in Worte fassen, was wir da tun.« Und diese Einstellung, dieser Mangel an nuanciertem Verständnis, während wir am Leben herumpfuschen, könnte letztlich schreckliche Folgen haben. »Wir leiden an einer kulturellen Amnesie, wenn es um die Steuerung lebender Systeme geht. Was wir mit dem Leben anstellen, stellen wir am Ende mit uns selbst an.« Die systematische Tierzucht führte im 20. Jahrhundert zur Eugenik, so Oron. Wer könne sagen, wohin uns die systematische Züchtung von Tierfleisch bringt?

»Die einfachere Lösung des Problems, das In-vitro-Fleisch beheben soll, wäre die Verringerung des Fleischkonsums. Aus Effizienzperspektive ist das technischer Overkill«, erklärt er mir. »Doch daraus geht das verführerische Narrativ hervor, dass schon alles gut geht, dass wir unser Verhalten nicht ändern müssen, weil die cleveren Wissenschaftler einen Weg finden werden, weiterzumachen wie bisher, sodass wir immer mehr konsumieren können.«

Die Installation *Disembodied Cuisine,* die im März 2003 in einer umfunktionierten Keksfabrik im französischen Nantes zu sehen war, war gezielt darauf angelegt, unangenehme Gefühle zu wecken. »Wir setzten auf Nahrungsmittel, die Ekel erregen. Wir wussten, dass die Franzosen nicht viel für technisch erzeugte Nahrungsmittel übrighaben, und entschieden uns für Frösche, weil diese in den meisten anderen Kulturen als unappetitlich gelten.«

Sie bauten in der Galerie ein Gewebezuchtlabor und ein Esszimmer auf – hinter Vorhängen aus Plastikplanen, auf denen Warnsymbole für Biogefährdung prangten. Dann züchteten sie drei Monate lang unter den Augen des Publikums Zellen vom Afrikanischen Krallenfrosch. Am letzten Tag der Ausstellung aßen sie zu sechst das Froschfleisch: Oron, der Kurator der Ausstellung, der Museumsdirektor und drei Personen aus dem Publikum. (Ionat war schwanger und daher entschuldigt.)

Oron klappt seinen Laptop auf, um mir ein Video des historischen Froschmahls zu zeigen, das den Gipfel dieses künstlerischen Schaffens bildete. Die Essensgäste saßen an einem perfekt gedeckten Tisch. Oron ist in Kellnerkluft gekleidet, trägt dazu aber Latex-

8. Nachgeschmack

handschuhe. Er trägt bereits seinen Bart, allerdings noch kürzer und schwärzer. Ein französischer Koch brät die in Calvados marinierten Froschsteaks in einer Minipfanne auf einem Campingkocher, und die Gäste rauchen, während sie auf das Essen warten: sehr künstlerisch, sehr französisch und sehr das Produkt einer anderen Zeit. Dann werden die Froschkügelchen mit einer Pinzette auf große weiße Teller aufgelegt. »Bon appétit!«, sagt jemand, und die Essensgäste schneiden mit Skalpellen in das Fleisch. Keiner wirkt so, als wäre ihm bewusst, dass er gerade Geschichte schreibt, als er den Bissen in den Mund schiebt.

»Ich war sehr auf Gesundheit und Sicherheit bedacht. Deshalb bat ich den Koch, das Fleisch in einer Knoblauch-Honig-Soße zu servieren, weil Knoblauch und Honig bekanntlich antibakterielle Wirkstoffe enthalten. Die Soße war umwerfend«, erinnert sich Oron. »Wir schafften es, rund fünf Gramm Fleisch zu züchten und diese unter sechs Leuten aufzuteilen. Das war die ultimative Nouvelle Cuisine.«

Es gab jedoch ein Problem mit dem Polymergerüst, auf dem das Froschgewebe gezüchtet worden war. »Das Polymer sollte eigentlich im Zuge der Züchtung von Säugetierzellen und Warmblüterzellen bei 37 Grad abgebaut werden. Doch die Froschzellen wurden bei Zimmertemperatur gezüchtet, sodass der Abbau nicht richtig funktionierte. Das Polymer ist filzähnlich und hatte daher eine ganz ausgeprägte Stofftextur, die Froschzellen waren zwar Muskelzellen, doch diese wurden ja nie beansprucht. Sie waren daher …«, er sucht nach dem richtigen Wort, »… geleeartig.«

»Das klingt ja widerlich.«

»Genau!«, ruft er begeistert. »Drei von uns schluckten es, drei andere kriegten es nicht durch den Hals. Sie spuckten es aus. Für uns war das toll, denn wir konnten das, was sie ausgespuckt hatten, bei einer Folgeausstellung verwenden. Diese hieß *The Remains of Disembodied Cuisine*.«

Alles sehr schelmisch, sehr bewusst verspielt und doch irgendwie eine verpasste Gelegenheit: Orons Kritik wird als bartstreichende Kuriosität präsentiert, für ein kleines Publikum von Kunstliebhabern und Intellektuellen, die sich in Betrachtungen ergehen können, nicht als Katalysator für einen so notwendigen breiten öffentlichen Diskurs über die Zukunft der Ernährung. Das erste jemals verzehrte Fitzelchen sauberes Fleisch wurde hergestellt, um deutlich zu machen, wie problematisch diese potenzielle Technologie sein könnte – und beim Rest der Welt kam zwar das Produkt an, nicht aber die zugehörige Botschaft.

»Wir waren davon ausgegangen, dass das Interesse erregen würde, doch es wurde sehr wenig berichtet«, räumt er ein. »Das lag in erster Linie daran, dass die Welt damals etwas ganz anderes beschäftigte, nämlich der Zweite Golfkrieg im Irak.«

Oron und Ionat befassten sich mit anderen Dingen wie der winzigen Jacke aus lebendem Mäusegewebe (die der Kurator des Museum of Modern Art in New York »töten« musste, indem er den Inkubator abschaltete, weil sie zu schnell wuchs[1]). Fleisch stand bei ihnen nicht mehr im Fokus, aber auch nicht mehr auf dem Speisezettel: Oron sagt, seit dem Frosch habe er nichts Warmblütiges mehr gegessen. 2011 schickte ihm dann jemand einen Link zu einer Story über einen niederländischen Wissenschaftler, der behauptete, er werde als erster Mensch In-vitro-Fleisch züchten und essen – und das in einer Art Liveshow. »Das erstaunte mich dann doch. Das war zu viel.«

Der niederländische Wissenschaftler war natürlich Mark Post. Oron nahm Kontakt zu ihm auf und überredete ihn, 2012 an einer seiner weiteren künstlerischen Aktionen teilzunehmen: *ArtMeat-*

8. Nachgeschmack

Flesh 1 – eine Kochshow in Rotterdam vor Livepublikum mit Juroren und Verkostungen und einer Diskussion über Fleisch, an der Wissenschaftler, Künstler und Philosophen teilnahmen. Dort wurden keine im Labor gezüchteten Nahrungsmittel serviert, doch jedes Gericht enthielt irgendetwas Ekelerregendes und nachdenklich Stimmendes zur Zukunft unserer Ernährung, ob Mehlwürmer oder fötales Kälberserum. »Es war eine echte Multimediaerfahrung, und alle hatten viel Spaß: Wir konnten ein paar ganz ernsthafte Gespräche anstoßen«, berichtet Oron. »Mark machte mit, und dafür respektiere ich ihn sehr. Und er kocht gern. Er trug eine Kochmütze.«

Clips von *ArtMeatFlesh 1* finden Sie online. Da ist Mark zu sehen, der geachtete Wissenschaftler und Vater des sauberen Fleisches, mitsamt seiner Kochmütze, wie er lacht und Witze reißt und Widerwärtiges serviert. Das ist zwar in vieler Hinsicht das genaue Gegenteil seiner humorlosen Burger-Präsentation von 2013, doch schaut man sich beide Ereignisse an, ist klar zu erkennen, dass Mark bei Oron verschiedene Anleihen dazu gemacht hat, wie man sein Publikum fesselt – wie man eine Show inszeniert. Das alles entbehrt nicht einer gewaltigen Ironie: Orons Aktion sollte lediglich eine Performance sein, doch jetzt haben wir eine Industrie, die auf Performance fußt, von Marks Burger bis zum JUST-Nugget.

»Sie sind der Erste, der Fleisch in der Retorte gezüchtet und gegessen hat, doch niemand weiß das. Wie geht es Ihnen dabei?«, frage ich.

Da legt Oron, der eine ganze Stunde ununterbrochen erzählt hat, eine Pause ein. »Ich habe durchaus ein Ego. Das macht mir schon etwas aus«, sagt er schließlich. »Und eines fand ich wirklich erstaunlich: So abgefuckt sind die Medien. Nach Marks Burger-Auftritt baten mich nur zwei Medienkanäle auf der ganzen verdammten

Welt um einen Kommentar. Einer davon war das *Time Magazine*, der andere ein lokaler *ABC*-Radiosender. Mit der *Time*-Reporterin verbrachte ich ziemlich viel Zeit und erzählte ihr die ganze Geschichte. Am Ende wurde nur ein kurzer Satz daraus. Sie entschuldigte sich dafür per E-Mail: ›Leider war der Redakteur nicht der Ansicht, dass Ihre Geschichte zu dem von uns angestrebten Narrativ beitrug.‹ Sie waren auf eine gute Story aus.« Einen Moment lang schwingt Bitterkeit in seiner Stimme mit. Doch dann setzt er milde hinzu: »Mark ist deshalb so interessant, weil er uns beiläufig tatsächlich hier und da Anerkennung zollte.« Doch der Burger aus der Petrischale, der die Welt rettet, ist einfach eine so viel schönere Geschichte als die Nouvelle Cuisine mit Froschfleisch, die uns Brechreiz verursacht. Und deshalb wird sie auch erzählt.

»Ihre ArtMeatFlesh-Aktion und Marks Präsentation haben aber einiges gemein. Vielleicht hätte sein Burger ja gar keinen solchen Effekt gehabt, wenn das Ganze nicht als Performance inszeniert worden wäre?«

»Hier erzielt Kunst echte Wirkung. Das ist ein Paradebeispiel dafür, dass die Wissenschaft der Kunst folgt.«

»Doch wie fühlen Sie sich als ungewollter Urvater dieser neuen Branche, die Ihnen sichtlich Sorgen bereitet?«

»Das hatten wir zwar nicht beabsichtigt, doch ein bedeutender Teil unserer Arbeit ist unsere Kritik der Psychopathologien von Steuerung: Wir versuchen, Systeme zu steuern, die sich jahrtausendelang unserem Einfluss entzogen«, entgegnet er. »Was uns von Anfang an sehr wichtig war: Wir wollten nichts steuern. Sobald unsere Arbeit öffentlich wird, sollte sie ihre eigenen Geschichten und ihr eigenes Narrativ erzeugen.« Er lächelt. »Ich verfolge gespannt, wo das hinführt.«

8. Nachgeschmack

Es gibt keine Kampagne gegen sauberes Fleisch. Die paar einzelnen kritischen Stimmen, auf die ich gestoßen bin, werden vom Chorus der positiven Botschaften übertönt, die aus der Clean-Meat-Branche kommen. Doch trotz der Kultur der absoluten Unvermeidbarkeit, die von den Start-ups und dem GFI propagiert wird, weiß niemand, wohin die Reise geht.

Bruce, Josh und Mike waren sich ihrer Sache sehr sicher: Die Verbraucher würden sauberes Fleisch akzeptieren, sich nicht daran stören, dass es aus dem Labor kommt, und es in Tierkörpern gewachsenem Fleisch vorziehen. Doch der »Ekelfaktor« ist in Wirklichkeit ein schwerwiegendes Problem für die Branche. Bruce ficht der Einwand nicht an, dass die Menschen von dieser Vorstellung abgestoßen werden könnten. »Ich mache mir keine Gedanken, wenn Umfragen belegen, dass ein gewisser Teil der Bevölkerung In-vitro-Fleisch so skeptisch gegenübersteht wie ihre Großeltern In-vitro-Babys«, schrieb er 2018 in der *LA Times*.[2] »Es wird immer Maschinenstürmer geben, die neue Technologien in Verruf bringen und ablehnen. Das ist zu erwarten. Doch wir Übrigen werden uns freudig auf sauberes Fleisch stürzen, das wir guten Gewissens essen können.«

Dabei ist Letzteres nicht unumstritten, wie ich feststelle, als ich einen genaueren Blick auf die wenigen wissenschaftlichen Artikel werfe, die sich mit den Angaben der Branche und des GFI auseinandersetzen. Besonders besorgt stimmte mich, dass mindestens vier belastbare Forschungsarbeiten zu dem Schluss kamen, dass sauberes Fleisch zwar weniger Fläche, Wasser und Energie erfordert als die herkömmliche Rindfleischproduktion, doch mehr Treibhausgase erzeugt als die Geflügelzucht[3, 4, 5] – einer Studie zufolge sogar ganze 38 Prozent mehr[6]. Wenn wir den Planeten retten wollen, sollten wir demzufolge lieber Huhn essen. (Zwei dieser Abhandlungen vertreten sogar die Ansicht, dass wir weit mehr erreichen könnten, wenn wir Insekten verzehrten, doch ist das keine geringere Herausforderung, was den Ekelfaktor betrifft.)

Sämtlichen dieser Forschungsarbeiten liegen ausgesprochen spekulative Schätzungen zu den Produktionsfaktoren von sauberem Fleisch zugrunde. Wissenschaftler und Unternehmer tüfteln noch, wie sich Fleisch im Labor herstellen lässt, und die Produktionsmethoden werden künftig sicherlich effizienter. Worum es eigentlich geht: Derzeit kann niemand mit Sicherheit sagen, ob Clean Meat für den Planeten wirklich besser ist. Und angesichts des Nachdrucks, mit dem die gewissensbefreienden ökologischen Vorzüge Investoren und Verbrauchern jetzt schon verkauft werden, ist diese Unklarheit mehr als bedenklich.

Hinzu kommt, dass auch sauberes Fleisch für uns nicht gesund ist. Die Risiken, die mit dem massenhaften Konsum von rotem Fleisch verbunden sind, verflüchtigen sich nicht, nur weil es im Labor gezüchtet wird. Wir bekommen davon dennoch Krebs und Herzkrankheiten, es enthält Cholesterin, Fett und keine Ballaststoffe, selbst wenn es eines Tages möglich sein sollte, es technisch ein bisschen zu verbessern. Die Gefahr dabei: Wenn wir hören, das Fleisch, das wir essen, sei »sauber«, könnten wir das als Freibrief verstehen, so viel davon zu essen, wie wir wollen – obwohl es für den Planeten und für unseren Körper immer noch schädlicher ist als eine Ernährung auf pflanzlicher Basis.

Ist die Lösung dann Fleisch auf Pflanzenbasis? Die blutenden Impossible Burger und die saftigen Beyond Burger? Vielleicht. Vielleicht auch nicht. Aus Pflanzen hergestellte Imitationen tierischer Produkte sind intensiv verarbeitete Lebensmittel aus einer schwindelerregenden Zahl von Bestandteilen. Die Liste der Inhaltsstoffe von JUST-Ei liest sich wie die Versuchsanleitung für ein chemisches

8. Nachgeschmack 199

Experiment: Isolate und Gummi, Öle, Extrakte und Aromastoffe, Tetranatriumpyrophosphat, Transglutaminase, Kaliumcitrat und mehr. Vom Beyond Burger heißt es, er bestehe aus Erbsenprotein und Kokosöl, er enthält aber auch Methylzellulose, Maltodextrin, pflanzliches Glycerin, Gummiarabikum und Bernsteinsäure. Es ist kein Kinderspiel, aus Pflanzen Substanzen zu produzieren, die tierischen Produkten ähneln. Rechnet man zusammen, über welche Strecken all diese Inhaltsstoffe in die Fabrik transportiert werden und welche Nährstoffe sie im Vergleich zu pflanzlichen Gerichten liefern (oder auch nicht) – Nahrungsmitteln, die nicht vorgeben, Fleisch zu sein, und die jeder aus Zutaten kochen könnte, die in seinem Garten wachsen –, dann erscheint der ganze Aufwand ziemlich unsinnig.

Veganes Fleisch stützt sich auf ein pessimistisches Menschenbild: auf die Überzeugung, dass wir es nicht schaffen, unsere Essgewohnheiten zu verändern. Doch wenn wir absolut sichergehen wollen, dass unsere Nahrung nicht den Planeten oder uns selbst vernichtet, müssen wir den Appetit auf Fleisch verlieren. Denn das eigentliche Problem ist nicht die Viehhaltung, sondern die Lust der Menschen auf Fleisch.

Es gibt hier aber nicht nur Schwarz oder Weiß. »Schon die Möglichkeit, dass diese Technologie die künftige potenzielle Zunahme der konventionellen Fleischproduktion verlangsamt, wäre ein Sieg, ein Erfolg«, so Dr. Neil Stephens, Soziologe an der Brunel University London. Er weiß vermutlich mehr über die Industrie als jeder andere Wissenschaftler auf der Welt und ist bisher der Einzige meiner Gesprächspartner, der sich um Unparteilichkeit und Zurückhaltung bemüht. Neil ist selbst Veganer, was bei seiner Arbeit in der Natur der Sache zu liegen scheint. Er forscht seit 2008 über sauberes Fleisch und beleuchtet die politischen und ethischen Zusammenhänge und die aufsichtsrechtlichen Fragen, die diese Art der Nahrungsmittelproduktion aufwerfen würden. Ich habe gerade seinen Artikel über »die Herausforderungen der Zellagrikultur« gelesen, der so ausgewogen ist, dass es mich beinahe vom Stuhl riss.[7] Ich rief ihn an, weil ich dringend die Stimme der Vernunft hören musste.

»Wenn es die Clean-Meat-Industrie richtig hinkriegt und herausfindet, wie sich etwas Gleichwertiges wie Fleisch produzieren lässt, welche Probleme sollten uns dann Sorgen bereiten?«, will ich von ihm wissen.

»Sorgen bereiten klingt ein bisschen zu drastisch«, relativiert Neil. »Wir sollten uns *Gedanken* um die möglichen Folgen machen. Zurzeit wird diese Technologie von einer Gruppe von Unternehmen und Leuten aus Universitäten entwickelt, die von einer Gemeinschaft unterstützt werden, und ihnen allen ist der heutige Zustand der Welt ein Anliegen. Sie wollen ihr Bestes geben, um durch Technologie Probleme zu lösen, und bringen sich mit ihrem Leben, ihrer Intelligenz und ihrer Leidenschaft voll ein. Schaut man sich andere Start-up-Kulturen an, ist durchaus damit zu rechnen, dass sich die Eigentumsverhältnisse durch die Vergabe von Lizenzen oder durch Buy-outs verändern könnten. Wem diese Technologie in 20 Jahren gehört und welche Werte diejenigen vertreten und wie wichtig ihnen die Gewinnmargen sind, könnte sich prägend auf ihren Einsatz auswirken.«

Das wiederum könnte aber ein gewaltiger Anlass zur Sorge sein, ganz gleich, wie vorsichtig Neil seine Antwort formuliert. Die Marktrichtung können wir nicht beeinflussen. Wir können nicht bestimmen, wer in der Clean-Meat-Industrie künftig den Ton angibt. Das sind vielleicht keine wohlmeinenden Veganer wie der Nerd Mike oder der Evangelist Bruce. Es könnte jemand sein, der ganz andere Prioritäten setzt.

8. Nachgeschmack

»Wenn alles klappt, wäre ein kommerziell erfolgreicher Sektor denkbar, mit Unternehmen, die Geld verdienen – ganz ohne die erheblichen gesellschaftlichen und ökologischen Effekte, die sich andeuten, wenn es im kleinen Rahmen bleibt«, fährt Neil fort. Ich denke an all die großen Investitionen riesiger Fleischkonzerne, die sich die Start-ups unbedingt sichern wollen – an Unternehmen, die dafür berüchtigt sind, dass ihnen der Gewinn wichtiger ist als das Wohl von Tier, Mensch und Umwelt.

»Ob dann wohl die Unternehmen Regie führen würden, die bereits Zugang zu der Infrastruktur und Logistik haben, die sauberes Fleisch benötigt?«, frage ich.

»Dieses Szenario erscheint durchaus möglich, vielleicht sogar wahrscheinlich«, ist seine Antwort.

Bruce' Idealismus und Mikes Kommunismus zum Trotz könnten beide bestehenden Fleischunternehmen helfen, noch reicher zu werden und die Grundlagen für eine Industrie zu entwickeln, die uns alle von immer abgehobeneren multinationalen Konzernen abhängig macht. In der Zukunft, für die die Clean-Meat-Industrie kämpft –, in der Menschen noch Fleisch essen, aber keine Tiere mehr töten –, werden wir unsere unabhängige Versorgung auf Unternehmen übertragen, die über Spezialtechnologien verfügen. Niemand kann garantieren, dass diese Unternehmen eine positive Kraft sein oder nicht nur zu ihrem eigenen Wohl geführt werden.

Um zu begreifen, wo etwas hinführt, muss man manchmal auf die Anfänge zurückblicken. Nach monatelangem E-Mail-Austausch sitze ich endlich Mark Post gegenüber. Und er erzählt mir, wie oft er Würstchen isst.

»Ehrlich gesagt jeden Tag, denn ich belege nachmittags mein Brot immer mit Wurstscheiben«, erklärt er – trotz seines amerikanisch gefärbten Akzents durch und durch Niederländer. »Und abends essen wir manchmal auch Fleisch. Ich esse so viel Fleisch wie jeder andere.«

Ich suche Mark an der Universität von Maastricht auf, wo sein knittriges braunes Shirt und seine dunkelgrüne Hose einen ansprechenden Kontrast zu dem orangefarbenen Teppich und den gelben Wänden seines Büros bilden. Er ist noch größer als Mike Selden, hat einen kleinen Bauch, schütteres graues Haar und würzt unser Gespräch mit einem herzhaften Stakkato-Lachen – »ahahahahaha«. Der gelernte Herzchirchurg Mark ist hier Professor für Physiologie, aber auch wissenschaftlicher Leiter in Europas größtem Clean-Meat-Start-up Mosa Meat – ein viel beschäftigter Mann. Ich kann mich glücklich schätzen, dass ich hier sein darf. Aber auch Mark ist ein Glückskind, denn wie er es schildert, gibt es die ganze Kulturfleischindustrie nur aufgrund einer Reihe von Zufällen, Versäumnissen und unbeabsichtigten Ereignissen.

Zugrunde lag die Leidenschaft und Entschlossenheit eines 81-Jährigen, wie Mark mir erzählt. Der niederländische Unternehmer Willem Van Eelen träumte von aus Zellen gezüchtetem opferlosem Fleisch, seit er als Kriegsgefangener in einem japanischen Lager Brutalität und Hunger erlebt hatte. Van Eelen wusste, dass er sich ins Zeug legen musste, um seinen Traum zu verwirklichen. »Er brachte Wissenschaftler von drei Universitäten, Utrecht, Amsterdam und Eindhoven, dazu, einen entsprechenden Antrag bei der niederländischen Regierung zu stellen«, berichtet mir Mark. Diese erklärte sich bereit, ab 2004 die Mittel für ein auf fünf Jahre angelegtes Kulturfleischprojekt zur Verfügung zu stellen.

Die Begeisterung dafür hielt sich allerdings in Grenzen. »Keiner der ursprünglich beteiligten Wissenschaftler wollte wirklich Kulturfleisch herstellen. Für sie war das nur ein Deckmantel für ihre eigene

8. Nachgeschmack

Forschung.« Sie taten nur so viel für das Projekt, wie es ihren bisherigen Forschungsinteressen Vorschub leistete: So war Eindhoven weit mehr daran interessiert, ein Modellsystem für Dekubitus zu entwickeln als irgendetwas Essbares. Mark wurde ins Boot geholt, als das Projekt bereits zwei Jahre lief und der Projektleiter aus Eindhoven erkrankte. »Ich fand die Idee einfach toll. Und je mehr ich darüber erfuhr, desto mehr begeisterte es mich.«

Marks Augen leuchten, wenn er über seine Arbeit spricht. Sein ansteckender Enthusiasmus war erfolgsentscheidend für Clean Meat, doch seine Kommunikationskompetenz offenbarte sich erst 2009 im Zuge einer weiteren Kette von Zufällen. »An einem regnerischen Donnerstag saß ich im Zug und erholte mich von einer langweiligen Sitzung in Den Haag (die meisten Sitzungen in Den Haag sind langweilig – ahahahaha), als mich eine Journalistin der *Sunday Times* anrief. Damals wusste ich gar nicht, was die *Sunday Times* ist.« Keiner der für Presseanfragen über das Projekt zuständigen Wissenschaftler war erreichbar, so die Journalistin – ob Mark ihr wohl ein paar Fragen beantworten könne? »Ich hatte gerade nichts Sinnvolleres zu tun, also willigte ich ein. Das war der Anfang eines Medienhypes, denn sie brachte den Artikel auf der ersten Seite, und AP und Reuters verbreiteten ihn in aller Welt. Plötzlich war ich Ansprechpartner.«

Als die staatlichen Mittel im selben Jahr versiegten (das niederländische Wirtschaftsministerium sah kein kommerzielles Potenzial in den Erzeugnissen – »Ich weiß, dass sie das inzwischen bereuen«, lacht Mark), war er im Umgang mit den Medien schon sehr versiert und wusste sie einzusetzen, um die Finanzierung des Projekts zu sichern. Von Oron hatte er gelernt, dass man aus der Fleischproduktion ein Unterhaltungsprogramm machen konnte. »Ich dachte, warum fabrizieren wir nicht ein Würstchen, präsentieren es der Öffentlichkeit und lassen das Schwein, das die Zellen dafür gespendet hat, auf der Bühne herumgrunzen«, erzählt Mark. Das Schwein sollte lebende Werbung für die Forschung sein, die sie vorantrieben.

Doch allein für dieses Würstchen waren Zutaten und Arbeitsleistung im Wert von 300 000 Euro erforderlich. Mark versuchte, den Laden mit begrenzten Mitteln am Laufen zu halten, als ganz unerwartet ein Anruf einging, der, wie sich herausstellte, aus Sergey Brins Büro kam. »Sie wollten mit mir über meine Arbeit sprechen, und ich sagte zu – damals sprach ich mit *jedem* über dieses Projekt, warum also nicht.« An einem niederländischen Feiertag flog einer von Brins engsten Mitarbeitern nach Maastricht, und Mark erzählte ihm von seinen Plänen für die Würstchenvorstellung mit Schweineeinlage.

»Da sagte er: ›Nun, Sergey möchte das gern finanzieren.‹ Ich hatte *keine Ahnung*, wer dieser Sergey war. Er sagte es so, als müsse ihn jeder kennen, deshalb hielt ich es für ratsam, so zu tun als ob. Ahahahaha.«

Mark hatte zwei Wochen, um einen zweiseitigen Projektantrag zu verfassen. »Ich sagte: ›An welche Summe sollte ich dabei denken?‹ Er meinte: ›Oh, an ein paar Millionen.‹ Darauf ich: ›Das kriegen wir hin.‹ Und er: ›Ach, übrigens, es darf kein Würstchen werden. Es muss schon ein Hamburger sein.‹ Da mir nicht klar war, dass dieser so viel schwieriger zu produzieren war, sagte ich: ›Also gut.‹«

»Warum musste es denn unbedingt ein Hamburger sein?«, fragte ich nach.

»Das ist eben Amerika.«

»Und warum ist ein Hamburger schwieriger herzustellen?«

»Weil er wirklich aussehen muss wie *Fleisch*. Als Würstchen kann alles Mögliche durchgehen. Als Hamburger nicht. Man muss schon

8. Nachgeschmack

Fasern zustande kriegen, die auch wie Fleisch aussehen. Doch wir haben es am Ende ja geschafft.«

Mark muss man einfach mögen. Unter all den Vertretern der skurrilen Welt des sauberen Fleisches ist er der ernstzunehmendste, aber gleichzeitig auch der bescheidenste und zurückhaltendste – der Einzige, der bereit ist, ehrlich über sich selbst zu lachen. Vielleicht rührt das daher, dass er weiß, wie ungewiss sein Erfolg ist. Vielleicht liegt es daran, dass er schon seit knapp 40 Jahren forscht und nicht auf die Anerkennung durch andere angewiesen ist. Vielleicht aber auch daran, dass er nicht für ein Start-up im Silicon Valley arbeitet.

Die Vorstellung selbst fand in demselben Fernsehstudio im Westen Londons statt, in dem früher die Show *TFI Friday* gedreht wurde. Brins Büro beauftragte die PR-Agentur Ogilvy mit der Leitung. »Die Rechnung dafür habe ich nie gesehen, aber ich bin sicher, es war teurer als der ganze Hamburger«, meint Mark. »Wir dachten tatsächlich daran, den Burger von Ferran Adrià zubereiten und von Leonardo di Caprio und Natalie Portman probieren zu lassen. Ahahahahaha!« Am Ende entschieden sie sich für eine (nur etwas) weniger glamouröse Lösung, denn schließlich sollte ja die Wissenschaft im Fokus stehen. Eine Show war es trotzdem und ein Riesenerfolg obendrein. Orons Pioniervorführung hatte zwar viel mehr Unterhaltungswert, ging aber ohne Unterstützung einer PR-Firma und einigermaßen sang- und klanglos über die Bühne.

»Waren Sie überrascht über die vielen Schlagzeilen?«, wollte ich wissen.

»Doch, schon. Mir war klar, was diese Geschichte für ein Potenzial hatte, aber ich saß trotzdem mit verkrampften Zehen da und dachte, hoffentlich verreißen sie das nicht total.« Verschwörerisch senkt er die Stimme. »Um Ihnen einen Eindruck davon zu vermitteln, wie naiv wir damals alle waren: Am Sonntagmorgen vor der

Show trommelte uns Ogilvy alle in einem Raum zusammen und wollte von mir wissen: ›Warum tun Sie das?‹ – ›Wie bitte?‹, fragte ich zurück. Über die Botschaft hatte ich noch gar nicht nachgedacht. Ich musste wirklich darüber nachdenken, *warum* ich das eigentlich machte. Uns fielen zwei Gründe ein. Der eine: Ich wollte den Menschen zeigen, dass das wirklich machbar war, dass die Technologie vorhanden ist. Der andere: Wir müssen uns Gedanken darüber machen, wie wir in Zukunft Fleisch produzieren und dass die Fleischproduktion, wie sie derzeit betrieben wird, nicht nachhaltig ist. Unser drittes großes Anliegen war natürlich, dass wir Geld brauchten. Doch das war selbstverständlich nicht Teil der Botschaft. Ahahaha.«

Dass im Labor gezüchtetes Fleisch den Planeten retten kann, war also ein aufgesetzter Nachgedanke, der auf Drängen eines PR-Unternehmens erst am Tag vor der Präsentation ersonnen wurde.

Und dass der Burger im August an einem Tag vorgestellt wurde, an dem sonst nicht viel berichtet wurde und kein Golfkrieg Sendezeit in Anspruch nahm, war Zufall. Der Ort des Geschehens war aber eine strategische Entscheidung: Aufgrund von Einfuhrbeschränkungen konnten sie den Burger schlecht nach Amerika verfrachten. »In den USA hätte das Ganze nur in der niederländischen Botschaft stattfinden können, ahahahaha, und das wäre natürlich *nicht* der ideale Schauplatz gewesen. Wir mussten die Präsentation entweder in den Niederlanden veranstalten oder in einem anderen Land, in das man den Burger einschmuggeln könnte. Da es eine Zugverbindung nach London gab, war das eine Option.«

Dass die Präsentation dermaßen einschlug, erstaunt Mark immer noch. »Ich treffe immer wieder Leute, die mir sagen: ›Wir haben da diesen Investmentfonds, und er existiert eigentlich nur deshalb.‹ Oder: ›Wir haben daraufhin ein Unternehmen gegründet.‹ Oder

8. Nachgeschmack

Studenten, die aus diesem Grund Biotechnologie studieren. Rückblickend war das eine sehr, sehr gute Entscheidung.«

Marks Unternehmen Mosa Meat wurde 2015 gegründet (Mosa ist der lateinische Name des Flusses durch Maastricht). Der Mosa-Burger wird in einer niederländischen Fabrik hergestellt werden und soll noch 2021 auf den Markt kommen – zum Einstandspreis von neun Euro.

»Planen Sie auch, Fleischstücke ins Programm zu nehmen?«, erkundige ich mich.

»Ja, natürlich.«

»Wie lange wird das noch dauern?«

»Ooooh.« Er greift nach dem kleinen holländischen Spekulatius auf dem Unterteller seiner Kaffeetasse. »Schwer zu sagen, um ehrlich zu sein. Wir fangen nach und nach an, daran zu arbeiten.« Bedächtig knuspert er seinen Keks. »Der theoretische Rahmen steht. Jeder weiß, was er zu tun hat, damit wir dorthin gelangen. Wann sich so ein Rib-Eye-Steak mit Auge, Mund und Nase nicht mehr von dem Rib-Eye-Steak unterscheiden lässt, das von einem Rind kommt, ist schwer zu schätzen. Deshalb will ich das gar nicht erst versuchen.«

Ich denke daran, wie vollmundig mir Vítor erzählt hatte, dass JUST »in einer Woche ein Steak züchten könnte, wenn wir das wollten«. Dabei fällt mir noch etwas ein, was ich nachprüfen wollte. »Ist es wirklich möglich, einer Feder Zellen zu entnehmen und daraus Fleisch herzustellen?«

»Ach Gott. Theoretisch schon. Doch ehrlich gesagt ist das die dümmste Idee, von der ich je gehört habe. Wollen Sie Huhn oder Fisch herstellen, sollten die Zellen dafür offensichtlich aus einem befruchteten Ei stammen: Das ist die ideale Bezugsquelle für solche Zellen. Bei Kühen funktioniert das leider nicht.« Doch in ein

Ei zu stechen und mit einer Nadel Zellen daraus abzusaugen würde sich in einem Werbevideo eben nicht so gut machen, wie eine Feder behutsam von einer grünen Weide aufzuheben. »In der Theorie ist das zwar möglich, doch es ist die schlechteste Idee aller Zeiten, denn die Feder hat auf dem Boden gelegen und ist daher kontaminiert. Man muss sie also mit jeder Menge Antibiotika beschießen. Und für den innerlichen Einsatz muss man die Zellen genetisch modifizieren«, setzt er hinzu. »Ich habe übrigens auf meiner Konferenz vor einem Jahr mit Wissenschaftlern von JUST gesprochen und sie gefragt: ›Ist das euer Ernst? Was habt ihr euch dabei nur gedacht?‹ Sie sagten: ›Na ja, das war nicht unsere Idee. Sie kam aus dem Marketing.‹ Ahahahaha.« Darüber lacht Mark so herzlich, dass ich alle seine Zähne sehen kann.

Mark sagt aber auch, er sei »besonders froh«, dass er nicht länger der einzige Wissenschaftler ist, der versucht, Fleisch aus Zellen zu züchten – ganz gleich aus welchen. Er ist dankbar für die Gemeinschaft, die die Industrie bietet. Anfangs gab er auch eifrig Informationen über all das weiter, was schiefgelaufen war, damit andere dieselben Fehler nicht wiederholen. Doch dafür hatten seine Investoren nicht so viel Verständnis. Die Zusammenarbeit zwischen Unternehmen beschränke sich auf aufsichtsrechtliche Fragen, erklärt er. Sein langfristiger Plan sei, das intellektuelle Eigentum zu entwickeln und dann zu lizenzieren, um seine Investoren glücklich zu machen. Doch sein Verfahren könne zu einer flächendeckend weltweit einsetzbaren Methode werden. Natürlich würde das bedeuten, dass es jeder verwenden könnte, solange er dafür bezahlt.

»Jeder will der Erste sein, der ein Produkt auf den Markt bringt. Ist dieser Wettlauf hilfreich?«

»Ich finde schon. Es hat natürlich auch Nachteile. Ich befürchte, dass manch einer minderwertige Produkte liefern wird, nur um der

8. Nachgeschmack

Erste zu sein. Das wird dem Ruf der Technologie schaden. Manche Unternehmen sind offenbar bereit, für den kommerziellen Erfolg Qualitätseinbußen in Kauf zu nehmen. Das bereitet mir Kopfschmerzen.«

Man kann sich ohne Weiteres vorstellen, dass Clean Meat in guten Händen ist, wenn Menschen wie Mark das Sagen haben. (Er spricht lieber von »Kulturfleisch« oder »zellenbasiertem« Fleisch als von »sauberem« Fleisch.) Wie in meinem ersten Gespräch mit Bruce bekomme ich den Eindruck, dass er jede Kritik an der Industrie, die ich vorbringe, intelligent und eloquent entkräften kann.

Als ich frage, ob das alles nicht eine Blase sei, meint er, darauf komme es gar nicht an. »Ich bin älter als die meisten anderen auf diesem Gebiet Tätigen. Ich habe eine etwas ergrautere Perspektive«, erklärt er. »Vielleicht ist das eine der Technologien, die zunächst einen Hype-Zyklus durchlaufen und dann einen Boden der Enttäuschung bilden, auf dem sich private Investoren zurückziehen. Das wäre dann der Zeitpunkt für eine groß angelegte Kampagne um öffentliche Mittel.« Mark würde viel lieber mit staatlichem Geld arbeiten. »Das wird ein Wissenschaftsprogramm für die nächsten 30 Jahre. Selbst wenn in drei Jahren das erste Produkt auf dem Markt ist, muss noch viel geforscht und modifiziert werden. Dafür ist wissenschaftliche Breite erforderlich, und die kommt aus öffentlichen Mitteln.«

Auf meine Frage, ob seine Arbeit nicht den exzessiven Konsum fördere, winkt er ab. »Jeder ältere Mensch hat zunehmend Probleme, Fleisch zu verdauen. Es ist physiologisch unmöglich, mehr Fleisch zu verzehren, als das Wohlbefinden zulässt. Es gibt da eine Obergrenze. Tatsächlich geht der Fleischkonsum in stark industrialisierten Ländern zurück.«

Doch als ich ihn mit Matthew Coles Einwand konfrontiere, dass der Appetit auf Fleisch dadurch in alle Ewigkeit erhalten bliebe, obwohl er doch eher kulturell bedingt als naturgegeben sein könnte, überrascht mich Marks Reaktion.

»Fleisch *ist* in der Kultur verankert. Den Reiz des Fleisches – und damit äußere ich etwas extrem Umstrittenes, das jedoch meiner Ansicht nach nicht von der Hand zu weisen ist –, den Reiz des Fleisches macht unter anderem aus, dass man dafür Tiere töten muss.«

»Inwiefern? Was meinen Sie damit?«

»Es ist die Vorherrschaft über andere Spezies. Fleisch wird seit jeher mit Macht assoziiert, mit Männlichkeit, mit Feuer und dergleichen.«

Dann erzählt er mir von einem Werbespot für Remia-Grillsoße, der unlängst im niederländischen Fernsehen lief: Darin reißt Sylvester Stallone einem schmächtigen Schauspieler einen Gemüsespieß aus der Hand und feuert dann aus einem Hubschrauber ein Maschinengewehr ab. »Wenn du wie ein Tiger kämpfen willst, iss nicht wie ein Hase«, blafft Sly den Schauspieler an. Dann kippt er Soße auf ein riesiges Steak und knallt es vor ihn auf den Tisch. »Du willst wie ein Mann handeln? Dann iss wie ein Mann«, knurrt er dabei.

»Wird Fleisch in einem Labor oder in der Fabrik hergestellt, ohne jedes Risiko und ohne Tötungsakt, wird es zur weichgespülten Version seiner selbst«, erklärt Mark weiter. »Eher Brokkoli als Hamburger. Doch so ein Übergangsprodukt könnte die Umstellung auf pflanzliche Nahrung erleichtern.«

Plötzlich verstehe ich, warum Fleisch so eine große Rolle spielt – warum es uns so schwerfällt, darauf zu verzichten: Fleisch *hat* einen wesentlichen Anteil daran, was einen Mann zum Mann macht, was den Menschen zum Menschen macht, der sich die Welt unter-

8. Nachgeschmack

tan macht, und zu dem Fleischfresser an der Spitze der Nahrungskette, der unwiderrufliche Macht über seine Umwelt ausübt und über diese bestimmt.

»Das hat alles damit zu tun, was es bedeutet, ein Mensch zu sein, stimmt's?«, sinniere ich.

»Ganz recht.«

»Es geht darum, die Welt zu beherrschen. Und wir beherrschen sie so gründlich, dass wir sie dadurch womöglich zerstören.«

»Richtig.«

Sauberes Fleisch wird verändern, was es heißt, ein Mensch zu sein: Menschen werden nicht länger auf Kosten von Tieren leben. Doch wenn Fleischkonsum eher kulturell bedingt ist als naturgegeben, liegt es in unserer Macht, unsere Kultur zu verändern, ohne uns dabei auf Technologie zu stützen. Unsere Kultur hat sich bereits verändert: Männlichkeit definiert sich nicht länger nach der Fähigkeit, Feuer zu machen und zu töten. Ja, sauberes Fleisch könnte das Übergangsprodukt sein, das es uns abgewöhnt, Tiere zu töten – wie Sexroboter das Methadon für Pädophile sein können. Es könnte die Sucht aber auch nur in die Länge ziehen und unsere Grundversorgung von gesichtslosen Multis abhängig machen. Statt unsere Dominanz in der Tierwelt aufzugeben, indem wir auf Fleisch verzichten, übertragen wir immer mehr Macht auf abgehobene Konzerne, die uns dann dominieren können.

»Könnte uns das nicht eine Welt bescheren, in der wir bei der Nahrungsmittelproduktion auf hoch spezialisierte Technologie und Unternehmen angewiesen sind, statt uns wie zuvor selbst zu versorgen? Ein Bauer in Vietnam kann selbst Schweine züchten, um sie zu essen. Wenn es künftig verboten ist, Tiere zu töten, ihr Verzehr aber weiterhin normal bleibt, entmachten wir uns selbst, indem wir uns von Technologie abhängig machen.«

»Stimmt. Ich bin ganz Ihrer Meinung«, erwidert er prompt. »Und ich spreche bewusst von Mikrobrauereien oder ›Mikrofleischereien‹, um deutlich zu machen, dass man diese Technologie nicht unbedingt mit multinationalen Konzernen in Verbindung bringen muss, die in Niedriglohnländern irgendwo weit weg produzieren.«

»Doch so wird es nicht kommen, nicht wahr?«

»Es ... wissen Sie ... es *gibt* ja Mikrobrauereien.«

»Aber die Leute trinken Heineken und Budweiser. Wir haben Mikrobrauereien, doch die machen gerade einmal 0,5 Prozent des Marktes aus.«

»Und doch gibt es sie. Heute stellen sie 0,5 Prozent des Marktes, aber wir wissen ja nicht, wie sie sich weiterhin entwickeln. Ich stimme Ihnen dennoch voll und ganz zu: Es ist eine Tatsache, dass die Leute nun einmal lieber 4,99 Pfund für das Kilo Rindfleisch zahlen wollen, und um 4,99 statt 5 Pfund zu verlangen, müssen wir im ganz großen Stil produzieren. Dann muss man sich damit abfinden, dass die Produkte von sehr weit her kommen. Das liegt aber am Verbraucher, denke ich.«

»Und Sie finden diese Vorstellung gar nicht beängstigend?«

»Doch, aber das ist nun einmal die dunkle Seite der menschlichen Spezies, und das müssen wir akzeptieren. Ich sehe uns nicht als die Opfer großer Multis. Wir *geben* ihnen die Macht, zu solchen großen Multis zu werden. Ich habe dazu sehr liberale Ansichten – wenn es so kommt, dann wollen es die Menschen vermutlich nicht anders. Mir wären Mikrobrauereien lieber, aber das liegt nicht in meiner Hand. Wenn Unilever anfangen will, Kulturwürstchen zu produzieren, kann ich das nicht verhindern.«

Clean Meat ist eines von vielen möglichen Zukunftsszenarien für die Ernährung – solange wir noch Fleisch essen. Wir können uns jederzeit entscheiden, es nicht mehr haben zu wollen – oder zumindest nicht mehr so viel davon. Dort liegt die eigentliche Macht: indem wir unsere Wünsche in den Griff bekommen statt der Technologie. Bis dahin wird uns noch mehr entgleiten, woher unsere Nahrung stammt, und wir werden uns dafür noch weniger verantwortlich fühlen. Wir werden in genau der Denke verhaftet bleiben, die Fleisch erst zum Problem gemacht hat.

Teil III
Wie wir uns fortpflanzen werden

Ektogenese

9.
Das Geschäft mit der Schwangerschaft

Im Pacific Fertility Centre am Wilshire Boulevard in Los Angeles machen *die* Menschen, die sonst schon alles haben, ihre Babys. Die Wände im Wartezimmer sind mit cremefarbenem Leder im Chesterfield-Stil gepolstert, die Pannesamtsofas schimmern in Taupe und Elfenbein. Unter Glaslüstern stehen Schalen voller weißer Orchideen. Man könnte den Raum leicht für die Umkleide eines exklusiven Brautmodengeschäfts halten. Die Bilder auf dem Flachbildschirm an einer Wand klären diesen Irrtum jedoch auf: Digitalfotos von Neugeborenen in Kratzfäustlingen, Dankschreiben, Weihnachtskarten mit posierenden Familien, winzige Babyköpfchen in dankbaren Händen. Die Babybilder rollen nach oben durch und verschwinden – wie die Perlen im Champagner.

Links von mir sitzt eine hochgewachsene, doch sehr zierliche Frau in marineblauen Leggings und Laufschuhen. Sie kann nicht älter als 25 sein. Ihr kurzes Sweatshirt lässt gebräunte Haut aufblitzen, einen unglaublich flachen Bauch und eine schlanke Taille. Ihr kurzes, gebleichtes Haar, die dunklen Wimpern und die zarte Kieferpartie können nur zu einem Model gehören. Ihr Schwanenhals ist über ihr iPhone gebeugt, die langen Finger scrollen durch Instagram, und hin und wieder tippt sie mit langen Fingernägeln auf das Display. Rechts von mir wartet noch eine Frau: ein bisschen älter, aber nicht weniger apart. Sie trägt eine strohfarbene Mütze und kein Make-up. Ihre Hände sind so klein, dass sie beide braucht, um ihre juwelenbesetzte iPhone-Hülle zu halten.

Endlich hat Dr. Vicken Sahakian Zeit für mich. Ich gehe durch einen Flur, den schwarz gerahmte Fotocollagen säumen. Eine zeigt ein Neugeborenes mit Weihnachtsmannmütze, das in einem roten Nikolausstrumpf steckt. Eine andere zwei Männer mit Tränen in den Augen, jeder einen gewindelten Zwilling im Arm.

In den 25 Jahren, die Sahakian schon als Fertilitätsspezialist tätig ist, hat er Tausenden der privilegiertesten Menschen der Welt zu einer Familie verholfen. Seine Kunden sind hetero, schwul, jung und alt und kommen aus aller Welt zu ihm, insbesondere aus China, aus dem Vereinigten Königreich und anderen Teilen Europas, in denen Leihmutterschaft entweder verboten ist oder sehr streng reguliert wird. In Kalifornien dürfen Leihmütter Geld damit verdienen, dass sie die Kinder anderer Leute austragen. Das Rechtssystem ist bekannt dafür, dass die Rechte der Wunscheltern gegenüber Dritten gewahrt werden, die möglicherweise an der Zeugung ihrer Babys beteiligt sind. Der US-Bundesstaat steht dadurch in dem Ruf, eine der leihmutterschaftsfreundlichsten Regionen der Welt zu sein.

So verschieden sie sind, eines haben Sahakians Klienten gemeinsam: Sie können ihn bezahlen. Ist man bereit, auf fremde Eizellen, Spermien oder Gebärmütter zurückzugreifen, und kann man es sich leisten, kann er alles möglich machen.

»Es ist eine Frage des Geldes. Wer Geld hat, kann auch ein Baby haben«, erklärt er mir, keine fünf Minuten nachdem ich mich ihm gegenüber an seinem riesigen schwarzen Schreibtisch in seinem monochromen Eckbüro niedergelassen habe. Neben seinem Keyboard liegt ein Untersetzer mit den Worten »Babys sind so eine nette Art und Weise, Menschen zu machen«, Uterus und Eileiter aus Plastik und ein würfelförmiger gläserner Briefbeschwerer mit der Lasergravur eines Säuglings.

»Traurig, aber wahr.« Er ruft sich zur Ordnung. »Eigentlich gar

9. Das Geschäft mit der Schwangerschaft

nicht traurig, sondern recht schön. In der Ausbildung hätte ich mich fast für eine andere Fachrichtung entschieden, weil ich es so traurig fand: Wir mussten neun von zehn Patientinnen mitteilen: ›Sie sind nicht schwanger.‹ Inzwischen hat sich das um 180 Grad gedreht. Eine Technologie, die nur marginal erfolgreich war, als ich anfing, hat sich inzwischen zu einer gewandelt, die fast immer das gewünschte Ergebnis bringt. Ich glaube an diese Art der Wissenschaft. Ich glaube an geschlechtliche Ausgewogenheit in der Familie, Auswahl des Geschlechts, Aussonderung abnormer Embryonen sowie den Einsatz von Eizellenspenderinnen und Samenspendern. Genau das ist mein Handwerk. Und ich betreibe es gern. Unser Endziel ist, jemanden glücklich zu machen.«

Mit der Palette an Fertilitätsoptionen, die seinen Klienten zur Verfügung stehen, ist auch die Bandbreite ihrer Wünsche angewachsen. Immer mehr Frauen wenden sich an Sahakian, weil sie aus gesellschaftlichen Gründen eine Leihmutter suchen: Sie möchten zwar Babys, die genetisch ihre eigenen sind, wollen aber nicht schwanger werden und den Nachwuchs austragen. Dafür gibt es keine medizinischen Gründe – sie wollen nur einfach lieber eine Leihmutter einsetzen. Die Empfängnis erfolgt in solchen Fällen durch IVF. Dann werden andere Frauen angestellt, um die Schwangerschaft und die Entbindung zu übernehmen – die ultimative Form von Outsourcing.

»Ich habe damit kein Problem«, erklärt mir Sahakian geradeheraus und lehnt sich zurück. Er trägt graue OP-Kleidung, auf der sein Name eingestickt ist. Sein Haar ist glatt zurückgekämmt und an den Schläfen ergraut. »Wer als 28-jähriges Model oder als Schauspielerin schwanger wird, verliert seinen Job – so viel ist sicher. Wenn solche Frauen eine Leihmutter suchen, helfe ich ihnen dabei.« Diese Hilfe schlägt mit 150 000 US-Dollar zu Buche, und mehr Frauen denn je sind bereit, dafür zu zahlen. »Noch vor fünf Jahren kam nur eine Handvoll pro Jahr zu mir. Inzwischen sind es jedes Jahr um die 20. Und wenn das bei mir so ist, dann erleben das bestimmt auch die vielen Reproduktionsendokrinologen in der Region, die ausgesprochen kompetente Fertilitätsspezialisten sind.«

»Meinen Sie, dass sich mehr Frauen aus gesellschaftlichen Gründen für den Einsatz einer Leihmutter entscheiden würden, wenn sie sich das leisten könnten?«, frage ich.

»Auf jeden Fall. Eine Schwangerschaft bringt Vorteile. Es entsteht eine Bindung. Ich weiß das, doch als Mann kann ich mir nicht viel darunter vorstellen. Aus Erfahrung kann ich sagen, dass die meisten Frauen gern schwanger sind. Aber viele Frauen wollen nicht schwanger werden und ein Jahr ihrer Karriere einbüßen.«

Typische Klienten hat Sahakian nicht. »Ich arbeite für jeden.« Es sind aber auch Hollywoodstars darunter, bekannte Namen, die er diskret für sich behält. »Von mir hören Sie sie nicht, aber Sie würden sie sicherlich kennen.« Die Frauen, die aus gesellschaftlichen Gründen bei ihm eine Leihmutter suchen, seien nicht die ganz großen Stars, erzählt er. Wer es in Hollywood ganz nach oben geschafft hat, kann selbst über die Terminplanung bestimmen und sicher sein, dass er auch nach einer Babypause noch gefragt ist. Bei Sahakian melden sich in aller Regel diejenigen, mit deren Karriere es in der Unterhaltungsbranche gerade aufwärtsgeht, die aber noch keinen ganz großen Namen haben.

»Sie erklären mir offen: ›Wenn ich schwanger werde, verliere ich meine Rolle. Ich arbeite, und deshalb habe ich keine Zeit. Ich bin Model, Schauspielerin und sehe gut aus, wie ich bin. Ich will meinen Körper nicht entstellen.‹«

Ich zucke zusammen. »Entstellt man seinen Körper, wenn man schwanger wird?«

9. Das Geschäft mit der Schwangerschaft

»Ich war nie schwanger«, kontert Sahakian mit einem strahlenden Lächeln. Vielleicht bilde ich mir das ein, aber ich könnte schwören, er hätte einen raschen Blick auf meinen Rumpf geworfen, als wolle er prüfen, ob diese Frage von einer Frau kommt, die schon einmal schwanger war. »Aber *in* der Schwangerschaft entstellt man seinen Körper für diesen Zeitraum auf jeden Fall. Und wenn man nicht die nötigen Rückbildungsübungen macht, dauert es eine ganze Weile, bis wieder alles so wird wie zuvor. Es ist zweifellos etwas dran, dass eine Schwangerschaft den Körper verändert. Das Becken öffnet sich, man bildet Fettpolster, es entstehen bleibende Verfärbungen. Es gibt Veränderungen. Ich sage ja nicht, dass man deshalb eine Leihmutter einsetzen sollte, doch für manche Menschen ist das ein Grund.«

Er verlagert sein Gewicht in seinem großen lederbezogenen Drehstuhl und versucht es mit einer anderen Strategie. »Ich vergleiche das gern mit plastischer Chirurgie. Sehen Sie es kritisch, wenn sich jemand die Brüste vergrößern lässt, dann lehnen Sie bestimmt auch ab, wenn sich jemand aus gesellschaftlichen Gründen eine Leihmutter sucht. Die eine sagt: ›Ich fühle mich nicht mehr wohl in meinem Körper. Das ist für mich ein psychologisches Problem, das ich aus der Welt schaffen will.‹ Die andere sagt: ›Ich möchte meinen Körper nicht entstellen.‹«

Nicht alle seiner Kundinnen, die sich aus gesellschaftlichen Gründen für eine Leihmutter interessieren, sind Models oder Schauspielerinnen: Manche haben einfach anspruchsvolle Berufe, in denen eine Schwangerschaft ein Karrierehindernis darstellt. »Viele meiner Klientinnen erzählen mir: ›Ich kann das nicht, ich bin so viel unterwegs. Ich will aber nicht länger warten. Ich werde älter, und in den nächsten zwei, drei Jahren stehen entscheidende Karriereschritte an. Ich bin ständig auf Achse.‹ Das sind doch legitime Argumente.«

»Entscheiden sich Frauen eher aus ästhetischen Gründen dafür oder aus beruflichen?«

»Aus beruflichen, würde ich sagen. ›Die Arbeit lässt mir keine Zeit‹, höre ich oft, gefolgt vom physischen Erscheinungsbild.«

Männer können Vater werden, ohne dass ihr Leben dadurch allzu sehr aus der Bahn geworfen wird – ganz gleich, was für hochkarätige oder anspruchsvolle Jobs sie haben. Oft müssen sie gar nicht darüber nachdenken, wie sich ein Baby auf ihre Karriere auswirkt – sogar in den heikelsten Zeiten: Donald, der Sohn des ehemaligen Führers der Liberaldemokraten Charles Kennedy, kam 2005 mitten im Wahlkampf zur Welt. Mo Farahs Frau Tania Nell wurde von Zwillingen entbunden, drei Wochen nachdem er bei den Olympischen Spielen 2012 zwei Goldmedaillen gewonnen hatte.

»Wie sehen das die Partner der Frauen, die sich aus gesellschaftlichen Gründen für eine Leihmutter entscheiden wollen?«

Offensichtlich hat Sahakian darüber noch nicht nachgedacht. »Das war noch nie Thema, wissen Sie. Danach frage ich gar nicht.«

»Aber sie kommen doch mit ihren Partnern hierher?«

»Ja, sicher.«

Sahakian erzählt mir, er sei in den Jahren, die er auf dem Gebiet der Fertilität tätig ist, zum Feministen geworden. »Ich bin *überzeugter* Feminist, weil ich jeden Tag erlebe, wie viele Vorurteile in der Gesellschaft herrschen und wie viel männlicher Chauvinismus. Frauen werden abgeurteilt. Ich setze mich proaktiv für Frauen ein und glaube, dass hier mit zweierlei Maß gemessen wird.«

»Sie meinen, weil Männer ganz ohne Karriereknick Vater werden können und Frauen oft nicht?«

»Das ist ja nicht alles. Kommt ein 62-Jähriger mit einer 38-jährigen Frau hierher, fragt ihn keiner, wieso er in diesem Alter noch

9. Das Geschäft mit der Schwangerschaft

ein Kind in die Welt setzen will. Einer 55-jährigen Frau in der gleichen Situation wird gesagt, sie sei zu alt, sie sei eine Oma oder gar verrückt. Wie alt war Larry King, als er Vater wurde? 75?« Er war 65, aber Sahakians Argument ist nicht von der Hand zu weisen. Er selbst ist 56, seine Frau 20 Jahre jünger. Sie haben zwei Kinder im Vorschulalter, die aus den gerahmten Bildern an seiner Wand perfekt auf uns herunterlächeln.

Die Leitlinien der amerikanischen Gesellschaft für Reproduktionsmedizin besagen, dass Leihmütter – also Stellvertreterinnen, die durch IVF empfangene Babys aus fremden Eizellen austragen – nur eingesetzt werden sollten, wenn das aus medizinischen Gründen notwendig ist. Doch Sahakian findet es unbedenklich, gegen diese Leitlinien zu verstoßen.

»Medizinische Gründe lassen sich sehr breit definieren«, meint er beiläufig. »Mir ist natürlich klar, dass das umstritten ist – sonst wären Sie nicht hier. Für manche Menschen grenzt das ans Unethische. Na und? Versetzen Sie sich doch mal in die Lage eines 26-jährigen Models, das davon lebt, Bademoden vorzuführen. Und dann sagen Sie mir: Ist es wirklich so unmoralisch, die Karriere dieser Frau nicht zerstören zu wollen?«

»Aber sie könnte doch einfach noch ein paar Jahre warten und dann ein Baby haben?«

»Klar. Aber wenn sie eben gleich ein Kind möchte und damit nicht warten will, bis sie vielleicht 40 ist? Ich glaube nicht, dass ich unethisch handle, wenn ich solchen Paaren helfe. Auf diesem Gebiet kann man solche Klienten in Los Angeles nicht verurteilen. Wir sind hier im Wilden Westen. Vor 20 Jahren war es noch ein Tabu, einem schwulen Paar zu helfen – in Arkansas ist es das bis heute. Wir stehen diesbezüglich noch ganz am Anfang.«

»Sie haben keinerlei ethische Bedenken in Bezug auf Ihre Arbeit?«

»Da sprechen Sie mit dem Falschen«, schmunzelt er. »Ich bin nämlich ein Grenzgänger, wissen Sie?«

Ich weiß. Sahakian steht in dem Ruf, Grenzen auszutesten. Und das bereitet ihm sichtlich Freude: Es hat ihm eine gewisse Berühmtheit verschafft, die sein Geschäft anheizt. 2001 half er Jeanine Salomone, mit einer gespendeten Eizelle schwanger zu werden und mit 62 zu gebären. Sie ist die älteste Französin aller Zeiten, die ein Kind zur Welt brachte. In Frankreich, wo die künstliche Befruchtung von Frauen nach der Menopause ungesetzlich ist, löste das einen Skandal aus, als bekannt wurde, dass der biologische Vater ihres Babys ihr eigener Bruder Robert war. Womöglich war er nicht uneingeschränkt in der Lage, der Verwendung seines Samens zur Zeugung eines Kindes zuzustimmen: Er lebte nämlich mit einer Hirnverletzung, die er sich zugezogen hatte, nachdem er sich ein paar Jahre zuvor bei einem gescheiterten Selbstmordversuch ins Kinn geschossen hatte. Französische Journalisten deuteten an, ihr Sohn Benoit-David sei möglicherweise nur gezeugt worden, um sich das Erbe von Jeanines und Roberts wohlhabender Mutter zu sichern. Die Presse stürzte sich auf Sahakian, der behauptete, die Geschwister hätten sich in seiner Praxis als Ehepaar ausgegeben und Jeanine habe falsche Angaben zu ihrem Alter gemacht.

Das alles war mir bekannt, als ich nach Los Angeles kam. Doch Sahakian thematisiert es von sich aus, noch bevor ich es ansprechen kann. Er erwähnt es auf meine Frage, warum seine Klienten zu ihm kommen.

»Bei mir war die älteste Französin, die je ein Baby ausgetragen und mit 62 zur Welt gebracht hat. Die Geschichte können Sie googeln – in allen Einzelheiten. Im Grunde umgab sie ein soziales Stigma.«

»Die Eltern waren Geschwister.«

Er nickt. »Sie waren Bruder und Schwester. Ich wurde dadurch zur Instanz. Es hieß: ›Hey, der Kerl kann einer 62-Jährigen zu einer Schwangerschaft verhelfen.‹ In den Nullerjahren kamen prompt alle über 50-Jährigen zu mir.«

2006 war Sahakian dann maßgeblich daran beteiligt, dass die älteste werdende Mutter der Welt ein Kind bekam. Maria del Carmen Bousada, eine pensionierte Verkäuferin aus dem spanischen Cádiz, gebar eine Woche vor ihrem 67. Geburtstag ihre Zwillinge Christian und Pau. Kein Jahr später wurde bei Bousada Krebs diagnostiziert. Sie starb 2009 und hinterließ zwei zweieinhalbjährige Waisenkinder.

»Die Frau aus Barcelona steht sogar als älteste Gebärende im Guinnessbuch der Rekorde«, erklärt er mit grotesk anmutendem Stolz.

»Stehen Sie gern in dem Ruf, Grenzen zu überschreiten?«, frage ich ihn.

»Bei der Spanierin habe ich keine Grenze überschritten. Sie gab ein falsches Alter an. Sie behauptete, 57 zu sein. In Wirklichkeit war sie 67. Sie fälschte Dokumente und medizinische Unterlagen. Die Franzosen stellten sich als Ehepaar vor. Sie trugen denselben Nachnamen. Uns lagen ihre Pässe vor. Wir verlangen weder Trauscheine noch Geburtsurkunden. Welcher Arzt fragt denn nach einer Geburtsurkunde?«

»Die 67-Jährige starb und ließ ihre Kinder mutterlos zurück«, wende ich ein. »Was ist denn mit denen?«

»Aus diesem Grund würde ich keine 67-Jährige behandeln«, entgegnet er ungerührt. »Sie war eine vollkommen gesunde 57-Jährige.

Sie starb an Krebs, es lag also keine Vorerkrankung vor. Krebs kann man auch mit 28 kriegen.« Inzwischen hat er die Altersgrenze auf 55 herabgesetzt, doch einen schlüssigen Nachweis für ihr Alter verlangt er von seinen Klientinnen nach wie vor nicht.

Sahakian zufolge will keine seiner Klientinnen, die aus gesellschaftlichen Gründen Leihmütter beauftragten, mit mir sprechen. »Sie können ja nur verlieren.« Sie tun das, um ihre Karriere zu retten, und haben kein Interesse daran, zum Aushängeschild für diese neue Möglichkeit zu werden, auf nichts zu verzichten. Man darf nicht sagen, dass man ein Baby möchte, aber nicht bereit ist, es auszutragen. Das geht so weit, dass ein paar seiner Klientinnen sogar eine Schwangerschaft vortäuschten in dem beruhigenden Bewusstsein, dass ihr Körper, sobald das Baby da war, wieder aussehen würde wie zuvor. »Man kann künstliche Bauchprothesen kaufen, wissen Sie. Es gibt sie in verschiedenen Größen. Und aus gutem Grund.«

Manche Frauen wünschen sich Kinder, wollen aber nicht schwanger sein. Das wird kaum offen ausgesprochen, ist aber eine Tatsache. Es gilt als unnatürlich oder gar ketzerisch, sich ein Baby ohne Schwangerschaft zu wünschen. Das hält manche Frauen aber nicht davon ab, darüber nachzudenken – auch laut, allerdings unter dem Mantel der Anonymität. Ein Thread auf der Mutterschaftswebsite *Mumsnet* mit dem Titel »Wenn Sie das Geld hätten, würden Sie dann eine Leihmutter einsetzen?« wollte von den Nutzerinnen wissen, ob sie bereit wären, »für eine amerikanische Leihmutter zu zahlen, wenn sie schlicht nicht warten/keine Schwangerschaft durchstehen wollten«. Mindestens sieben Frauen bejahten das. »Mein Gott, ja. Ich litt während meiner beiden Schwangerschaften unter schrecklicher Übelkeit. Und auch sonst war das keine Erfahrung, die ich beson-

9. Das Geschäft mit der Schwangerschaft

ders genossen habe«, erklärte eine. »Ja, wäre ich. Schwangerschaft ist der Horror!«, fand eine andere. »Sofort«, bekannte eine dritte.

Die meisten Kommentare in dem Thread waren allerdings kritisch bis empört. Es wird stillschweigend vorausgesetzt, dass eine Frau, die ein Kind aufziehen, aber nicht gebären möchte, keine gute Mutter ist, weil sie nicht bereit ist, zunächst das Opfer zu bringen, ihren Körper dem Baby zu überlassen – weshalb sie nie in der Lage sein wird, das Kind an erste Stelle zu setzen. Klingt zunächst durchaus logisch – bis man daran denkt, dass es Vätern sehr wohl gelingt, ihre Kinder an erste Stelle zu setzen, auch ohne ihnen den eigenen Körper zu überlassen. Den Vätern bleibt ja gar nichts anderes übrig. Das physische Opfer, ein Kind auszutragen, macht einen nicht automatisch zur fürsorglichen Mutter. Wer davon ausgeht, behauptet im Grunde, dass Männer sich nie so für ihre Kinder aufopfern können wie Mütter. Außerdem gibt es jede Menge Mütter, die zwar bereitwillig Schwangerschaft und Entbindung auf sich nehmen, dem Baby aber dennoch keinen Vorrang einräumen wollen, wenn es erst da ist.

Es gibt schwerwiegende Gründe dafür, dass Frauen vor einer Schwangerschaft zurückschrecken. Manche von Sahakians Klientinnen mögen sich Bauchprothesen anschaffen und Schwangerschaften vortäuschen, während sie sich einer Leihmutter bedienen, doch eine weitaus größere Zahl von Frauen tut genau das Gegenteil: Sie verbergen ihre Schwangerschaft so lange wie möglich, weil sie wissen, dass sie sie teuer zu stehen kommt. Obwohl es fast überall Gesetze gibt, die das verhindern sollen, ist die Diskriminierung von Schwangeren für Frauen weltweit heute Realität. Eine Studie der britischen Kommission für Gleichstellung und Menschenrechte ergab, dass jede fünfte britische Mutter Schikanen oder negative Äußerungen ertragen musste, nachdem sie ihren Arbeitgeber über ihre Schwangerschaft informiert hatte. Jedes Jahr verlieren 54 000

Frauen ihre Stelle, weil sie schwanger oder in Mutterschaftsurlaub sind.[1] In den USA wurden nach Angaben der National Partnership for Women and Families wegen Diskriminierung von Schwangeren 31 000 Verfahren bei der Kommission für Chancengleichheit im Berufsleben eingeleitet.[2] Schwangere aus allen Branchen, allen US-Bundesstaaten und mit jedem ethnischen Hintergrund erlebten Diskriminierung am Arbeitsplatz.

Nur eine kleine Minderheit von Frauen aus aller Welt kann es sich leisten, eine Leihmutter zu bezahlen. Dabei hätten viele weitere legitime Gründe dafür, zweimal darüber nachzudenken, ihre Kinder selbst auszutragen. Großkonzerne aus dem Silicon Valley wie Apple oder Google bezahlen es ihren Mitarbeiterinnen schon heute, wenn sie Eizellen einfrieren lassen, um sich am Schreibtisch keine Gedanken darüber machen zu müssen, dass ihre biologische Uhr tickt. Werden Unternehmen Frauen in Zukunft dabei unterstützen, Leihmütter zu finden, die ihre Babys für sie austragen, damit sie weiterarbeiten können?

Achten Sie mal auf die Formulierungen, die sich auf den Websites etlicher Fertilitätskliniken in Kalifornien finden. Dann merken Sie schnell, dass Leihmutterschaft ohne medizinische Indikation durchaus Zukunft hat. »Paare und Einzelne, die aus biologischen Gründen *oder bewusst* selbst kein Baby austragen können oder wollen, können durch Leihmutterschaft dennoch eine Familie gründen und erweitern«, heißt es auf der Website von Growing Generations (Hervorhebung von der Autorin). »Es gibt viele verschiedene Indikationen für den Einsatz einer Leihmutter – von medizinischen über emotionale bis hin zu logistischen und anderen«, so die Leihmutterschaftsseite des Los Angeles Reproductive Center.

Ich rufe mindestens zehn verschiedene Fertilitätskliniken in Kalifornien an und frage, ob Klientinnen bereit wären, mit mir darüber

9. Das Geschäft mit der Schwangerschaft

zu sprechen, warum sie sich aus gesellschaftlichen Gründen für eine Leihmutterschaft entschieden haben. Die Antwort lautet stets ähnlich wie bei Sahakian: Es habe nichts mit Eitelkeit zu tun, es gehe um den Druck, unter dem Frauen stehen, ihre Karrieren weiterzuverfolgen und gleichzeitig Mutter zu werden. Den Frauen sei sehr bewusst, dass es nicht akzeptabel ist, sich dazu zu bekennen, ohne medizinischen Grund eine Leihmutter beauftragt zu haben. Deshalb sei keine bereit, darüber zu sprechen.

Ein nuancierteres Bild ergibt sich, als ich außerhalb Hollywoods mit Leuten aus der Branche spreche: Eine Assistenzkraft aus einer Klinik in San Diego erzählt mir, ihre Klientinnen, die aus gesellschaftlichen Gründen eine Leihmutter einsetzten, seien in aller Regel alleinstehende Frauen mit hohen Positionen in der Wirtschaft, deren Jobs auf dem Spiel stünden, wenn sie wegen morgendlicher Übelkeit oder verordneter Bettruhe ausfielen. Selbst ein Baby auszutragen würde nicht nur ihren Körper und ihre Gesundheit gefährden, sondern auch ihre Erwerbsfähigkeit und das Einkommen, auf das ihr Kind später angewiesen sein würde. Eine Fertilitätsärztin erklärt mir, 80 Prozent ihrer Klientinnen, die sich aus gesellschaftlichen Gründen für eine Leihmutter entschieden, seien Chinesinnen, denn in China gelte ein Uterus »kulturell bedingt« nach einer Schwangerschaft als alt. Eine Fertilitätspsychologin, die ihre eigene Agentur betreibt, berichtet, sie arbeite mit einer Frau, die sich um ein politisches Amt bewarb und sich verzweifelt ein Kind wünschte. Sie musste im Wahlkampf vollen Einsatz bringen, sonst stünde alles auf dem Spiel, wofür sie ihr Leben lang gearbeitet hatte. Deshalb ließ sie ihr Baby von einer anderen Frau austragen.

Doch was ist mit den Leihmüttern, den Gebärmutter-Trägerinnen, von denen erwartet wird, dass sie sich »entstellen«, damit es eine andere nicht muss? Wie fühlen sie sich dabei, wenn sie potenziell ihr Leben aufs Spiel setzen, um dann ein Baby an jemanden zu übergeben, der keinen medizinischen Grund hat, es nicht selbst auszutragen? Nun, den meisten ist das gar nicht klar. Lori Arnold, Fertilitätsspezialistin aus San Diego, die eine Klinik leitet und gleichzeitig auch eine eigene Leihmutteragentur betreibt, um ihren Klientinnen Ersatzmütter zu stellen, erklärt mir, dass »die Leihmütter nicht wissen, welche medizinischen Gründe dafür vorliegen, dass Wunscheltern eine Leihmutter suchen. Würden sie fragen, würden wir es ihnen sagen, sofern uns das Einverständnis der Wunschmutter vorliegt. Das ist aber eine persönliche medizinische Entscheidung, die ich mit größter Vertraulichkeit behandle.«

Leihmutterschaft ist nie eine einfache Option. Selbst mit der willigsten Leihmutter, dem präzisesten Fertilitätsarzt und penibelster Erledigung aller Formalitäten ist Leihmutterschaft die physisch, emotional und juristisch verworrenste Form der Fortpflanzung mit fremder Hilfe. Sie ist für die Menschen aber bisher die einzige Lösung für das Problem des Austragens.

Klassische Leihmutterschaft – bei der die Leihmutter die genetische Mutter des Babys ist, das sie austrägt, danach aber auf ihre Mutterrechte verzichtet – gibt es schon lange, vom *1. Buch Mose* bis zur *Geschichte der Dienerin*. Im 1. Buch Mose (16) steht die Geschichte von Sara und Abraham, die keine Kinder bekamen. Sara sprach zu Abraham, er solle zu ihrer ägyptischen Magd Hagar gehen, »ob ich vielleicht durch sie zu einem Sohn komme«. Doch es nahm kein gutes Ende: Als diese merkte, dass sie mit ihrem Sohn Ismael schwanger war, »achtete sie ihre Herrin gering«[3]. Als Sara 14 Jahre später ihren eigenen biologischen Sohn Isaak zur Welt gebracht hatte, schickte sie Hagar und Ismael in die Wüste.

Obwohl es klassische Leihmutterschaft in der einen oder an-

9. Das Geschäft mit der Schwangerschaft

deren Form schon jahrtausendelang gibt, wurde sie in aller Regel geheim gehalten, denn über Unfruchtbarkeit sprach man nicht, Illegitimität war ein Stigma, und die einfachen mechanischen Voraussetzungen für eine solche Zeugung ebenfalls kein Thema. Künstliche Befruchtung minderte zwar die Anrüchigkeit der klassischen Leihmutterschaft, hat aber ebenfalls eine dunkle Geschichte: Der erste nachweisliche Fall ereignete sich 1884 in Philadelphia, als Professor William Pancoast einem unfruchtbaren Mann und seiner Frau zur Empfängnis verhalf. Mithilfe einer Gummispritze injizierte Pancoast frisches Sperma eines seiner »bestaussehenden« Studenten in den Gebärmutterhals der Frau, nachdem er sie mit Chloroform betäubt hatte.[4] Neun Monate später gebar sie ein Kind. Sie erfuhr nie, wie sie schwanger geworden war oder dass ihr Ehemann nicht der biologische Vater ihres Babys war.

Die Methode, die Pancoast erstmals eingesetzt hatte, veränderte die Bedeutung des Zeugungsakts: Heterosexueller Geschlechtsverkehr war nicht länger die unbedingte Voraussetzung für eine Schwangerschaft. Für lesbische und schwule Paare war das eine gute Nachricht, obwohl schwule Männer natürlich nach wie vor Frauen brauchen, um ihre Babys für sie auszutragen. Die klassische Leihmutterschaft (im Gegensatz zum Austragen eines genetisch fremden Kindes) ist auch heute noch eine Option, denn sie stellt die billigste Möglichkeit dar, mithilfe einer Leihmutter zu einem Kind zu kommen. Ist die Leihmutter mit der Wunschmutter oder dem Wunschvater blutsverwandt, ist dadurch sogar eine weitere genetische Bindung zu dem Baby möglich.

Als 1978 in Oldham Louise Brown auf die Welt kam, als erstes durch IVF gezeugtes Baby, tat sich damit eine neue Ära der Möglichkeiten zum Austragen von Kindern auf. Damit war die Empfängnis nicht mehr nur vom Geschlechtsakt losgelöst, sondern konnte außerhalb der Gebärmutter stattfinden. Das bedeutet, eine Frau konnte mit dem Kind einer anderen schwanger sein. Das erste durch Eizellenspende gezeugte Baby kam 1982 zur Welt. 1985 stellte eine Leihmutter erstmals nicht eine eigene Eizelle zur Verfügung. Damit konnte sich die genetische von der gebärenden Mutter unterscheiden. Mutterschaft fragmentierte sich erstmals.

Seit den 1980er-Jahren akzeptieren wir allmählich, dass die Frau, die ein Kind zur Welt bringt, nicht unbedingt dessen genetische Mutter sein muss. Wie oft es inzwischen zu dieser Art der Leihmutterschaft kommt, ist schwer genau zu beziffern. 2014 schätzte die *New York Times*, dass Leihmütter in den USA dreimal so viele genetisch nicht mit ihnen verwandte Babys austrugen wie zehn Jahre zuvor.[5] Für Kanada, wo nur altruistische Leihmutterschaft – die Leihmutter erhält kein Geld für das Austragen des Kindes – erlaubt ist, ergab eine Schätzung 2018, dass sich die Zahlen seit 2008 um 400 Prozent erhöht hatten.[6] Die Zunahme gleichgeschlechtlicher Ehen hat zu einer größeren Akzeptanz homosexueller Elternpaare geführt. Gleichzeitig wurden immer weniger Babys bei der Geburt zur Adoption freigegeben. Inzwischen interessierten sich alleinstehende Männer in ähnlicher Weise für Leihmütter, wie weibliche Singles Samenbanken in Betracht zogen, um ohne Partner Kinder zu bekommen. Immer mehr Familien von Menschen, die ihre Kinder nicht selbst austragen können oder wollen, entstehen durch Leihmutterschaft, und die klassische Form wird zunehmend von der Variante ohne genetische Verwandtschaft abgelöst. Die Chancen stehen nicht nur besser, weil die Embryos ja bereits existieren, wenn sie in die Gebärmutter der Leihmutter eingepflanzt werden, und in der Fertilitätsbranche heißt es oft, es sei juristisch und emotional einfacher, als von einer Frau, die gerade ihren eigenen genetischen Nachwuchs zur Welt gebracht hat, zu verlangen, diesen sofort aus der Hand zu geben.

9. Das Geschäft mit der Schwangerschaft

Doch alle Formen der Leihmutterschaft gehen mit schwerwiegenden juristischen und ethischen Problem einher, ob klassisch, ohne genetische Verwandtschaft, kommerziell oder altruistisch. Nun könnte man meinen, das Hauptproblem sei die emotionale Bindung der Leihmutter zu dem ausgetragenen Baby und deren Weigerung, es abzugeben. Viel häufiger ist jedoch, dass die Wunscheltern ihre Meinung ändern und das bereits im Mutterleib heranwachsende Kind nicht mehr haben wollen. Leihmütter wurden schon aufgefordert, Schwangerschaften gegen ihren Willen abzubrechen, wenn Wunscheltern sich trennen oder am Fötus Anomalien oder Behinderungen festgestellt werden, oder »überschüssige« Babys abzutreiben, wenn sich zu viele Embryos erfolgreich eingenistet haben. Dafür gibt es viel zu viele dokumentierte Fallbeispiele.[7, 8]

2014 kam es zu einem internationalen Skandal, als eine genetisch fremde Leihmutter aus Thailand namens Pattaramon Janbua versuchte, Geld aufzutreiben, damit sie ein Baby aufziehen konnte, das seine australischen Wunscheltern nicht mehr haben wollten, weil es mit Down-Syndrom zur Welt kam. Pattaramon war mit einem Zwillingspaar schwanger gewesen, und eine im siebten Monat durchgeführte Untersuchung ergab, dass der Junge, Gammy, an Geburtsfehlern litt. Ihre Kunden, David Farnell und Wendy Li, forderten sie auf, den Jungen abzutreiben. Pattaramon weigerte sich und berichtete, die Farnells seien nach der Geburt nach Thailand gekommen, um ihre Tochter Pipah abzuholen, hätten Gammy aber nicht mitgenommen. Später kam heraus, dass David Farnell wegen Pädophilie vorbestraft war und für sexuelle Übergriffe auf zwei Mädchen unter zehn Jahren eine Haftstrafe abgesessen hatte. 2016 entschied ein Gericht in Westaustralien, dass die Farnells Gammy nicht verlassen hätten. Sie hätten beide Babys behalten wollen, doch

Pattaramon hatte sich geweigert, ihnen Gammy zu übergeben. Pipah darf nicht mit ihrem Vater allein gelassen werden, lebt aber weiter bei den Farnells. Gammy bleibt bei Pattaramon. Der Richter erklärte, der Fall »sollte den Umstand in den Fokus rücken, dass Leihmütter keine Babyzuchtmaschinen oder ›Schwangerschaftsträgerinnen‹ seien ..., sondern Frauen aus Fleisch und Blut«.[9] In Thailand ist kommerzielle Leihmutterschaft für ausländische Eltern seit 2015 verboten.

Internationale kommerzielle Leihmutterschaft ist mit verschiedenen ganz eigenen ethischen Problemen verbunden. Wie bei jeder ausgelagerten Arbeitsleistung entfällt der Großteil des Marktes auf die ärmsten und rechtlosesten Menschen. Fertilitätstourismus aus Großbritannien war in Indien einst ein florierender Industriezweig. Dort mussten arme Leihmütter, die Kinder austrugen, mit denen sie genetisch nicht verwandt waren, und oft nicht lesen und schreiben konnten, unter strenger Überwachung für die neun Schwangerschaftsmonate in Schlafsälen bleiben, und die Wunscheltern durften ihnen vorschreiben, was sie essen sollten, und bestimmen, ob sie Sex haben durften. Als Komplettpaket war diese Leistung einschließlich des Honorars für die Leihmutter und sämtlicher Arztkosten schon ab 10 000 US-Dollar zu haben. Als Indien die internationale Leihmutterschaft 2015 schließlich für ungesetzlich erklärte, war die Branche schätzungsweise 500 Millionen US-Dollar pro Jahr schwer. Inzwischen ist die Ukraine das Land der Wahl für alle, die für billiges Geld eine Leihmutter suchen, die ein fremdes Kind austrägt. Es kommt nicht selten vor, dass ukrainische Leihmütter nach einer Fehlgeburt nicht bezahlt werden. Sie werden auch häufiger Kaiserschnitten unterzogen, als medizinisch unbedenklich ist. Es werden mehrere Embryos eingepflanzt, um die Chancen auf eine erfolgreiche Schwangerschaft zu maximieren. Wie die Leihmutter

9. Das Geschäft mit der Schwangerschaft

mit einer Drillings- oder Vierlingsschwangerschaft zurechtkommt, ist dabei zweitrangig.[10]

Ganz gleich, wie viele zufriedene Leihmütter in aller Welt behaupten, dass sie die Kinder anderer austragen, um Menschen, die sich das sehnlichst wünschen, zu ermöglichen, Eltern zu werden: Leihmutterschaft beruht per definitionem darauf, dass eine Frau als Gefäß, als Brutkasten eingesetzt wird und von ihr erwartet wird, jedes Recht, das sie an dem Baby in ihrem Bauch haben könnte, aufzugeben. Sie beruht auf der Ausbeutung des Fortpflanzungspotenzials von Frauen, ob sie sich dabei ausgebeutet fühlen oder nicht. Im Dezember 2015 verurteilte das Europäische Parlament jede Form der Leihmutterschaft auf der Grundlage, dass sie »die Menschenwürde« der Frauen »unterminiere«. Es hob dabei insbesondere auf Leihmutterschaft ohne genetische Verwandtschaft ab, weil diese »mit reproduktiver Ausbeutung und mit der Nutzung des menschlichen Körpers« verbunden sei.[11]

Doch durch ein Verbot der Leihmutterschaft geht die Nachfrage nicht zurück. Es ist zu spät: Die Möglichkeit, ohne Schwangerschaft ein genetisch verwandtes Kind zu bekommen, hat Männern wie Frauen eine ganz neue Welt eröffnet, die sich jetzt nicht einfach wieder wegwischen lässt. Und jedes Jahr gibt es neue Gründe für Menschen, Eltern werden zu wollen, ohne schwanger zu sein, wie Sahakians ellenlange Klientenliste zeigt.

Kein Zweifel, Fertilitätsspezialisten, die Leihmütter aus gesellschaftlichen Gründen vermitteln, bilden das äußerste Extrem der Fertilitätsbehandlung. Doch dieselben Ärzte haben älteren Frauen, gleichgeschlechtlichen Paaren und Alleinstehenden den Weg ins Familienleben geebnet. Könnten sie damit eine weitere Grenze überschritten haben, über die ihnen der Rest der Welt eines Tages nachfolgt?

Sahakian gefällt der Gedanke.

»Sie sagen, vor 20 Jahren war Los Angeles in Bezug auf die Leihmutterschaft für Schwule der Wilde Westen«, stelle ich fest. »Glauben Sie, dass die Menschen in 20 Jahren dasselbe über Leihmutterschaft denken, die aus gesellschaftlichen Gründen nachgefragt wird?«

»Nicht in 20, sondern schon in wenigen Jahren. Wir sind ja beinahe so weit. Leihmutterschaft ist kein Tabu mehr. Ihr Briten hinkt da noch weit hinter uns her. Gott sei Dank – denn das ist gut fürs Geschäft. Doch das wird sich ändern.«

Das Seltsame daran: Die Heimlichtuerei, die die Beauftragung einer Leihmutter aus gesellschaftlichen Gründen umgibt, macht es umso wahrscheinlicher, dass immer mehr Menschen auf diese Weise zu einem Kind kommen möchten. Die Frauen, die Sahakians Klinik aufsuchen, sind Menschen, zu denen wir Übrigen aufsehen und denen wir nacheifern sollten.

»Erzeugen Sie nicht die Illusion, dass es diesen Frauen möglich ist, Karriere, Körper und Familie zu haben, also einfach alles, obwohl das gar nicht stimmt?«

Er zuckt die Achseln. »Ich halte das nicht für ein gesellschaftliches Problem. Ich kann beide Seiten verstehen, doch ich urteile nicht. Wünscht sich jemand ein Baby, und jemand anderes trägt es aus, hilft man allen beiden – der eine bekommt das Kind, die Leihmutter verdient daran, dass sie dazu beiträgt.«

Das überzeugt mich nicht. Wenn sie die Wahl hätten, würden sich Sahakians aus gesellschaftlichen Gründen an einer Leihmutter interessierte Kundinnen vermutlich nicht dem schmutzigen, komplizierten Leihmuttergeschäft aussetzen, da bin ich mir sicher. Doch wenn sie sich ein Baby wünschen und es nicht selbst austragen wollen, müssen sie diese Kröte eben schlucken.

Noch.

Denn die Entwicklung zur Optimierung der Technologie, die die Bedeutung von Mutterschaft verändert hat, geht weiter. Erst war für eine Empfängnis kein Geschlechtsakt mehr erforderlich, dann musste die Zeugung nicht mehr im Mutterleib erfolgen. Was, wenn wir Babys haben könnten, ohne dass überhaupt eine Frau schwanger werden muss?

10.
Der Baby-Beutel

Das Lämmchen schläft. Es liegt auf der Seite, hat die Augen geschlossen, die Ohren sind angelegt und zucken. Es schluckt, zappelt und bewegt die schlaksigen Beinchen. Mit dem leichten schiefen Halblächeln auf dem Gesicht wirkt es rundum zufrieden, als träume es davon, auf grüner Weide herumzutollen. Doch dieses Lamm ist viel zu klein, um sich nach draußen zu wagen. Es kann die Augen nicht öffnen. Seine haarlose Haut schlägt im Nacken rosa Falten. Es ist noch gar nicht geboren. Und doch ist es da – am 111. Gestationstag, vollkommen losgelöst von seiner Mutter und jedem anderen Tier, gesund und munter in einem Forschungslabor in Philadelphia. Eingetaucht in eine Flüssigkeit, schwimmt es in einem transparenten Kunststoffsack. Seine Nabelschnur ist mit einem Wust aus mit hellem Blut gefüllten Schläuchen verbunden. Hier wächst ein Fötus in einer künstlichen Gebärmutter heran.

Zwei Wochen später, am 135. Gestationstag, geht die Tragzeit ihrem Ende zu. Das Lamm füllt den vorhandenen Raum fast vollständig aus. Seine platte Nase drückt oben rechts gegen den Beutel. Es hat zugenommen und ist weißer und wuscheliger geworden. Feine Wolllocken bedecken seine Haut, und auch der Schwanz erinnert an eine Quaste – schon ganz Lamm, aber immer noch Fötus. In zwei Wochen wird der Reißverschluss am Ziploc-Beutel geöffnet, die Nabelschnur abgeklemmt und das Lamm endlich geboren.

Als ich die ersten Bilder des Lamms im Plastikbeutel auf meinem Laptop sehe, denke ich an die Fötus-Felder in *Die Matrix*, wo

10. Der Baby-Beutel

mutterlose Babys schreckenerregend industriell in Pods gezüchtet werden – so etwas wie ein Zuchtlabor für Menschen. Doch hier soll keine vollwertige Tragzeit substituiert werden. Kaliforniens florierende Leihmutterbranche muss sich vorerst keine Sorgen machen. Die Lämmer in Philadelphia sind nicht von der Empfängnis an im Beutel gewachsen: Sie wurden per Kaiserschnitt aus den Gebärmüttern ihrer Mütter entnommen und anschließend unverzüglich in den Baby-Beutel gesteckt – zu einem Zeitpunkt der Trächtigkeit, der bei Menschen der 23. oder 24. Schwangerschaftswoche entspräche. Noch ist das kein Ersatz für eine Schwangerschaft, doch sicherlich der erste Schritt in diese Richtung. Die Geburt der Zukunft könnte so leicht werden wie das Öffnen eines Ziploc-Beutels.

Das Team, das diese künstlichen Gebärmütter entwickelt hat, ist nach eigenen Angaben nur von dem Wunsch getrieben, die verletzlichsten Menschen auf der Welt zu retten. Emily Partridge, Marcus Davey und Alan Flake sind Neonatologen, Entwicklungsphysiologen und Chirurgen am Children's Hospital of Philadelphia (CHOP), die es mit extremen Frühchen zu tun haben. Nach drei Jahren Feinarbeit und Optimierung soll ihr aktueller Prototyp – *biobag*, der Baby-Beutel – zu früh geborenen Babys größere Überlebenschancen geben denn je.

Ins öffentliche Bewusstsein rückte der Baby-Beutel im April 2017, als das CHOP-Team im Fachblatt *Nature Communications*[1] seine Forschungsergebnisse publizierte – mit Bildern von Lämmern. In dem Artikel werden die vier verschiedenen Prototypen für künstliche Gebärmütter beschrieben, die die CHOP-Leute an insgesamt 23 Lämmern ausgetestet haben, bevor sie sich für das Baby-Beutel-Konzept entschieden. (Schafe sind die Versuchstiere der Wahl für die Geburtshilfeforschung, da sie eine lange Tragzeit haben und ihre Föten ähnlich groß sind wie unsere.)

»In Industrieländern sind extreme Frühgeburten der häufigste Grund für Erkrankungen und Sterblichkeit von Neugeborenen«, beginnt der Artikel. »Wir weisen nach, dass Lammföten auf vergleichbarem Entwicklungsstand wie extrem frühgeborene menschliche Säuglinge in dieser extrauterinen Vorrichtung bis zu vier Wochen lang physiologisch versorgt werden können ... Mit entsprechender Ernährung zeigen die Versuchslämmer normale Werte bei körperlichem Wachstum, Ausreifung der Lungen und Gehirnwachstum.« Sie hatten einen Weg gefunden, Föten außerhalb des mütterlichen Körpers auszutragen, aus denen letztlich Lämmer werden würden, die sich nicht von denen unterschieden, die in den Gebärmüttern trächtiger Schafe herangewachsen waren.

Parallel zum Erscheinen des Artikels veröffentlichte die Kommunikationsabteilung des CHOP einen professionell produzierten Kurzfilm. Ich vermute, so sollte der Fokus des unvermeidlichen internationalen Presserummels auf den therapeutischen Nutzen des Baby-Beutels gelenkt werden statt auf die gruseligen Bilder von Lämmchen. Der Film mit dem Titel *Recreating the Womb* [sinngemäß: Neuerfindung der Gebärmutter] wirkt sehr wie das Video eines Wirtschaftsunternehmens. Er dauert 14 Minuten, und man sieht nicht einen einzigen Fötus. Stattdessen werden appetitliche Grafiken von Lämmern in Baby-Beutel-Systemen gezeigt und ein bisschen eher ungeschickt in Szene gesetztes B-Roll-Material von Partridge, Flake und Davey, die so tun, als betrieben sie lammlose Lammforschung in einem sterilen Labor, untermalt von zauberhaften Klavierklängen, die Ehrfurcht und Erstaunen wecken sollen. Es folgen ein paar herzzerreißende Aufnahmen von Frühchen in der neonatalen Intensivstation des CHOP: unglaublich kleine Menschlein, an zahllose Schläuche angeschlossen, winzige Fingerchen mit rissiger, schuppiger Haut, Beatmungsschläuche, die an nach Luft

10. Der Baby-Beutel 241

schnappende kleine Münder geklebt sind. Als Versatzstücke dienen mehrere auf Hochglanz getrimmte persönliche Gespräche mit den Mitgliedern des Forschungsteams in weißen Laborkitteln: sorgfältig bearbeitet, ausgeleuchtet und im Studio produziert.

»Wir stellen uns vor, dass dieses System künftig auf der Neugeborenenintensivstation eingesetzt wird. Es wird nicht viel anders aussehen als ein klassischer Brutkasten – mit einer Klappe zum Öffnen. Der beheizte Kasten wird das Baby im Baby-Beutel enthalten. Gleich neben dem Brutkasten werden wir Fruchtwasser vorhalten, das durch den Baby-Beutel gepumpt wird«, erklärt Davey mit halb australischem, halb amerikanischem Akzent. Er ist in Melbourne geboren und kam 1999 ans CHOP.

Die Baby-Beutel würden in einem dunklen Raum sein, um der menschlichen Gebärmutter möglichst nahezukommen, die Babys würden aber so sichtbar sein wie nie zuvor. »Die Eltern könnten viel mehr sehen als bei einer normalen Schwangerschaft. Wir würden eine Dunkelfeldkamera aufstellen, sodass sie ihren Fötus in Echtzeit beobachten können, sehen können, wie er sich bewegt, atmet und schluckt – all das, was ein Fötus eben so tut«, meint Flake, das dienstälteste Mitglied der CHOP-Crew. »Außerdem wird es ein Ultraschallgerät geben. Damit führen wir die physischen Untersuchungen des Fötus durch, denn wir können das Baby ja nicht wie ein Frühchen berühren. Wir machen Ultraschalluntersuchungen und überprüfen mindestens ein- oder zweimal täglich, ob es dem Kind physiologisch gut geht.«

Wir überwachen unsere Babys gern. Das passt sehr gut in eine Welt, in der Elternschaft immer öfter mit Apps zur Ermittlung der fruchtbarsten Tage beginnt, gefolgt von Apps, die auf die Schwangerschaft vorbereiten, und Apps, die jede Fütterung und jeden Stuhlgang des Säuglings aufzeichnen – neben Bildschirmen, die die

Vitalwerte Ihres Babys abbilden und das alles in bester Nachtsichtqualität auf Ihr Handy streamen.

»Ich bin jedes Mal aufs Neue beeindruckt von dem Wunder, diesen Fötus zu sehen, der eindeutig noch nicht geburtsreif ist, in diesem flüssigkeitsgefüllten Raum, wie er atmet, schluckt, treibt und träumt, gänzlich losgelöst von der Plazenta und seiner Mutter. Das ist ein ehrfurchtgebietender Anblick«, erklärt Partridge und lächelt dabei mit geschlossenen Augen – wie das Lämmchen in dem Video. Sie schüttelt den Kopf, als könne sie gar nicht begreifen, was sie zuwege gebracht hat.

Es ist ein Teamerfolg, doch Partridge klingt, als sei der Baby-Beutel ihr Baby. Sie ist das jüngste Mitglied im Team und die einzige Frau. Sie kam aus Toronto als Research Fellow ans CHOP. In Gesprächen mit dem kanadischen Sender *CBC* an dem Tag, als der Artikel veröffentlicht wurde, zeichnet sie für das Gesamtkonzept verantwortlich. »Es war im Grunde meine Idee. Ich war überzeugt, dass sich hier eine beispiellose Chance bot, zu verbessern, was wir für solche Babys tun können«, erklärt sie. Sie erzählt, dass sie sich um die Lämmchen in den Säcken kümmerte wie eine Mutter um ihr Neugeborenes in der Wiege: »... ich legte mich im Schlafsack daneben und kampierte mehrere Wochen lang neben den Lämmern.«

Im CHOP-Video erklärt uns Partridge zwei wesentliche Komponenten des Baby-Beutels, der den mütterlichen Körper ersetzen soll. Anstelle der Plazenta tritt ein Kreislaufsystem, »ein Gerät, durch das Blut strömt, dem Kohlendioxid entzogen und Sauerstoff zugeführt wird«. Dabei handelt es sich um einen Oxygenator, der an die Venen der Lamm-Nabelschnur angeschlossen wird und auch die Nährstoffe und nötigen Medikamente verabreicht, die das Lamm möglicherweise braucht. (Im Grunde übt er dieselbe Funktion aus

10. Der Baby-Beutel

wie die Frau im Laborkittel bei JUST, die mit einer Pipette das Medium in die Petrischalen gibt und wieder herauszieht, damit sich die Hühnerzellen vermehren können.) Mechanische Pumpen kommen dabei nicht zum Einsatz, denn selbst sanfter künstlicher Druck könnte das winzige Herz des Lämmchens überlasten. Der Blutfluss wird ganz allein durch den Herzschlag des Fötus ausgelöst, ganz wie in der Gebärmutter.

»Die andere Komponente ist die Nachbildung der Gebärmutter als solcher, also des eigentlichen Flüssigkeitsumfelds, das wir durch eine weiche beutelartige Struktur rekonstruiert haben«, erklärt Partridge weiter. »Es soll den Fötus umhüllen und physisch stützen, wie im Uterus.« Der Plastikbeutel fungiert als Fruchtblase, gefüllt mit warmem, sterilem, im Labor hergestelltem Fruchtwasser, das das Lamm einatmet und schluckt wie ein menschlicher Fötus. Diese Flüssigkeit zirkuliert in und aus dem Baby-Beutel durch Leitungen, die durch zwei kleine wasserdichte Öffnungen führen. In der experimentellen Phase verbrauchte das Team pro Tag mehr als 1100 Liter davon.

Der Baby-Beutel wird gebraucht, weil der Uterus fehlbar ist. Eine Schwangerschaft dauert normalerweise 40 Wochen. Ein Baby, das vor der 37. Woche zur Welt kommt, gilt als Frühgeburt. Nach 23 Wochen – also etwas mehr als fünf Monaten – hat die Mutter erst die Hälfte der Schwangerschaft hinter sich. So früh kommt laut Flake in den USA ein Prozent aller Babys zur Welt. Die 23. bis 24. Woche ist so eine Art Scheidemarke: Sie markiert die Grenze der Lebensfähigkeit, das Lebensalter, ab dem die moderne Medizin derzeit eine Hoffnung sieht, ein Frühgeborenes am Leben zu erhalten – der Punkt, ab dem Ärzte versuchen, Neugeborene wiederzubeleben. Der NHS geht derzeit von der 24. Woche als Überlebensgrenze aus. Ein Baby, das in der 24. Woche tot zur Welt kommt, gilt als Totgeburt. Wird ein Baby nach 23 Wochen und sechs Tagen tot geboren, ist das noch eine Fehlgeburt. Eine brutale Grenze.

In Ländern mit guten Krankenhäusern besteht derzeit eine 24-prozentige Chance, ein nach 23 Wochen lebend geborenes Kind am Leben zu erhalten. Doch von diesem Viertel, das es schafft, leiden 87 Prozent an schweren Komplikationen, die sie lebenslang belasten[2], wie chronischen Lungenerkrankungen, Verdauungsproblemen, Gehirnschäden, Blindheit, Taubheit und Zerebralparese.[3] In reicheren Ländern überleben mehr extrem Frühgeborene: Von 1995 bis 2006 stieg die Zahl der vor der 24. Schwangerschaftswoche geborenen Kinder, die lang genug lebten, um neonatal versorgt zu werden, um 44 Prozent.[4] Doch es will uns nicht gelingen, die mit einer so frühen Geburt verbundenen Probleme effektiv zu verringern. Die Zahl der Kinder, die mit frühgeburtsbedingten chronischen Erkrankungen aufwachsen, ist ebenfalls drastisch gestiegen.[5, 6] Eine Frühgeburt ist in Industrieländern die häufigste Ursache für Tod oder Behinderung bei Kindern unter fünf Jahren.[7]

Brutkästen können ein paar der Funktionen ersetzen, bei denen Frühgeborene Unterstützung brauchen. Doch eine Fortsetzung der Schwangerschaft lassen sie nicht zu. Sie sorgen für Wärme und Feuchtigkeit, nicht aber für Nährstoffe. Aus diesem Grund sind die Babys, die darin liegen, mit Kathetern und Kanülen überzogen, die ihnen liefern, was sie brauchen, um zu überleben und zu wachsen. Aus demselben Grund müssen sie auch sediert werden: Sonst ziehen sie sich die Röhrchen heraus. Ventilatoren halten Frühgeborene am Leben, indem sie anstelle ihrer unterentwickelten Lungen die Atmung übernehmen. Doch damit steigt auch das Infektionsrisiko. Sie hindern die Lungen daran, sich normal zu entwickeln, und können das bereits vorhandene empfindliche Lungengewebe schädigen. Statt das Neugeborene dabei zu unterstützen, außerhalb des

10. Der Baby-Beutel

mütterlichen Körpers zu überleben, behandelt der Baby-Beutel das Baby wie einen noch ungeborenen Fötus.

»Wenn er so gut funktioniert, wie wir es für möglich halten«, sagt Flake im Werbevideo, »würden eines Tages die meisten Schwangerschaften, bei denen ein Risiko für eine extrem frühe Geburt besteht, frühzeitig in unser System überführt, statt die Föten nach einer Frühgeburt an das Beatmungsgerät anzuschließen.«

Diesen Kommentar muss ich mir mehrfach anhören. Sagt er aus, dass bei Frauen, bei denen ein *Risiko* vorzeitiger Wehen besteht, *vorsorglich* ein Kaiserschnitt vorgenommen wird, damit die Babys für den Rest der Schwangerschaft in die künstliche Gebärmutter transferiert werden können?

Doch Flake spricht noch weiter. »Damit wäre eine normale physiologische Entwicklung gesichert, und wir könnten im Grunde sämtliche mit einer Frühgeburt verbundenen größeren Risiken vermeiden. Das würde sich ganz enorm auf die Kindergesundheit auswirken.« Im Video werden dabei Aufnahmen von properen Babys eingespielt, die schon aufrecht sitzen und glucksen, von grinsenden Sechsjährigen mit Zahnlücken, von einer jungen Frau, über deren Gesicht sich in Zeitlupe ein Lächeln breitet. Könnte so ein Baby-Beutel für so viele Babys eine gesunde Zukunft bedeuten statt Krankheit und Behinderung, wer wollte ihnen dies vorenthalten?

So begegnet CHOP allen potenziell massiven Kontroversen, die die künstliche Gebärmutter auslöst: durch den Verweis auf die Kindergesundheit, auf girrende Babys, ohne auf andere Aspekte einzugehen. Mutterschafe kommen weder in dem Film vor noch in dem Artikel – und auch keine Beiträge menschlicher Mütter. Die Forscher möchten ihre Erfindung als ethisch irrelevant verstanden wissen – als Mittel, kranken Babys zu helfen. Punkt. »Unser Ziel ist nicht, die derzeitigen Grenzen der Lebensfähigkeit nach hinten zu schieben. Wir möchten vielmehr die Chancen für all die Kinder verbessern, die bereits heute routinemäßig wiederbelebt und in Neugeborenen-Intensivstationen versorgt werden«, formuliert der Artikel vorsichtig. Alles andere wäre nämlich ein ethisches Minenfeld: Die vom britischen Gesetzgeber vorgegebene Frist für Schwangerschaftsabbrüche wurde 1990 von 28 auf 24 Wochen verringert, weil Fortschritte in der Neugeborenenversorgung bedeuteten, dass Föten, die zwischen der 24. und 28. Schwangerschaftswoche zur Welt kamen, bessere Überlebenschancen hatten. Bewirken künstliche Gebärmütter, dass noch kleinere Babys überleben können, so hat das für Frauen gewaltige Konsequenzen. Doch Frauen kommen in der Arbeit des CHOP nicht vor.

Das wird aus den abschließenden Sätzen des Artikels deutlich: »Unser System liefert ein faszinierendes experimentelles Modell zur Lösung grundlegender Fragen bezüglich der Rolle der Mutter und der Plazenta in der fötalen Entwicklung. Es ist nunmehr möglich, einen Fötus losgelöst von der mütterlich-plazentalen Achse langfristig physiologisch am Leben zu erhalten, und damit auch, den relativen Beitrag dieses Organs zur Reifung des Fötus zu untersuchen.«

Sosehr sich die Kommunikationsabteilung des CHOP auch darum bemüht zu betonen, dass der Baby-Beutel ein therapeutisches Hilfsmittel für sehr kranke, winzig kleine Babys ist – seine Entwickler wollen der Welt der Wissenschaft unbedingt mitteilen, dass es ihnen gelungen ist, Föten von Mutter und Plazenta »loszulösen«, was bedeutet, dass der »relative Beitrag« schwangerer Mütter und ihrer Organe auf das Wachstum eines Babys untersucht werden kann. Und irgendwann vielleicht als zur Gänze durch Technologie ersetzbar gelten könnte.

10. Der Baby-Beutel

Die letzten Minuten des Werbefilms erinnern mich immer mehr an das Hühnervideo von JUST: die bekannte Geschichte von gutem altem amerikanischem Wagemut, Durchhaltevermögen, Einfallsreichtum und Unternehmergeist, der die Welt retten könnte. Davey und Partridge schildern die Entwicklung der Prototypen für den Baby-Beutel. »Für die ersten Generationen verwendeten wir viele Teile aus der Sanitär- und Brauereitechnik«, erzählt Partridge und verzieht dabei das Gesicht. »Damals bekamen wir noch keine Forschungsgelder. Es war also echter Innovationsgeist gefragt, denn den ersten Prototyp mussten wir förmlich aus dem Nichts erschaffen.«

»Thomas Edison hat gesagt, ein Erfinder braucht nur Fantasie und einen Haufen Schrott. Im Grunde beschreibt das die Geschichte dieses Systems«, meint Davey. »Wir fanden uns manchmal im Baumarkt wieder oder im Supermarkt, schleppten die Teile, die wir dort kauften, ins Labor zurück und klebten und bastelten sie zusammen.«

Am Ende des CHOP-Videos strahlt Partridge voller Stolz. »Dieses Projekt mutet sicherlich eher wie Science-Fiction an als wie die Realität, doch nach drei Jahren unermüdlicher Arbeit, in denen wir keinen Rückschlag und keine Grenze akzeptierten, ist daraus ein sehr reales therapeutisches Hilfsmittel geworden.«

Doch es ist mehr als das: Es ist eine Erfindung, die eines Tages auf den Markt kommen wird, eine Handelsware, und das CHOP möchte sein geistiges Eigentum schützen. Eine gründlichere Google-Suche ergibt, dass der Baby-Beutel 2014 zum Patent angemeldet wurde – lange vor der Vorlage des wissenschaftlichen Artikels. Und dieses Dokument ist wohl das Aufschlussreichste, was das Team bisher veröffentlicht hat. Darin ist sehr unverblümt von der Ausweitung der Grenzen menschlicher Lebensfähigkeit die Rede:

Es heißt explizit, die potenziellen »Subjekte«, die die Erfindung nutzen werden, sind unter anderem »noch nicht lebensfähige Föten (z. B. in der 20. bis 24. Woche)«.

Die Patentanmeldung enthält ein paar anrührende Details, die sich weder in dem wissenschaftlichen Artikel noch in dem Werbevideo wiederfinden. Partridge, Flake und Davey gaben ihren Lämmchen zumindest in den ersten Experimenten Namen. Sie hießen June, Charlotte, Lily, Little Alan, Eddie, Willow, Seinne, Bowie, Iggy und Manson. Manche wurden bei der Geburt getötet, damit das CHOP ihre Organe untersuchen konnte. Ein paar Glückliche durften weiterleben und wurden vom Team mit der Flasche aufgezogen. Iggy entwickelte sich besonders gut und wurde »erfolgreich von der künstlichen Plazenta entbunden und ins nachgeburtliche Leben überführt ... Wachstum und Entwicklung des Tiers verliefen in den mehr als acht Monaten bis zum Abtransport in eine langfristige Aufnahmeeinrichtung normal.« Das letzte Foto in der Patentanmeldung zeigt ein munteres Lamm in einem Schuppen, das über die Schulter in die Kamera schaut, als würde es posieren.

Vermutlich ist es diesem Patent geschuldet, dass ich den Baby-Beutel und all die Arbeit, die dahintersteckt, nur anhand der online verfügbaren Werbevideos des CHOP und des wissenschaftlichen Artikels beschreiben kann. Ich darf nicht nach Philadelphia kommen, um mir die Arbeit des Teams mit eigenen Augen anzuschauen. Fast wäre mir das gelungen: Alan Flake hatte mir bereits grünes Licht gegeben. Wir verabredeten einen Besuchstermin. Ich wollte schon meinen Flug buchen, als ich dachte, ich sollte die Presseabteilung des CHOP über mein Eintreffen informieren: Schließlich kann man nicht einfach so ohne ordentliche Genehmigung in einem Kinderkrankenhaus aufschlagen. Ich führte ein ausgesprochen nettes 40-minütiges Gespräch mit dem Pressesprecher des

10. Der Baby-Beutel

CHOP, der mich ebenfalls gern einladen wollte, mir aber riet, mit der Buchung noch zu warten, bis er die Zustimmung der Rechtsabteilung des CHOP eingeholt hätte. Das würde ein paar Tage dauern. Es klang, als sei das nur eine Formalität.

Doch aus Tagen wurden Wochen, die Flüge wurden immer teurer, und aus irgendeinem Grund nahm der freundliche Pressesprecher meine Anrufe nicht mehr an und antwortete nicht auf meine Nachrichten. Schließlich hatte ich eine sehr kurze E-Mail im Posteingang. »Mit großem Bedauern teile ich Ihnen mit, dass das CHOP diese Gelegenheit nicht wahrnehmen wird«, schrieb der Pressesprecher. »Vielen Dank für das angenehme Gespräch. Ich hatte gehofft, wir könnten das arrangieren, doch das ist nicht der Fall. Bitte entschuldigen Sie das Durcheinander und die Verzögerung bis zur abschließenden Antwort. Vielen Dank für Ihr Interesse an dieser Forschung.«

Erst nach mehreren weiteren E-Mails bekam ich einen Eindruck davon, warum ich plötzlich nicht mehr willkommen war. Flake entschuldigte sich und sagte, es liege nicht in seiner Hand. Sie wollen in wenigen Jahren so weit sein, Babys in den Baby-Beutel zu stecken, und die Aussicht auf meinen Besuch machte die Rechtsabteilung nervös. »Man bemüht sich akribisch, alles zu vermeiden, was die FDA-Zulassung gefährden könnte«, verriet mir der Pressesprecher schließlich. Das CHOP wollte die medizinische und kommerzielle Zukunft seiner Erfindung nicht aufs Spiel setzen durch ein verfrühtes Gespräch mit einer Journalistin. Im Moment sei man ganz darauf fokussiert, die künstliche Gebärmutter auf den Markt zu bringen.

Wenn der Baby-Beutel marktreif ist, wird er nur die letzte Manifestation für die bereits in Gang gekommene Externalisierung sein – im ureigentlichen Sinn des Wortes. In einem Industrieland wird eine Frau bei jeder Schwangerschaft regelmäßig auf Herz und

Nieren geprüft und vaginal und abdominal untersucht. Es wird ihr Blut entnommen und getestet, damit die Form, das Wachstum und die DNS ihres Babys analysiert werden können. Besteht der Verdacht, dass mit dem Fötus etwas nicht in Ordnung sein könnte, wird sie noch genauer unter die Lupe genommen: Durch die Haut und die Muskeln ihrer Bauchdecke werden große Nadeln bis in ihren Uterus gestochen, um Zellproben aus ihrer Plazenta oder aus dem Fruchtwasser zu nehmen, die dann weiteren DNS-Untersuchungen unterzogen werden können. Selbst wenn alles gut läuft, wird eine Schwangere selbstverständlich an Überwachungsgeräte angeschlossen, die den Herzschlag des Fötus und den Blutdruck aufzeichnen. Liegt sie in den Wehen, wird immer wieder gemessen, wie weit ihr Gebärmutterhals schon geöffnet ist. In einem Zeitalter, in dem man nur eine gute Mutter ist, wenn man schon vor der Geburt möglichst auf jedes Detail achtet, wünschen wir uns besseren Zugang zu den Babys, die in den Bäuchen schwangerer Frauen heranwachsen, mehr Möglichkeiten, diese zu messen und zu überwachen, damit wir, noch bevor sie auf die Welt kommen, schon alles Erdenkliche für sie tun können. Da ist der Körper der Frau mehr oder minder im Weg.

Der Begriff »Ektogenese« – für die Fortpflanzung außerhalb des menschlichen Körpers – wurde 1923 von dem britischen Wissenschaftler J. B. S Haldane bei einem Vortrag vor der Cambridge University Heretics Society geprägt. Dabei bezog sich Haldane auf einen fiktiven Aufsatz eines künftigen Studenten der Cambridge University, der die großartigen biologischen Erfindungen beschreibt, die es seit Haldanes Zeit gegeben habe. »Wir können einer Frau einen Eierstock entnehmen und ihn 20 Jahre lang in einer geeigneten Flüssigkeit gedeihen lassen, in der er jeden Monat eine neue Eizelle produziert. Von diesen können 90 Prozent befruchtet und die Embryos

10. Der Baby-Beutel

dann neun Monate lang gezüchtet und entbunden werden«, schrieb sein imaginärer künftiger Autor. »Frankreich war das erste Land, in dem die Ektogenese offiziell eingeführt wurde. 1968 wurden mit dieser Methode jedes Jahr 60 000 Kinder erzeugt.«[8]

Haldane interessierte sich seinerzeit aus sozialtechnischen Gründen für die Ektogenese. Damals gingen die Geburtenraten zurück. 1923 galt Eugenik nicht als verwerfliche Vorstellung. »Ohne Ektogenese wäre die Zivilisation zweifelsohne in absehbarer Zeit zusammengebrochen, weil die weniger erstrebenswerten Teile der Bevölkerung in fast allen Ländern fruchtbarer waren«, hieß es. Haldane kam zu dem Schluss, dass die komplette Loslösung der Fortpflanzung vom Geschlechtsakt bedeuten würde, dass »die Menschheit in einer gänzlich neuen Hinsicht frei werden würde«.

In Churchills Artikel »50 Years Hence« aus dem Jahr 1931 kommt die Ektogenese ebenso vor wie das Fleisch aus der Retorte. »Mit ziemlicher Sicherheit dürfte es möglich sein, den gesamten Zyklus, der heute zur Geburt eines Kindes führt, in künstlicher Umgebung auszuführen«, schrieb er über sein imaginäres Jahr 1981.

Churchill verfasste diese Zeilen nur ein Jahr vor dem Erscheinen von Aldous Huxleys Buch *Schöne neue Welt*. Huxley bediente sich großzügig bei den Ideen seines Freundes Haldane, stellte sie aber auf den Kopf: Seine schöne neue Welt des Jahres 2540 war ein dystopischer Albtraum, in dem die Reproduktionstechnik eine Form der sozialen Kontrolle war. Im City-Brüter wurden Menschen 267 Tage lang in auf einem Fließband aufgereihten, mit dem Bauchfell von Schweinen ausgekleideten Flaschen massenproduziert: »Eine nach der anderen wurden die befruchteten Eizellen aus ihren Reagenzröhrchen in die größeren Ballonflaschen transferiert; der jeweilige Bauchfellnährboden wurde rasch angeritzt, die Morula eingeführt, die Salzlösung eingefüllt«, schrieb Huxley, »und schon ... schob sich die Prozession durch eine Wandschleuse gemächlich weiter zur Sozialprädestinationsstation.« Dort werden Embryos zu Menschen verschiedener sozialer Schichten herangebildet: Manchen wird zu wenig Sauerstoff zugeführt, damit sie Hirnschäden erleiden und sich mit einfachen manuellen Tätigkeiten zufriedengeben, andere werden gekühlt, damit sie eine Abneigung gegen Kälte entwickeln und später gern in den Tropen im Bergwerk arbeiten. Huxleys Sicht auf die Ektogenese hat sich durchgesetzt: In unserer kollektiven Fantasie stellen wir sie uns stets als düsteren Science-Fiction-Tropus vor.

In Wirklichkeit stellte die Möglichkeit, ohne Gebärmutter ein Baby zu bekommen, eine neue Grenze der Freiheit dar. 1970 argumentierte die radikale kanadische Feministin Shulamith Firestone in ihrem feministischen Klassiker *Frauenbefreiung und sexuelle Revolution*, die biologische Arbeitsteilung bei der natürlichen Fortpflanzung bilde die Grundlage für die Beherrschung der Frauen durch die Männer. Ihre »erste Forderung an irgendein alternatives System« war die »Befreiung der Frauen von der Tyrannei der Fortpflanzung durch jedes nur mögliche Mittel; Verlagerung der Kindererziehung auf die gesamte Gesellschaft, auf Männer sowohl wie Frauen«.

In dem Manifest der britischen Gay Liberation Front, das 1971 erstveröffentlicht wurde, wird Ektogenese als Möglichkeit bezeichnet, Männer und Frauen durch Auslöschung der natürlichen Unterschiede zwischen beiden zu emanzipieren. »Wir haben inzwischen ein Stadium erreicht, in dem die Technologie ›unnatürlich‹ in den menschlichen Körper als solchen und sogar die Fortpflanzung der Arten (optimierend) eingreifen kann«, heißt es darin. »Heute macht es der Fortschritt Frauen in Kürze möglich, sich durch die Entwicklung künstlicher Gebärmütter gänzlich von ihrer Biologie zu befreien ... Die Technik ist inzwischen so weit fortgeschritten, dass das System der Geschlechterrollen nicht mehr gebraucht wird.«[9]

Anfang der 1970er-Jahre mochte das eine recht optimistische Lesart des Stands der Reproduktionstechnik gewesen sein, doch keine komplett fantastische: Wissenschaftler hatten damals bereits seit Jahrzehnten Experimente durchgeführt, um tierische und menschliche Föten außerhalb des weiblichen Körpers zu züchten. Das CHOP stellt seine Forschungstätigkeit vielleicht als beispiellosen Paradigmenwandel dar, doch sie beruht in Wirklichkeit auf einem langjährigen internationalen Konvolut wissenschaftlicher Arbeit. Zwar zog das CHOP-Team viel Aufmerksamkeit auf sich, als der Artikel über den Baby-Beutel veröffentlicht wurde, doch in aller Welt, in Asien und Australien, aber auch in anderen Teilen Nordamerikas, arbeiten Wissenschaftler bereits seit Jahren erfolgreich an künstlichen Gebärmüttern, und alle wollen die Ersten sein, die ihre Vorrichtungen an menschlichen Föten ausprobieren.

»Das ist überhaupt kein neues Fachgebiet«, meint Matt Kemp leicht ermattet. Er leitet das Perinatallabor der Women and Infants Research Foundation (WIRF) in Westaustralien. Über die künstliche Gebärmutter seines Teams, die Ex-Vivo-Uterine-Environment- beziehungsweise »EVE«-Therapie, konnten in einem ein paar Monate nach der Präsentation der Forschungsergebnisse durch das CHOP-Team publizierten Artikel die ersten großen Erfolge vermeldet werden. Der Baby-Beutel hatte EVE absolut den Rang abgelaufen. Matt erwähnt ihn zwar nur sehr am Rande, klingt aber ein bisschen angefressen.

»1958 hat eine Gruppe am schwedischen Karolinska Institute eine Abhandlung veröffentlicht, die die Verwendung einer solchen Plattform mit noch nicht lebensfähigen menschlichen Föten belegt«, fährt er fort. »In Kanada gab es Anfang der 1960er-Jahre Gruppen, die dieses System für kurzfristige Experimente über zwölf und 24 Stunden an Schafen einsetzte. Bereits 1963 leisteten die Japaner die bahnbrechendste Arbeit auf diesem Gebiet. In den 1990er-Jahren setzten sie Ziegen ein und trugen sie über einen ähnlichen Zeitraum oder die gleichen drei Wochen aus, die da in Philadelphia geschafft wurden. Erst vor Kurzem hat eine Gruppe in Michigan auf diesem Gebiet einiges erreicht. Wer Ihnen erzählt, er habe das als Erster geschafft und es sei etwas absolut Neuartiges, ist ein bisschen unseriös.« Namen nennt er keine.

EVE ist nicht zum Patent angemeldet. (»Ich bin der Ansicht, dass es nicht patentierbar ist«, erklärt er gereizt. »Es ist schon seit 1958 in verschiedener Form öffentlich gemacht worden.«) Deshalb beantwortet Matt auch gern Fragen dazu. Sein Labor in Perth kann ich aber nicht besuchen, weil er sich gerade in Boston aufhält und an der Harvard Business School Betriebswirtschaft und Management studiert. Wir telefonieren in der Pause zwischen zwei Kursen.

»Wie kommt es, dass Sie Betriebswirtschaft studieren?«, will ich wissen.

»Nun, weil Wissenschaft dieser Tage wie die meisten Dinge ein Geschäft ist«, erklärt er.

Doch heute will Matt nur über die Wissenschaft sprechen. Ich frage ihn, warum er seine künstliche Gebärmutter ausgerechnet EVE genannt hat, wie die erste Frau und die Urmutter der Menschen. Doch offensichtlich möchte er sich nicht in breit angelegte Diskussionen über die Symbolik seiner Arbeit verwickeln lassen. »Weil es sich anbot, denke ich.«

Matt arbeitet seit 2013 an der Entwicklung von EVE – zusammen mit einem Forscherteam am Tohoku University Hospital im japa-

10. Der Baby-Beutel

nischen Sendai. Von EVE wurden noch keine offiziellen Bilder veröffentlicht, doch ich bin auf ein YouTube-Video gestoßen, das die WIRF hochgeladen hat, und habe es mir kurz vor unserem Telefonat angesehen. Es wirkte, als hätte es nie online gestellt werden sollen, denn es war offensichtlich mit dem Handy aufgenommen und in mehr als einem Jahr nur 56-mal aufgerufen worden. Nachdem ich bisher nur das Werbevideo des CHOP und die sorgfältig aufbereiteten Bilder der Lämmer gesehen hatte, die das Team dem Artikel beigefügt hatte, blieb mir bei diesem 44-Sekunden-Clip der Mund offen stehen.

Er beginnt mit piepsenden Monitoren auf einer Intensivstation für Neugeborene. Auf einem schwarzen Bildschirm leuchtet rot der regelmäßige Herzschlag auf. Die Kamera schwenkt nach unten auf den Inkubator daneben. Doch statt eines Babys liegt darin ein Lämmchen in gelblicher Flüssigkeit in einer durchsichtigen Hülle. Seine Brust hebt und senkt sich, die Nasenflügel beben. Wieder ein Kameraschwenk vom wolligen Bauch des Lamms zu dem Wust an Schläuchen, der aus dem halb offenen Reißverschluss hervorquillt wie blutgefüllte Venen. Das Video mit seiner amateurhaften Kameraführung und den hellen Körperflüssigkeiten geht viel mehr unter die Haut als das sorgfältig konzipierte Bildmaterial, das das CHOP freigegeben hat. Es verstört und erregt Unbehagen. So sieht eine künstliche Gebärmutter also wirklich aus.

Doch das Therapiesystem EVE erinnert stark an den Baby-Beutel. Und was Matt beschreibt, ebenfalls. »Extreme Frühchen sind nicht einfach kleine Babys: Sie gleichen eher einem Fötus. Auf dieser Grundlage arbeiten wir. Wir arbeiten nach Möglichkeit mit den vorliegenden anatomischen und physiologischen Gegebenheiten, statt ein Überleben außerhalb des Uterus erzwingen zu wollen. Das bedeutet, dass Nabelschnur und Herz des Fötus eingesetzt werden und die Föten unter einer Schicht Fruchtwasser am Leben gehalten und geschützt werden – in der Hoffnung, dass sie genauso weiterwachsen, wie sie es sonst getan hätten.«

»Sie bezeichnen sie als Föten, nicht als Neugeborene«, stelle ich fest. »Heißt das, Sie betrachten die Lämmer nicht als geboren, wenn sie in das System gelangen?«

»Genau.«

»Die Geburt erfolgt also, wenn der Beutel geöffnet wird?«

»Tja, ich würde sagen, die Geburt ist vollzogen, wenn die Nabelschnur durchtrennt und abgebunden wird. Ab da ist ein Mensch auf sich allein gestellt. Nach meinem Verständnis ist man erst geboren, wenn die Nabelschnur durchgeschnitten und abgeklemmt ist.«

Die Technologie der künstlichen Gebärmutter definiert die Geburt neu: Ein Baby wird nicht mehr in die Welt hinausgetrieben oder -gezogen, sondern von der Lebensader abgeschnitten, von der es als Fötus abhängig ist. Es kann demnach von der eigenen Mutter getrennt und trotzdem offiziell noch ungeboren sein.

Wie die Entwickler von veganem Fleisch spricht auch Matt von seiner Arbeit, als sei sie im Grunde ganz einfach – keine Frankensteinwissenschaft, sondern eher wie Bierbrauen auf dem Balkon.

»Wie in aller Welt können Sie sich denn auf die Nabelschnur aufschalten?«, frage ich.

»Das ist nicht so schwierig, wie Sie vielleicht denken, wenn man weiß, wie es geht.«

»Was ist in dem Fruchtwasser drin? Wie stellen Sie es her?«

»Das ist im Grunde so eine Art Gatorade – eine Mischung aus Salz, Protein und Wasser.« Ich muss an Mike denken und daran, wie er das Nährmedium von Finless Food beschrieb.

WIRFs Zusammenarbeit mit den japanischen Kollegen verschaffe ihnen einen Vorsprung vor den anderen Teams, die an künstlichen

Gebärmüttern arbeiten, erklärt er. »Unser Wettbewerbsvorteil ist ein ziemlich großes japanisches Biotech-Unternehmen, das an der Konzeptionierung der Hardware für die Sachen arbeitet, die wir einsetzen. Wir müssen mit Leuten zusammenarbeiten, die so etwas im großen Stil auf die Beine stellen und durch eine FDA-Pipeline bringen können. Wir kooperieren mit einer Firma namens Nipro Corporation aus Osaka, die in dem Bereich weltweit führend ist. Dadurch haben wir ein recht gutes System, mit dem wir arbeiten können.«

Der große Unterschied zwischen der Arbeit von WIRF und der Forschung am CHOP ist aber, dass Matts Team noch viel unreifere Lämmer in EVE einbringt. Der jüngste Lämmerfötus, der je in den Baby-Beutel kam, hatte 106 Tage Tragzeit hinter sich. Matt arbeitet mit Tieren, die erst 95 Tage im Mutterleib waren. Mit der Übertragung auf den Menschen ist er sehr zurückhaltend, doch das entspräche in etwa der 21. bis 23. Schwangerschaftswoche. Noch nie hat jemand von Experimenten mit derart jungen Föten berichtet. Und während die Lämmer am CHOP mehrere Wochen weiterwachsen und nach dem Experiment am Leben bleiben, belässt sie Matts Team nur eine Woche in der künstlichen Gebärmutter. Dann werden sie getötet, um ihre Organe zu analysieren. Er behauptet, sie hätten sie ohne Weiteres auch länger am Leben erhalten können, wenn sie gewollt hätten. »Bei Ablauf der festgelegten Frist sind es sehr stabile, rundum gesunde Tiere.«

Bereits in nur einer Woche verändern sich die Lämmer in der künstlichen Gebärmutter drastisch. »Sie wachsen auf jeden Fall. Sie werden größer. Lämmer in diesem Reifestadium nehmen rund 40 Gramm pro Tag zu. Sie recken und strecken sich und schlucken. Ich war nie schwanger, aber meine Frau. Sie meint, dass ein Fötus ganz ähnliche Bewegungen macht. Er tritt, beugt die Beine, zuckt und schläft zwischendurch wieder.«

Ich frage mich, ob er in Bezug auf seine Erfindung nur Forscher- oder auch Vatergefühle hat. »Wie fühlt sich das an, hier täglich solche Veränderungen zu beobachten?«

»Ziemlich beeindruckend. Aus rein wissenschaftlicher Sicht ist das ein plazentales Knock-out-Modell.«

Ich versuche es noch einmal. »Und aus menschlicher Sicht? Entwickeln Sie da eine Beziehung?«

»Aber ja. Natürlich fühlt man Verbundenheit mit den kleinen Kerlchen. Man fiebert mit ihnen.«

»Geben Sie ihnen Namen?«

»Ja, sie bekommen Namen.«

»Wie heißen sie?«

»Oh, das weiß ich gar nicht mehr.«

Ich nehme an, wenn man vorhat, die kleinsten Kinder auf der Welt in einen Plastikbeutel zu stecken, ist es besser, wenn man nicht zu viele väterliche Gefühle für sie entwickelt.

Doch klinische Versuche mit menschlichen Babys sind noch Zukunftsmusik. »Wer Ihnen erzählt, er plane das in zwei Jahren, hat entweder jede Menge Daten, die noch nicht öffentlich zugänglich sind, oder ist ein bisschen sensationslüstern.«

»Meinen Sie damit jemand Bestimmten?«

»Nein, ich treffe lediglich eine allgemeine Feststellung«, erklärt er mit Nachdruck. »Bisher wurden sämtliche Experimente an Föten durchgeführt, die aus einer ansonsten gesunden Schwangerschaft stammen, die sich fortsetzen würde, wenn das Forschungsteam nicht eingegriffen hätte. Für menschliche Föten in der 21., 22. oder 23. Schwangerschaftswoche gilt das nicht. Aus denen werden keine gesunden Babys. Aus diesem Grund kommen sie ja zu früh auf die Welt.« Indem sie ein Gerät entwickeln wollen, in dem solche Frühchen ausreifen können, haben sich Matts Team und die

10. Der Baby-Beutel

CHOP-Leute eine Aufgabe gestellt, die über einfache Ektogenese hinausgeht.

»Die Schwelle für den klinischen Einsatz ist unglaublich komplex. Um ein Argument zu finden, das eine Ethikkommission überzeugt, müssen die Erfolgschancen gleich um mehrere Größenordnungen besser sein als mit der derzeit eingesetzten Technik«, erklärt er. »Wie sieht die erste demografische Zielgruppe für diese Plattform aus? Meines Erachtens sprechen wir von einem schwer kranken 21-wöchigen Fötus, der im Grunde mit den vorhandenen Möglichkeiten keinerlei Überlebenschance hat.«

So eine Äußerung hatte ich von ihm nicht erwartet. Ich weiß gar nicht, was ich sagen soll.

Ich habe in der 20. Schwangerschaftswoche ein Kind verloren – einen Sohn, der mein zweites Kind geworden wäre. Ihm fehlte nichts. Er war vollkommen gesund. Ich bekam eine Blinddarmentzündung, als ich schon fast in der 19. Schwangerschaftswoche war, was ich damals aber nicht wusste. Ich lag eine Woche im Krankenhaus, während mich Fachärzte für Geburtshilfe und Gynäkologie untersuchten, abtasteten und mir Blut abnahmen, um herauszufinden, was mir fehlte und was sie dagegen tun konnten. Da setzten die Wehen ein. Das kommt vor: Wenn man schwanger ist, kann sich durch eine schwere Infektion der Gebärmutterhals öffnen. Zwischen den Wehen erklärte mir der Geburtshelfer, dass es anders aussähe, wenn ich in der 24. Woche wäre. Doch in der 20. Woche sollte ich der Natur einfach ihren Lauf lassen. Obwohl der Sohn, den ich auf die Welt brachte, ein richtiges Baby war, der eingewickelt und mir in den Arm gelegt wurde, starb er bei der Geburt. Eine Fehlgeburt, keine Totgeburt.

Das war drei Jahre her. Seither wurde mein Blinddarm entfernt, und ich bekam das kleine Mädchen, das jetzt Kuhmilch und

Shepherd's Pie in sich hineinstopft. Doch wie jede Frau, die ein Kind verliert, werde ich von der Erinnerung an das Kind, das ich nie hatte, heimgesucht – und von der Frage, was ich hätte tun können, um es zu retten. Wenn eine künstliche Gebärmutter verwendet werden könnte, um das Leben eines schwer kranken 21-wöchigen Fötus zu retten, könnte sie dann nicht auch eingesetzt werden, um ein pumperlgesundes Kind in der 20. Woche zu retten, das das Pech hatte, dass seine Mutter erkrankte?

Ich muss schwer schlucken. »Wenn der erste menschliche Fötus, den Sie in Ihr System geben, einer ist, der sonst nicht überlebensfähig wäre – sehen Sie dann nicht Fragen auf sich zukommen, ob Sie damit die Grenzen der Lebensfähigkeit ausdehnen? Denken Sie nicht, dass Eltern noch unreiferer Babys verlangen werden, jede Chance zu nutzen, die ihnen eine künstliche Gebärmutter bieten könnte?«

»Diese Frage ist meines Erachtens ganz leicht zu beantworten«, gibt er prompt zurück. »Hier geht es um einen Menschen – oder einen Fötus oder Säugling –, der *krank* ist. Bei einem Dreijährigen, dem es nicht gut geht und für den jemand eine neue Therapie entwickeln würde, hätten Sie deshalb doch auch keine Bedenken, oder?«

»Natürlich nicht.«

»Sehen Sie. Aus unserer Sicht gibt es da keinen Unterschied.«

Anders ausgedrückt: Sofern eine Aussicht besteht, das Leben eines Babys zu retten, werden sie es versuchen. Doch ihre Möglichkeiten sind begrenzt.

»Wir glauben eigentlich nicht, dass wir die Grenzen der Lebensfähigkeit immer weiter verschieben. Dafür gibt es einen pragmatischen Grund: Wenn man keinen Katheter einführen kann und das Herz noch nicht so weit entwickelt ist, dass es Blut durch das System pumpen kann, dann funktioniert es nicht. Alle Bedenken, wir

10. Der Baby-Beutel

könnten Eizellen entnehmen und in solche künstlichen Geräte einsetzen, werden dadurch vollständig entkräftet. In der Praxis ist das schlicht unmöglich.«

Es könnte schon in wenigen Jahren eine partielle Ektogenese geben, doch es stimmt sicherlich, dass eine vollständige externe Fortpflanzung, von der Empfängnis bis zur Lebendgeburt, derzeit praktisch noch nicht möglich ist. Doch je besser es uns gelingt, Embryonen in den Wochen nach der Empfängnis außerhalb der Gebärmutter länger am Leben zu erhalten und immer unreifere Föten durchzubringen, desto eher werden diese beiden Punkte zusammenlaufen – wenn nicht vorsätzlich, dann zufällig. Und dieser Konstellation kommen wir Jahr für Jahr näher.

Früher galt, dass man menschliche Embryonen nach der Empfängnis nur eine Woche lang außerhalb der Gebärmutter »züchten« konnte – also über die Zeitspanne, in der sie sich gewöhnlich in der Gebärmutterschleimhaut einnisten. Doch 2016 gelang es dem Team von Professor Magdalena Zernicka-Goetz an der Cambridge University, menschliche Embryonen 13 Tage lang außerhalb des menschlichen Körpers am Leben und intakt zu halten[10], indem sie sie in einem speziellen Medium badeten und inkubierten. Mit dem richtigen Cocktail aus Wachstumsfaktoren nisteten sich die Embryonen am Boden der Petrischale ein, und es entwickelten sich erste Plazentazellen.

Wissenschaftler erhalten durch IVF erzeugte menschliche Embryonen nur 14 Tage lang am Leben, weil es eine ethische Konvention gibt, die besagt, dass die Forschung einzustellen ist, bevor sich am 15. Tag der »Primitivstreifen« entwickelt (eine Zellwulst, aus der sich das Gehirn und das Rückenmark bilden). Die Embryonen des Teams in Cambridge mussten aufgrund dieser

14-Tages-Regel abgetötet werden. Vermutlich hätten sie noch viele weitere Tage überleben können, wenn es dem Team gestattet gewesen wäre, entsprechende Versuche anzustellen. Seit 2016 wird allenthalben darüber diskutiert, ob diese Grenze auf 21 oder gar 28 Tage hinausgeschoben werden sollte – wegen des enormen wissenschaftlichen Potenzials, das mit der Möglichkeit einhergeht, die embryologische Entwicklung außerhalb des menschlichen Körpers aus nächster Nähe zu beobachten. Die 14-Tages-Frist ist eine freiwillige ethische Grenze, die offiziell nur von 17 Ländern eingehalten wird.[11] In Nordkorea oder Russland hält die Wissenschaftler nichts davon ab, menschliche Embryonen so lange heranzuzüchten, wie sie können.

In Tierversuchen ist die Wissenschaft schon viel weiter gegangen: 2003 gelang es Dr. Helen Hung-Ching Liu und ihrem Team am Center for Reproductive Medicine and Infertility der Cornell University, ein Mäuseembryo von der Empfängnis bis fast zum Ende der Tragzeit heranwachsen zu lassen. Dazu verwendeten sie durch Bioengineering erzeugtes Gebärmuttergewebe auf einem extrauterinen Gerüst. Fließen weiter Forschungs- und Entwicklungsgelder in die Clean-Meat-Industrie, steigt durch die Möglichkeiten zur Kultivierung von Gewebe die Wahrscheinlichkeit, dass wir auch uterines Gewebe züchten und auf diese Weise verwenden können.

Natürlich ist nach wie vor eine Black Box, wie sich ein Embryo entwickelt. Wir wissen noch so wenig darüber, was im ersten und zweiten Schwangerschaftsdrittel passiert. Doch wenn man einen Embryo längere Zeit außerhalb des menschlichen Körpers heranwachsen lassen kann, dann hebt sich der Deckel dieser Box allmählich. Die Reproduktionsmedizin wird von ehrgeizigen Ärzten und Forschern vorangetrieben, denen eine Kraft zugrunde liegt, die so groß ist wie der menschliche Fortpflanzungstrieb. Finanziert wird

10. Der Baby-Beutel

das durch einen Kundenstamm, der bereit ist, so viel zu zahlen wie nötig, um diesem Imperativ zu genügen. Je mehr wir wissen, desto eher wird eine vollständige Ektogenese möglich. Der Druck – auf wissenschaftlicher, medizinischer, aber auch kommerzieller Seite – ist so groß, dass es einfach dazu kommen muss. Die Hürden werden eher ethischer und juristischer Natur sein als technischer.

Einst war IVF Science-Fiction, dann ein ethisches Dilemma und schließlich der neueste Stand der Technik in der medizinisch unterstützten Fortpflanzung. Inzwischen ist sie normaler Bestandteil der Familienplanung – ein Akronym, das jeder kennt, und so wenig umstritten, dass in der U-Bahn dafür geworben wird. Das Recht, ein Baby außerhalb der Gebärmutter zu zeugen, wird vom NHS anerkannt, der für Paare die Kosten übernimmt, die so eine Chance bekommen, eigene biologische Kinder zu zeugen. Was vordem noch unnatürlich erschien, kann leicht selbstverständlich werden.

Sobald Beutel und Röhrchen eine Gebärmutter ersetzen können, werden Schwangerschaft und Geburt grundsätzlich neu definiert. Muss ein Kind nicht mehr im Körper einer Frau ausgetragen werden, fällt der weibliche Aspekt weg. Ebenso wie Säuglingsnahrung bedeutete, dass Männer gleichermaßen in der Lage waren, ihre Babys zu füttern, wie Frauen, bedeutet Ektogenese, dass es nicht mehr länger automatisch die Frauen sind, die Kinder austragen. Damit ändert sich auch das, was Mutterschaft bedeutet – ein für alle Mal.

11.
Die unbefleckte Schwangerschaft[1]

»Schwangerschaft ist etwas Barbarisches«, erklärt Dr. Anna Smajdor. »Gäbe es eine Krankheit, die solche Probleme verursacht, würden wir diese als ausgesprochen schwere Erkrankung betrachten.«

Ich sitze auf Annas grünem Sofa in ihrem Büro auf dem Campus der Universität von Oslo. Gegenüber hängt ein Kalender mit Fotos ihrer Katzen. Sie dreht sich auf ihrem Stuhl hin und her und hat die Ellbogen dabei fest auf ihren Schreibtisch gestützt. Am Handgelenk trägt sie ein grünes Haargummi. Ihr dunkles Haar fällt ihr bis auf die Brust. Sie ist hier Bioethikerin und Assistant Professor für Praktische Philosophie. Mit ihrer zierlichen Figur, ihrem lebhaften Gesicht und ihren ausdrucksvollen Augen wirkt sie wie ein schlitzohriger Teenager.

»Die Zahl der Frauen, die Leid, Inkontinenz und andere Dinge erfahren, die sie für den Rest ihres Lebens beeinträchtigen, ist wirklich hoch, doch in der Gesellschaft wird das nicht entsprechend anerkannt«, spricht sie weiter. »Das hängt alles mit dem hohen Stellenwert zusammen, den wir nicht nur der Mutterschaft, sondern auch der Geburt beimessen. Wir erwarten, dass jede Frau diesen Prozess freudig auf sich nimmt. Das ist ein Thema, über das wir sprechen sollten – wenn auch nur, um ein Schlaglicht darauf zu werfen, was wir Frauen zumuten, damit neue Bürger in die Welt gesetzt werden.«

Ich wollte Anna unbedingt treffen, seit ich ihre beiden bahnbrechenden wissenschaftlichen Artikel über künstliche Gebärmütter gelesen habe: »The Moral Imperative for Ectogenesis« von 2007 und seine Fortsetzung, »In Defence of Ectogenesis« aus dem Jahr 2012. In der ersten Abhandlung legt sie dar, wie Frauen die Last des Fortpflanzungstriebs der Gesellschaft tragen, wie »ein Mann derzeit seine Frau oder Partnerin als Leihmutter zum Austragen seines Kindes verwenden kann« und wie der naturgegebene Unterschied bei der Reproduktionskapazität die Unterjochung der Frauen fortschreibt. »Schwangerschaft ist ein Zustand, der Schmerzen und Leid verursacht und nur Frauen betrifft. Dass Männer nicht schwanger werden müssen, um ein genetisch mit ihnen verwandtes Kind zu haben, Frauen aber schon, ist eine naturgegebene Ungleichstellung«, schrieb sie in der zweiten Arbeit. »Es besteht ein grundlegender, unerbittlicher Konflikt zwischen den Anforderungen der Schwangerschaft und der Geburt und den gesellschaftlichen Werten, die wir als Menschen teilen: Unabhängigkeit, Chancengleichheit, Autonomie, Bildung und Erfüllung in Beruf und Beziehung ... entweder betrachten wir Frauen als Babyausträgerinnen, die ihre eigenen Interessen dem Wohl ihrer Kinder unterzuordnen haben, oder wir erkennen an, dass unsere gesellschaftlichen Werte und unser medizinischer Kenntnisstand nicht länger mit ›natürlicher‹ Fortpflanzung vereinbar sind.«

Die Schwangerschaft ist und bleibt in jeder Hinsicht die größte Ungleichheit, die zwischen den Geschlechtern besteht. Die Arbeitsteilung in der Familie beginnt mit der Schwangerschaft, setzt sich fort bei der Geburt, in der Stillzeit und im Mutterschaftsurlaub und löst eine Dynamik aus, in der generell eine gewaltige Kluft entsteht zwischen dem Beitrag von Mutter und Vater – ganz gleich, wie fortschrittlich eine Gesellschaft ist oder wie wohlmeinend oder entschlossen ein Vater. Von Anfang an sind Frauen eher die Expertinnen dafür, die Bedürfnisse ihrer Kinder zu erfüllen.

Das beginnt mit der Plazenta und der Muttermilch und hört beim Pausenbrot auf.

Anna behauptet, Ektogenese würde in jeder Hinsicht eine gerechte Umverteilung der Reproduktionsarbeit in der Gesellschaft ermöglichen. Es gebe also einen moralischen Imperativ für Forschung, die die Entwicklung künstlicher Gebärmütter vorantreibt. Ihre Artikel, die erschienen, ehe der Baby-Beutel und das EVE-System existierten, gehen davon aus, dass eine »vollständige« Ektogenese möglich wäre: eine künstliche Gebärmutter, die so gut funktioniert wie ein gesunder weiblicher Uterus – und die möglichen technischen Probleme würden nicht mehr Risiken verursachen als eine natürliche Gebärmutter –, in einer Gesellschaft, die die Frauenrechte hochhält.

Sie müssen mir nachsehen, wenn ich Anna von Haus aus für eine eingefleischte Feministin hielt: Indem sie die Schwangerschaft als »barbarisch« bezeichnet, beruft sie sich auf die radikale Feministin Shulamith Firestone. Doch als ich sie frage, wie wichtig Feminismus für ihre Arbeit sei, rudert sie zurück. »Mein Interesse fußt nicht auf dem Feminismus per se. Ich interessiere mich für Fragen der Gerechtigkeit, für die Art und Weise, wie vom menschlichen Körper bestimmte Produktionsprozesse erwartet werden oder wie von staatlicher und medizinischer Seite darauf reagiert wird.« Die Ektogenese lässt sich ebenso wenig in eindeutige Denkschubladen stecken wie Anna.

»Dieses Thema ist mein Steckenpferd«, erklärt sie mit spitzbübischem Lächeln. »Ich bin seit jeher fasziniert von Fortpflanzung und insbesondere von Schwangerschaft und Geburt. Ich finde das alles wirklich *seltsam*. Schaut man sich an, wie sich verschiedene Lebewesen fortpflanzen, ist überhaupt nicht selbstverständlich, dass das so funktionieren muss. Ich weiß noch, wie mir meine Mutter

11. Die unbefleckte Schwangerschaft

sagte, als ich nicht zum Arzt gehen wollte: ›Warte nur, bis du ein Baby bekommst. Dann gehört dein Körper allen anderen.‹ Es wird so selbstverständlich vorausgesetzt, dass Frauen Kinder haben, und überhaupt nicht bemerkt, wie absurd es ist, dass wir neue Menschen aus unseren eigenen Körpern erzeugen müssen. Und wie riskant und gefährlich ein solcher Prozess ist, selbst mit westlicher Medizin.«

Um ihren Standpunkt deutlich zu machen, erzählt sie mir davon, wie einer Kollegin ein Weisheitszahn entfernt wurde. Anna schlug vor, das Ganze zu filmen – als fantastische Erfahrung, die man mit anderen teilen und genießen könne: »Er kommt! Schaut hin, jetzt wird genäht! Wow, und das hast du alles ohne Schmerzmittel ausgehalten!« Ich muss laut auflachen – weil der krude Vergleich mit einer Geburt absolut schräg ist, aber auch, weil ich genau weiß, was sie meint. Unsere Einstellung zur Geburt ist tatsächlich bizarr. Sie ist eine blutige, schmerzhafte Angelegenheit, die selbst bei gutem Verlauf eine Wundnaht erfordert, und über das alles sollen wir einfach hinweggehen. Die Schwangerschaft und die Geburt als Teil der Mutterschaft sind für uns ein Fetisch.

»Wir sind immer mehr auf operative Eingriffe in der Schwangerschaft und bei der Geburt angewiesen, weil in der Vergangenheit Frauen und Kinder starben. Traurig, aber wahr. Dieser Tage überleben wir und setzen weiter schmalhüftige, großköpfige Babys in die Welt. Und wir machen uns sogar noch abhängiger von medizinischen Interventionen bei der Geburt. Eine Geburt ist heutzutage hauptsächlich deshalb so sicher, weil es Antibiotika gibt.« Angesichts der sich abzeichnenden Katastrophe durch Antibiotikaresistenzen droht Müttern eine apokalyptische Zukunft.

Weltweit gehen Müttersterblichkeit und Totgeburten zurück, doch Anna zufolge ist das nicht nur eine gute Nachricht. »Das bedeutet nicht, dass Sie oder Ihr Baby das alles unbeschadet überstehen. Je größer der medizinische Fortschritt, desto mehr Frauen erleiden Gesundheitsschäden«, so Anna. »Wie wir den Fötus noch im Uterus regulieren und überwachen können, wirkt sich auf das Leben der Frauen aus – darauf, was sie dürfen, und darauf, welche medizinischen Eingriffe sie über sich ergehen lassen müssen. In der Medizin für Mütter und Föten zeichnen sich meiner Ansicht nach keine großen Durchbrüche ab. Allerdings nehme ich eine Entwicklung dahingehend wahr, dass wir *so viel* über den Fötus wissen – und darüber, was ihm im Uterus nutzt oder schadet –, dass Frauen mehr oder minder so leben, als wären sie selbst ektogenetische Brüter. Sie müssen nur noch so funktionieren, dass es dem Baby möglichst gut geht.«

Ich hätte das damals sicher nicht auf diese Weise bezeichnet, aber ich habe mich auf jeden Fall so gefühlt. Ich musste auf dem Rücken liegen, Krankenhausdecken anstarren und meine Panik unterdrücken, während eine 20 Zentimeter lange Nadel in meinen Bauch gestochen wurde, damit die Ärzte die DNA meines Sohnes gewinnen konnten, weil eine Routineuntersuchung etwas ergeben hatte, das sie vermuten ließ, er *könnte möglicherweise* am Down-Syndrom leiden. (Tat er nicht, und ihm fehlte auch sonst nichts. Aber dann entzündete sich mein Blinddarm.) Ich musste ein widerwärtiges Glukosegebräu hinunterwürgen und mir anschließend immer wieder Blut abnehmen lassen, weil eine späte Untersuchung meiner Tochter ein paar Ergebnisse zeigte, die darauf hinweisen *konnten*, dass ich an Schwangerschaftsdiabetes litt, was meine Schwangerschaft gefährden *könnte*. (War nicht so.) Ich musste mit gespreizten Beinen auf einem OP-Tisch liegen, während ein Chirurg meinen Gebärmutterhals zunähte, weil eine Untersuchung ergab, dass erneut *ein Risiko* vorzeitiger Wehen bestand. So eine Schwangerschaft ist eine ganz besondere Erfahrung, die das Leben verändert, und ich war gern mit meinem ersten Kind schwanger. Dennoch kam ich mir nie wieder so entmenschlicht vor. Und für das meiste, was da von medizinischer und pflegerischer Seite an mir geschah, gab es gar keinen Grund – abgesehen davon, dass meine äußerst kompetenten und engagierten Ärzte zu viel darüber wussten, was in mir vorgehen *könnte*.

»In Ländern, in denen Abtreibung legal ist, gehen die Interessen des Fötus eindeutig nicht gegenüber den Interessen der Frau vor, doch sobald aus dem Fötus ein Patient wird – und wenn eine Schwangere wegen des Fötus überwacht oder behandelt wird, ist das notgedrungen der Fall –, besteht die starke Erwartung, dass die Interessen des Kindes wichtiger sind als die der Mutter«, erklärt Anna.

»Was Mütter genauso sehen.«

»Stimmt. Weil es dazugehört, wenn man beweisen will, dass man *schon jetzt* eine gute Mutter ist. Und es gibt in unseren Gesellschaften kaum ein schlimmeres Verbrechen, als eine schlechte Mutter zu sein.«

Anna ist keine Mutter. Das erzählt sie mir ganz unaufgefordert. »Ich habe keine Kinder und wollte nie welche haben, doch ich wurde deshalb in meinem Leben immer mal wieder von anderen Menschen unter Druck gesetzt. Als ich über die Möglichkeit nachdachte, ist mir eines klar geworden: Wenn ich schwanger werde – ausgerechnet ich, die ich so viel über Schwangerschaft geschrieben habe –, weiß das *jeder*. Das Konzept von der Vertraulichkeit in der Medizin ist damit verpufft«, meint sie. »Und diesen sehr öffentlichen Aspekt einer Schwangerschaft fand ich sehr verstörend.«

Ich kann verstehen, dass ihr die Vorstellung, sichtbar schwanger zu sein, unangenehm war. Ich wollte nicht, dass meine Auftraggeber wussten, dass ich schwanger war. Und meine Karriere stand und fiel keinesfalls mit der Vorstellung, dass Schwangerschaft etwas Barbarisches ist.

»Ich habe Kinder«, sagte ich, »und als ich schwanger war, wollte ich auch nicht unbedingt, dass das jeder wissen sollte. Mein Mann dagegen konnte es erzählen, wem er wollte und wann er wollte.«

Dieses Eingeständnis verändert etwas zwischen uns. Vielleicht bilde ich mir das ein, doch mir kommt es vor, als hingen die persönlichen Dinge, die wir uns mitgeteilt haben, in der Luft wie ein unsichtbarer Vorhang, der sich zwischen uns schiebt. Ihr Interesse an Ektogenese ist intellektueller, akademischer Natur. Sie kann das Thema brutal logisch betrachten. Ich nicht.

Der Knackpunkt von Annas Argumentation: Die Menschen haben sich physisch und sozial so entwickelt, dass die Art und Weise, wie wir derzeit Kinder in die Welt setzen, nicht mehr funktioniert. »Es wird viel davon gesprochen, wie der Staat und die Arbeitgeber auf Schwangerschaft und Fortpflanzung eingehen müssen, doch das *klappt* einfach nicht, weil die wichtigsten Berufsjahre einer Frau, in denen sie die Weichen für ihre Karriere stellt, in den Zeitraum fallen, in dem ihr die Ärzte erzählen, dass sie Kinder haben sollte. Und man kann nicht schwanger werden und ein Kind auf die Welt bringen, ohne dass es sich auf das Arbeitsleben auswirkt.« Sie geht offenbar davon aus, dass die Arbeitswelt und der Weg hindurch unumstößlich festgelegt sind. Die Lösung ist daher nicht, die Arbeit oder die Produktionsmittel zu verändern, sondern stattdessen die Reproduktionsmittel. Eine deprimierende Einschätzung der Veränderungen, die notwendig sind, um Frauen echte Gleichberechtigung zu verschaffen.

Wir sitzen in einem makellos sauberen, ordentlichen modernistischen Universitätscampus in Norwegen, einem der progressivsten Länder der Welt, das für seine großzügigen Elternzeit- und Kinder-

11. Die unbefleckte Schwangerschaft

betreuungsmöglichkeiten bekannt ist. Für Mütter gibt es kaum einen besseren Ort auf der Welt.

»Wenn wir es für Frauen überall dermaßen einfach machen würden wie in Norwegen, Kinder zu bekommen, wären dann nicht viele der Ungerechtigkeiten, die Frauen heute erleben, vom Tisch?«

»Vielleicht, aber dann sinken die Geburtenraten«, stellt sie schlicht fest. »Genau das ist nämlich in Norwegen passiert.«

Und das stimmt – ein paar Monate zuvor rief die norwegische Premierministerin Erna Solberg ihre Bürger öffentlich dazu auf, mehr Kinder zu bekommen. Sie befürchtet, dass der Sozialstaat bei den aktuellen Geburtenzahlen zusammenbricht, da so wenige junge Steuerzahler nachrücken, um ihn aufrechtzuerhalten. »Norwegen braucht mehr Kinder«, erklärte Solberg. »Und ich glaube nicht, dass ich irgendjemandem erklären muss, wie das geht.«

»Gesellschaften mit großzügigen Bestimmungen sind in aller Regel wohlhabend«, fügt Anna hinzu. »Das bedeutet, dass Frauen bessere Bildungschancen haben. In Norwegen studiert jeder, und fast alle machen auch noch ihren Master.« Sie verdreht theatralisch die Augen. »Das vermittelt das Gefühl, ich habe eine Ausbildung, ich kann mich umschauen, ich kann mir aussuchen, was für eine Identität und Karriere ich möchte. Kinder zu haben wird zu einer von vielen Optionen. Ein Kind wird – wenn überhaupt – erst dann zum allerwichtigsten Lebensziel, wenn verschiedene andere wichtige Ziele bereits erreicht sind. Wenn die Ektogenese nicht kommt, muss die Gesellschaft die Mutterrolle der Frauen wirklich dringend stärken.«

Anna war »nicht besonders überrascht«, als sie die ersten Bilder der CHOP-Lämmer sah. »Ich würde sagen, diese Leute haben ihr Image und die zugehörigen Meldungen« – sie wählt ihre Worte mit Bedacht – »klug *vermarktet*. Und natürlich ist die Weigerung, von Ektogenese zu sprechen, Teil des PR-geprägten Ansatzes. Wissenschaftler sind immer rasch bei der Hand mit Aussagen wie: ›Ektogenese interessiert uns überhaupt nicht, dieses Thema liegt uns vollkommen fern. Wir wollen nur die Schwangerschaft besser verstehen und Frühgeborene retten.‹ Das ist meiner Ansicht nach ein Aspekt der schleichenden Bewegung zur Ektogenese als Methode, Babys zu retten, der mir wirklich Kopfschmerzen bereitet, weil ich ganz und gar nicht glaube, dass er für die Frauen gut ist.«

Statt Mittel in die Rettung von Frühchen zu investieren, sollten wir sie lieber von Anfang an in einer künstlichen Gebärmutter heranwachsen lassen, meint Anna. »Vermutlich würden wir mehr erreichen, wenn wir gleich eine komplette Alternative zur Schwangerschaft finden könnten, denn für den Fötus ist es ein Trauma, aus dem Uterus entfernt zu werden – selbst wenn er in einen Baby-Beutel kommt und überlebt.«

»Eine vollständige Ektogenese wäre dem Baby-Beutel aus ethischer Sicht vorzuziehen?«

»Aber ja.«

Anna genießt es offensichtlich, mit kalter, unerbittlicher Logik in Hornissennester zu stechen. 2013 machte sie Schlagzeilen mit einem Artikel, in dem sie behauptete, Mitgefühl sollte im Gesundheitswesen keine Grundvoraussetzung sein.[2] Mitfühlende Ärzte und Pflegekräfte könnten »letztlich sogar gefährlich« sein, weil ihr Burn-out-Risiko höher sei. Doch am umstrittensten ist ihre Arbeit zur Ektogenese. Ihre Eltern fanden sie »furchtbar«, erzählt sie. Und damit standen sie nicht allein.

»Ich habe einen Haufen Hassmails bekommen.«

»Wer schreibt so etwas?«

»Alle möglichen Leute. Männer, Frauen, Feminist*Innen, Menschenrechtsaktivisten. Den Konservativen und den Katholiken ging sie natürlich besonders gegen den Strich.«

Sie erzählt mir von der sarkastischen Nachricht, die ihr von einer E-Mail-Adresse im Vatikan übermittelt wurde. Der Schreiber beklagte, er empfinde den Stuhlgang als entwürdigenden, schmerzhaften Prozess, und forderte, etwas zu entwickeln, damit die Verdauung künftig außerhalb des Körpers stattfinden könne und er dadurch nicht länger gedemütigt und verletzt würde. (Anna bekundete ihm Anteilnahme, erklärte ihm aber, sie sei kein Ingenieur und könne ihm keine praktischen Lösungen anbieten.)

Wie Oron Catts verwendet auch Anna provokative, ungeheuerliche Ideen, um schwierige Fragen aufzuwerfen. Und es funktioniert: Sie hat mich wirklich zum Nachdenken darüber angeregt, wie verquer unsere Vorstellungen von »normaler« Geburt, Schwangerschaft und Mutterschaft sind.

Wenn es Annas vollkommene Ektogenese je geben könnte, ist die Liste der Frauen lang, die sich ihrer bedienen würden: Frauen, die an Epilepsie oder einer bipolaren Störung leiden und ihr Leben riskieren, wenn sie auf Medikamente verzichten, die den Fötus schädigen. Frauen, bei denen während der Schwangerschaft Krebs diagnostiziert wird und die sich heute entscheiden müssen zwischen der Fortsetzung der Schwangerschaft, um das Leben des Babys zu retten, oder einer Therapie, die ihr eigenes Leben retten könnte – für sie würde schon eine Teil-Ektogenese einen gewaltigen Unterschied bedeuten. Tokophobikerinnen, die sexuell missbraucht wurden und dadurch unter krankhafter Angst vor Schwangerschaft und Geburt leiden: Frauen, die sich verzweifelt Kinder wünschen, aber die Vorstellung unerträglich finden, sie auszutragen.

Und dann sind da noch die Frauen, die keine Gebärmutter haben. Eine von 4500 Frauen kommt mit dem Mayer-Rokitansky-Küster-Hauser(MRKH)-Syndrom zur Welt. Das bedeutet, ihr Uterus hat sich nicht entwickelt. Anderen wurde die Gebärmutter aus medizinischen Gründen entfernt: weil sie Gebärmutter- oder Gebärmutterhalskrebs hatten oder schwere, zehrende Endometriose (Lena Dunham hat über ihre aus diesem Grund mit 31 Jahren durchgeführte Hysterektomie berichtet). Solche Frauen kommen derzeit als Kandidatinnen für Uterustransplantationen infrage. Seit 2001 ist dieser Eingriff bei rund 40 Frauen durchgeführt worden und hat zur Geburt von rund einem Dutzend Babys geführt.[3] Er setzt aber die Einnahme von Immunsuppressiva und eine große Operation voraus – bei einer Lebendspenderin (wie meist der Fall) gleich an zwei gesunden Frauen. Der Uterus ist kein lebenswichtiges Organ. Andere Transplantationen retten Leben, diese nicht. Käme es im größeren Stil zu Gebärmuttertransplantationen, würde das den bereits großen Ansturm auf die Transplantationschirurgie noch verstärken. Künstliche Gebärmütter würden solche ethischen Dilemmas umgehen.

Doch Ektogenese wird auch Frauen in Situationen helfen, die in der Öffentlichkeit auf weniger Verständnis stoßen: Sahakians derzeitige Interessentinnen an einer Leihmutterschaft aus gesellschaftlichen Gründen, ältere Frauen, deren Körper eine Schwangerschaft nicht mehr so ohne Weiteres mitmachen, doch deren männliche Altersgenossen diesbezüglich gedankenlos Kinder in die Welt setzen können. Die Ektogenese würde die Schwangerschaft altersunabhängig machen. Man könnte als junger Mensch ein Embryo zeugen und es im Ruhestand in einem Beutel heranwachsen lassen.

Doch die Bevölkerungsgruppe, die diese Technik womöglich am stärksten emanzipiert, sind Menschen, die nicht als Frauen geboren wurden. Für alleinstehende oder schwule Männer und Transfrauen, die unbedingt eigene biologische Kinder möchten, stellt die künstliche Gebärmutter eine neue Grenze der Freiheit dar.

11. Die unbefleckte Schwangerschaft

Es ist Freitagabend, 18 Uhr 30. In der Barbican Martini Bar in London ist die Hölle los. Hinter einer Samtkordel, jenseits des Schildes mit der Aufschrift »Fertility Fest Seed Reception – nur für geladene Gäste«, wird Michael Johnson-Ellis von Frauen Ende 30, Anfang 40 umringt. Wie ein Kuppler stellt er sie einander vor. Mit der rechten Hand begrüßt er seine Gäste, in der linken hält er einen Espresso Martini.

Michael hat mit seinem Ehemann Wes auf dem Fertility Fest gerade einen Vortrag gehalten mit dem Titel »Wer ist der Papa?« – über all die peinlichen, verletzenden Fragen, die ihnen gestellt werden, wenn andere erfahren, dass sie mithilfe einer Leihmutter Eltern geworden sind. Unter der Bezeichnung »TwoDaddies« bloggen die Johnson-Ellises aus Worcestershire und setzen sich in Großbritannien für Leihmutterschaft ein. Sie organisieren eine Online-Supportgruppe für Männer, die gern Vater werden wollen. Sie sind seit 2012 ein Paar und seit 2014 verheiratet und haben eine zweijährige Tochter, Tallulah. Ein Sohn ist unterwegs. Außerdem hat Wes noch eine ältere Tochter aus einer früheren heterosexuellen Beziehung.

Michael entdeckt mich und winkt mich in eine ruhigere Ecke am Balkon. Wir lassen uns in einen der Sessel fallen, und er fängt gleich an, mir die Geschichte von der »Odyssee« zu erzählen, die er und Wes unternahmen, um Eltern zu werden.

»Ich hatte heterosexuelle Beziehungen. Ich habe mit 20 *geheiratet*«, erzählt Michael in seinem weichen Birmingham-Dialekt und lacht, so absurd kommt ihm das vor. »Ich *weiß*!«

»Wollten Sie schon immer Kinder haben?«

»O *Gott*, ja.« Seine Miene verdüstert sich. »Bei der Entscheidung für mein Coming-out stellte sich mir die Frage: Bleibe ich verheiratet und begehe Selbstmord? Oder bekenne ich mich und finde mich damit ab, dass ich nie Vater werden kann? 2001 kannte ich keinen Schwulen, der Vater war. Deshalb hatte ich das gar nicht auf der Rechnung. Ich habe so oft erlebt, wie Männer in meinem Umfeld zum Strick griffen oder zu Tabletten, und das wollte ich meinen Eltern nicht antun. Ich musste mich entscheiden: Mich von dem Gedanken verabschieden, Vater zu werden, wenn das bedeutete, mit jemandem glücklich zu sein, den ich liebte, oder in einer Beziehung zu leben, in der ich zwar Kinder haben konnte, doch die Beziehung würde nicht gut ausgehen.«

Als er Wes kennenlernte, hatte sich die Welt verändert: Die ersten schwulen Paare bekamen Kinder. »Ich glaube, ich habe schon in der ersten Woche zu ihm gesagt: ›Also, ich hör mich jetzt bestimmt an wie eine überspannte Frau – aber willst du Kinder haben?‹« Nach einem Monat waren sie zusammengezogen. Ein paar Wochen später hatten sie sich verlobt. »Und nach etwa einem Jahr war die Frage für uns: ›Also gut – wie gründen wir eine Familie?‹«

Wes kommt zu uns. Er hat einen rosa Martini in der Hand und entschuldigt sich für die Verspätung. »Heute Abend sind wir eben sehr gefragt.«

Für ein Paar, das schnelle Entscheidungen trifft, ist Leihmutterschaft ein empfindlich langsamer Prozess. Sie brauchten dreieinhalb Jahre, bis sie einen Weg gefunden hatten. »Wir dachten an Nepal, an Indien, an Thailand, ans mexikanische Guadalajara ...«, erzählt Michael.

»Und was wir auch anpackten, alles ging schief ...«, ergänzt Wes.

»Immer kam etwas dazwischen«, nickt Michael. »Wir fingen mit Thailand an, doch dann grätschten die Australier dazwischen, weil es da diesen strittigen Fall gab.« Er spricht vom Fall Gammy. »Dann war Indien plötzlich gegen Schwule, und man musste sich der Leihmutter gegenüber als verheiratet ausgeben.«

»Und war dann nicht das Erdbeben in Nepal?«, wirft Wes ein.

»Ja, und eine Menge Embryonen wurden getötet. Dann gingen wir nach Spanien, in eine Klinik mit Verbindungen nach Mexiko. Dort hätte es fast geklappt. Ich weiß noch, wie ich zu dem Klinikchef sagte: ›Wie viele Briten sind denn schon mit ihrem Kind nach Hause gefahren?‹ – ›Tja, noch keine.‹ Ich dachte nur: ›Nein, nein, nein.‹«

Wes meinte, es wäre sicherer, mit einer Ausländerin ein Geschäftsverhältnis einzugehen. »Wenn man sich für eine Leihmutter entscheidet, gehen einem unwillkürlich Dinge durch den Kopf wie: Wird sie mit dem Baby abhauen? Dieses Risiko wäre im Ausland geringer. Wir würden unser Baby bekommen, nach Hause fahren und diese Person nie wiedersehen. Alle Bande wären zerschnitten, und wir wären wieder in unserer eigenen Welt. Wir könnten uns nicht zufällig beim Einkaufen über den Weg laufen.«

Weil sie keine andere Möglichkeit mehr sahen, richtete Michael auf einer internationalen Website namens surrogatefinder.com ein Profil ein, und keine vier Wochen später meldete sich per E-Mail eine britische Frau und wollte die beiden kennenlernen. Sie besuchten sie und ihren Mann in Bury, und zum ersten Mal hatten sie den Eindruck, dass alles passte. Am Ende trug sie ihre Tochter Tallulah aus, und jetzt ist sie mit ihrem Sohn schwanger.

»Sie gehört inzwischen zu unserem Leben, was wir eigentlich nie wollten und nie beabsichtigt hatten«, erzählt Wes.

»Unsere Beziehung zu ihr ist ganz anders, als wir das ursprünglich geplant hatten, doch heute können wir uns das gar nicht mehr anders vorstellen«, ergänzt Michael.

»Wir wollten eigentlich ein ganz klares Geschäftsverhältnis, doch inzwischen gefällt es uns sehr gut, wie es ist. Wir erzählen Tallulah sogar schon von ihr und dass sie sie zur Welt gebracht hat.«

»Tallulah weiß, dass sie jetzt ihren Bruder in sich trägt und dass er zu uns kommt, wenn er groß genug ist.«

Es hört sich an, als wäre ihnen das, was Anna als »ektogenetischen Gestator« bezeichnet, eigentlich lieber gewesen – doch dann waren ihnen menschliche Gefühle in die Quere gekommen, und jetzt sind sie sehr glücklich, wie sich die Dinge entwickelt haben. Heikle Beziehungen müssten natürlich mit einer künstlichen Gebärmutter nicht mehr bewältigt werden. Man wäre nicht mehr vom guten Willen anderer abhängig, die man danach zufällig im Supermarkt treffen könnte, und entsprechend peinlichen Situationen ausgesetzt.

Tallulah wurde mit Michaels Sperma gezeugt und mit der Eizelle einer Spenderin, die blond und blauäugig ist – wie Wes. Wes ist der biologische Vater des Sohnes, den die beiden erwarten. Er wurde mit der Eizelle einer Spenderin gezeugt, die wie Michael eher ein dunklerer Typ war. Künftig müssen gleichgeschlechtliche Elternpaare vielleicht nicht mehr auf solche familiären Ähnlichkeiten achten: In ein paar Jahrzehnten können Wissenschaftler womöglich Spermien und Eizellen aus Hautzellen erzeugen. (Japanische Forscher haben damit bei Mäusezellen bereits ziemliche Erfolge erzielt[4], doch menschliche Gameten sind ein anderes Thema.) Dann könnten Männer wie Frauen Eizellen und Spermien produzieren, je nach den Anforderungen ihrer Beziehungen.

Wes und Michael wollten immer eigene biologische Kinder haben. Ein Adoptiv- oder Pflegekind wäre für sie nicht infrage gekommen. Das gestehen sie mir fast verschämt, als könnte ich annehmen, sie würden Kinder nicht genug lieben, wenn sie nicht bereit wären, die unbekannte Größe eines zur Adoption freigegebenen Kindes auf sich zu nehmen. Heterosexuelle Paare müssen sich nicht auf diese Weise rechtfertigen.

11. Die unbefleckte Schwangerschaft

Doch inzwischen wissen sie, dass die Biologie nicht so wichtig ist, wie sie dachten.

»Ich hatte schon daran zu kauen, dass Michael der biologische Vater unserer Tochter ist. Ich war mir nicht sicher, wie unsere Beziehung aussehen würde. Doch vom Tag ihrer Geburt an war klar ...«

Michael kommen die Tränen. »Oh, jetzt muss ich *heulen* ...«

»Es spielt keine Rolle.« Jetzt weint auch Wes. »Es spielt überhaupt keine Rolle.«

Sie trinken beide einen Schluck, um sich zu beruhigen.

»Nach der Geburt«, erzählt Michael, »saß ich mit Tallulah auf dem Rücksitz und *weinte*. Niemand hatte mich auf solche Gefühle vorbereitet. Ich dachte immer, das ist so ein Mutterding, aber das ist es überhaupt nicht. Damals hat sie in uns mehr, als wir uns das je hätten träumen lassen, die ganze elterliche Liebe geweckt.«

Vielleicht haben Mütter ja wirklich nicht das Monopol auf ungezähmte animalische Liebe zu ihren Babys. Wir sitzen alle drei mit feuchten Augen da. Michael unterbricht das Schweigen: »Verstehen Sie mich nicht falsch – manchmal ist Tallulah wirklich ein Biest.«

Die Johnson-Ellises haben Glück: Andere schwule Paare, die sie kennen – online und im wirklichen Leben –, haben es viel schwerer. Sie erzählen mir »Horrorstorys« von »verzweifelten« Männern, die sich mit ihren Leihmüttern überworfen haben oder »ganz vorsichtig taktieren«, weil sie zu ihren Austrägerinnen vor Beginn der Fertilitätsbehandlung keine tragfähige Freundschaft entwickelt haben. Manche derjenigen, die sich im Ausland Leihmütter suchten, litten darunter, während der Schwangerschaft nicht präsent zu sein und sich ohnmächtig zu fühlen.

»Wir haben gehört, dass es in Amerika Vereinbarungen mit Leihmüttern gibt, bei denen diesen vorgeschrieben wird: ›Ihr dürft nach 18 Uhr nicht mehr aus dem Haus, ihr dürft euch maximal 20 Meilen von eurem Wohnort entfernen, ihr dürft sechs Monate lang keinen Sex haben, nicht trinken und nur Bionahrung zu euch nehmen.‹ Weil es Geschäftsbeziehungen sind, legen die Wunscheltern solche Dinge vertraglich fest«, erklärt mir Michael.

»Und die Frauen lassen sich darauf ein, weil sie einen Haufen Geld dafür bekommen«, schiebt Wes nach. Trotzdem ist er nach wie vor für die rein kommerzielle Leihmutterschaft, denn, so meint er, dann wüsste jeder, wo er steht.

Michael ist anderer Ansicht. »Ich bin einfach nicht für die Kommerzialisierung eines Produkts, bei dem Angebot und Nachfrage in keinem Verhältnis stehen und immer mehr einkommensschwächere Menschen sich das nie leisten können.«

Ein *Produkt*?, möchte ich schreien. Doch ich halte mich zurück. Denn nichts anderes ist eine Leihmutterschaft, wenn sie geschäftlich geregelt wird. Eher Produkt als Dienstleistung: Das Produkt ist die Gebärmutter der Frau. Die mangelnde Kontrolle, die die Kunden über dieses Produkt haben, führt zu absurdem Kontrollverhalten, das in Verträgen festgelegt wird, die für die Frauen eine Zumutung sind – ganz gleich, wie viel sie dafür bezahlt bekommen.

Michael wusste schon von den Baby-Beuteln, bevor ich Kontakt zu ihm aufnahm. Beim Fertility Fest habe die Aussicht auf künstliche Gebärmütter viel Wirbel ausgelöst, berichtet mir Wes. Einer der Vortragsredner erwähnte sogar, dass Männer vielleicht eines Tages Vorrichtungen tragen könnten, in denen ihre Babys heranreifen könnten. Als ich frage, ob Bedarf für solche Technologie bestehe, fangen ihre Augen an zu glänzen.

»Absolut«, meint Michael.

»Was würde das denn für Sie bedeuten?«

»Wenn wir die Zeit um 20 Jahre vorspulen würden und diese Technologie verfügbar und ethisch akzeptiert wäre, richtig funktio-

11. Die unbefleckte Schwangerschaft

nieren würde und hinlänglich erprobt wäre, hätten die Menschen einfach so viel mehr Möglichkeiten«, erklärt Wes.

»Und nicht nur die Schwulen. Die Frauen, die sich heute geäußert haben – so viel *rohe* Emotion. Sie trauerten um etwas, das sie nie besaßen. Das könnte so viel Hoffnung bringen. Denken Sie 40 Jahre zurück, als Louise das Licht der Welt erblickte« – er spricht von Louise Brown, dem ersten Retortenbaby, inzwischen 40 Jahre alt und Gast beim heutigen Fertility Fest –, »und gehen Sie dann wieder 40 Jahre in die Zukunft und schauen Sie sich an, wo die Reproduktionsmedizin heute steht. Das ist schlicht mehr Hilfe für Menschen, die sich das so sehr wünschen.«

Doch da kommt wieder der Ekelfaktor ins Spiel. Führt der Weg zur öffentlichen Akzeptanz für die Clean-Meat-Branche bergauf, dann ist er für die Industrie um die künstliche Gebärmutter schier unüberwindlich steil.

»Wäre es nicht bizarr, das eigene Baby in einem Beutel heranwachsen zu sehen?«, frage ich.

»Schon«, meint Michael darauf. »Wenn man sich vorstellt, wie so ein Fötus im Labor im Inkubator um sich tritt ... das erinnert schon etwas an den Terminator.«

»An *Alien*«, korrigiert ihn Wes.

»Weil es nicht natürlich ist«, spricht Michael weiter.

»Aber das hat doch auch viel damit zu tun, was die Menschen als natürlich wahrnehmen, oder?«, wendet Wes ein.

»Ist etwas unnatürlich, rümpfen wir in aller Regel so lange die Nase darüber, bis es uns jemand erklärt. Bis uns jemand darüber aufklärt, dass es okay ist«, meint Michael.

Das gilt natürlich auch für Familien mit zwei Vätern.

»Ganz ehrlich – ich glaube, dass es irgendwann üblich sein wird, zwei gleichgeschlechtliche Eltern zu haben«, meint Wes.

»Wir leben in einem Dorf. In einem Mittelklassedorf in Mittelengland. In Tallulahs Kindergarten sind noch *zwei weitere* gleichgeschlechtliche Familien«, berichtet Michael stolz.

»Können Sie sich vorstellen, dass bei einem künftigen Fertility Fest eine künstliche Gebärmutter zu den Optionen zählt?«, frage ich.

Michael lächelt. »Darüber würde ich mich sehr freuen.«

»Ich schreibe – mehr nicht«, eröffnet mir Juno Roche. »Ich sage das, weil die Leute immer voraussetzen, dass man auch ›Aktivist‹ sein muss, wenn man trans ist. Ich habe nie demonstriert, nie meine Stimme erhoben und nie ein Banner getragen. Und was die Pronomina angeht, finde ich die dritte Person Mehrzahl gut: ›sie‹. Das passt zu mir, obwohl ich mich nie als nicht binär bezeichnen würde. Ich beschreibe mich einfach als trans. Das braucht keine weitere Endung.«

»Es würde Ihnen nicht gefallen, wenn ich Sie als Transfrau bezeichnen würde?«

»Nein, sagen Sie einfach trans. Jetzt mit 55 merke ich, dass das eigentliche Problem immer das Geschlecht war.«

Juno ist dezent geschminkt – die zart getuschten Wimpern heben ihre türkisfarbenen Augen hervor. Ihr schulterlanges Haar zieren hellblonde Strähnchen, ihre Ohren goldene Creolen. Wir sitzen in einem ruhigen Winkel im Quaker Friends House in Euston. Sie lehnen freundschaftlich-verschwörerisch in ihrem Stuhl und haben die Beine in den löchrigen Jeans und den strahlend weißen Sneakers übereinandergeschlagen.

Früher war Juno Grundschullehrerin, Prostituierte und Heroinsüchtige. Ihre Berufung haben sie aber als Verfasser unverstellter, einzigartiger persönlicher Artikel über die Trans-Erfahrung gefun-

11. Die unbefleckte Schwangerschaft 283

den. In einem bewegenden Text, der 2016 unter dem Titel »My Longing to Be a Mother As a Trans Woman« veröffentlicht wurde, beschreibt Juno, dass »es die eine absolute Tragik, mein einer absoluter Schmerz ist, dass ich kein Kind habe«.[5]

Damals ließen sie sich noch gern als Transfrau bezeichnen. Juno hat sich zwar vor fast zehn Jahren umoperieren lassen, lehnt aber die Vorstellung ab, dass sie dadurch zur Frau wurde. »Nach der Operation lag ich auf einer Station, auf der noch vier von uns waren – Transmenschen. Die anderen sagten zwei Tage nach dem Eingriff: ›Oh! Meine Haut! Fühlt sich deine Haut weicher an?‹« Juno wirft mir einen Seitenblick zu. »›Nein. Ich finde, ihr gehört in eine *geschlossene Abteilung*.‹«

Juno hat etwas Liebenswürdiges, das irgendwie mit ihrer unverblümten Direktheit koexistiert. »Fragt mich jemand nach meinen Genitalien, sage ich immer, sie wurden upgecycelt oder recycelt – oder neu gemacht. Für mich ist das keine Vagina, sondern ein Kunstwerk und ein politisches Statement«, erklärt sie. »Diese Vorstellung vom ›echt‹ sein … Die Leute sagen: ›Nein, Transfrauen sind Frauen.‹ Und die Menschen, die so etwas sagen, sind selbst nie trans.«

»Sie würden nicht sagen, dass Transfrauen Frauen sind?«

»Nein. Manche Menschen sehen sich so. Und ich werde ihnen da keine Vorschriften machen. Aber was mich betrifft? *Nein.*«

Juno weiß, dass das ein Minenfeld ist. Die Diskussion darüber, ob Transfrauen Frauen sind, stand im Mittelpunkt der Kontroverse um das britische Gesetz über die Anerkennung der Geschlechtszugehörigkeit (Gender Recognition Act). Das würde es Transmenschen ermöglichen, ihre Geschlechtsidentität rechtlich anerkennen zu lassen, ohne den medizinischen Nachweis zu erbringen, dass sie ihr Geschlecht verändert haben. Transfrauen wären Frauen, weil sie sich selbst als solche identifizieren. Das sorgte für Aufruhr bei vielen Feministinnen, die befürchten, dass dadurch männliche Körper Zugang zu privaten Räumen erhalten könnten, die weibliche Körper schützen sollen. Manche Trans-Aktivisten bezeichnen als Frauen geborene inzwischen als »Gebärmutterträgerinnen«, als wäre es nur die fehlende Gebärmutter, die Transfrauen anders macht. Ektogenese würde Transfrauen natürlich gleichermaßen Schwangerschaften ermöglichen, sodass dieser Punkt gegenstandslos wäre.

Doch ein weiblicher Körper mit der entsprechenden Fortpflanzungsfähigkeit ist etwas, wonach sich Juno ihr Leben lang gesehnt hat.

»Meine früheste Erinnerung ist die an meine schwangere Mutter und dass ich das absolut fantastisch fand. Es war so ein gutturales, ursprüngliches Gefühl. Ich erzählte meinem Lehrer, dass ich das werden wollte, wenn ich groß war: Jemand mit einem geschwollenen Bauch voller Babys.«

Sie waren zu viert, als ihre Mutter mit ihrem kleinen Bruder schwanger war, und legten immer den Kopf an ihren Bauch und hörten, wie das Baby da drinnen herumplanschte. Das Brüderchen kam zu Hause auf die Welt, sodass Juno ihn schon Momente nach der Geburt zu sehen bekam. »Meine Mutter wirkte so *irrsinnig* glücklich.«

Doch Muttersein ist natürlich viel mehr als nur das. »War es die Schwangerschaft und die Freude über die Geburt, die Sie so anzogen?«, frage ich nach.

»Ich glaube, es war die Beziehung. Meine Beziehung zu meiner Mutter war sehr gut, sehr innig, sehr liebevoll, sehr fürsorglich und beschützerisch. Bei ihr fühlte ich mich so gut, so sicher, so geborgen wie nirgends sonst. Es war das Einzige, das ich im Kopf immer klar hatte: diese *zärtliche* Beziehung. Die Bindung zur Mutter verankert

11. Die unbefleckte Schwangerschaft

einen in der Welt. Jedenfalls hat sie meiner Mutter in der Welt Orientierung gegeben und sie im Positiven verankert.«

Das rührt mich unerwartet an: Es bringt so viel von dem zum Ausdruck, wie ich als Mutter fühle. Da kommt jemand, der sich selbst nicht als Frau sieht, noch nicht einmal die entsprechenden Pronomina verwendet, doch in der Lage ist, etwas so durch und durch Frauliches mit so tiefem Ernst und so viel Gefühl zu beschreiben. Vielleicht sagt das mehr über mich aus als über Juno, doch ich hatte nicht erwartet, dass ein kinderloser Transmensch sich so gut artikulieren kann.

»Ich zerbreche mir darüber schon mindestens 50 Jahre lang den Kopf und wurde drogenabhängig bei dem Versuch, mit dem entstehenden Schmerz zurechtzukommen«, meint Juno leise.

»Um den Schmerz zu lindern, dass Sie nicht Mutter werden können?«

»Ja. Ja. Denn alles andere war so sinnlos. Beziehungen waren sinnlos: Wir würden ja kein Baby haben. Mein Körper war sinnlos, weil er kein Baby hervorbringen konnte.«

Natürlich hätte Juno ein Baby zeugen können, doch Vater zu sein war »nie eine Option«. »Es kam mir nie in den Sinn, dass ich Vater werden könnte. Schon die Vorstellung, ein Mann zu sein, war absurd. Ich wusste einfach nicht, warum ich diesen Körper hatte. Ich hatte nie einen Bezug dazu. Mit Männlichkeit in jeder Erscheinungsform konnte ich nicht interagieren. Hätte ich das gekonnt, wäre es in gewisser Hinsicht leichter gewesen.« Auch eine Leihmutter kam für Juno nie infrage. »Ich hätte nicht gewusst, wie ich mit ihr umgehen soll. Ich hätte nicht gewusst, wie ich da hineinpasse, denn als Transmensch ist mir Mutterschaft von Haus aus unmöglich. Die unmittelbare Erfahrung steht mir nicht offen. Da wären so viele negative Gefühle im Spiel gewesen, die ich nicht gewollt hätte, und ich wäre nicht unmittelbar an dem Vorgang beteiligt gewesen, weil sich das Magische im Körper einer anderen vollzogen hätte.« Adoptiv- oder Pflegekinder waren ebenfalls unmöglich: Bei Juno wurde 1992 HIV diagnostiziert, und das ist ein Ausschlusskriterium, wie sie sagen. Mit 55 haben sie sich damit abgefunden, dass sie nie Kinder haben werden.

»Hätte ich Kinder, würde meine schriftstellerische Karriere anders aussehen. Ich könnte nicht so arbeiten. Das muss man realistisch sehen.« Dennoch ist es etwas, was Juno offensichtlich aktiv bedauert. »Selbst in unserem heutigen Gespräch geht mir das noch sehr nahe.« Sie lehnen sich im Stuhl zurück, verschränken die Arme vor der Brust, und ihre Augen glänzen feucht. »Es ist echte, physische Traurigkeit. Weil ich keine Mutter bin, muss ich einen Sinn in diesem Leben finden, das keinen Sinn hat. Das ist harte Arbeit. Sonst würde mich die Trauer überwältigen.«

Selbst angesichts der biologischen Realität hielt sich Juno an der Hoffnung fest, eines Tages eigene Kinder zu haben. Sie erzählen mir, dass der Chirurg fünf Tage nach der Umoperation vorbeikam, um seine Arbeit zu inspizieren. Der Verbandmull, der den in Junos »upgecycelten« Genitalien neu geschaffenen Raum ausfüllte, wurde entfernt, damit er den »Tiefentest« durchführen konnte.

»Er zog dieses Einmalspekulum heraus und *schob* es tief in mich hinein – die Fäden hatten sich aufgelöst, deshalb war das *schmerzhaft.*« Wir zucken beide zusammen. »Dann sagte er zu mir: ›Oh, das ist die Rückwand.‹ Und dann erklärte er mir, wie tief ich war. Ich drehte den Kopf weg und weinte. Da ist eine Rückwand. Ich kann kein Baby haben. Es ist eine Sackgasse.«

»Aber das hatten Sie doch gewusst«, sage ich vorsichtig.

»Natürlich. Aber ich hatte mir das anders gewünscht. Und der Unterschied zwischen Wissen und Fühlen ist manchmal nur so

11. Die unbefleckte Schwangerschaft

groß« – sie hält Zeigefinger und Daumen bis auf wenige Millimeter aneinander – »und doch fällt man in den Abgrund. Das Gefühl, das mich überkam, war – es ist eine *Höhle*. Ich habe keinen Gebärmutterhals, keine Eileiter, keine Eierstöcke, keine *Gebärmutter*.«

Juno kennt jedes Gerücht und jede urbane Legende über die Möglichkeit, dass Menschen, die bei der Geburt dem männlichen Geschlecht zugeordnet wurden, eines Tages im eigenen Körper ein Kind austragen können – vielleicht durch ektopische Implantation eines Babys irgendwo zwischen den Verdauungsorganen. Sie hat sie alle als fantastisch oder gefährlich abgetan. »Ich möchte nicht für die Vorstellung leben, dass es eines Tages möglich sein könnte, aus *diesem* Körper *den anderen* Körper zu machen. Ich glaube nicht, dass es so kommt.«

Bevor ich mit ihnen in Kontakt trat, hatten sie noch nie über Ektogenese nachgedacht. »Als Sie mir davon erzählten, dachte ich sofort: Damit befasse ich mich gar nicht näher, denn das passiert sowieso nicht mehr zu meinen Lebzeiten. Doch seither geht mir die Sache nicht mehr aus dem Kopf und beschäftigt meine Fantasie. Ihretwegen denke ich jetzt über etwas nach, was vielleicht in 30 Jahren passiert, wenn ich es gar nicht mehr erlebe.«

»Wäre es heute schon möglich, was würde das für Sie bedeuten?«

Sie antworten nicht gleich, und ihre Augen werden wieder feucht. »Für andere Menschen wie mich würde das *so viel* bedeuten. Es hieße, sie könnten das Leben in seiner ganzen Fülle erfahren. Im Moment stehen einem Trans vielleicht 60 oder 70 Prozent zur Verfügung. Und das große Defizit – die Dinge, die man nicht haben kann – muss man eben akzeptieren. Wenn Ektogenese möglich wäre, wäre das für mich so lebensbejahend.«

»Wäre ein künstlicher Uterus nicht ein bisschen abartig? Glauben Sie, die Menschen würden sich daran gewöhnen?«

»Sicher würden sie das«, ist die prompte Antwort. »Ich war 2012 bei den Paralympics und habe die Leichtathleten gesehen. Wenn man sich daran gewöhnen kann, dass Menschen mit Prothesen superschnell laufen – und nicht nur laufen, sondern zu Helden werden, sexy und begehrenswert, die Coolsten überhaupt, dann lautet die Antwort auf jeden Fall ja.«

Würde eine außerhalb des Körpers existierende Gebärmutter für Menschen zur Prothese, die biologisch nicht schwanger werden können, so berge das neue Chancen für ganz andere Arten von Bindung, meint Juno.

»Wenn ich hingehen und zuschauen kann, wie in diesem künstlichen Konstrukt etwas heranwächst, dann entwickle ich eine *persönliche* Bindung. *Ich* gehe hin und kümmere mich. *Ich* gehe hin und sitze daneben. *Ich* gehe hin und sehe danach. *Ich* gehe hin und halte auf Fotos fest, wie das Kind heranwächst. Ich *spreche* mit ihm.«

In Juno verselbstständigt sich die Vorstellung. »Man könnte die direkte Umgebung gestalten, das Zimmer, in dem sie sich befindet. Es gäbe einen physischen Raum, und für den könnte man Verantwortung übernehmen. Bei der Gebärmutter oder dem Körper einer anderen Frau geht das nicht. Es wäre Unmittelbarkeit gegeben. Nichts anderes ist Intimität – Unmittelbarkeit, Barrierefreiheit. Der Zauber, hinzuschauen, das Ding zu sehen und zu wissen: Es gehört mir.«

Bevor ich mich von Anna Smajdor verabschiede, frage ich sie nach dem Nutzen der Ektogenese für Menschen wie Juno, Wes und Michael, denn darüber hat sie nie etwas geschrieben.

»Aus meiner Sicht sollte man gar nicht so auf das Recht pochen,

Kinder zu haben«, erklärt sie frei heraus. »Für mich ist es der Gipfel der Überheblichkeit, einen neuen Menschen in die Welt zu setzen.« In ihren Augen sehe ich, dass ihr klar ist, wie ungeheuerlich das klingt, doch sie sagt es ganz ernst. »Aus rein moralischer Perspektive halte ich die Beziehung zwischen Eltern und Kindern für höchst problematisch. Die Liebe, die Kinder für ihre Eltern empfinden, ist eine Art Stockholm-Syndrom: Sie sind vollkommen abhängig und müssen ihren Geiselnehmer lieben. Mir kommt das ziemlich schrecklich vor.«

Ich weiß ja inzwischen, wie deutlich Anna gegen das Kinderkriegen eingestellt ist, doch jetzt wird es komisch.

»Ich behaupte nicht, es sei keine Liebe, ich sage nur, dass ich nicht glaube, dass Liebe immer so schön ist, wie die Leute in der Regel meinen«, fährt sie fort. »Aus all diesen Gründen trete ich nicht dafür ein, dass irgendjemand ein Anrecht auf ein Kind hat. Ich trete für das Recht des Menschen auf einen unversehrten Körper ein. Darüber hinaus möchte ich nicht sagen, dass Ektogenese eine gute Sache wäre, weil sie es Transfrauen ermöglicht, sich fortzupflanzen. Meine Argumente für die Ektogenese haben nicht wirklich etwas mit dem Recht auf Fortpflanzung zu tun.«

Womöglich merkt Anna, dass mir das gerade ein bisschen zu abgehoben ist. Deshalb klinkt sie sich für einen Moment aus der Welt der philosophischen Logik aus.

»Der moralische Imperativ für die Ektogenese war eine Art Gedankenexperiment. Ich versuchte, die Überlegungen so weit wie möglich zu treiben, um herauszufinden, wie sich ein solcher Imperativ argumentativ untermauern ließe. Vorausgesetzt, die *perfekte* Ektogenese wäre möglich, erscheint sie mir im Interesse einer wirklich gerechten Gesellschaft *durchaus* erstrebenswert. Das Problem dabei ist bloß, dass unsere Gesellschaften nicht wirklich gerecht sind. Und sie sind so stark durchsetzt von der Vorstellung, dass natürliche Fortpflanzung schön und wundervoll und das großartigste Erlebnis im Leben einer Frau ist. In einer Gesellschaft, die das glaubt, ob implizit oder explizit, wird Ektogenese höchst problematisch sein. Ich vermute, sie dürfte eher so eingesetzt werden, dass es Frauen im Allgemeinen schadet.«

»Und wie wäre das?«

»Wenn wir darüber sprechen, extreme Frühchen zu retten, besteht die Gefahr, dass wir Babys irgendwann aus dem Mutterleib retten wollen, weil die Mutter *nicht geeignet* ist, den Fötus in ihrem Uterus auszutragen«, erklärt sie.

Wenn man ein gefährdetes Baby vor den Risiken einer Frühgeburt retten kann, wäre man dann nicht bereit, es auch vor dem potenziell riskanten Verhalten einer rücksichtslosen werdenden Mutter zu retten? Zu diesem Zweck braucht man nach Annas Vorstellung gar nicht die *perfekte* oder vollständige Ektogenese. Der Baby-Beutel würde genügen.

12.
»Endlich. Frauen sind überholt«

Es ist 5 Uhr früh an einem Mittwoch in der Stadt Mobile in Alabama. Die Schlange vor dem Mobile Metro Treatment Centre zieht sich um den ganzen Block. Es stehen dort Männer mittleren Alters im Anzug an, Frauen in Kellnerinnenkluft, müde Pärchen, die Händchen halten. Die meisten sind zwischen 20 und 40 und weiß, obwohl die Bevölkerung von Mobile zu über der Hälfte schwarz ist. Sie sind heute wie jeden Morgen hier, um sich das Methadon abzuholen, das sie brauchen, um zu funktionieren. Die Ende Mai schon gnadenlose Sonne Alabamas ist noch nicht aufgegangen. Unter dem orangefarbenen Licht der Straßenlaternen blicken sie wortlos auf ihre Schuhe, während sie darauf warten, dass sich die Türen öffnen.

Barbara Harris ist neun Stunden aus North Carolina hergefahren. Sie ist 65 und nicht mehr so sicher auf den Beinen, doch was ihr an Beweglichkeit fehlt, macht sie durch ihre Präsenz wett – ihre unerschütterliche Selbstsicherheit. Sie geht durch die Reihen und lächelt den nervösen Menschen freundlich zu.

»Kennen Sie jemanden, der Drogen nimmt und schwanger werden könnte?«, fragt sie jeden Einzelnen und drückt allen rosa Visitenkarten in die Hand. »ACHTUNG DROGENABHÄNGIGE/ ALKOHOLIKER« steht darauf in roten Lettern. »SCHÜTZT EUCH VOR SCHWANGERSCHAFT, KRIEGT DAFÜR 300 DOLLAR IN BAR«. In der oberen rechten Ecke befindet sich ein Farbfoto eines unglaublich kleinen krebsroten Frühchens auf einer Neugeborenen-Intensivstation, übersät mit Schläuchen, wie die Babys in dem CHOP-Werbefilm.

Seit Barbara 1997 ihre gemeinnützige Organisation Project Prevention gegründet hat, hat sie über 7200 süchtigen und alkoholkranken Menschen ihre Fruchtbarkeit abgekauft.[1] Die überwältigende Mehrheit – 95 Prozent – waren Frauen. Ihre Mission ist nach ihren Angaben, »die Zahl der Geburten unter Drogeneinfluss auf null zu verringern«. Die Verhütungsmethoden, die sie anbietet, sind aber nicht Kondome und Pille, sondern Implantate und Sterilisation. Aus juristischen Gründen führt Project Prevention die Eingriffe nicht selbst aus: Vielmehr lässt sich Barbara Bestätigungen von Ärzten vorlegen, aus denen hervorgeht, dass die Patientin eine Empfängnis langfristig oder dauerhaft verhütet. Klientinnen, die sich für eine Sterilisation entscheiden, bekommen die 300 Dollar in einer Summe ausbezahlt. Frauen, die sich für weniger rigorose Optionen entscheiden, erhalten sie in kleineren Raten, solange sie nachweisen können, dass das Verhütungsmittel noch wirkt. Vielleicht haben sich deshalb Tausende der Frauen, die sie bezahlt hat, für eine Ligatur der Eileiter entschieden.

In ihrem mit dem Aufdruck »Project Prevention« versehenen Wohnmobil ist Barbara US-weit unterwegs, um neue Abhängige zu rekrutieren. Das Fahrzeug ist mit gestellten Farbfotos von Babys bedeckt, die neben einer Linie Koks schlafen, und von schwangeren Teenagern, die sich Spritzen setzen. Darüber prangt der Slogan: »Babys sollten DROGEN- UND ALKOHOLFREI sein«. (Für die Fotos standen übrigens manche von Barbaras zehn Kindern und kleinen Enkelchen Modell.) Auf dem Nummernschild steht »SENDUS$$«. Barbara erzählt mir, sie erhalte jedes Jahr bis zu einer halben Million Dollar an Spendengeldern. Die meisten Spender sind weiße Männer.

12. »Endlich. Frauen sind überholt«

»Ich glaube, wenn es eine Frage gibt, in der sich *alle* einig sind – die Linken, die Rechten und die Gemäßigten –, dann, dass Kindesmissbrauch nicht in Ordnung ist«, erklärt sie mir am Tisch in ihrem klimatisierten Wohnmobil. Ihr gebleichtes Haar trägt sie zu einem strengen Pferdeschwanz gebunden, ihre braunen Augen blicken selbstbewusst. »Deshalb kriegen wir so viel finanzielle Unterstützung.«

»Es ist also Missbrauch, wenn man in der Schwangerschaft trinkt und Drogen nimmt?«

»Ja«, nickt sie. »Es heißt ja sogar, man soll nicht einmal Koffein zu sich nehmen, wenn man schwanger ist. Ich kann mir daher kaum vorstellen, dass Meth für ein Baby gut ist.«

Barbara ist nicht die rechte Eiferin, für die man sie halten könnte. Sie glaubt an Gott, geht aber nicht regelmäßig in die Kirche. Sie ist für Abtreibung, aber nicht, wenn Drogenabhängige sie als Ersatz für Verhütung betrachten. Sie wurde schon als Rassistin bezichtigt, weil sie weiß ist und über 30 Prozent ihrer Klienten Farbige. Doch ihr Mann ist schwarz und ihre Kinder damit teils halb schwarz, halb weiß, teils schwarz. Sie hat fünf schwarze Kinder adoptiert, die alle kurz hintereinander von derselben cracksüchtigen Mutter geboren wurden.

»Ich habe diese Kinder in ihren ersten Tagen erlebt. Ich kenne viele Menschen, die Kinder adoptiert haben, die über Schläuche ernährt und beatmet wurden. Nicht alle überleben«, erzählt sie weiter. »Ja, manche schaffen es, und manche entwickeln sich später normal – ich habe den Beweis dafür zu Hause. Doch bei vielen ist das nicht so. Es ist ein Vabanquespiel. Und die Frage ist nur, ob man bereit ist, das Leben unschuldiger Kinder aufs Spiel zu setzen.«

Für Barbara ist alles ganz klar. Und wer Kinder liebt, kann ihre Meinung doch eigentlich nur teilen, oder?

»Das Geld verleiht Ihnen viel Macht über die Menschen, mit denen Sie in Berührung kommen«, sage ich. »Haben Sie das Gefühl, dass sie eine freie Entscheidung treffen, wenn sie mit Ihnen verhandeln? Ist das wirklich Einwilligung nach Aufklärung, wenn es in ihrem Leben drunter und drüber geht?«

»Das geht nur sie und ihren Arzt etwas an«, erklärt sie. »Er muss entscheiden, ob die Verhütungsmethode für sie infrage kommt. Ich denke bloß an die Kinder. Niemand hat das Recht, einem Kind ungefragt Drogen zu verabreichen oder ein Kind in die Welt zu setzen, das sterben oder lebenslang unter Krankheiten leiden kann. Niemand hat das Recht dazu.« Sie zuckt die Achseln, als könne sie gar nicht glauben, dass man das überhaupt erklären muss.

Viele sind ihrer Meinung, vor allem hier in Alabama. Seit den 1950er-Jahren wurden in mindestens 45 US-Bundesstaaten Frauen strafrechtlich verfolgt, weil sie in der Schwangerschaft Drogen genommen hatten: Es gibt zwar keine Gesetze, die speziell auf Schwangere abstellen, doch die Staaten haben bestehende Gesetze angewandt, um sie zu kriminalisieren. 2006 wurde in Alabama das Chemical-Endangerment-Gesetz verabschiedet, das Eltern ins Visier nimmt, die ihre Kinder gefährden, weil sie zu Hause ein Meth-Labor betreiben. Es dauerte nur wenige Monate, bis das Gesetz auch auf Schwangere angewandt wurde, bei denen das Gericht auf Gefährdung ihrer Föten befand, selbst wenn sie später gesunde Babys zur Welt brachten. Einer Mutter, deren Baby die Schwangerschaft unbeschadet übersteht, drohen zehn Jahre Haft. Stirbt das Baby, kann die Mutter im Höchstfall zu 99 Jahren Freiheitsentzug verurteilt werden. 2015 waren in Alabama bereits 479 schwangere Frauen aufgrund des Chemical-Endangerment-Gesetzes strafrechtlich verfolgt worden.[2] Die am häufigsten eingesetzte Droge war Marihuana.

12. »Endlich. Frauen sind überholt«

Inzwischen werden Schwangere nicht nur in Alabama, sondern US-weit routinemäßig Drogentests unterzogen. In South Carolina könnten Frauen, die ab Ende des zweiten Schwangerschaftsdrittels Drogen oder Alkohol zu sich nehmen, wegen Kindesmissbrauchs verurteilt werden. Im Rahmen des Kindergesetzes von Wisconsin, das auch »Koksmutter«-Gesetz genannt wird, kann eine Frau für die Dauer der Schwangerschaft gegen ihren Willen in eine Klinik eingewiesen oder einem Entzugsprogramm unterzogen werden. Dem Fötus wird vom Gericht ein Anwalt zugeteilt, der Mutter nicht.

Der Baby-Beutel soll schwer kranke, hoch gefährdete Babys retten. Er wird eingeführt in einem politischen Klima, in dem Drogenmissbrauch als Kindesmisshandlung gilt und Auslegungssache ist, was »schwer krank« bedeutet. Welchen Gefahren Föten durch den Konsum von Heroin, Crack, Marihuana und Meth in der Schwangerschaft ausgesetzt sind, ist unklar: Babys heroinabhängiger Mütter haben mehrere Wochen lang quälende Entzugserscheinungen, doch Geburtsschäden aufgrund des Heroins sind nicht bekannt. Es gibt auch keine eindeutigen Hinweise auf langfristige Auswirkungen vorgeburtlichen Kokainkonsums auf das Wachstum oder die geistige Entwicklung von Kindern.[3] Das größte Risiko, dem Babys ausgesetzt sind, deren Eltern Drogen missbrauchen, dürfte daher rühren, dass sie unter chaotischen Verhältnissen aufwachsen oder noch in der Gebärmutter legalen Substanzen wie Tabak, Alkohol oder bestimmten verschreibungspflichtigen Medikamenten ausgesetzt werden, die nachweislich schwere Geburtsschäden verursachen. Doch in einer Kultur, in der das Argument, Drogenmissbrauch sei Kindesmissbrauch, so zieht, ist unwahrscheinlich, dass differenzierter debattiert wird, wenn eine ektogenetische Lösung für das Problem erst Realität ist.

Barbara kam nach Mobile, weil ihr jemand einen Bericht über eine Frau aus der Gegend geschickt hatte, die während dreier verschiedener Schwangerschaften dreimal wegen Heroinkonsums im Gefängnis saß. »Diese Frauen einzusperren ist keine Lösung«, meint Barbara. »Sie sitzen ihre Strafe ab, doch das ist keine Garantie dafür, dass sie nicht wieder Drogen nehmen, wenn sie draußen sind, und eventuell noch ein weiteres Kind gefährden. Das ist kein Ausweg.«

Ihre Antwort ist zu verhindern, dass solche Frauen überhaupt erst schwanger werden. Demnach wäre auch Ektogenese keine Lösung. Doch da es letztlich darum geht, die Kinder um jeden Preis zu schützen, wird eine künstliche Gebärmutter einer »verantwortungslosen« Schwangeren grundsätzlich vorzuziehen sein. Wenn man nicht verhindern kann, dass eine Drogensüchtige ein Kind bekommt – und trotz Barbaras engagiertem Einsatz ist Project Prevention nur ein Tropfen im Ozean der vielen Frauen, die in den USA schwanger werden und Drogen nehmen –, dann kann man sie zumindest so frühzeitig wie möglich »retten«.

Das könnte man leicht als amerikanische Verrücktheit abtun, doch in Ländern, die sich für die fortschrittlichsten der Welt halten, werden heute bereits – unter anderer Bezeichnung – Föten gerettet, und zwar vor Frauen, die noch nicht einmal Drogen nehmen.

In einem berüchtigten Fall aus dem Jahr 2012 flog eine schwangere Italienerin nach England, um in Stansted an einer zweiwöchigen Ryanair-Schulung teilzunehmen. In ihrem Hotel erlitt sie eine Panikattacke und rief die Polizei, die sich telefonisch mit ihrer Mutter in Verbindung setzte. Diese erklärte, ihre Tochter leide vermutlich darunter, dass sie ihre Medikamente gegen eine bipolare Störung nicht einnahm. Die Polizei lieferte sie in eine psychiatrische Klinik ein, in der sie nach Maßgabe des Mental Health Act unter-

12. »Endlich. Frauen sind überholt«

gebracht wurde. Fünf Wochen später wurde die Frau auf eine gerichtliche Verfügung, die der Mid-Essex NHS Trust erwirkt hatte, zwangsweise sediert. Dann wurde ihr Kind ohne ihre Zustimmung per Kaiserschnitt entbunden. Der Sozialdienst der Grafschaft Essex nahm die Tochter, die sie zur Welt gebracht hatte, sofort in Pflege. Die Mutter wurde ohne ihr Baby nach Italien zurückgebracht. Als ein Jahr später die wenigen Einzelheiten bekannt wurden, die rechtmäßig veröffentlicht werden durften[4], verteidigte sich der Sozialdienst von Essex mit der Aussage, man habe im besten Interesse des Kindes gehandelt.

Selbst im angeblich liberalen und aufgeklärten Norwegen geht das Bestreben des Staates, Babys zu schützen, oft vor die Rechte der Frauen, die sie im Leib tragen. Von 2008 bis 2014 verdreifachte sich die Zahl der Neugeborenen, die ihren Müttern direkt nach der Geburt vom norwegischen Kinderschutzdienst entzogen wurden.[5] Als Grund[6] wurde mit Abstand am häufigsten nicht etwa Drogen- oder Alkoholmissbrauch angegeben, sondern »mangelnde elterliche Kompetenz«[7], ein schwammiger Begriff, unter den Mütter fallen, die aus Kulturen stammen, in denen körperliche Züchtigung geduldet wird, Mütter, die psychische Probleme haben, und Mütter, die in der Vergangenheit bekanntermaßen nicht in geordneten Verhältnissen lebten.

Wird man einer Mutter, der man nicht zutraut, sich anständig um ihr Neugeborenes zu kümmern, eine Schwangerschaft überlassen, wenn alternative Gestationsmethoden zur Verfügung stehen? Könnte eine Mutter, die nicht imstande ist, ihr eigenes Kind zu versorgen, ein verantwortungsbewusster Inkubator sein?

Bedeutet die Zukunft der Geburt, dass man sich zwischen Ektogenese und natürlicher Schwangerschaft entscheiden muss, wird sich unsere Einstellung zum »Natürlichen« für immer verändern.

Leicht vorstellbar, dass die bereits heute gebotene »Hilfestellung« von Arbeitgebern im Silicon Valley künftig darüber hinausgehen könnte, Mitarbeiterinnen zu ermöglichen, ihre Eizellen einzufrieren, damit sie sich auf die produktivsten Jahre ihrer Karriere konzentrieren können. Vielleicht gehört dazu auch die Option, ihre Babys in einer künstlichen Gebärmutter heranwachsen zu lassen, um während der Schwangerschaft und Geburt weiter arbeiten zu können. Kommt eine echte Gebärmutter in einem Körper zum Einsatz, könnte das letztlich zu einem Symbol für niedrigen Status, für Armut, für einen ungeregelten Lebensstil, für ungeplante Schwangerschaft oder dafür sein, dass die Betreffende eine ans Gefährliche grenzende Fundamentalistin ist – im Sinne der »Freebirther«, die sich heute bewusst dafür entscheiden, Kinder ohne jede medizinische Versorgung während der Schwangerschaft und Entbindung zur Welt zu bringen. Eine »natürliche« Geburt könnte zur verantwortungslosen, leichtsinnigen Option werden.

Das größte existenzielle Risiko für ungeborene Babys besteht heute nicht in Drogen, Alkohol oder Frauen, die für eine Schwangerschaft »ungeeignet« sind, sondern in Müttern, die keine werden wollen. Durch Ektogenese wird man abgetriebene Föten »retten« können: Sie könnten in eine künstliche Gebärmutter »verlegt« und an Eltern weitergegeben werden, die sie gern haben wollen. Im Vereinigten Königreich richtet sich die Frist, in der Abtreibungen gesetzlich zulässig sind, nach der Lebensfähigkeit außerhalb des Uterus. Deshalb verschob sich die Grenze 1990 auch von 28 auf 24 Wochen. Vollständige Ektogenese würde bedeuten, dass alle Föten – auch Embryos – lebensfähig sind. Damit könnte jedem ungeborenen Kind ein Recht auf Leben zugesprochen werden.

Selbst eine partielle Ektogenese wird die Abtreibungsdebatte

12. »Endlich. Frauen sind überholt«

auf den Kopf stellen. Wir empfinden Abtreibung als eine Wahlmöglichkeit – nämlich die Entscheidung, den Fötus abzutöten. In Wirklichkeit sind es aber zwei: die Entscheidung, ein Baby nicht länger auszutragen, und die Entscheidung, sein Leben zu beenden. Durch Ektogenese werden diese beiden Entscheidungsmöglichkeiten erstmals klar differenzierbar. Sobald der Körper einer Frau nicht mehr der Inkubator ist, kann Abtreibung Entscheidungsfreiheit und Überleben bedeuten. Staaten können es ihren Bürgerinnen ermöglichen zu entscheiden, was mit ihrem Körper geschieht, und es gleichzeitig für ungesetzlich erklären, das Leben eines Fötus zu beenden. Warum sollte die Entscheidung, dass ein Baby sterben muss, allein der Mutter überlassen bleiben, wenn es durch technische Mittel gerettet werden kann?

Die feministische Aktivistin und Autorin Soraya Chemaly hatte darüber schon nachgedacht, als noch fünf Jahre ins Land gehen sollten, bevor Lämmchen aus Baby-Beuteln quicklebendig ins Leben staksten. In einem Aufsatz für *Rewire. News* schrieb sie 2012, dass »sich die der aktuellen Debatte um die Rechte der Frau und das staatliche Interesse am Fötus innewohnende Spannung auflöst, wenn Frau und Fötus sicher und unmittelbar voneinander unabhängig gemacht werden können. Dann haben Männer und Frauen in der Fortpflanzung die gleichen Wahlmöglichkeiten, und Frauen verlieren das Primat, das ihnen aufgrund der Schwangerschaft bisher zukam«. Ihr Artikel schloss aber mit einem rabiaten Schlag ins Gesicht für das Wahlrecht. »Eine wirklich dystopische Zukunft ist dann eingetreten, wenn wir nostalgisch auf die kurze Phase zurückblicken, in der der Fall *Roe gegen Wade* als Höhepunkt der Fortpflanzungsfreiheit der Frau fragile Relevanz und Gewicht hatte.«

Ich erwische Soraya telefonisch von Washington aus. Ich frage sie als Erstes, was die Meldung über den Baby-Beutel in ihr ausgelöst habe. Sie lacht ausgiebig mit tiefer Stimme. »Ich beurteile die wirklich disruptive beziehungsweise revolutionäre Wirkung der Technologie eher zynisch und ziemlich pessimistisch. Ich muss immer lachen, wenn futuristische Technologen, die immer noch mehrheitlich Männer, mehrheitlich weiß und mehrheitlich elitär sind, ihre Technologien für progressiv und disruptiv erklären, weil sie so viel Patriarchie hervorbringen. Sie reproduzieren so viel der grundlegenden Ungleichheiten aller Gesellschaften. Es ist, als würde man einem Fisch erklären, was Wasser ist.«

Trotz der Fortschritte, die Matt Kemp bei WIRF und dem CHOP-Team gelungen sind, wendet Soraya ein, dass es ihrer Ansicht nach noch mehrere Generationen dauern werde, bis eine vollständige Ektogenese praktisch durchführbar ist und zur verbreiteten Reproduktionstechnik wird. »Das ist eine ungeheuer komplexe Angelegenheit, und ich glaube, das wird länger dauern, als manche Leute meinen«, erklärt sie. »Doch kommen wird sie meiner Überzeugung nach auf jeden Fall.« Sie ist schlicht der nächste Schritt in der Fragmentierung der Mutterschaft. Die Technologie der künstlichen Gebärmutter – die in der Mehrheit von Männern erdacht wurde – würde es Frauen ermöglichen, nur noch Gametenlieferantinnen zu sein und genauso getrennt von ihren Föten zu existieren wie Männer.

Ultraschallbilder belegen bereits, wie sehr der weibliche Körper in der Reproduktionsmedizin bereits zu kurz kommt, so Soraya. »Ich predige schon seit Jahren: Zeigt keine Bilder von verdammten Föten in der Entwicklung ohne den ganzen Körper der Frau. Ich verstehe, warum Menschen schwanger werden und sich darüber freuen, aber ich bin die schlimme feministische Spielverderberin, die dann ruft: ›Oh, schön, warum nicht *mehr* davon.‹ Der Ultraschall wurde gezielt entwickelt, um den Fötus zu zeigen, als wäre er ein Planet in einem leeren Raum, einem Vakuum, einem Container oder Schraubglas. Drumherum ist schwarze Tapete. Die Frau, deren Körper ihn hervorbringt, wird total ausgeblendet.«

Ich kann mir nicht vorstellen, dass sich Ganzkörper-Ultraschallbilder durchsetzen, doch ich verstehe, was Soraya meint. Flake sagte, eines der zündenden Verkaufsargumente für den Baby-Beutel sei, dass er es beiden Elternteilen ermöglichen würde, ihre Babys in Echtzeit zu beobachten, weil sie physisch von der Mutter separiert würden. Und sobald Mütter und Väter gleichermaßen getrennt von ihren Kindern existierten, hätten sie gleiche Rechte an ihnen – eine Gleichheit, die daraus erwächst, dass Frauen ihre Fortpflanzungskraft aufgeben.

Soraya akzeptiert, dass Ektogenese das Potenzial birgt, Frauen von der Belastung zu befreien, die derzeit mit der Mutterschaft einhergeht. »Ich bin hin- und hergerissen«, gesteht sie. »Man denkt, können wir uns endlich von der ganzen kulturellen Last befreien, die mit der Vorstellung verbunden ist, dass das unsere Natur ist – die uns unvermeidlich zugedachte Hauptrolle? Das ist irgendwie befreiend.« Doch Soraya ist auch »ein eingefleischter Fan dystopischer Literatur, insbesondere solche feministischer Ausprägung«. Sie erkennt daher das düstere Potenzial, dass diese Technologie eingesetzt werden könnte, um Frauen zu entrechten. Selbst in den frauenfeindlichsten Gesellschaften, so Soraya, werden Frauen für ihre Fähigkeit geschätzt, Kinder auszutragen, »zumindest, solange eine Aussicht besteht, dass sie einen Sohn zur Welt bringen«. Durch Gleichschaltung bei der Fortpflanzung wird die Ektogenese den Frauen die eine universelle Macht entziehen, die sie eindeutig besitzen – und Männer nicht.

In der ektogenetischen Zukunft können in aller Welt Kinder aufwachsen, die Gene von Müttern in sich tragen, die nicht wollten, dass sie existieren. Sie werden in eine Zeit hineingeboren, in der mehr Zugang zu genetischer Mutter- oder Vaterschaft möglich ist denn je – in der Eltern wie Wes und Michael, die sich nach *eigenen* Kindern sehnen, so viele andere technische Lösungen zur Verfügung stehen, um eine Familie zu gründen. Um in Michaels ungewollt brutalen Worten zu sprechen: Das Angebot wäre viel größer als die Nachfrage. Vielleicht wird es für diese ungewollten Babys kein Zuhause geben. In einer solchen Welt könnten Frauen wieder auf illegale Abtreibungen in Hinterzimmern zurückgreifen, die das Leben ihrer Babys beenden, statt auf legale, die sie leben lassen würden.

Ein schrecklicher Gedanke. Doch das könnte passieren, wenn das Recht des Fötus auf Leben vor das Recht einer Frau gestellt würde, sich zu weigern, Mutter zu werden.

»Zurzeit haben Frauen ein Recht, das Männer nicht haben...«, stelle ich fest.

»Das Recht, eine Schwangerschaft abzubrechen?«, fragt Soraya dazwischen.

»Das Recht, nicht *Mutter* zu werden. Denn ein Schwangerschaftsabbruch bedeutet den Tod des Babys. Die Frau kann daher entscheiden, ob sie Mutter werden will oder nicht. Dieses Recht haben Männer nicht. Die neue Technologie würde auf brutale Weise für gleiche Rechte sorgen, oder?«

»Genau. Diese Entscheidung wäre dann nicht mehr möglich.«

»Und damit würden Frauen die Entscheidungsgewalt verlieren, die sie heute haben.«

Das bringt Soraya ins Grübeln. »Sie beschreiben da eine interessante juristische Gleichstellung, die hinsichtlich ihrer kulturellen Verantwortung ihresgleichen sucht«, meint sie. Dabei würde

12. »Endlich. Frauen sind überholt«

es weiter den Frauen obliegen, gar nicht erst schwanger zu werden, denn schließlich wären Frauen nach wie vor diejenigen, die in diese »anderen Umstände« geraten würden. Sie legt erneut eine Denkpause ein. »Ich finde das hochinteressant. Ich glaube, das könnte in der Hinsicht viel bringen, dass man sich mit den wirklich tief verwurzelten Vorstellungen vom Muttersein auseinandersetzen müsste.«

»In einer Hinsicht wäre das toll«, stimme ich zu, »aber ich will eher darauf hinaus, ob Frauen dieses Recht wirklich aufgeben möchten?«

»Braucht man Frauen nicht, weil sie tatsächlich die Einzigen sind, die für Fortpflanzung sorgen können, und zeigt sich in einer Gesellschaft ohnehin schon eine solche Frauenverachtung, was passiert dann? Ich glaube, diese Frage können wir nicht beantworten. Im Idealfall könnten wir in einer Welt leben, in der wir alle Menschen sind, von denen sich manche entschließen, sich fortzupflanzen, und andere nicht, und alle ihre Entscheidungen in Würde und autonom treffen können.« Als Menschen, als Eltern statt als Mütter und Väter als solche. Menschen wie Juno, wie Michael und Wes. »Das ist das platonische Ideal einer fairen Verteilung.« Doch die Welt, in der wir leben, ist alles andere als ideal oder fair.

Man muss keine radikale Feministin sein, um zu akzeptieren, dass die Fortpflanzungsrechte der Frauen bereits bedroht sind – vor allem in Amerika. Im Mai 2019 verabschiedete der Senat von Alabama ein Gesetz, das Abtreibung in fast allen Fällen untersagt, selbst wenn Vergewaltigung oder Inzest im Spiel war. Nicht eine Senatorin Alabamas stimmte für das Gesetz – doch in dem 35-köpfigen Senat saßen nur vier Frauen.

»Würde Ektogenese den Männern die Macht über die Geburt verleihen?«, frage ich.

»Ich glaube, es gibt Männer, die eindeutig gern die Macht über die Geburt hätten. Könnten sie das ohne Frauen erreichen, würden sie das meiner Ansicht nach ohne Weiteres tun.«

Es ist Freitagabend, 23 Uhr, und ich lese ein Reddit-Message-Board mit der Überschrift »Frauen jetzt total überholt: Lämmchen erfolgreich in künstlicher Gebärmutter gezüchtet – der Mensch könnte der Nächste sein« vom 25. April 2017, dem Tag, an dem der Artikel des CHOP über den Baby-Beutel veröffentlicht wurde.

»Eine weitere fantastische Leistung männlicher Genialität und Kreativität!«, lautet der beliebteste Kommentar.

»Gut«, lautet ein anderer. *»Noch rund zehn Jahre, dann kaufe ich irgendeiner nutzlosen Schlampe ihr Ei ab und züchte mein eigenes Kind in einer Plastiktüte.«*

Ich bewege mich auf dem MGTOW-Subreddit, einer Online-Nischen-Community namens »Men Going Their Own Way« [sinngemäß: Männer, die ihren eigenen Weg gehen]. Lassen Sie mich diese spezifische Untergruppe heterosexueller Männer mit Frauenproblemen in einen Kontext stellen: Men's Rights Activists (MRAs) [Aktivisten für Männerrechte] kämpfen für die Veränderung gesellschaftlicher Werte und Gesetze, die sie für männerfeindlich halten, damit Männer und Frauen auf einer anderen Grundlage zusammenleben können. Incels wünschten, sie könnten auf fast jeder Grundlage mit Frauen zusammenleben; MGTOWs haben beschlossen, dass sie gar nicht mit Frauen zusammenleben wollen. Sie sind heterosexuelle männliche Separatisten.

MGTOWs (*Migtaus* ausgesprochen) meinen, die Welt sei »gynozentrisch« geworden – nur noch mit der weiblichen Sicht der Dinge befasst – und deshalb männerfeindlich. Sie behaupten, auf Dating-Apps würde sich alles nur um die Frauen drehen, vor dem

12. »Endlich. Frauen sind überholt«

Scheidungsrichter hätten sie alle Vorteile und bei auf Diversität abzielenden Personalentwicklungsstrategien ebenfalls. Währenddessen würden Männer schikaniert, weil sie Unterhalt für Kinder zahlen sollen, ihnen würde das Recht verweigert, eine Abtreibung ihrer Kinder zu verhindern, sie würden fälschlicherweise der Vergewaltigung bezichtigt und stünden im Nachgang zur #MeToo-Bewegung unter Generalverdacht.

Die Antwort der MGTOWs ist nicht, die Welt zu verändern, indem sie gegen den Feminismus kämpfen wie die MRAs, sondern, sich komplett gegen jede Beziehung zu Frauen zu entscheiden. Die extremen Asketen unter den MGTOWs gehen voll in den »Mönchmodus«: Sie entscheiden sich für das Zölibat und manchmal sogar für eine Vasektomie, um die Fallen zu vermeiden, die ihrer Ansicht nach einem Leben innewohnen, das durch Kontakt zur Weiblichkeit beschmutzt ist. Das ist keine Bewegung, sondern eine Lebensweise, wie in der Einleitung zu mgtow.com erklärt wird. »Sie ist in den Herzen und Köpfen der nächsten Generation großer Männer beheimatet. Die Mannosphäre ist der Big Bang einer chaotischen maskulinen Disruption, die irgendwann eine neue persönliche Welt der Freiheit für all jene entstehen lassen wird, die sich für die Freiheit entscheiden.«

Für Männer, die Freiheit als die Freiheit definieren, sich von Frauen abzuwenden, ist die Ektogenese eine poetische Retourkutsche für die schwindende Rolle von Männern und Männlichkeit im 21. Jahrhundert. Der Baby-Beutel birgt das Potenzial, sosehr zum Schlüssel der Befreiung des Mannes zu werden, wie die Antibabypille es im 20. Jahrhundert für die Befreiung der Frau war, die die MGTOWs so beklagen. Sobald es künstliche Gebärmütter und Sexroboter gibt, können Männer mit dem menschlichen Sexual- und Fortpflanzungstrieb leben, ohne mit Frauen leben zu müssen.

Reddit-Nutzer können Beiträge »auf-« und »abwerten«. Je mehr Aufwertungen ein Post bekommt, desto weiter wandert er auf dem Message Board nach oben. Das schafft den Nährboden für eine besonders hetzerische Sprache. Doch Threads wie der am 25. April 2017 veröffentlichte sind in keinster Weise eine Ausnahmeerscheinung. Die Suche nach »künstlicher Gebärmutter« führt allein im Subreddit MGTOW zu über 100 Threads, von denen manche zurückreichen bis in die Anfangszeit der Plattform. Die Bandbreite der Kommentare ist groß, von mitleiderregenden wie:

ich hoffe, es kommt so. ich bin fast 40. ich möchte WIRKLICH gern ein kind. ich mag kinder. ich habe Geld und Zeit, ich könnte mir jetzt leisten, ein Kind großzuziehen.
doch während mein Kinderwunsch im mittleren Alter exponenziell größer geworden ist, geht meine Lust, Frauen zu berühren, anzuschauen, mit ihnen zu schlafen oder zu sprechen, fast gegen null. das Zeug kommt keinen augenblick zu früh. künstliche Gebärmutter, Sexroboter, vr-pornos, endlosfilme und tv, meine hobbys, MEIN Geld – ja, das ist mir allemal lieber, als mich um irgendeine fette Kuh zu kümmern.

… bis hin zu nachgerade verstörend:

Es ist unsere heilige Pflicht, den Frauen die Fortpflanzung zu entreißen (und das ist keine Science-Fiction, das ist auf unserem aktuellen Stand der Technik durchaus machbar) und sie dann physisch vollständig auszulöschen. Sie nicht nur in die Sexsklaverei zu zwingen, ihnen Gehirnwäschen zu verpassen und sie in Viehpferchen künstlich zu besamen, sondern sie ein für alle Mal loszuwerden. Sie zerstören Zivilisationen, sie

12. »Endlich. Frauen sind überholt«

sind der Ursprung aller natürlichen fleischlichen Bösartigkeit, buchstäblich der verdammte Krebs in menschlicher Form. Der einzige Grund, aus dem wir sie so lange geduldet haben, war der, dass wir sie physisch brauchten, damit unsere Spezies/Rasse fortbestand. Braucht man sie nicht mehr zur Fortpflanzung, braucht man sie gar nicht mehr.

Sind das Männer, die sich gegenseitig mit immer krasseren Sprüchen beeindrucken wollen, um dadurch mehr Aufwertungen zu kassieren? Oder sind es die Frauenfeinde, die Soraya sich in ihren düstersten dystopischen Träumen ausmalt und die bereits eine Zukunft ohne Frauen mit Ektogenese planen?

Ich schaue mir an, wer gerade online ist und schreibt. Zum Beispiel DT 1726. Er stellte unlängst einen Kommentar über künstliche Gebärmütter ein. »Sexpuppen und künstliche Gebärmütter werden Frauen endgültig zeigen, wo ihr Platz ist. Ihr einziger Nutzen ist ihre Fähigkeit, Babys zu bekommen. Sexpuppen bleiben immer schön und sind eine viel sicherere Investition als echte Frauen. Künstliche Gebärmütter werden Frauen so verzichtbar machen wie Männer. Sie könnten unsere Zivilisation retten«, schrieb er. »Mein Fazit: Es werden eine Menge Frauen sterben.«

Ich logge mich ein und wähle einen von Reddits zufällig generierten Nutzernamen. StreetSetting. Hübsch geschlechtsneutral: Ich will die MGTOWs ja nicht verschrecken, indem ich gleich so weiblich rüberkomme. Ich öffne das private Chatfenster und schicke DT 1726 eine Nachricht:

Ich schicke voraus, dass ich journalistisch tätig bin. »Sie sagen, eine künstliche Gebärmutter könnte unsere Zivilisation retten, wenn alles richtig läuft. Ich hätte gern mehr darüber gewusst, wie Sie sich das vorstellen.«

Nach wenigen Minuten scheinen drei kleine Punkte auf – das Signal, dass geschrieben wird.

»Sie können mich alles fragen, nur nicht nach personenbezogenen Daten«, antwortet DT1726.

»Welchen Unterschied werden künstliche Gebärmütter Ihrer Ansicht für die menschliche Zivilisation machen?«

Die Antwort kommt schnell und unverhohlen.

»Frauen haben sich dahin entwickelt, Männer zu verführen, damit sie sie beschützen und versorgen. In einer Gesellschaft, in der Frauen ihre biologische Rolle als Mütter und Haushälterinnen vergessen haben. Einer Gesellschaft, in der sie einfach schlafen, mit wem sie wollen. Einer Gesellschaft, in der Frauen durch die Technologie und ihren bereits erhöhten Reproduktionswert mehr Macht bekommen haben. Sie schwingen sich zu selbst ernannten Herrinnen auf, die auf die Erbauer der Zivilisationen, in denen sie leben, herabschauen«, schreibt er. »Wenn Frauen erst erkennen, dass sie durch ihre Gebärmütter keine Monopolstellung mehr haben, wird ihnen die grausame Realität aufgehen, dass ihre Tage gezählt sind, wenn sie mit dieser Einstellung weiterleben.«

Er ist also ein Frauenfeind ersten Ranges, ruft aber immerhin noch nicht zum Massenmord an Frauen auf. Er hofft, dass die künstlichen Gebärmütter Frauen auf ihren »angestammten« Platz verweisen.

»Ohne den Vorteil, als Einzige über eine Gebärmutter zur verfügen, können Frauen ihre Eizellen entnehmen, befruchten und in der künstlichen Gebärmutter heranwachsen lassen. Sie könnten dazu animiert werden, wenn sie beruflich weiterkommen wollen. Wenn es so weit ist, können sie sich nicht mehr hinter der Ausrede verstecken, dass sie unterdrückt sind und nicht mit Männern mithalten können.«

12. »Endlich. Frauen sind überholt«

Daran fügt er eine Flut von Links zu ein paar wissenschaftlichen Artikeln darüber an, wie Testosteron Menschen zu Effektivität antreibt. Weil Männer den höheren Testosteronspiegel haben, werden sie stets überlegen sein. Frauen werden erkennen, dass jeder Versuch zwecklos ist, und sich wieder in den häuslichen Bereich zurückziehen. Derlei widersinnige pseudowissenschaftliche Evolutionspsychologie kommt in MGTOW-Kreisen gut an. Ich frage mich, ob Charles Darwin, als er auf der *Beagle* in See stach, wohl ahnte, wo seine Ideen hinführen würden.

»In Ihrem Post über künstliche Gebärmütter schreiben Sie, dass Frauen aussterben werden, wenn sie nicht mehr notwendig sind, um Kinder auf die Welt zu bringen«, tippe ich. »Ist das erstrebenswert?«

»Was das Überleben der Stärksten in der menschlichen Gesellschaft angeht, müssen Sie sich ja nur minderbemittelte Menschen anschauen, geistig behinderte oder mit Geburtsfehlern behaftete. Die Gesellschaft hält sie dennoch am Leben. So grausam sind wir nicht.«

»Es wird also noch Frauen geben, doch für die Gesellschaft werden diese so nützlich sein wie Geisteskranke oder von Geburt an Behinderte?«

»Frauen sind definitiv mehr wert als Geisteskranke oder Behinderte«, räumt er großzügig ein. »Aber im Durchschnitt nicht so viel wie Männer.«

»Bedeuten künstliche Gebärmütter Ihrer Ansicht nach, dass Männer, wenn sie nicht wollen, keinen Kontakt mehr zu Frauen haben müssen?«, schreibe ich. »Meinen Sie, dass sich viele Männer dafür entscheiden würden?«

»Möglich. Es ist aber schwer, gegen die natürlichen Instinkte zu leben. Nur wenige Männer sind für ein Leben als Mönch geeignet, ganz ohne Kontakte zu Frauen. Doch mit Liebesrobotern und realistischer KI ist das sehr wahrscheinlich.« DT1726 ist aber nicht an einer Kombination aus Sexroboter und künstlicher Gebärmutter interessiert. »Ich habe mich bereits für das Mönchsdasein entschieden«, erklärt er.

»Und seit wann leben Sie so?«

»Seit einem Jahr. Rechnet man die Zeit hinzu, die ich noch nichts von MGTOW wusste, vielleicht 15 Jahre.«

»Wann haben Sie sich zu einem solchen Leben entschlossen?«

»Ein Mann, der seine Gelüste nicht unter Kontrolle hat, wird nie wirklich frei sein. Es ist sicherlich vorteilhafter, eine künstliche Frau zu haben, die man steuern kann. Doch für mich wäre das nichts. Nichts bringt so viel mittelmäßige Männer hervor als ein komplett möglichst bequem gestaltetes Leben.«

Mir kommt der Gedanke, dass Englisch eher nicht seine Muttersprache ist. Ich frage ihn, was er mir über sich erzählen kann, und er antwortet, er stamme aus Vietnam, arbeite im IT-Sektor und sei 28 Jahre alt. Seit 15 Jahren lebe er wie ein Mönch. Das heißt, er lebt unberührt im Zölibat, wenn ihm nicht vor seinem 13. Lebensjahr etwas Schreckliches zugestoßen ist.

»Meinen Sie, dass sich die Leute hier im Thread radikaler äußern, als sie in Wirklichkeit sind?«, will ich wissen.

»Manche schon, glaube ich. Vor allem Neulinge. Solche, die gerade schlechte Erfahrungen gemacht haben.«

»Ist es das, was Menschen hierhertreibt – schlechte persönliche Erfahrungen?«

»Leider ja.«

Das trifft ziemlich genau auf smithe8 zu, den nächsten Kandidaten, den ich kontaktiere (smithe8 ist nicht sein Nutzername, sondern ein Pseudonym, das ich auf seinen Wunsch verwende). Er ist ein 26-jähriger Medizinstudent aus Chicago und erst seit zwei Monaten auf Reddit aktiv. Sein allererster Beitrag drehte sich darum, wie sein Leben durch »einen falschen, absurden #MeToo-Vorwurf ruiniert worden war«. »Inzwischen bin ich total paranoid und kann kaum noch mit einer Frau sprechen, die nicht mit mir verwandt ist«, schrieb er damals. Heute Abend hat er ein paar Stunden zuvor den am höchsten bewerteten Kommentar zu dem Thread über künstliche Gebärmütter verfasst. Dieser lautete: »Endlich. Frauen sind überholt. Das musste so kommen angesichts des Hasses, den Frauen heute gegen die Männer versprühen.«

»Gibt es viele Männer, die gern Väter wären, aber keine Frau in ihrem Leben haben möchten?«, tippe ich in die private Chat-Box.

Er reagiert prompt. »Für jede hochnäsige Feministin, die Männer für ›Schweine‹ hält, gibt es einen einsamen Mann, der gern ein Kind hätte, dem das aber versagt bleibt, weil kein Mann im Vollbesitz seiner geistigen Kräfte eine Feministin daten würde (wobei ›Feministin‹ gleichbedeutend mit ›Männerfeindin‹ ist). Spoiler: Der Mann wird sich künftig für die technische Lösung entscheiden – die künstliche Gebärmutter.«

»Könnte sich der einsame Mann nicht eine Partnerin suchen, die keine Feministin ist?«

»Wenn er eine findet. Die meisten Männer sehnen sich heute nach einer normalen Frau.«

»Gibt es denn nicht genügend ›normale‹ Frauen?«

»Nein.«

Vielleicht hat er ja gemerkt, dass ich eine Frau bin. Vielleicht ist es ihm auch peinlich, dass er erklären soll, was er da geschrieben hat. Jedenfalls verändert sich sein Tonfall.

»In Ihrem Beitrag schreiben Sie: ›Endlich. Frauen sind überholt‹«, zitiere ich. »Wünschen Sie sich das?«

»Aber ganz und gar nicht, lol«, entgegnet er. »Ganz ehrlich – ich veröffentliche hier doch nur shittige Hassbotschaften, um die Männer zu radikalisieren, damit sich immer mehr für TOW entscheiden. Mehr MGTOWs heißt für mich: weniger Konkurrenz.«

»Wenn Sie gar kein MGTOW sind, wieso verfassen Sie dann Posts?«

»Ich hoffe, dass die Bewegung noch viel stärker wird«, erklärt er. »Unter vielen YouTube-Videos tauchen plötzlich MGTOW-Kommentare auf. Mein Freund ist total engagiert. Selbst in der *Pizza Hut*-Filiale an der Ecke sind auf dem Klo MGTOW-Aufkleber. Die Bewegung hat das Potenzial, auf Millionen Männer anzuwachsen. Da geht gerade ein schräger Fight Club ab. Sollen sie sich ruhig die Köpfe einschlagen. Ich gehe dann mit einer tollen Ehefrau in die Zukunft. Weil es weniger Konkurrenten gibt.«

Er hat etwas verzweifelt Tragisches, dieser Keyboard-Krieger, der versucht, seine verbitterten Geschlechtsgenossen derart zu radikalisieren, dass sie Frauen irgendwann komplett ablehnen, nur damit er beim anderen Geschlecht bessere Karten hat. Sein Kommentar über die überholte Frau ist gerade mal ein paar Stunden alt, wurde aber schon 250-mal aufgewertet. Von Männern wie ihm, möchte ich gerne glauben, die nur bluffen und die Backen aufblasen und es nicht wirklich so meinen. Doch wie die Incel-Massaker zeigen, müssen nur ein oder zwei Leute solche Kommentare ernst nehmen, damit es in der wirklichen Welt schreckliche Folgen hat.

»Vielen Dank für das Gespräch«, schreibe ich zum Abschied.

»Kein Problem, Mann/Madame«, erwidert er.

Die MGTOWs meinen vielleicht nicht alles, was sie sagen, wenn sie Beiträge darüber schreiben, dass sie »Frauen physisch vollständig auslöschen« wollen, doch sie schreiben ihre Posts erschreckend flüssig – selbst wenn Englisch nur ihre zweite Sprache ist. Das sind

12. »Endlich. Frauen sind überholt«

nicht nur hirnlose Idioten, die mit einem Finger auf ihrer Tastatur herumdrücken. Es sind gebildete Menschen, die lange über das alles nachgedacht haben und wissenschaftliche Artikel und Nachrichten lesen, die ihre verdrehte Sicht auf den Menschen bedienen. Leute, die vielleicht irgendwann einmal Ärzte, Anwälte oder Parlamentarier werden. Vielleicht werden manche von ihnen dereinst über künstliche Gebärmütter und deren Nutzer mitentscheiden.

Künstliche Gebärmütter werden zu einer unglaublich machtvollen neuen Technologie. Wie sich diese Macht manifestiert, hängt ganz stark davon ab, wer diese Technologie fordert, wer sie hervorbringt, wer sie kontrolliert und wer sie bezahlt.

Die Ektogenese wird Frauen von der Ungewissheit, den Schmerzen und den Gefahren befreien, die mit Schwangerschaft und Geburt verbunden sind und für Frauen, die mit Männern (die so etwas nie durchmachen müssen) zusammenleben, zusammenarbeiten und in Konkurrenz stehen, eine solche Belastung sein können. Doch der Preis für diese Gleichstellung wird der Verzicht auf einen ganz grundlegenden Machtbereich sein – den einzigen, in dem Männer bisher stets eine untergeordnete Rolle gespielt haben. Künstliche Gebärmütter könnten für Männer weit vorteilhafter sein als für Frauen.

Mehr als jede andere Technologie, mit der ich mich jemals auseinandergesetzt habe, offenbart die Ektogenese die Kluft zwischen der idealen und der realen Welt. In der perfekten Welt würde sie die Frauen befreien und die weltweit am stärksten gefährdeten Babys retten. In der wirklichen Welt werden Frauen von immer radikaleren zornigen Männern verurteilt und entrechtet, verfolgt und sterilisiert und verachtet.

Sobald sich die IVF etabliert hatte, kam die Forschung zur Behandlung von Fruchtbarkeitsproblemen wie verschlossenen Eileitern quasi zum Erliegen. Wozu die Mühe, wenn sich das Problem durch medizinisch unterstützte Fortpflanzung lösen ließe? Ähnlich wird auch die Ektogenese dazu führen, dass es noch schwieriger wird, Forschungsarbeit zu rechtfertigen, die es für Frauen einfacher und sicherer macht, schwanger zu werden und zu entbinden, ohne aufgeschnitten, angestochen oder zerrissen zu werden. Und es wird noch weniger Grund geben, die gesellschaftlichen Probleme zu lösen, die es Frauen so schwer machen, Babys zu bekommen. Wozu das alles, wenn es doch bereits eine Lösung gibt?

Wir Frauen gewinnen so viel mehr, als wir verlieren, wenn wir unsere Kinder selbst austragen. Wir gewinnen die unmittelbare Nähe, die Intimität, nach der sich Juno so sehnt. Wir gewinnen die schöpferische Kraft der Mutterschaft, das Wissen, dass unsere Kinder auch wirklich unsere eigenen sind, das Recht, darüber zu entscheiden, ob wir überhaupt Mutter werden wollen oder nicht. Eine Gebärmutter zu haben macht uns gleichzeitig verletzlich, aber auch ungeheuer mächtig. Wie kann es die Freiheit, ein Baby zu bekommen, ohne schwanger zu werden, wert sein, auch nur einen Teil davon aufzugeben?

Es wird noch Jahrzehnte dauern, bis eine vollständige Ektogenese möglich ist. Doch die künstliche Gebärmutter kommt. Wir haben noch Zeit, möglichst sicherzustellen, dass sie auf eine Gesellschaft trifft, die Frauen nicht nur für ihre Fortpflanzungsfähigkeit würdigt, und dass sie zum Nutzen *der* Menschen eingesetzt wird, die eher aus biologischen als aus gesellschaftlichen Gründen nicht schwanger werden können. Noch haben wir Zeit. Aber vielleicht wird sie nicht reichen.

Teil IV
Wie wir sterben werden

Die Todesmaschinen

13.
Der Do-it-yourself-Tod

Lesley Bassett ist nervös und versucht, das mit einem freundlichen Lächeln zu kaschieren. Die Menschen, die in den angemieteten Versammlungsraum in Covent Garden strömen, sind allem Anschein nach alle über 60. Die Männer tragen Sakko und Krawatte, die Frauen pastellfarbene Strickjacken und adrette Halstücher. Sie wirken so elegant, dass man sie leicht für einen Bridge Club oder das Publikum eines klassischen Konzerts halten könnte. Dabei haben sie Eintritt bezahlt, um zu erfahren, wie sie ihrem Leben ein Ende setzen können. Sie heften sich Namensschilder aus Plastik an und suchen sich Sitzplätze in der Hoffnung, dass ihnen Lesley mehr darüber erzählen kann.

Lesley ist die frischgebackene Koordinatorin des britischen Landesverbands von Exit International. Im Vergleich zu dieser Basisgruppe für freiwillige Sterbehilfe wirkt Dignitas harmlos und konservativ. Anderen Organisationen, die für das Recht zu sterben eintreten, geht es darum, dass Todkranke selbst bestimmen dürfen, wann es zu Ende sein soll. Exit dagegen argumentiert, dass jeder voll zurechnungsfähige Mensch das Recht haben sollte, sein Leben friedlich zu beenden, wann und wo es ihm gefällt – ohne Genehmigung von ärztlicher oder staatlicher Seite. Dr. Philip Nitschke, der australische Gründer und Leiter von Exit, bezeichnet das als »rationalen Suizid«.

Exit wurde 1997 in Australien gegründet und hat inzwischen Landesverbände in Kanada, den USA und Neuseeland sowie neuerdings auch im Vereinigten Königreich. Man muss nicht krank oder auch nur alt sein, um Exit beizutreten: Offiziell nimmt der Verband Menschen über 50 auf, doch im Einzelfall dürfen auch jüngere eintreten. Gegen Gebühr erhalten die Mitglieder Informationen, Beratung und auch Stoffe, die sie verwenden können, um ihr Leben zu beenden. In Großbritannien ist der Zulauf so rege, dass Exit vor ein paar Wochen Lesley eingestellt hat, um dort eine Niederlassung zu eröffnen.

Ich weiß, dass es Lesley lieber wäre, ich wäre heute nicht dabei – ich wurde nur eingelassen, weil Philip sie dazu angewiesen hat. Deshalb versuche ich, ihr aus dem Weg zu gehen. Eine Ehrenamtliche mit weißer Haarmähne gibt Tee, Kekse und Formulare aus, um Terminvorschläge für künftige Treffen einzureichen. Sie erzählt mir, sie sei 74 und ehemalige Krankenschwester. »Exit und die Voluntary Euthanasia Society sind sich uneins«, erklärt sie mir und schenkt mir dabei Tee ein. »Dignity in Dying gefällt nicht, was Philip tut: Sie wollen sich innerhalb der Grenzen englischen Rechts bewegen und streben eine Gesetzesreform an. Dann gibt es da noch FATE – Friends At The End –, die Menschen zu Dignitas begleiten. Sie lehnen Philip ebenfalls ab.« Das klingt doch sehr nach Monty Pythons judäischer Volksfront.

Ich bin 45 Minuten zu früh da, doch 50 der Klappstühle sind bereits besetzt. Keiner kann mir sicher sagen, wie viele britische Mitglieder es gibt, doch die Exit-Zentrale schätzt die Zahl auf rund 1000. Wenn Philip ins Vereinigte Königreich kommt, um einen seiner Workshops zum praktischen Selbstmord zu veranstalten, nehmen 200 zahlende Zuhörer teil. Heute befindet sich Philip am anderen Ende der Welt, ist aber dennoch der einflussreichste Mensch im Raum. Auf einem Tapeziertisch stehen seine Bücher zum Verkauf: seine Biografie *Damned if I Do* für 25 Pfund, sein erstes Buch, eine

13. Der Do-it-yourself-Tod

philosophische Abhandlung namens *Killing Me Softly* für 22 Pfund und eine gebundene Ausgabe von *The Peaceful Pill Handbook* (*Die friedliche Pille*), seiner praktischen Anleitung zu verschiedenen Selbstmordmethoden, für 20 Pfund. Exit empfiehlt jedoch ein zweijähriges Abonnement des regelmäßig aktualisierten *eHandbook,* das online für 67,50 Pfund zu beziehen ist. Auf einem grünen Formular kann man bei einem von Philips Unternehmen eine Bestellung für Stickstoff aufgeben, einem wesentlichen Bestandteil einer seiner empfohlenen Methoden. Der Zylinder kostet 465 Pfund. Dazu kommt noch die Mitgliedschaftsgebühr, die bei 62 Pfund pro Jahr beginnt.

Doch die Anwesenden sehen so aus, als könnten sie sich das leisten. Es ist eine auffallend homogene Gruppe: weiße Angehörige der Mittelschicht, ungefähr gleich viele Männer und Frauen. Philip bezeichnet sie als »den Typus geburtenstarke Jahrgänge, der gewohnt ist, seinen Kopf durchzusetzen« – Fach- und Führungskräfte im Ruhestand, gebildet und unabhängig. Sie sind rege und lebendig und fürchten sich davor, was ein durch die moderne Medizin verlängertes Leben für sie bedeuten könnte. Mehrere füllen bereits eine Stickstoffbestellung aus.

Ich setze mich in der ersten Reihe an den Rand. In dem Allzweckraum finden auch Tanzproben statt, und eine Wand ist voll verspiegelt. Die Anwesenden vermeiden es tunlichst, ihr Spiegelbild anzuschauen, während sie darauf warten, dass Lesley das Wort ergreift.

Lesley in ihren alten Chucks, einem lila karierten Hemd und mit Brille ist eine eher widerwillige Zeremonienmeisterin. Sie ist 64, Mutter und Großmutter und hat bis vor Kurzem noch ihren Lebensunterhalt mit Verzierungsmaterialien für Konditoren verdient. (Ihre Website strotzt vor faszinierender Videos, wie sie fondantbezogene Hochzeitstortenetagen mit makellosen Reihen aus Zuckergussperlen aufpeppt.) Als sie den Job bei Exit annahm, sollte sie eigentlich fünf Stunden die Woche Telefondienst übernehmen, doch der Ansturm war so groß, dass bald eine Viertagewoche daraus wurde. In der Praxis arbeitet sie sieben Tage die Woche, für die Torten hat sie nur noch wenig Zeit.

Die Tagesordnung für die heutige Gesprächsrunde hat sie zu Hause am Computer ausgedruckt. Zur Auflockerung hat sie sie mit Comiczeichnungen von einem Mann mit Helm verziert, der einen grünen Gaskanister schleppt, einem Jack-Russell-Terrier mit Sonnenbrille, der ein Martiniglas in der Pfote hält, und vier bunten Pillen mit Armen und Beinen, die sich an den Händen halten und tanzen.

Sobald sie erscheint, ist klar, dass sich niemand für die Tagesordnung interessiert, die Lesley erstellt und verteilt hat. Viele Hände schnellen nach oben, und alle wollen wissen, wo man Nembutal kaufen kann, das Barbiturat Pentobarbital, das in diesen Kreisen beinahe mythischen Status genießt. Fast jede erdenkliche Selbstmordtechnik ist entweder schmerzhaft, unzuverlässig, würdelos oder langwierig oder sie gefährdet Unschuldige, die zufällig in der Nähe sind. Nembutal ist so ungefähr das Einzige, das der Fantasie vom »Einschlafen« auch nur annähernd nahekommt. Diese Lösung nehmen Patienten bei Dignitas zu sich. Eine Überdosis dieses Mittels tötete Marilyn Monroe. Es wird Ihrem Hund gespritzt, wenn er eingeschläfert werden muss, und es war das Medikament der Wahl für Hinrichtungen, bis das dänische Pharmaunternehmen Lundbeck, das es herstellt, die Lieferungen an amerikanische Gefängnisse 2011 einstellte.

Nembutal ist überall im Umkreis von wenigen Kilometern in größerer Menge verfügbar – in jeder Tierarztpraxis nämlich. Es handelt sich dabei aber um einen sogenannten geregelten Stoff, der fast überall auf der Welt nicht privat verkauft werden oder in Privatbesitz gelangen darf. Wer beim Kauf erwischt wird, riskiert eine Freiheitsstrafe. Jedes Jahr werden Menschen verhaftet, die ihr Leben lang nie gegen ein Gesetz verstoßen haben, weil sie Nembutal in ihrem Besitz haben. Im April 2016 durchsuchte die Polizei in Devon nach einem Hinweis von Interpol das Häuschen der 81-jährigen Avril Henry. Die pensionierte Akademikerin ist Exit-Mitglied. Die Beamten beschlagnahmten, was sie für ihren Nembutal-Vorrat hielten. Sie hatten aber nur die Hälfte gefunden. Den Rest trank Avril ein paar Tage später aus Angst, sie könnten wiederkommen und ihr auch das noch wegnehmen. Sie starb deshalb früher als beabsichtigt.

Vor einem Jahr reichte Lesley ihrer besten Freundin ein Glas Nembutal. Sie hatte 27 Jahre lang an multipler Sklerose gelitten. Lesley sah ihr nach der Einnahme beim Sterben zu.

»Wir hatten einen Plan A und einen Plan B«, erklärt Lesley dem Publikum. »Ich hätte sie nicht im Stich gelassen. Ich wusste, sie würde mir ewig dankbar sein, und das bin ich auch – dafür, dass ich Philip und Exit gefunden habe.«

Der Plan A funktionierte, doch leicht war das nicht. Wie Lesley erzählt, wirkte das Nembutal nicht wie das Elixier des vollkommenen Todes, sondern grausamer und langsamer. Sie geht nicht ins Detail, doch es hört sich so an, als sei es kein schöner Tod gewesen. Lesleys Leben wurde durch die Sterbehilfe für ihre Freundin auf den Kopf gestellt.

»Ich würde das nicht empfehlen«, sagt sie nur. »Ich würde Ihnen raten, es selbst zu tun.«

Theoretisch kann man Nembutal bei unseriösen Tierärzten in Lateinamerika, China und Südostasien kaufen, die keine Fragen stellen. Das *Peaceful Pill eHandbook* hält die Exit-Mitglieder auf dem

Laufenden über die jeweils aussichtsreichsten Regionen. Ich versuche, mir vorzustellen, wie die hier anwesenden Damen und Herren Bitcoins kaufen und im Dark Web surfen. Es fällt mir schwer. Dabei haben das offenbar viele schon versucht. Als eine Frau mit einem rosa Pashminaschal von den Problemen spricht, die sie mit bislang willigen Lieferanten hatte, erhebt sich zustimmendes Gemurmel. Die vertrauenswürdigen Quellen scheinen zu versiegen. Nembutal ist nicht die erhoffte Lösung.

Deshalb erklärt uns Lesley den Plan B – das Exit-Paket. Ich will Ihnen die genauen Einzelheiten ersparen – nur so viel: Es handelt sich dabei um juristisch absolut unverfängliche Utensilien – eine Plastiktüte, ein paar Schläuche, einen Stickstoffzylinder und noch ein paar Dinge. Und es hört sich ganz furchtbar an.

Hinter Lesley steht einer der Zylinder mit komprimiertem Stickstoff für 465 Pfund. Er stammt von Max Dog, einer Firma, die Philip vorgeblich gründete, um Menschen, die selbst Bier brauen möchten, Gase zu liefern. Die rechtlichen Hinweise auf der Website von Max Dog besagen aber, dass seine Produkte nur für Menschen ab 50 bestimmt sind, denen nie eine psychische Störung bescheinigt wurde. Die Max-Dog-Regler, die es den Kunden ermöglichen, den Gasstrom aus dem Kanister zu steuern, werden separat verkauft. Sie kosten 325 Pfund das Stück.

»Wenn man das Formular ausfüllt, bekommt man das alles dann zugeschickt?«, will ein Mann wissen, der seine Brille an einer Kordel um den Hals trägt.

»Nein«, bremst Lesley die Erwartungen. »Sie müssen alle Teile separat kaufen und selbst zusammenbauen.«

Sie weiß sehr genau, dass Exit keine vollständige Ausrüstung zum Selbstmord liefern darf. Doch wie es scheint, braucht man ein Chemiestudium, um das Exit-Paket zusammenzusetzen.

13. Der Do-it-yourself-Tod

»Kann man das eine oder andere nicht woanders billiger bekommen?«, fragt ein Mann mit Blick auf die Preise auf dem grünen Flyer.

»Das können Sie, wenn Sie wollen, dass Exit bald vor dem Aus steht«, entgegnet Lesley kühl. »Jeder kann die Einzelteile irgendwo im Vereinigten Königreich kaufen, doch wenn wir Exit nicht unterstützen, wird die Organisation untergehen. Und bei Max Dog müssen Sie sich keine Geschichte zurechtlegen.« Im Publikum wird eifrig genickt.

Lesley reicht ein paar Teile des Bausatzes herum, die sich die Leute genauer anschauen können. Es läuft alles sehr heiter ab. Die Zuschauer prüfen das Gewicht des Metallreglers. Manch einer reicht der Dame an seiner Seite ein paar schlaffe Schläuche, und man lächelt einander verlegen an.

Als ich zuschaue, wie sie sich mit der Ausrüstung für ihren Selbstmord vertraut machen, drängt sich mir die Frage auf, ob wir wirklich schon so weit gekommen sind. Möchten die Menschen so verzweifelt selbst über ihren Tod bestimmen, dass sie bereit sind, auf diese Weise zu sterben – und so aufgefunden zu werden: allein, kalt und mit dem Kopf in der Tüte? Wie kann man das als »schönen« Tod betrachten – als den »besseren« Ausweg? Die Alternative – Nembutal – bedeutet, dass Menschen, die nie etwas mit illegalen Drogen zu tun hatten, zu Drogenhändlern werden und dem Äther Hunderte von Pfund anvertrauen müssen in der Hoffnung, dass das, was ihnen dafür zugeschickt wird, überhaupt ankommt, auch wirklich ist, was es vorgibt, und Interpol nicht die Tür aufbricht, sobald es da ist. Wie ist der Wunsch nach einem »schönen« Tod mit solchen Strategien vereinbar?

Die Briten haben kein Recht zu sterben. Mitte des 13. Jahrhunderts wurde »Selbstmord« nach allgemeinem englischem Recht strafbar. Erst seit 1961 ist Suizid kein Verbrechen mehr. Doch einem anderen Menschen dabei zu helfen, sein Leben zu beenden, ist nach wie vor kriminell und mit Freiheitsstrafe von bis zu 14 Jahren belegt. 2015 lehnte das Parlament mit überwältigender Mehrheit ein Gesetz ab, das es Menschen, die nur noch maximal sechs Monate zu leben haben, ermöglicht hätte, unter Aufsicht von zwei Ärzten Sterbehilfe in Anspruch zu nehmen, obwohl Umfragen belegten, dass 84 Prozent der britischen Öffentlichkeit das Recht zu sterben befürworten.[1]

Doch weltweit schlägt sich das Recht zu sterben allmählich in der Gesetzgebung nieder, ob durch freiwillige Sterbehilfe (wenn das Leben eines Menschen auf dessen Wunsch beendet wird, um sein Leiden nicht zu verlängern), Sterbehilfe (wenn einem Menschen auf dessen Wunsch dabei geholfen wird, sein Leben zu beenden, der nur noch wenige Monate zu leben hätte) oder Beihilfe zum Suizid (wenn man jemandem die Möglichkeit verschafft, seinem Leben ein Ende zu setzen). Die Schweiz erlaubt Beihilfe zum Suizid seit 1942. Rund 350 Briten sind bisher in die Dignitas-Klinik nach Zürich gefahren, um dort zu sterben. In den Niederlanden ist Sterbehilfe seit 2001 zulässig, in Belgien seit 2002 und in Luxemburg seit 2008. In diesen Ländern deckt das Gesetz auch »unerträgliches« psychisches wie physisches Leid ab. Das bedeutet, dass Alkoholiker und Menschen mit schweren Depressionen zu denjenigen gehören, die rechtmäßig Sterbehilfe erhalten dürfen (allein in den Niederlanden kommt es inzwischen jedes Jahr zu rund 3500 Fällen von »Gnadentod«). In Nordamerika wurde Sterbehilfe 1997 legalisiert, im US-Bundesstaat Washington im Jahr 2008 und in Kalifornien und Kanada 2016.

In einer Zeit, in der die Menschen immer länger, aber nicht unbedingt besser leben und im Alter mit höherer Wahrscheinlich-

13. Der Do-it-yourself-Tod

keit denn je mit chronischen, schmerzhaften und zur Invalidität führenden Erkrankungen, Demenz sowie dem Verlust ihrer Unabhängigkeit und Würde konfrontiert sind, könnte man den Eindruck haben, in den reicheren Länder werde das Recht zu sterben eingefordert – mit einem entsprechenden Dominoeffekt. Will heißen, dass dies eines Tages unvermeidlich überall der Fall sein wird. Doch wo das Recht zu sterben gesetzlich verankert ist, setzt es die Zustimmung von Ärzten und Psychiatern voraus. Es überträgt mehr Befugnisse denn je auf diesen Berufsstand – zu einer Zeit, in der Normalbürger – vom Klimawandel bis zu Impfungen und Brexit – Autorität ablehnen und nicht auf die Fachleute hören. Warum sich jemandem unterordnen, weil er ein paar Buchstaben vor dem Namen hat, wenn man doch alles online findet, was man braucht?

Den Menschen, die Exit beitreten, geht es nicht um das Recht zu sterben. Sie wollen die totale Kontrolle über ihren eigenen Tod. Angesichts der ungewissen Zukunft, die mit dem Älterwerden droht, wollen sie ihre Selbstbestimmung nicht an andere abgeben. Philip Nitschke ist der einzige Arzt, der bereit ist, ihnen die Kontrolle zu überlassen. Ohne Untersuchung und ohne Diagnose einer tödlichen Krankheit. Nur auf Angabe des Alters und einer Kreditkartennummer hin.

Die Gründungsversammlung des britischen Exit-Landesverbands geht nach mehreren Stunden zu Ende, doch vielen Mitgliedern hat sie nicht lang genug gedauert. Es wird darüber diskutiert, demnächst eine ganztägige Versammlung anzuberaumen. »Wir könnten das Mittagessen selbst mitbringen«, schlägt jemand vor. Am Ende gibt es Applaus für Lesley. Sie ist sichtlich erleichtert, dass es vorbei ist: Jetzt lächelt sie herzlich und breit und bedankt sich bei mir für mein Kommen.

Ein Grüppchen Exit-Mitglieder schart sich um mich. Sie wollen mir gern erzählen, weshalb sie gekommen sind. Anna ist pensionierte Akademikerin. Sie leidet an Arthritis, doch sonst geht es ihr gut. »Ich hatte ein schönes Leben und werde in ein paar Monaten 75«, erzählt sie mir. »Immer mehr bleibt mir verschlossen, ich kann dies nicht mehr und das nicht mehr. Ich sehe schon, wo das hinführt: Ich werde allen zur Last fallen, öfter im Krankenhaus liegen, mehr Schmerzen und unangenehme Erlebnisse haben.«

»Haben Sie Erfahrung mit Feuerwaffen?«, fragt mich ein Mann namens Brian. Er ist pensionierter Polizeibeamter amerikanisch-irischer Abstammung und 80 Jahre alt, obwohl er kaum älter wirkt als 60. »Vor rund 40 Jahren hat sich ein Polizist die Waffe in den Mund geschoben und abgedrückt. Er lebt immer noch und sitzt seither im Rollstuhl.« Ihn schaudert. Waffen sind offenbar keine Lösung für jemanden, der den perfekten Tod sucht. Plastiktüten und Betäubungsmittel, Substanzen, die unter das Suchtmittelgesetz fallen, meiner Ansicht nach aber auch nicht unbedingt.

Christopher, 77-jähriger Architekt im Ruhestand, wünschte, er könnte sich Nembutal beschaffen. »Ich hoffe immer, dass sie mir eines Tages sagen werden: ›Gute Nachrichten – jetzt gibt's das bei Lidl.‹ Oder in einer hübschen Geschenkverpackung bei Waitrose. Es kommt bloß keiner«, stellt er trocken fest.

Als die Lebenserwartung noch geringer war und die Kindersterblichkeit höher, gehörte der Tod zum Leben, und wir waren viel zu häufig damit konfrontiert. 1945 starben die meisten Menschen zu Hause, 1980 nur noch 17 Prozent.[2] Inzwischen können wir davon ausgehen, dass wir kaum Erfahrungen mit dem Tod gesammelt haben, wenn wir in das Alter kommen, in dem wir selbst davon bedroht sind. Und er macht uns mehr Angst denn je. Das ist ein gewaltiger Markt für jeden, der einen schmerzlosen, würdevollen und selbstbestimmten Tod versprechen kann. Solange er dann auch wirklich liefert.

Philip ist derzeit schwer zu erreichen. Er hat alle Hände voll damit zu tun, vor einem australischen Gericht um die Wiedererteilung seiner Zulassung als Arzt zu kämpfen. Die australische Ärztekammer erkannte sie ihm in einem Eilverfahren ab, nachdem ein Mann namens Nigel Brayley in Perth an einem seiner Workshops teilgenommen und Philip später direkt per E-Mail um Rat gebeten hatte. Philip wusste das damals nicht, doch gegen Brayley wurde ermittelt: Er stand unter Verdacht, seine Exfrau ermordet zu haben, und seine Freundin wurde vermisst. Noch bevor Anklage erhoben werden konnte, nahm er sich mit chinesischem Nembutal das Leben.

Alle paar Jahre findet sich Philip aus dem einen oder anderen Grund in den Schlagzeilen wieder. So forderte er einmal, dass Inhaftierte, die zu lebenslanger Freiheitsstrafe ohne Bewährung verurteilt wurden, die Möglichkeit erhalten sollten, sich zu töten. Vor ein paar Jahren stellte er Pläne für ein »Todesschiff« vor, das Passagiere auf einer Kreuzfahrt in internationale Gewässer befördern würde, wo sie sich ohne gerichtliche Zuständigkeit selbst umbringen könnten. Außer der Publicity ist daraus nichts geworden. Geschichten wie diese trugen ihm den Spitznamen »Dr. Death« ein – Dr. Tod.

Die Anti-Sterbehilfegruppe Care Not Killing beschreibt ihn als »Extremisten und Selbstbeweihräucherer«. Not Dead Yet, ein britischer Behindertenverband, der gegen das Recht zu sterben eintritt, behauptet, er »spielt nicht nur mit den Gefühlen der Menschen, sondern profitiert auch noch davon«. Dignity in Dying, eine Organisation, die Sterbehilfe befürwortet, hält Nitschkes Workshops für »verantwortungslos und potenziell gefährlich«.

Popularität war ihm stets willkommen, doch die Sache mit Brayley könnte für ihn eine Kontroverse zu viel gewesen sein. Schon bevor er seine Zulassung verlor, behandelte er in seiner Hausarztpraxis kaum noch Patienten – seit Jahren hat er mit Exit schon zu viel zu tun –, doch seine Zulassung als Mediziner braucht er. Denn wie kann er Dr. Death sein, wenn er gar kein Arzt mehr ist?

Während ich versuche, ein Gespräch mit Philip zu vereinbaren, bekomme ich Nachrichten von David. Jede Menge. David hatte mich angesprochen, als ich das Exit-Meeting verließ, und mich um meine Nummer gebeten, weil er nicht vor allen anderen mit mir reden wollte. David ist nicht sein wirklicher Name. Er möchte nicht, dass seine drei Kinder erfahren, was er mit Exit vorhat. Das weiß keiner aus seinem Freundeskreis oder seiner Familie. Er braucht jemanden, mit dem er reden kann. »Das war mehr oder minder ein Alleinflug«, erzählt er.

David ist 55 und lebt von seiner Frau getrennt in Berkshire. Zehn Jahre lang war er beruflich im Ausland, kam aber vor Kurzem ins Vereinigte Königreich zurück, weil er unter chronischen Verdauungsproblemen leidet, die bisher niemand diagnostizieren kann: Es scheint nicht lebensbedrohlich, doch so schlimm, dass er nicht mehr arbeiten kann.

»Es kam immer wieder der Gedanke hoch, ob es nicht einfach – nein, einfach ist das falsche Wort – wieso man weitermachen sollte, wenn es nicht geht«, erzählt er mir am Telefon. »Ich glaube, man hat immer eine Wahl, und ich sehe es auch als Wahlmöglichkeit an, an einem beliebigen Zeitpunkt aus dem Leben zu gehen – nach dem Motto: ›Hmmm, dieses Spiel macht mir keinen Spaß mehr. Ich glaube, ich passe.‹ Deshalb interessiere ich mich jetzt so für die möglichen Methoden.«

Auf Exit stieß er über Google. »Als ich das erste Mal von der Tüte

13. Der Do-it-yourself-Tod

hörte, war ich vollkommen entsetzt«, berichtet er. »Doch wenn man ein bisschen genauer recherchiert, erscheint das am einfachsten und klarsten.« Man atme Stickstoff ein, erklärt er mir – »ganz ohne Atemnot« –, verliere das Bewusstsein, und ein paar Minuten später sei man tot. Mit der Tüte über dem Kopf. Nembutal sagt ihm nicht zu, weil ihm der Gedanke nicht gefällt, dass er zuvor ein Antiemetikum einnehmen muss, um sich nicht zu übergeben. Und er will sich auch nicht auf die chinesischen Lieferanten verlassen, die den Markt derzeit beherrschen. »Zu den Chinesen habe ich kein Vertrauen – wer weiß, was man da bekommt«, meint er.

»Exit bietet ein Testkit für Nembutal an, doch das ist nicht billig. Ich muss sagen, alles, was man über Exit bezieht, ist – vermutlich aus gutem Grund, denn sie haben ja auch Kosten – schweineteuer«, merkt er an. Er hat ausgerechnet, dass man sich die meisten Bestandteile des Exit-Pakets für einen Bruchteil dessen beschaffen kann, was Exit verlangt. »Ich will das gar nicht kritisieren. Man kann das sehen, wie man will – es ist auf jeden Fall ein Geschäft. Ich glaube aber keine Sekunde, dass sie sich an den Menschen bereichern. Ich meine, wenn man sich etwas schön verpackt als Weihnachtsgeschenk präsentieren lassen möchte, dann muss man das eben bezahlen.«

Schon komisch, dass David ausgerechnet Weihnachten erwähnt. Im Rahmen einer weniger geschmackvollen Marketingaktion initiierte Exit unlängst ein Black-Friday-Sonderangebot: Neuabonnenten sollten das *eHandbook* weitere sechs Monate kostenlos erhalten. Ich bin seit meinem ersten Kontakt mit der Exit-Zentrale im Verteiler und erhalte alle paar Wochen eine neue E-Mail mit Angeboten oder warnenden Geschichten über andere, die sich ausgeklinkt und Dinge aus Quellen bezogen haben, die Philip nicht sanktioniert hat. »Wir haben es immer gesagt, und wir sagen es wieder: Nembutal-

Betrüger sind im Internet ÜBERALL unterwegs!«, heißt es in einer E-Mail. »Wer versucht, offen im Internet Nembutal zu kaufen, der wird zu 99,9 Prozent um sein Geld gebracht. Vielleicht werden Sie sogar bedroht oder erpresst. *The Peaceful Pill eHandbook* ist die einzige Publikation, die laufend überwacht, was online passiert.« Auf dieser Fahrt ins große Unbekannte werden nur die Produkte, auf die Philip Einfluss hat, als verlässlich und sicher unterstützt.

Doch Philips Billigung ist ihren Preis wert, meint David. »Für mich ist Philip Nitschke eine Ausnahmeerscheinung. Er steht unter enormem Druck, und ich weiß nicht, was ihn antreibt, doch je mehr ich über ihn erfahre, desto weniger kann ich ihn kritisieren.«

Er unterbricht sich. »Wirklich toll, dass ich tatsächlich mit jemandem über all das reden kann. Ich weiß das zu schätzen.«

Endlich schwingt Erleichterung in seiner Stimme mit. Bisher klang David sehr verzweifelt.

»Wenn man nicht weiß, was einen krank macht, weiß man auch nicht, ob man eine tödliche Krankheit hat«, sage ich. »Wollen Sie diese Vorkehrungen wirklich jetzt schon treffen?«

»Um ehrlich zu sein, ob ich nun sterbenskrank bin oder nicht – es gab schon Tage, an denen ich ungeachtet der Gesundheit ohne Weiteres gesagt hätte: Jetzt ist es Zeit auszusteigen.«

»Aber es gibt doch auch Tage, an denen Sie das nicht so empfinden?«

»Natürlich.«

»Wenn Sie nun diesen Bausatz zu Hause hätten, würden Sie dann sehr lange darüber nachdenken, ob Sie ihn auch benutzen, oder haben Sie Ihren Entschluss schon gefasst?«

»Ich könnte diesen Schritt nicht sofort tun, weil es mit den Kindern nicht geklärt ist«, sagt er. »Erst muss ich mit ihnen sprechen.«

13. Der Do-it-yourself-Tod

David muss noch viel mehr Gespräche führen – mit den Menschen, die ihn lieben, und den Ärzten, die ihn behandeln, nicht mit Exit und nicht mit mir. Die Antworten, die er sucht, findet er vermutlich eher bei seinen Freunden und seiner Familie, als in einer Plastiktüte. Doch derzeit wird ihm keine andere Lösung angeboten.

Ein paar Wochen später treffe ich mich im britischen Exit-Büro mit Lesley. Es ist ein Zimmer in einem Industriegebiet nahe ihres Wohnorts in Kent und liegt zwischen Lagerhäusern aus Wellblech am Fluss Medway. Hier betreibt Lesley auch ihr Konditoreigeschäft, doch ich komme nicht in die bunte Zuckerwelt, die ich erwartet hatte. Wir sitzen an einem Tisch, auf dem die Werkzeuge zum Verzieren der Torten neben den Selbstmordanleitungen liegen.

Sie schildert mir ihren normalen Tagesablauf. »Morgens, noch im Schlafanzug, setze ich mich als Erstes an meinen Computer, denn die Australier sind dann schon ein paar Stunden wach. Anschließend höre ich meine Mailbox ab. Wir bekommen täglich etwa sechs oder acht Nachrichten. Das hört sich harmlos an, doch die Rückrufe sind manchmal schwierig und nehmen viel Zeit in Anspruch.«

Die schwierigsten Anrufer fallen in zwei Kategorien, wie sie sagt. »Das sind zum einen jüngere Menschen mit Depressionen. Man hört, dass sie depressiv sind, und man merkt, dass sie noch keine 50, 60 oder 70 Jahre alt sind. Das ist ein absolutes No-Go. Da müssen wir passen.« Sie schließt die Augen. »Dann sagt man all das dumme Zeug: ›Haben Sie schon mit Ihrem Hausarzt gesprochen? Waren Sie beim Psychotherapeuten?‹ Das wollen sie nicht hören, doch ich muss es sagen. Die Antwort lautet gewöhnlich: ›Die können mir nicht helfen. Helfen Sie mir, mir Nembutal zu beschaffen.‹ Und das kann ich nicht.« Sie schüttelt sich. »Ich kann es nicht. Also legen sie auf und tun sich schlimmere Dinge an.«

Dann sind da noch die Leute, die für andere anrufen: Menschen, die beim Selbstmord helfen wollen. »Dann müssen wir sagen, dass wir ihnen nur abraten können«, meint Lesley betrübt. »Das ist sehr schwer. Manche erzählen von Situationen, die mich sehr an meine Geschichte erinnern, und ich könnte ihnen Informationen geben, die ihnen weiterhelfen würden. Ich wünschte, ich könnte. Aber das darf ich nicht.«

Ihre Geschichte begann 1994. Da war sie noch nicht im Konditorgeschäft, sondern arbeitete in der Finanzdienstleistungsbranche für eine Frau namens Sylvia Alper. Sylvia war fünf Jahre jünger als Lesley und bereits die Chefin ihrer Chefin, »eine ziemlich ehrgeizige Karrierefrau mit einem herrischen Ton«. Lesley hatte sich damals gerade von ihrem langjährigen Partner getrennt. »Ich hatte den Katzenjammer hinter mir und fand meine Lage gar nicht so schlecht. Man kann so viel tun, wenn man alleine ist. Sylvia hatte mit ihrem Mann Schlimmes erlebt und merkte, dass es auch anders ging.«

Als sich Sylvia scheiden ließ, freundeten sich die beiden Frauen an, gingen zusammen ins Kino, ins Theater und auf Reisen. »Wir haben ganz Europa zu Fuß erkundet. Man schaut sich um, schaut sich an und denkt: Was für ein Glück, dass wir hier sein dürfen und einfach Spaß haben.« Sie zeigt mir ein Foto, auf dem die beiden Ende der 1990er-Jahre in einer Gondel in Venedig zu sehen sind. Sylvia hat einen dichten rotbraunen Lockenschopf, Lesley dieselbe Kurzhaarfrisur wie heute. Beide strahlen in die Kamera. »Eigentlich hätte das nicht klappen dürfen, weil wir so unterschiedlich waren, doch es ging«, erzählt sie mit glänzenden Augen. »Wir ergänzten einander.«

13. Der Do-it-yourself-Tod

Lesley hatte von Anfang an gewusst, dass ihre Freundin an multipler Sklerose litt. Sylvia wollte das nicht im Büro herumerzählen aus Angst, es könne ihre Aufstiegschancen gefährden, also behielt es Lesley für sich. »Wenn eines ihrer Beine den Dienst versagte oder sie auf einem Auge nichts mehr sehen konnte und sich freinahm, wusste ich, was los war, ging hin und besuchte sie. Doch im Frühstadium von MS gibt sich das wieder: Das Sehvermögen kehrt zurück, und das Bein funktioniert wieder.« Sie fanden beide neue Partner, und Sylvia zog nach Eastbourne. Sie sahen sich nicht mehr so oft, blieben aber telefonisch in Verbindung. Dann erholte sich Sylvia nicht mehr. Lesleys ach so unabhängige beste Freundin war auf den Rollstuhl angewiesen und brauchte rund um die Uhr Pflege.

Sylvia hatte immer gesagt, wenn es so weit war, wollte sie sich an Dignitas wenden. »Sie rief mich an und bat mich, zum Essen zu kommen, weil sie etwas Wichtiges mit mir zu besprechen hätte. Ich wusste, was da auf mich zukam. Damals bat sie mich darum, die nötigen Recherchen anzustellen. Es war wie früher bei der Arbeit, als sie mir Projekte übertrug. Ich hörte zu und sagte: ›Gut, okay.‹ Dann ging ich los und erledigte es, als sei es ein Arbeitsauftrag.«

Doch Dignitas fiel rasch durchs Raster. »Inzwischen musste sie mit einer Winde vom Stuhl zum Bett und in den Rollstuhl befördert werden. Sie war komplett inkontinent. Es gab keine realistische Möglichkeit für mich, sie in die Schweiz zu bringen.« Und selbst wenn, wäre es zu teuer gewesen. »Es sollte 12 000 oder 13 000 Pfund kosten«, erzählt Lesley.

»Warum so viel?«

Sie lächelt ironisch. »Es gibt dafür keinen Grund. Sie berechnen das eben.« In der aktuellen Dignitas-Broschüre werden die Kosten mit rund 8300 Pfund beziffert, einschließlich Arzthonorare, Verwaltung, Begräbnis- und Standesamtskosten, aber ohne

Transport, Unterkunft und die obligatorischen Dignitas-Mitgliedschaftsbeiträge. Sylvia wollte kein Geld ausgeben, das sie ihrem Mann hinterlassen konnte. Außerdem war er ohnehin dagegen, sie zu Dignitas zu bringen. »Er brachte es nicht über sich, an ihrem Tod mitzuwirken. Deshalb mussten wir von nun an hinter seinem Rücken agieren.«

»Das war eine ganz schöne Belastung für Sie. Hatten Sie nie Zweifel?«

»Sylvia hatte sehr entschiedene Ansichten zu allem im Leben. Also nein, als sie mich darum bat, gab es keinen Zweifel. Ich wusste, sie meinte es auch.«

Ich hatte eigentlich wissen wollen, ob Lesley je Zweifel hatte an ihrer Rolle bei der Beihilfe zum Selbstmord. Doch auf diesen Gedanken kam sie gar nicht.

Lesley stieß auf die Exit-Website und erfuhr, dass Philip ein paar Monate später einen praktischen Workshop in London abhalten würde. »Über seinen Ruf als Dr. Death zu lesen mochte manchem gruselig erscheinen, doch für mich war es genau das Richtige.« Sie ging hin und ließ nie verlauten, dass sie im Auftrag handelte. Sie »lauschte« den Gesprächen um sie herum, notierte sich die Namen potenzieller Lieferanten, die Preise der Medikamente und wie lange es dauerte, bis sie eintrafen. Sie las über Beihilfe zum Selbstmord nach und darüber, was das für sie für Folgen haben konnte. Sie verwischte keine Spuren, damit sie nichts zu verbergen hätte, wenn sie sich selbst anzeigte. (Sie hatte von Anfang an vor, sofort danach zur Polizei zu gehen und die Verantwortung für ihre Mitwirkung an Sylvias Tod zu übernehmen. Sie empfand keinerlei Scham.) Per E-Mail wandte sie sich an einen Lieferanten und überwies 400 Pfund ins Unbekannte. Dann wartete sie.

»In diesen Wochen konnte ich kaum atmen«, erzählt sie und

13. Der Do-it-yourself-Tod

schaut auf den unberührten Kaffee vor ihr auf dem Tisch. »Noch nie hatte mich jemand um so etwas Großes gebeten.«

Zu ihrer Überraschung kam das Päckchen. Sylvia wollte es sofort zum Einsatz bringen und bat Lesley, sobald wie möglich nach Eastbourne zu kommen. Sylvias Mann ließ die beiden alleine. »Wir sprachen ein bisschen über alles Schöne, was wir zusammen unternommen hatten, und wie gut es war, dass wir es getan hatten, als wir es noch konnten – und darüber, wie das Leben so spielte.« Ihre Stimme bricht, und sie atmet schwer. »Ich weiß nicht mehr, wer schließlich sagte: ›Sollen wir loslegen?‹, doch ich ging in die Küche und öffnete die Flasche.«

Lesley hielt Sylvias Hand, als diese die tödliche Dosis schluckte. Sie schildert den Tod durch Nembutal als so gar nicht schnell und würdevoll. Sylvias letzte Momente waren alles andere als friedlich. Sie litt unter Brechreiz, und das Wasser floss ihr aus Augen, Nase und Mund, sodass Lesley nicht sicher war, ob die Dosis ausreichte, sie zu töten. »Ich weiß nicht, wie lange ich sie im Arm hielt«, sagt sie leise. »Ich weiß nicht, wann sie starb. Ich versuchte, ihren Puls zu fühlen, doch mein Herz klopfte so, dass ich nicht sagen konnte, wessen Herzschlag ich da gerade spürte.«

Als sie sicher war, dass Sylvia tot war, rief sie Sylvias Mann an und bat ihn heimzukommen. Sie meldete sich bei der Polizei. Lesley beschreibt, wie der Krankenwagen kommt und die Polizei eintrifft, wie sie wegen des Verdachts auf Beihilfe zum Selbstmord und Einfuhr eines geregelten Stoffes verhaftet, über Nacht in Gewahrsam genommen wird und einen Overall anziehen muss. Sie berichtet in der zweiten Person. »Du wirst durchsucht. Sie nehmen dir all deine Kleider ab. Wenn du aufs Klo musst, beobachtet dich eine Polizistin, und du darfst dir nicht die Hände waschen, weil du Spuren vernichten könntest ... du bist sowieso nicht ganz du selbst, du klinkst dich aus, doch etwas in dir denkt: Mann, was für eine Erfahrung.«

Es dauerte zehn Monate, bis die britische Strafverfolgungsbehörde CPS entschied, keine Anklage gegen Lesley zu erheben. In dieser Zeit geriet ihr Leben aus den Fugen. Sie berichtet, sie sei »emotional gebrochen« gewesen und ihr Geschäft »ruiniert«. Ihr Partner war wütend, weil sie beide gefährdet hatte. Während sie in Untersuchungshaft saß, durchsuchte die Polizei ihre gemeinsame Wohnung, beschlagnahmte alle seine Computer und gab sie erst wieder frei, als die Anlage gegen sie fallen gelassen wurde. Er war im IT-Geschäft und deshalb ebenfalls beruflich am Ende. »Er zerbrach daran«, erzählt Lesley. Und zum ersten Mal höre ich Bedauern in ihrer Stimme.

Als Philip zu seinem nächsten Workshop nach England kam, ging Lesley wieder hin, obwohl sie damals noch nicht wusste, ob Anklage gegen sie erhoben werden würde. Sie wollte ihm danken und ihm ihre Geschichte erzählen. Vielleicht konnte sie ihm ja von Nutzen sein. Da erfuhr sie, dass Exit einen Koordinator für Großbritannien suchte, der ein paar Stunden pro Woche den Telefondienst übernehmen sollte. Nur einen Monat nachdem ihr Verfahren eingestellt worden war, begann sie, für Exit zu arbeiten.

Sie hatte viel um die Ohren, als sie beschloss, das britische Gesicht des rationalen Suizids zu werden, so viel steht fest. Wie konnte sie wissen, worauf sie sich da einließ? War es fair, sie das zu fragen?

»Warum haben Sie sich all das noch einmal angetan«, frage ich, »obwohl Sie genau wussten, was das für Sie für Folgen haben konnte – und wie verheerend es bereits gewesen war?«

»Weil es falsch ist!«, bricht es förmlich aus ihr heraus. »Es ist verdammt noch mal falsch.« Sie ringt um Fassung. »Wir tun das Richtige, mehr kann ich dazu nicht sagen. Es ist richtig, Menschen

13. Der Do-it-yourself-Tod

zu helfen, die genug haben. Sie sehen keinen Ausweg und machen sich Sorgen. Sie sollten keine Angst haben müssen, was mit ihnen passiert, wenn sie älter sind. Jeder Mensch hat das Recht, dabei mitzubestimmen.«

»Sie möchten also, dass das Gesetz geändert wird, damit Menschen das Recht haben zu sterben?«

»Auf jeden Fall!«

»Aber dann wären Sie ja arbeitslos.«

»Ganz egal. Job erledigt. Dann gehe ich in Rente, lese Bücher – das macht mir gar nichts aus. Diesen Job sollte es eigentlich gar nicht geben, und je eher es ihn nicht mehr gibt, desto besser.«

Lesley ist keine Demagogin, die für rationalen Selbstmord plädiert. Sie wollte nur ihrer Freundin helfen und möchte nicht, dass andere durchmachen müssen, was ihr passierte. Sie ist Philips Vertreterin im Vereinigten Königreich, weil die Briten keine Alternative haben.

»Es gibt Hunderttausende, die das *jetzt* durchmachen, nicht Jahre später, wenn sich das Gesetz ändert. Sie machen sich *heute* darum Gedanken«, erklärt sie. »Und solche Menschen müssen eine Anlaufstelle haben.«

Am zweiten Tag von Philips Anhörung bei seinem Ärzteprozess kriege ich ihn endlich ans Telefon. Diese späte Audienz bei Dr. Death höchstpersönlich schüchtert mich ein bisschen ein. In Darwin ist es 23 Uhr, doch er ist voller Energie. Den gegen ihn erhobenen Vorwürfen begegnet er trotzig, obwohl er einräumt, dass seine Handlungen dazu geführt haben könnten, dass sich ein Serienmörder der Justiz entzog.

»Das ist ein Fall von rationalem Selbstmord«, sagt er mit Bedacht. »Brayley war nicht krank, er war erst 45, hatte aber einigermaßen triftige Gründe, sein Leben zu beenden, wie ich meine. Der Gedanke, die nächsten 25 Jahre im Gefängnis zu verbringen, führte zu der Entscheidung.«

»Also war es auch rational, obwohl es im Zuge der Mordermittlungen geschah? Sie haben kein Problem mit der Vorstellung, dass er sich das Leben genommen hat?«

»Nun, kein Problem trifft es wohl ganz gut«, entgegnet er.

Philip erzählt mir, wie er zu seinen radikalen libertären Ansichten über das Recht zu sterben gekommen ist. Die Welt der Sterbehilfe entdeckte er 1996, als im Northern Territory Sterbenskranken während eines Zeitraums von neun Monaten gestattet war, sich nach Maßgabe des Right of the Terminally Ill Act ärztliche Sterbehilfe einzuholen. Dieses Fenster schloss sich, als die australische Bundesregierung das Gesetz ein Jahr später aufhob. Er war damals Ende 40 und frischgebackener Arzt. Er hatte erst spät mit dem Medizinstudium begonnen, nach einem kurzen Abstecher in die Luftwaffe, einem Einsatz als Aktivist für die Landrechte der Aborigines und ein paar Jahren als Park- und Wildaufseher im Northern Territory.

»Ich hörte im Radio davon und fand die Idee gut. Dann ging ich zur Tagesordnung über«, erzählt er. Er engagierte sich erst verstärkt, nachdem eine aufsehenerregende Kampagne gegen das neue Recht zu sterben in Gang gekommen war, angeführt von Ärzten und Kirche. »Dieser Versuch der medizinischen Profession zu untergraben, was ganz eindeutig der Wunsch der Menschen war, machte mich wütend – sehr wütend. Sie äußerten all das, was ich an der Medizin partout nicht leiden kann – nämlich wie Ärzte in äußerster Herablassung wissen, was für Sie das Beste ist, selbst wenn Sie als Normalbürger anders denken. Das ging mir total gegen den Strich.« Er machte seinen Gefühlen Luft, und schon klopften die ersten Menschen bei ihm an, die gern sterben wollten.

13. Der Do-it-yourself-Tod

»Ich hatte damals in den Anfangstagen, 1996, ganz klare Ansichten. Ich fand es sinnvoll, dass Sie, wenn Sie wirklich sehr krank wären, ein Arzt betreuen und Ihnen die Medikamente geben würde, mit denen Sie Ihr Leben beenden könnten. Vier meiner Patienten taten das. Ich war der einzige Arzt, der von dem Gesetz Gebrauch machte, und sogar weltweit der einzige Arzt, der unter dem Schutz des Gesetzes effektiv tödliche Injektionen setzte.« Ich höre förmlich den Stolz in seiner Stimme, als er mir davon erzählt.

»Daraus ist Exit erwachsen, denn die Leute kamen weiter zu mir, nachdem das Gesetz gekippt war. Dann stellte ich gewisse Veränderungen fest: Nicht alle waren sterbenskrank. Es kamen auch Menschen, die gar keine medizinischen Gründe dafür hatten, sterben zu wollen. Ich fand das wirklich schwierig, wenn mir manche sagten: ›Warum dürfen Sie das entscheiden?‹ Eigentlich ist es doch die Entscheidung desjenigen, der stirbt. Das wurde unser Fokus: den Menschen praktische Möglichkeiten zu bieten, statt vor den Politikern herumzurutschen und sie zu beknien, die Gesetze zu ändern.«

»Sind Sie stolz auf den Titel Dr. Death?«

»Wer sich zu viele Gedanken darüber macht, wie ihn andere nennen, der kriegt nicht viel zustande«, schnaubt er. »Es vergeht kaum ein Tag, an dem ich nicht auf der Straße angesprochen werde und Komplimente höre. Das war nicht so, als ich noch Rezepte für Penicillin ausstellte. Es ist schön, an einer wichtigen, zukunftsweisenden gesellschaftlichen Debatte teilzuhaben. Das ist aufregend.«

»Ich habe mir angesehen, wie viel die Hilfsmittel kosten, die Sie anbieten«, sage ich. »Das Handbuch ist nicht billig. Wer den Stickstoffzylinder und alle anderen Utensilien über Exit beziehen will, wie Sie das empfehlen, muss tief in die Tasche greifen. Verdienen Sie daran?«

»Es ist nicht billig, aber es ist auch nicht billig, durch die Welt zu reisen und Workshops zu veranstalten«, kontert er. »Die Vorstellung, man könnte die Organisation ohne eine solche finanzielle Basis betreiben, ist illusorisch. Es ist eine Non-Profit-Organisation. Manche Menschen meinen, man sollte gar nichts verdienen, wenn man sich mit der Frage beschäftigt, wie man Menschen einen friedlichen Tod beschert. Als würde schon die Fragestellung verbieten, aus den roten Zahlen zu kommen, geschweige denn, seinen Lebensunterhalt damit zu bestreiten.«

Es ärgert ihn, dass ich an seiner Sache rüttele, indem ich seine Motive infrage stelle. Doch wenn er über seine Rolle spricht, Menschen sterben zu helfen, dann verwendet er die Sprache der Wirtschaft.

»Eine Präsenz vor Ort im Vereinigten Königreich macht einen gewaltigen Unterschied. Ich rechne mit erheblichem Wachstum. Europa, allen voran das Vereinigte Königreich, ist ein interessanter Großraum.«

Ich weiß das noch nicht, doch Philip plant, den Markt für seine Arbeit auf ungeahnte Weise zu vergrößern. Er hat eine ambitionierte Idee, die in keinem Land gesetzliche Grenzen tangiert. Etwas viel Clevereres als Medikamente oder Tüten. Etwas, für das niemand die Hilfe oder Erlaubnis anderer benötigt: ein Vehikel, das Menschen in den perfekten Tod befördert.

14.
»Der Elon Musk der Sterbehilfe«

Mindestens 13 weitere Ärzte haben sich schon den Beinamen Dr. Tod verdient, darunter Harold Shipman und Josef Mengele. Philip ist noch nicht einmal der erste Dr. Death der Euthanasie und Sterbehilfe, und auch nicht der berühmteste. Diese Ehre gebührt Jack Kevorkian, dem Pathologen aus Michigan, der dafür eintrat, dass die Organe zum Tode Verurteilter entnommen werden sollten, der Pionierarbeit leistete bei der Verwendung von Bluttransfusionen aus den Körpern Verstorbener und der in den 1990er-Jahren persönlich 130 Amerikanern half, ihr Leben zu beenden.

Kevorkian lud seine Patienten in den Fond seines Volkswagen Vanagon aus dem Jahr 1968 ein, einem Wohnmobil, aus dem er ein paar Sitze ausgebaut hatte. Dort schloss er die Sterbewilligen an eine seiner speziell angefertigten Todesmaschinen an. Sein erstes Gerät hieß Thanatron (nach Thanatos, der in der griechischen Mythologie den Tod verkörpert) und war aus allen möglichen Teilen zusammengebaut, die er gerade zur Hand hatte: Autoteilen, Magneten, Ketten, Spulen und Spielzeugkomponenten. Im Grunde waren es kaum mehr als drei Flaschen, die von einem improvisierten Metallrahmen baumelten und mit einem intravenösen Zugang verbunden waren. Auf dem kastenförmigen Unterteil des Apparats befand sich ein großer roter Knopf, wie man ihn an einem alten Spielautomaten finden konnte. Man hätte das Konstrukt ohne Weiteres für ein makabres schulisches Wissenschaftsprojekt halten können.

Schloss Kevorkian seine Patienten an die Maschine an, wurde ihnen zunächst intravenös eine harmlose Kochsalzlösung verabreicht, doch wenn sie auf den roten Knopf drückten, floss anstelle dieser Lösung ein rasch wirkendes Barbiturat-Anästhetikum in den Körper, das sie in ein tiefes Koma versetzte. Nach 60 Sekunden wurde ihnen dann eine tödliche Dosis Kaliumchlorid verabreicht, die das Herz zum Stillstand brachte. Sie starben im Schlaf an einem Herzinfarkt.

Die erste Patientin, die Thanatron einsetzte, war die 54-jährige Lehrerin Janet Adkins aus Portland, Oregon. Sie hatte Alzheimer im Frühstadium. Kevorkian lernte sie erst am Wochenende vor ihrem Tod kennen. Er befand sie geistig in der Lage zu begreifen, was sie tat, und am folgenden Montagnachmittag fuhr er sie in einen örtlichen Park, wo sie hinten in seinem Wohnmobil aus dem Leben schied. Der *New York Times* erzählte Kevorkian zwei Tage später, was kurz vor ihrem Tod passiert sei: »Sie hat mich mit dankbaren Augen angesehen und gesagt, ›Danke, danke, danke.‹«[1]

Thanatron war für Kevorkian ein ziemlich primitiver Weg, sich aus der Verantwortung zu ziehen: Es waren seine Patienten, die ihren eigenen Tod auslösten, denn wenn sie nicht auf den Knopf drückten, würden sie die Kochsalzlösung überleben, an die er sie angeschlossen hatte. Die Ärztekammer in Michigan sah das aber anders und entzog Kevorkian seine Zulassung als Arzt, nachdem er Thanatron noch ein zweites Mal eingesetzt hatte. Das bedeutete, er hatte keinen legalen Zugang zu den Substanzen mehr, die er für seine Arbeit brauchte. Daraufhin wurde der Mercitron seine Todesmaschine der Wahl – so etwas wie eine Gasmaske, die mit einem Stickstoff- und Kohlenmonoxidtank verbunden war. Eine Wäscheklammer blockierte den Gasstrom in die Maske. Der Patient nahm sie ab und bewirkte damit seinen vorzeitigen Tod, während Kevorkian danebenstand.

14. »Der Elon Musk der Sterbehilfe« 343

Die Todesfälle lösten in Amerika einen Aufschrei aus – und großes Händeringen. Als Janet Adkins starb, gab es in Michigan kein Gesetz gegen Beihilfe zum Suizid. Man konnte Kevorkian also nichts zur Last legen, wenngleich Versuche gemacht wurden, ihn strafrechtlich zu belangen. Die meisten seiner Patienten lagen nicht im Sterben[2], und die Autopsien ergaben, dass mindestens fünf zum Zeitpunkt ihres Todes in guter gesundheitlicher Verfassung gewesen waren[3]. Was Kevorkian so schwer fassbar machte, war, dass seine Patienten von seinen Maschinen getötet wurden. Ihr Tod wurde dadurch entpersonalisiert. Niemand war dafür verantwortlich. Das barg das Versprechen eines sauberen, selbstbestimmten Todes, selbst wenn der Mechanismus, der diesen herbeiführte, unsauber war und die Entscheidung, sich seiner zu bedienen, oft verworren.

Zum Verhängnis wurde Kevorkian schließlich, dass er seine Maschinen irgendwann zu Hause ließ. 1999 verabreichte er dem 52-jährigen Thomas Youk, der an einer Motoneuronenerkrankung litt, direkt eine Todesspritze. Kevorkian wurde übermütig: Er zeichnete Youks letzte Momente auf Video auf. Auf der Aufnahme ist zu hören, wie er die Behörden auffordert, ihn doch vom weiteren Leisten von Sterbehilfe abzuhalten. Sie nahmen die Herausforderung an und beschuldigten ihn des Totschlags. Mit über 70 saß er acht Jahre seiner zehn- bis 25-jährigen Haftstrafe ab. Er erkrankte an Leberkrebs und starb 2011 im Alter von 83 Jahren im Krankenhaus an einem Blutgerinnsel, umgeben von Ärzten, doch ohne die Unterstützung einer Todesmaschine.

Für seine Fans war Kevorkian ein Held und ein Mann mit vielen Fähigkeiten. Er spielte Jazzflöte und Orgel und veröffentlichte 1997 das Album *A Very Still Life* mit eigenen Instrumentalkompositionen. Er malte grellfarbige Ölbilder, die alles Mögliche darstellten, von Johann Sebastian Bach bis zu grausigen blutüberströmten geköpften Häuptern. Seine Gemälde nannte er *Koma, Fieber, Übelkeit* und *Lähmung.* (Ein paar seiner Werke wurden nach seinem Tod versteigert. Das Anfangsgebot lag bei 45 000 Dollar.) Er ging mit Al Pacino über den roten Teppich, der für seine Kevorkian-Darstellung in dem Film *Ein Leben für den Tod* aus dem Jahr 2010 einen Emmy und einen Golden Globe gewann. Er stand gern im Mittelpunkt und erlangte die Berühmtheit, nach der er sich sehnte.

Philip gibt sich nicht damit zufrieden, »der andere Dr. Death« zu sein. Er strebt nach einem noch ehrgeizigeren Vermächtnis. Dadurch, dass er ein paar Jahre später auf der Bildfläche erschien als Kevorkian, hat Philip einen Vorteil, von dem sein Vorgänger nur träumen konnte: Statt Federn, Clips und Klammern stehen Philip Computer zur Verfügung.

> Sind Sie sicher, dass Sie verstanden haben, dass Sie sterben werden, wenn Sie fortfahren und den Ja-Knopf auf der nächsten Bildschirmseite drücken?

Die Worte auf dem blau getönten Bildschirm sind so zentriert, dass sie über den beiden virtuellen Knöpfen schweben, auf die man drücken kann: links Nein, rechts Ja.

Klicken Sie auf Ja, gelangen Sie zur nächsten Bildschirmseite:

> In 15 Sekunden erhalten Sie eine tödliche Injektion ...
> Drücken Sie auf Ja, um fortzufahren.

Wenn Sie auf Ja klicken, ertönt nach 15 Sekunden ein rhythmisches Pumpgeräusch. Der Bildschirm wird schwarz. Nur ein Wort ist noch zu lesen:

14. »Der Elon Musk der Sterbehilfe«

Exit

Es ist das letzte Wort, das Bob Dent, Janet Mills, Bill W. und Valerie P. je gelesen haben. Als sie auf den letzten Ja-Knopf drückten, wurde eine tödliche Dosis Nembutal in ihre Venen abgegeben. Sie waren die vier Menschen, denen Philip 1996 und 1997 sterben half – in den neun Monaten, in denen Beihilfe zum Suizid für Sterbenskranke im Northern Territory gesetzlich erlaubt war. Ihr Leben wurde von Deliverance beendet, einer Maschine, die Philip erfand und baute und die heute im Londoner Science Museum ausgestellt ist.

Der Bildschirm ist der desselben grauen Toshiba-Laptops, den Philip auch verwendete, um seine E-Mails zu lesen und im Internet zu surfen. Er ist ramponiert und schmuddelig. 1996 war er bereits drei Jahre alt. Er war mit einem kleinen Hartschalenkoffer aus Kunststoff mit Isolierschaum verbunden. In dem Koffer befand sich ein Gewirr aus roten und schwarzen Drähten, transparenten Schläuchen, Ventilen, Pumpen, einem Druckmesser und mehreren Spritzen, darunter eine große, die mit der sehr langen, sehr spitzen Nadel verbunden war, die Philip in seine Patienten stach.

Deliverance war eigentlich der Name der Software, die Philip geschrieben hatte und die er seinerzeit als »Programm für subjektgesteuerten medizinisch unterstützten Suizid« bezeichnete. Irgendwann verwendete er ihn dann für das ganze Gerät – die Deliverance-Maschine. Das Gesetz über das Recht Sterbenskranker hätte ihm gestattet, Nembutal direkt selbst zu verabreichen. Doch vielleicht weil er die Kevorkian-Geschichte noch so lebhaft im Gedächtnis hatte, entschied er sich dafür, stattdessen eine unübersehbare Vorrichtung zu bauen.

Kurz nachdem sie am 22. September 1996 erstmals zum Einsatz

gekommen war, hielt Philip eine Pressekonferenz ab. Sein Patient Bob war 66 und todkrank. Er hatte Prostatakrebs. »Wir aßen zusammen, tranken etwas, und dann erklärte er, er wolle weitermachen«, berichtete Philip den versammelten Journalisten. Anschließend verlas er eine von Bob verfasste Erklärung: »Mein eigener Schmerz wird noch schlimmer, wenn ich zusehen muss, wie meine Frau leidet, wenn sie mich pflegt, mich badet, mich abtrocknet, mich mitten in der Nacht sauber macht, wenn mir ein Malheur passiert, und miterlebt, wie mein Leben zu Ende geht.« Bei Bobs Tod ging es also gar nicht um Bob. Es ging um die Belastung, zu der Bob geworden war, als er die Kontrolle über sich verlor.

Die anderen Tode folgten rasch. Die 52-jährige Janet litt an einer seltenen, entstellenden Hautkrebsform. Die Ärzte gaben ihr noch neun Monate. Bill war 69 und hatte Magenkrebs im Endstadium. Die 70-jährige Valerie hatte Brustkrebs. Ihr Tod war Philips letzter Fall von legaler Beihilfe zum Suizid – und sein umstrittenster: Wie Valerie selbst eingeräumt hatte, war sie palliativ gut versorgt und litt nicht unter »Symptomen«. Er hatte ihr dennoch Sterbehilfe geleistet.

Auf seiner Vimeo-Seite hat Philip ein Interview eingestellt, das mit ihm aufgezeichnet wurde, als das Gesetz schon seit ein paar Jahren gekippt war. Er sitzt in einem hellblauen, mit bunten Palmen bedruckten Hawaiihemd an seinem Schreibtisch. Das Hemd ist so weit aufgeknöpft, dass man seine ergrauenden Brusthaare sehen kann. Vor einer Wand voller Schlagzeilen über ihn erinnert er sich darin an die Zeit, als er Deliverance einsetzte.

»Ich spürte die Verantwortung ziemlich schwer auf meinen Schultern lasten«, erzählt er. »Ich ging mit meinem kleinen Koffer hin, in dem sich die Maschine befand, und konnte schlecht sagen, ›Oh, ich habe etwas vergessen, ich muss noch einmal nach Hause‹,

14. »Der Elon Musk der Sterbehilfe« 347

oder ›Können wir das vielleicht morgen machen?‹ oder so. Die Menschen hatten beschlossen, an diesem Tag zu sterben. Und ich stand in gewissem Sinne in der Pflicht, dafür zu sorgen. Ich musste es *möglich* machen, sicherstellen, dass es *klappte*. Und diese Erwartung empfand ich beinahe als lähmend.«

Anders, als es bei Kevorkian den Anschein hatte, genoss es Philip nicht, Beihilfe zum Selbstmord zu leisten. Er scheute die Verantwortung, dafür zu sorgen, dass auch alles funktionierte, wenn es so weit war. Dass er einen Computer einsetzte, den der Patient auf dem Schoß hatte, statt einer Spritze, die er selbst in die Hand nehmen musste, verschaffte ihm einen gewissen Abstand zu der Tat, die er beging, aber nicht genug. Mir klangen Lesleys Worte von der Exit-Sitzung in den Ohren: »*Ich würde das nicht empfehlen. Ich würde Ihnen raten, es selbst zu tun.*«

Genau das ermöglichten Philips nächste Erfindungen den Exit-Mitgliedern. Die im Dezember 2002 vorgestellte CoGen-Maschine war ein Kohlenmonoxidgenerator, der aus einem Kanister, einer Tropfinfusion und Nasenstöpseln zum Inhalieren des Gases bestand.

Starke, aber handelsübliche Säuren wurden in dem Kanister gemischt, um Kohlenmonoxid zu erzeugen, das jeden töten würde, der ein oder zwei Züge davon einatmete, wie Philip versprach. Auf Exit-Sitzungen versicherte Philip, dass sich das jeder aus einem Vegemite-Kanister und legal erhältlichen Materialien für 50 Dollar selber basteln könne. »Das ist keine Raketenwissenschaft«, erklärte er damals dem *Sydney Morning Herald*. »Wer an der Schule Chemie hatte, kann sich so eine Maschine bauen.«[4] Doch es gibt keinen Bericht, dass jemals jemand durch Einsatz der CoGen zu Tode gekommen ist. Und das Hantieren mit starken Säuren ist nicht ungefährlich. Kohlenmonoxid ist ein Gift, und wer plant, sich selbst auf diese

Weise das Leben zu nehmen, könnte sehr leicht versehentlich auch den umbringen, der seine Leiche findet.

Als CoGen nicht einschlug, entwickelte Philip die berüchtigte Exit Bag, die angeblich noch weniger wissenschaftliche Voraussetzungen erforderte und nicht Gift einsetzte, um zu töten, sondern Sauerstoffentzug. Doch es gibt kaum eine abschreckendere Vorstellung, als seine letzten Momente erstickend in einer Plastiktüte zu verbringen. Philip wusste von Anfang an, dass die Exit Bag Unbehagen hervorruft. Keine der Vorkehrungen konnte der Deliverance-Maschine mit ihrem Hightech-Appeal, ihrer Sauberkeit und Zuverlässigkeit den Rang ablaufen. Die Software schien dem Vorgang eine gewisse Würde zu verleihen, die mit einfacher Chemie und Mechanik nicht zu erreichen war.

Im Juli 2015, acht Monate nachdem ich bei der Exit-Versammlung in Covent Garden Lesley kennengelernt hatte, kündigte mir Philip per E-Mail an, er käme nach London. Endlich begegnen wir uns persönlich – in dem schicken Airbnb in Hackney, das er gemietet hatte. An den Wänden hängen prachtvolle Ölgemälde in goldenen Rahmen, die Fenster zieren weiße Fensterläden aus Holz, und der Dielenboden ist weiß gekalkt. Philip trägt grüne Shorts und eines seiner typischen Sommerhemden, das auf dem geschmackvollen weißen Sofa etwas deplatziert wirkt.

Seine Frau Fiona bemüht sich nach Kräften, ihren geliebten übergewichtigen Jack Russell Terrier Henny Penny von uns fernzuhalten, doch ich bin trotz alledem nervös. Mir schießt durch den Kopf, wie viele Menschen wegen dieses Mannes mit den nackten Knien neben mir gestorben sind. Er könnte keine Zahl angeben, selbst wenn er wollte. Philip hat etwas Quecksilbriges an sich, das im persönlichen Kontakt noch stärker auffällt – eine Unnahbarkeit, die mir das Gefühl gibt, aus den wenigen Momenten seiner persönli-

14. »Der Elon Musk der Sterbehilfe«

chen Anwesenheit so viele Antworten herauskitzeln zu müssen wie möglich – als würde er sich in Kürze in Luft auflösen oder beschließen, nie wieder mit mir zu sprechen.

Außerdem hat Philip diesmal seltsame Gründe für seinen Besuch im Vereinigten Königreich. Er bereitet sich auf eine One-Man-Stand-up-Comedy-Show beim Fringe Festival in Edinburgh vor. Er nennt sie »Dicing with Dr. Death« – mit Dr. Tod Würfel spielen. Er brennt darauf, mir alles darüber zu erzählen.

»20 Tage hintereinander mit nur einem freien Abend von sechs bis sieben an einer besonderen Spielstätte namens The Caves – wie sich herausstellte, wohnten dort die berüchtigten Mörder Burke und Hare, die Leichenräuber, die der medizinischen Fakultät von Edinburgh Körper zuführten«, verkündet er marktschreierisch. »Eine schöne Querverbindung zwischen Verbrechen, Tod und Medizinstudium, auf die ich sicherlich anspielen werde.«

Ich hatte Philip eigentlich nicht als Comedian auf dem Schirm. Doch er weiß auf jeden Fall, wie man etwas richtig in Szene setzt: Seine Workshops und Pressekonferenzen sind bisher bis zu einem gewissen Grad auch immer Vorstellungen gewesen, und, ja, das Komische wohnt den düstersten Orten inne. Doch Philip als Komiker? Ich weiß nicht. Es gibt natürlich praktische Gründe für diesen beruflichen Spurwechsel: Philips Zulassung als Arzt ist nach wie vor ausgesetzt. Exit-Mitglieder haben schon 250 000 Dollar für die Anwaltskosten gespendet, doch das Verfahren läuft noch.

Er ist unverdrossen. »Das ist ein Indiz für Autorität. Wer Informationen verbreitet, die so zutreffend sind, dass sich der Staat entschließt, ihm die Zulassung zu entziehen, bei dem wissen die Leute: Die Informationen sind gut.«

»Sie haben dadurch also an Einfluss gewonnen?«

»Ich habe dadurch einen *Status* erlangt.«

Sein Auftritt als Comedian sei eine Möglichkeit, Ratschläge zum Selbstmord zu erteilen, erklärt er mir. Für seinen üblichen Londoner Workshop sei das Klima im Moment wohl zu aufgeheizt. Die Zuschauer müssen vor Beginn der Show einen Haftungsausschluss unterschrieben, doch ob sie wirklich im Vollbesitz ihrer geistigen Kräfte sind, kann Philip nicht prüfen.

Denkwürdiges Kernstück seines großen Auftritts ist Destiny. »Nach eingehender Forschungs- und Entwicklungsarbeit über mehrere Jahre haben wir jetzt endlich eine Maschine, die es einem Menschen ermöglicht, sich ganz einfach das Leben zu nehmen«, schwärmt er. »Ich zeige dem Publikum, dass dies künftig der Weg ist.«

Destiny steht links von uns auf dem Tisch. Auf Twitter hat Philip das Konstrukt »Sohn von Deliverance« genannt, doch es ist wohl eher das Kind der Liebe von Deliverance und Mercitron: Philip entwickelte es nach Gesprächen mit Neal Nicol, dem langjährigen Freund und Partner von Kevorkian. Es arbeitet mit demselben Mix aus komprimiertem Kohlenmonoxid und Stickstoff wie der Mercitron. Destiny besteht aus dem altbekannten mit Isolierschaum ausgekleideten Hartschalen-Kunststoffkoffer, in dem sich ein kleiner schwarzer Raspberry-Pi-Mikroprozessor befindet, an den ein Gaskanister der Marke Max Dog und ein paar Nasenstöpsel angeschlossen sind. Der Mikroprozessor kann mit einer Smartphone-App oder jedem HDMI-Bildschirm angesteuert werden. Er stellt die gleichen Fragen wie die Deliverance-Software (lediglich die Worte »tödliche Injektion« wurden durch »tödliches Gas« ersetzt). Außerdem gehört noch eine Fingermanschette dazu, die den Puls und die Sauerstoffsättigung des Verwenders misst. Fällt beides auf null, dreht der Mikroprozessor das Gas ab. Der Prototyp wurde durch zweckgebundene Spenden von Exit-Mitgliedern finanziert, die das Gerät

14. »Der Elon Musk der Sterbehilfe«

gern selbst ausprobieren möchten. Damit ist die Todesmaschine wahrhaftig ins Crowdfunding-/Smartphone-Zeitalter eingetreten.

»Ein Zuschauer wird auf die Bühne kommen und die Maschine ausprobieren – nicht mit dem Gas, das die echte Maschine verwendet, sondern mit einem ganz harmlosen Gas. Dennoch ist der gesamte Prozess zu beobachten. Wer auf den Knopf drückt, spürt, dass das Gas zu strömen anfängt und sich der Herzschlag verlangsamt. Das wird spannend.«

Philip sagt, wenn seine Vorstellungen in Edinburgh vorüber sind, wird Destiny Exit-Mitgliedern und Abonnenten des *Peaceful Pill eHandbook* für 200 Pfund zur Verfügung stehen. Sämtliche Bauteile sind legal, müssen jedoch separat gekauft werden: die App und der Mikroprozessor von Exit, der Stickstoff von Max Dog, die Nasenstöpsel von einem beliebigen Anbieter (bei Amazon kriegt man ein Paar für kaum mehr als ein Pfund). Wie bei der Exit Bag scheint der Zusammenbau auch hier ein kostspieliger, verwirrender Prozess zu sein, der jedoch genügend juristische Schlupflöcher bietet, um den Entwickler zu schützen.

»Das Gesetz kann mit der technischen Entwicklung einfach nicht Schritt halten – als würde man die Stalltür schließen, wenn das Pferd längst durchgegangen ist. Kann gut sein, dass die viel besungenen Gesetzesänderungen noch kommen. Der Expansion von Exit wird das keinen Abbruch tun.«

Als ein paar Wochen später die Rezensionen aus Edinburgh eingehen, fallen sie durchwachsen aus. Der *Daily Telegraph* vergibt dafür einen Stern. »Geistlos infantil«, heißt es in der Kritik. »Das beklagenswerteste Stück Eigenwerbung, als Bona-fide-Aufführung maskiert.«[5] Das hält Philip nicht davon ab, eine »australisierte« Version des Programms auf dem Melbourne Comedy Festival zu inszenieren. Der Kritiker des *Sydney Morning Herald* ist mit zweieinhalb Punkten ein bisschen gnädiger. »Gelacht wurde selten«, schreibt er.[6]

Das ist eigentlich nicht genug, als dass Philip seinen Job an den Nagel hängen könnte, doch er tut das trotzdem. Als die australische Ärztekammer meldet, dass er wieder praktizieren darf, beruft Philip eine Pressekonferenz ein, auf der er seine wiedererlangte Zulassung als Arzt vor versammelten Kameras in Brand setzt. »Heute gebe ich mit erheblichem Bedauern das Ende dieser 25-jährigen Medizinerlaufbahn bekannt«, erklärt er. Ein paar Monate später hat er Australien für immer den Rücken gekehrt und in den Niederlanden ein neues Leben begonnen.

Ich sehe Philip erst vier Jahre später wieder. Meine Nachrichten bleiben unbeantwortet, meine Anrufe werden ignoriert. Ich bin aber immer noch im Verteiler von Exit und bekomme daher alle paar Wochen eine E-Mail, die mich vor dem Bezug von fragwürdigem Nembutal warnt, das nicht von Philip abgesegnet wurde, und vor unfairen Gebühren bei Dignitas. Außerdem erfahre ich daraus, wie fortschrittlich die Niederlande im Vergleich zu Australien sind und wann die nächsten Exit-Versammlungen stattfinden. Lesley wurde als Exits Koordinatorin für das Vereinigte Königreich abgelöst und scheint von der Bildfläche verschwunden. Das Gleiche gilt für die Destiny-Maschine: Nach dem ganzen Tamtam und den Presseberichten bei ihrem Debüt in Edinburgh wird Destiny im Anschluss kaum noch erwähnt – und ganz sicher folgte nie eine Aufforderung an die Mitglieder, sie zu kaufen.

Doch dann erhalte ich eine E-Mail, die zur Einreichung von Vorschlägen auffordert, die auf einer von Philip in Toronto anberaumten Konferenz vorgetragen werden sollen. Sie heißt NuTech und soll »Experten aus aller Welt zusammenbringen, um neue technische

14. »Der Elon Musk der Sterbehilfe« 353

Initiativen zu diskutieren, die einen friedlichen, selbst herbeigeführten Tod aus freier Entscheidung erleichtern«. NuTech ist nichts Neues – die Veranstaltung wurde 1999 von Philip und den Sterbehilfe-Verfechtern Derek Humphry, Rob Neils und John Hofsess ins Leben gerufen und findet seither alle paar Jahre statt, allerdings nur für geladene Gäste. Man muss schon Aktivist für das Recht zu sterben, Arzt, Pharmazeut oder Techniker sein, um teilnehmen zu dürfen. In diesem Jahr soll die Konferenz zum Teil live aus dem Internet gestreamt werden können. Und erstmals wird es einen Wettbewerb zur Ermittlung der allerbesten Todesmaschine geben. »Es wird ein Barpreis von 5000 US-Dollar ausgelobt – möglich gemacht durch ein großzügiges Vermächtnis an Exit International –, vergeben für einen innovativen Vorschlag, der dem Einsatz von Technologie bei einer friedlichen, zuverlässigen Lösung zum Selbstdurchführen Vorschub leistet«, steht in der E-Mail.

In den Folgemonaten wird Näheres über die Vorschläge bekannt, die auf der NuTech erörtert werden sollen. Da ist eine monströse Vorrichtung namens Rebreather-Debreather, die von einem amerikanischen Team entwickelt wurde. Dabei handelt es sich um eine abgepolsterte Maske, die an Wellschläuche angeschlossen ist, die wiederum in einen blauen Rollkoffer führen. Ähnlich abstoßend wirkt der australische GULPS-Monoxid-Generator, eine kleine Sauerstoffmaske, verbunden mit einem Kanister und ein paar Gläsern, die Methan- und Schwefelsäure enthalten. (Dieser Apparat ist eindeutig von CoGen inspiriert und geht mit denselben Problemen einher, die mit Monoxidvergiftung und starken Säuren verbunden sind.) Es gibt sogar eine »Sterbehilfe-Achterbahn«, entworfen von dem litauischen Ingenieur und Künstler Julijonas Urbonas. Sie soll ihre Passagiere »elegant und euphorisch« töten, indem sie sie über sieben vertikale Loopings eine Minute lang extremen G-Kräften aussetzt.

Eine Woche vor der Konferenz in Toronto flattert schließlich etwas in meinen Posteingang, das mir verrät, woran Philip in den Niederlanden gearbeitet hat und warum er die NuTech plötzlich für das Publikum öffnen möchte. Es ist eine Pressemitteilung mit dem Titel »Einführung der ersten Sterbehilfe-Maschine der Welt aus dem 3D-Drucker in Kanada«. Philip will ein neues Gerät vorstellen, das er Sarco nennt. Daneben wirkt jede bisher erfundene Todesmaschine wie ein Witz.

»Die in den Niederlanden von Exit-Chef Dr. Philip Nitschke und Ingenieur Alexander Bannink entwickelte Maschine ist so konzipiert, dass sie an jedem beliebigen Standort aus dem 3D-Drucker ausgedruckt und zusammengesetzt werden kann«, lese ich. »Lehnt man sich in der Kapsel zurück, wird flüssiger Stickstoff freigesetzt, der den Sauerstoffgehalt rasch absenkt. Die Folge ist ein friedlicher Tod nach wenigen Minuten. Die Kapsel kann dann von der Sarco-Maschine getrennt und als Sarg verwendet werden.« Sarco ist ein Sarkophag – der Sarg, der tötet.

Beigefügt sind ein paar Konzeptbilder eines perlweißen Sarco an einem menschenleeren Strand, zur aufgehenden Sonne ausgerichtet, die ihn in goldene Strahlen hüllt. Das ist keine aus Ersatzteilen zusammengeschraubte Heath-Robinson- oder Rube-Goldberg-Maschine. Der Sarco sieht aus wie ein Fahrzeug, das James Bond oder Batman fahren könnte. Wie ein Raumschiff, das den Insassen in die nächste Dimension befördert. Die Kapsel ist lang gezogen, gekrümmt und schillert wie eine Muschelschale. Sie neigt sich leicht asymmetrisch nach rechts und hat ein braun getöntes durchsichtiges Fenster. Sarco hat einen Glamour-Faktor. Im nächsten Exit-Newsletter behauptet Philip, er verspreche »einen friedvollen, ja euphorischen Tod« mit »Stil und Eleganz«.

Schufen die beiden Maschinen Deliverance und Thanatron Dis-

14. »Der Elon Musk der Sterbehilfe«

tanz zwischen dem Tod und demjenigen, der Beihilfe dazu leistet, ist Sarco eine Vorrichtung, die gar keine Beihilfe zum Selbstmord mehr erfordert. Wenn sich jemand eine Todesmaschine herunterlädt und sich damit umbringt, wie kann die Verantwortung dafür bei einem anderen liegen? Philip muss gar nichts mehr verschicken. Er hat mit den Menschen, die seine Erfindung einsetzen, nichts mehr zu tun. Wie er im Exit-Newsletter schreibt: »Man muss nicht mehr gegen Gesetze verstoßen. Man muss keine schwer erhältlichen Medikamente mehr über das Internet importieren. Man braucht keinen Arzt mehr.«

Doch das ist noch nicht alles. Es sind auch keine Nadeln, Schläuche und Drähte mehr erforderlich. Man muss sich keine Plastiktüte über den Kopf ziehen. Der Ekelfaktor ist ausgemerzt. Sarco ist die Lösung, von der die Verfechter des rationalen Selbstmords immer geträumt haben – und kann schon bald auf einem 3D-Drucker in Ihrer Nähe ausgedruckt werden. Die Pläne kosten nichts – für zahlende Exit-Mitglieder und Abonnenten des *eHandbook*, selbstverständlich. Der vollkommene Tod, frei Haus. Für jeden mit einem Internetanschluss.

Am Tag der Konferenz kann man Philip im Livestream mit einem 3D-gedruckten 1:7-Modell des Sarco sehen, das aussieht wie das Oktonautenspielzeug meiner Kinder. Er erklärt, dass der flüssige Stickstoff dafür sorgt, dass die Maschine geräuschlos arbeitet – es zischt nicht, wie wenn Gas aus dem Kanister strömt –, aber gleichzeitig die Temperatur im Sarco sinken lässt, sodass sich die Verwender entsprechend anziehen müssen. Abgesehen von dem Stickstoff gibt es noch ein weiteres Element, das sich nicht mit dem 3D-Drucker ausdrucken lässt: das digitale Tastenfeld, das verwendet wird, um die Tür des Sarco zu entriegeln. Den (24 Stunden gültigen) Zugangscode dafür erhalten Nutzer erst, wenn sie ein paar psychiatrische Tests absolviert haben, um ihre Zurechnungsfähigkeit nachzuweisen. Doch Philip erklärt, dass auch dieses künftig aus dem 3D-Drucker kommen wird: Kupfer und elektrische Schaltungen ließen sich bereits ausdrucken. Es sei nur eine Frage der Zeit.

Ich kann mich des zynischen Verdachts nicht erwehren, dass Philip den Wettbewerb nur initiiert hat, um selbst das Preisgeld zu gewinnen. Doch wie sich herausstellt, ist das nicht der Fall: Der Sarco ist nicht zugelassen, weil er Philips Baby ist. Am Ende gewinnen der Rebreather-Debreather und der GULPS-Monoxid-Generator, doch in die internationale Berichterstattung über NuTech schaffen sie es nicht. Alle reden nur vom Sarco, der überall Schlagzeilen macht, von *The Sun* über *Fox News* bis zu *Vice*. *Newsweek* ist besonders beeindruckt. »Der Elon Musk der Sterbehilfe« titelt die Zeitschrift. »Seine neueste Todesmaschine, der Sarco, ist sein Tesla«, heißt es weiter. »Der Sarco ist schnittig – und, wie Nitschke betont, luxuriös ... Kurz, er ist das Model S unter den Todesmaschinen.«[7]

Von diesem Vergleich kann Philip gar nicht genug kriegen. Er erwähnt ihn nicht nur in seinem nächsten Exit-Newsletter, sondern aktualisiert auch prompt seine Wikipedia-Seite mit dem neuen Spitznamen. Auch wenn es noch 13 andere Dr. Deaths gibt – er ist der einzige Elon Musk des Suizids.

Eineinhalb Jahre lang drehen sich im Anschluss fast alle Nachrichten, die ich von Exit bekomme, um den Sarco: wie der 3D-Drucker in Haarlem rattert, um den ersten Prototyp in Originalgröße herzustellen, wie YouTube »neue Dimensionen der Zensur« erreiche, weil es das Livestream-Video des Sarco auf der NuTech aus Philips Kanal entfernt, wie Philip mit einem Virtual-Reality-Headset auf der Bestattermesse in Amsterdam auftreten wird, damit Nutzer den Tod im Sarco erleben können, ohne zu sterben.

14. »Der Elon Musk der Sterbehilfe« 357

Und schließlich kommt die Nachricht, auf die ich gewartet habe. »Nach dreijähriger Entwicklungsphase wird die erste Sterbehilfe-Kapsel der Welt aus dem 3D-Drucker im Palazzo Michiel bei *Venice Design* zu sehen sein«, lautet die Pressemeldung. »Ich freue mich ganz besonders, dass der Sarco hier in Venedig ist, im Zentrum der Kunstwelt«, schreibt Philip. »Das Motto der diesjährigen Biennale, ›May You Live in Interesting Times‹, könnte nicht treffender sein.«

Als würde Philips Erfindung direkt auf der Biennale ausgestellt. So ist es aber nicht. Die Design-Messe in Venedig findet nur zeitgleich mit der prestigeträchtigen Ausstellung zeitgenössischer Kunst statt, hat mit dieser aber gar nichts zu tun. Eine Randveranstaltung, wenn Sie so wollen. Doch vielleicht ist Philip nach Edinburgh ja fest entschlossen, alle großen Festivals weltweit ins Visier zu nehmen. Was für Kevorkian Jazzflöte und Ölbilder waren, ist für Philip Comedy und aufsehenerregendes niederländisches Design.

Die Venice Design Fair ist kostenlos und für das breite Publikum geöffnet. Am Eröffnungsabend wird eine große Presseveranstaltung stattfinden, auf der der Sarco endlich enthüllt werden soll. Das kann ich mir nicht entgehen lassen.

Das Palazzo Michiel del Brusà ist eine venezianische Fantasie aus barocker Majestät und freigelegtem Mauerwerk, gleich am Canale Grande. Der Saal im Erdgeschoss liegt auf gleicher Höhe mit dem Wasserspiegel und wird von der Nachmittagssonne ausgeleuchtet, die durch die Türbögen fällt. Auf einem Sockel wurde mitten im Raum eine Obstpyramide aufgeschichtet, die nach Instagram schreit. Menschen in zu kurzen Hosen mit langen Mänteln und ockerfarbenen Satinschuhen schwirren mit gezückten Selfie-Sticks darum herum – in meinen wenig modebewussten Augen lächerlich.

In der freien Hand halten sie ein Glas Prosecco oder ein Tellerchen mit ein paar Spänen Parmesan oder Schinkenwürfeln.

Ich folge einer Frau in silbernen Stilettos und einem bodenlangen elfenbeinfarbenen Cape über eine Steintreppe nach oben. Dort liegt auf einer hölzernen Plattform ein riesiger gelber Schwamm. Auf der Tafel an der Wand steht *XXXXXL-Schwamm* aus der Serie *SCHWAMM* eines niederländischen Designers. Er ist »eine Design-Betrachtung zu den Schäden, die der Mensch der Natur zufügt«. Ein Durchgang ist mit verschieden großen Gummikugeln in Creme- und Grauschattierungen von einem ägyptischen Schmuckdesigner bedeckt. Man kann einfach nicht vorbeigehen, ohne hinzulangen und sie zu drücken. Es gibt alle möglichen Spiegel und Stühle, Sessel und Sitzkissen, als wäre das eine Messe für Menschen, die sich erst selbst betrachten und dann ausruhen möchten. Gesprochen wird Französisch, Englisch, Russisch und Chinesisch, aber auch Italienisch. Die meisten Gäste sehen die Exponate nur durch ihren Handybildschirm.

Ich gehe um die Ecke und stehe vor einer Tür: »DIE EXPONATE IN DIESEM RAUM KÖNNEN FÜR DEN BETRACHTER BELASTEND SEIN«, steht auf einem Schild, das neugierig macht. Mitten im Raum, unter schräg gestellten Scheinwerfern, befindet sich der Sarco, in Exits Markenfarbe Lila lackiert, glänzend, dramatisch, eindrucksvoll und äußerst makaber. Die gepolsterte Sitzfläche im Inneren steht den anderen hier ausgestellten Chaiselongues an Eleganz nicht nach. Doch das Chassis des Sarco ist nicht so makellos, wie ich erwartet hatte. An den grauen Teilen seines Rahmens ist die Laminierung des 3D-Drucks deutlich erkennbar, was ihn unfertig und selbst gezimmert wirken lässt. Mit Absicht, wie ein Aushang erklärt. Er sei »bewusst unbehandelt belassen, um das 3D-Druckverfahren unverfälscht darzustellen«. Ich hatte etwas mehr Perfektion erwartet. James Bond würde darin nicht sterben.

14. »Der Elon Musk der Sterbehilfe«

Schon weil er gar nicht hineinpassen würde. Der Sarco ist klein – definitiv nur für solche Menschen mit Selbstmordabsichten gedacht, die nicht sehr groß sind. Und selbst diese würden einen ziemlich klaustrophobischen Tod sterben. Er mochte eine Haubentür haben wie der DeLorean aus *Zurück in die Zukunft*, doch ältere Menschen oder solche mit eingeschränkter Mobilität würden nicht hineinklettern können. Und selbst wenn sie es schafften, sich irgendwie hineinzuwinden – ob auch nur einer von den Leuten, die ich in Covent Garden kennengelernt hatte, dieses Konstrukt wirklich ausdrucken und zusammensetzen konnte? Und würde es dann wirklich funktionieren? Das beleuchtete digitale Tastenfeld für den Zugang befindet sich in einer kleinen Aussparung neben der Tür. Ich drücke auf die Ziffern, doch nichts passiert. Unten an der Kapsel befindet sich eine Schublade, in die der flüssige Stickstoff eingebracht werden soll, doch sie ist zugeschweißt. Wie eine funktionierende Maschine sieht mir das nicht aus.

Ich folge den Klängen des live gespielten Lounge-Jazz zurück nach unten in der Hoffnung, Philip zu finden. Ich schaue auf die Terrasse am Kanalufer, auf der Massen von Menschen noch mehr Selfies machen. Jemand hat sogar einen Hund im Kinderwagen dabei – einen fetten Jack Russell. Henny Penny! Und da sind auch Fiona und Philip. Diesmal ganz ohne Hawaiihemd: Philip trägt ein beiges Leinensakko, einen schicken Strohhut und ein schwarzes Halstuch. Er mustert mich mit erstauntem Blick hinter seiner runden Brille, streckt mir aber die Hand entgegen – und kommt mit mir die Steintreppe in den Sarco-Raum hinauf, mit einer Flasche italienischem Bier in der Hand.

Ich komme gleich zur Sache. »Funktioniert diese Version, die ich hier sehe?«

»Wir haben gemessen, wie sich der Sauerstoffgehalt in der Kapsel verändert.«

»Sie haben sie getestet?«

»Ja, sie funktioniert ausgesprochen gut. Sie beginnen mit 21 Prozent Sauerstoff, was wir alle hier atmen, und in einer Minute sind Sie auf unter 1 Prozent runter. Und wir wissen in etwa, was in einer Atmosphäre mit 1 Prozent Sauerstoff passiert: Man wird schläfrig, desorientiert, wie betäubt. Da ist ja Alex.«

Er winkt einem hochgewachsenen Mann in sauber gebügeltem blauem Anzug: Alexander Bannink, der niederländische Ingenieur, der sonst Busse, Züge, Orthesen und Prothesen entwirft und jetzt Philips Vorstellungen vom Tod erstmals Stil verleiht. Die beiden klopfen sich brüderlich auf den Rücken.

»Was denken Sie?«, fragt mich Alex gleich.

Ich weiß nicht, was ich darauf sagen soll. Ich habe noch nie etwas Ähnliches gesehen, doch er sieht nicht so aus, als würde er funktionieren. Das Tastenfeld wirkt fast wie nachträglich eingebaut, sollte aber doch das Erste sein, womit man sich befasst, wenn man ernsthaft möchte, dass rationaler Selbstmord auch rational bleibt. Ich bin einerseits beeindruckt, andererseits enttäuscht – gleichzeitig fasziniert und verstört.

»Eine gute Frage«, entgegne ich. »Ich denke, er sieht wie ein Fahrzeug aus. Finden Sie nicht auch?«

Diese Antwort scheint die richtige zu sein. »Das wollte Alex im Idealfall erreichen! Das Konzept von Bewegung vermitteln. Tatsächlich stammen viele der Ideen zu dem ganzen Projekt von Alex.«

»Wie würden Sie den Sarco beschreiben? Was ist er?«, will ich wissen.

»Er ist die Entmedizinisierung des Sterbeprozesses«, erklärt Philip, während andere Besucher seine Erfindung umkreisen und

14. »Der Elon Musk der Sterbehilfe« 361

fotografieren. »Was mir im Zuge des allgemeinen Trends der Menschen, selbst zu bestimmen, wie ihr Leben enden soll, Sorgen bereitet, ist die zunehmende Medizinisierung des Prozesses. In Wirklichkeit bekommen wir nämlich gar nicht Kontrolle, sondern wir überantworten sie der Autorität eines anderen Organs, gewöhnlich der medizinischen Profession. Mit dem Sarco kann ein Mensch sagen: ›Ich treffe die Entscheidung, und ich brauche keine Hilfe von einem weiteren *Experten*.‹« Philip ist der abtrünnige Arzt, der den Menschen echte Macht über den Tod geben möchte.

»Die Medizin ist nur anfangs beteiligt, um festzustellen, ob der oder die Betreffende auch die psychischen Voraussetzungen erfüllt. Teil zwei dieses Prozesses ist die Entwicklung eines von künstlicher Intelligenz durchgeführten Tests ihres Geisteszustands«, erklärt er weiter. »Das Zahlenfeld funktioniert erst, wenn Sie den Test bestanden haben. Das ist mit einer Menge Arbeit verbunden. Und natürlich gibt es viel Widerstand. Die Leute sagen, das geht nicht, künstliche Intelligenz kann keinesfalls einen Psychiater ersetzen. Dabei ist das gar nicht so schwer. Die Frage ist, ob wir das auch akzeptieren. In der Ärzteschaft wird vehement abgelehnt, dass eine Form künstlicher Intelligenz ihre Rolle übernehmen kann. Doch die Grenzen des Möglichen verschieben sich laufend – und zwar gewaltig.«

Besonders stolz ist Alex auf die Umweltfreundlichkeit des Sarco. 3D-Druck bedeutet, dass beim Transport kein CO_2 anfällt. »Das Ausgangsmaterial ist biologisch abbaubarer Kunststoff, PLA – im Grunde Kartoffel- oder Zuckerrübenstärke«, erklärt er, als bestünde der Sarco aus alten Pommes, nicht aus einem Stoff, der sich erst in Jahrzehnten komplett abbaut. »Sämtliche Oberflächen sind so umweltfreundlich wie möglich, der Lack ist Autolack auf Wasserbasis.«

»Warum war das wichtig?«

»Na ja, weil Sie ja vielleicht darin beerdigt werden.«

»Und auch wenn nicht – wir möchten die Umwelt gern schonen«, wirft Philip ein. »Wir streben nach einer guten CO_2-Bilanz. Es kommen Menschen zu uns, die sagen: ›Ich möchte jetzt sterben, weil ich Ressourcen verbrauche. Ich stehe am natürlichen Ende meines Lebens und möchte dem Planeten nicht zur Last fallen. Ich möchte mich ökologisch einwandfrei verhalten.‹ Das hören wir immer öfter.« Ich muss dabei an Bob Dent denken, Philips Patient null, der seiner Frau nicht zur Last fallen wollte. Niemand möchte zur Belastung werden.

Philip kann mir viel erzählen – ich glaube trotzdem nicht, dass dieses Ding da vor mir funktioniert. Also frage ich Alex.

»Es ist noch ein Konzept«, erwidert er vorsichtig. »Wegen des Termindrucks für Venedig funktioniert der untere Teil nicht, der obere aber schon.«

»Haben Sie sich schon einmal hineingelegt?«

»Nein.« Philip trinkt einen Schluck Bier.

»Ich habe Angst«, lacht Alex.

»Vielleicht fällt das Hinterteil ab. Das wollten wir vor der Präsentation nicht riskieren.«

»Hätte ein großer Mensch bequem darin Platz?«

»Das Projekt ist sehr individuell«, meint Alex. »Ein kräftiger Kunde könnte sich einen Sarco nach Maß drucken. Das hängt aber davon ab, was Philip vorhat. In einer Klinik würden wir vielleicht einen Sarco in Einheitsgröße einsetzen.«

»So muss das in der Schweiz laufen«, nickt Philip.

Philip ist begeistert von der Schweiz. Exit werde dort eine Klinik eröffnen – den ersten Ort auf der Welt, an dem man ganz ohne medizinisches Umfeld Sterbehilfe bekommt. Dort könne man den Leuten die Maschine ohne 3D-Druck direkt zur Verfügung stellen, weil Beihilfe in der Schweiz kein Problem sei. Er erzählt, er habe bereits ein Anwesen gefunden und Personal eingestellt. »Die Schweiz ist das einzige Land, in dem wir Verwendern den Sarco *geben* können. Möchten Sie ihn zu Hause im Vereinigten Königreich einsetzen, nun, dann müssen Sie ihn sich selbst drucken.«

»Wie lange dauert der Druck?«

Sie wechseln einen Blick. Ihr Lächeln wird unsicher.

»Sollen wir es sagen?«, lacht Alex. »Es hat eine ganze Weile gedauert. Wir haben vier Monate lang ununterbrochen gedruckt.«

»Wow«, sage ich. »Das heißt also, es ist ein friedlicher Tod zum Zeitpunkt meiner Wahl, solange ich sehr weit im Voraus plane.«

»Ja, für den impulsiven Nutzer ist das nichts«, meint Philip nüchtern.

Wie viel es gekostet hat, den Sarco zu drucken, wollen sie mir nicht sagen – nur, dass es »zu viel« war. Das Geld kam aus »mehreren großen Exit-Spenden«. Um Philip gegenüber fair zu bleiben: Er geht nicht davon aus, dass der Sarco schon bald massenhaft gedruckt wird. Eine breitere Nutzung sieht er für 2030. Dann dürfte 3D-Druck im größeren Stil seiner Erwartung nach üblich und bezahlbar sein. So oder so muss er in Teilen gedruckt werden: Der Rahmen, die Chassisteile und andere Komponenten müssen alle zusammengebaut werden, wie sich herausstellt. Und dann ist da noch das Gas.

»Woher bekommt man denn den flüssigen Stickstoff?«

»Den kaufen Sie«, sagt Philip lustlos.

»Und wo?«

»Na dort, wo man flüssigen Stickstoff kriegt«, spöttelt er, als gäbe es den in jeder Einkaufsstraße. Vielleicht hat ihn Max Dog ja bald im Sortiment. »Es gibt viele Anbieter, und das Produkt unterliegt keinerlei Auflagen«, legt er nach.

Hat man den Sarco ausgedruckt, den Stickstoff eingefüllt und den Code eingegeben, gibt es im Sarco weitere Knöpfe zur Bedienung: einen grünen »Sterben«-Knopf, der das Gas freisetzt, und einen roten »Stopp«-Knopf, den man drücken kann, wenn man es sich anders überlegt. (Sie sind nur von innen zu bedienen – sein Sicherheitsmechanismus, der verhindern soll, dass der Sarco eingesetzt wird, um jemanden zu ermorden.) Es gibt auch eine Notklappe, die man betätigen kann, wenn einem danach ist, doch wie es sich anhört, bleibt einem dafür nicht viel Zeit.

»Man verliert nach einer Minute das Bewusstsein«, erklärt Philip. »Wenn Sie normal atmen, geraten Sie sehr schnell in einen Zustand der Desorientierung, empfinden Euphorie und Rausch, verlieren das Bewusstsein und sind nach fünf Minuten tot.«

Doch, wie Alex sagt, ist Intentionalität ins Design eingeflossen. »Er hat etwas Abweisendes. Er ist so gestaltet, dass Sie zurückgehalten werden. Er sagt Ihnen: ›Überlegen Sie es sich noch einmal.‹« Alex hebt die Hand wie ein Verkehrspolizist. »Er hat aber auch etwas Weiches, Anziehendes, etwas Vertrautes, denn er sieht aus wie ein Auto – ein seltsames Auto allerdings, denn er ist asymmetrisch. Hier können Sie nicht einsteigen ...«, er zeigt auf die rechte Seite, die im Vereinigten Königreich die Fahrerseite ist, »... denn dort ist keine Tür. Sie müssen also um ihn herumgehen. Sie müssen selbst etwas tun, um den nächsten Schritt gehen zu können, der Sie dem Freitod im Sarco näherbringt. Der Sarco gibt den Menschen Entscheidungsgewalt. Er sagt anderen, dass die Entscheidung richtig war – dass sie dem Willen des im Sarco Verstorbenen entsprach.« Die Bedienung des Sarco muss aus juristischen Gründen intuitiv sein. »Muss man jemandem erklären, wie es geht, dann leistet man Beihilfe. Die Maschine muss ihm alles selbst sagen.«

Doch Philip hat den Sarco nicht nur gebaut, um anderen unbehelligt Sterbehilfe zu leisten. Er will den Tod auch sexy machen.

»Mir gefällt das Gefühl für Stil, das Bewusstsein für den besonderen Anlass, die Möglichkeit, den Tod neu zu definieren und zu einer Zeremonie zu machen – nichts mehr, was man heimlich im stillen Kämmerlein erledigt. Das gefällt nicht jedem, aber vielen sagt es zu. Der Sarco sieht gut aus. Man kann ihn mitnehmen, sodass man auf die Alpen oder die Nordsee oder die australische Wüste schauen kann. Den Ort *Ihrer* Wahl.«

»Es geht also gar nicht unbedingt darum, in Würde zu sterben, sondern darum, aus dem Tod ein Ereignis zu machen?«

»Ja«, nickt er bedächtig. »Das spricht eine bestimmte Gruppe von Menschen an. Die Menschen, die mit uns Kontakt aufnehmen und daran interessiert sind, den Sarco einzusetzen, sehen darin die Chance, diesem Anlass einen Rahmen zu geben, wie es nie möglich wäre, wenn man im Zimmer sitzt und ein Glas Nembutal trinkt. Er wird dadurch zum besonderen Ereignis – man geht und verreist. Manchen Menschen gefällt die Vorstellung, dass sie ›Tschüss‹ sagen, wenn sie die Tür schließen. ›*Ich* gehe, *ihr* bleibt.‹« Das klingt ganz nach der Sorte Mensch, die gern auf ihre eigene Beerdigung gehen würde.

Außerdem liegt der Reiz des Sarco in der »Euphorie«, die Philip immer wieder erwähnt – der Vorstellung, high zu sterben. Wie er sagt, hat er Erfahrung mit dem Rauschzustand durch Sauerstoffmangel. Während seiner Dienstzeit bei der Luftwaffe erlebte er raschen Druckabfall in der Kabine. Ihm hat es gefallen.

»Es gibt unterschiedliche Mittel für unterschiedliche Zwecke. Ich sage ja nicht, dass jeder gern in einen Sarco klettern wird. Manche lehnen das auch ab. ›Mir gefällt der Gedanke nicht. Ich möchte den Menschen spüren, den ich liebe, wenn ich sterbe.‹ Das geht im Sarco nicht«, fährt er fort.

»Man könnte sich auch einen für zwei Personen ausdrucken –

ebenso wie für jemanden, der sehr groß ist«, wirft Alex da hilfreich ein. »Das ist alles möglich.«

»Aber wie stellen Sie bei einem Sarco für zwei Personen sicher, dass auch beide sterben wollen?«, frage ich.

»Das ist nur ein Software-Problem. Sie müssen beide den Test bestehen«, meint Philip.

»Aber wie können Sie sagen, ob nicht doch nur einer den Code eingibt?«

Philips Kiefer mahlt. Zehn Sekunden lang sagt er gar nichts. Dann brechen beide in Gelächter aus.

»Das Interview ist beendet!«, ruft Alex. »Schnitt!«

Hier in Venedig, bei Sonnenuntergang, umgeben von Designern, könnte man leicht geneigt sein, nachsichtig darüber zu urteilen, wie wenig durchdacht der Sarco ist, und ihn als Gedankenanstoß, als Diskussionspunkt zu betrachten – wie den *XXXXXL-Schwamm*. Doch er ist etwas anderes als das Froschfleisch von Oron Catt. Er wird als zukunftsfähige Konstruktion bezeichnet, finanziert von Menschen, die unbedingt selbst über ihren Tod bestimmen möchten, und er wird zahlenden Exit-Mitgliedern aktiv zugesagt, die Philip mit Anfragen überschwemmen. Das ist kein Witz.

»Gehen Sie wirklich davon aus, dass in zehn Jahren in aller Welt Menschen in Sarcos sterben?«, frage ich Philip.

»Ich glaube, etwas in der Art wird dann gang und gäbe sein.«

»Es ist besser als eine Tüte«, ergänzt Alex vorsichtig. »Die Technik verändert die Welt, und der Tod bildet da keine Ausnahme. Wir werden erleben, dass immer mehr Menschen ihr Leben bis zum Ende selbst bestimmen werden. Die Menschen haben genug davon, wie die moderne Medizin ihr Leben verlängern kann.«

»Doch findet sich die Antwort darauf in einer Tötungsmaschine? Oder in einer anderen Einstellung zum Tod?«

14. »Der Elon Musk der Sterbehilfe«

»Das geht meiner Ansicht nach Hand in Hand«, meint Philip. Alex ist noch ein ziemlicher Neuling im Geschäft mit dem Tod. »Haben Sie darüber nachgedacht, wie Sie sich fühlen werden, wenn das erste Mal jemand Ihre Entwicklung einsetzt, um sich das Leben zu nehmen?«

»Philip wird darüber entscheiden, ob jemand Zugang dazu erhält, und ich vertraue da ganz auf Philips Entscheidungskompetenz«, entgegnet er achselzuckend. »Wir sind nur für das Design verantwortlich.«

Alex legt mir ein Glas Prosecco ans Herz – er werde vor Ort hergestellt, erklärt er, und sei hier besonders gut. Ich gehe wieder hinunter in den Empfangsbereich, wo die Obstpyramide inzwischen abgegessen ist, doch die Getränke weiterfließen. Ich hole mir ein Glas und trinke es auf der Terrasse am Canale Grande. Die Liveband macht gerade Pause, und aus den Lautsprechern tönt »Dancing Cheek to Cheek« von Ella Fitzgerald und Louis Armstrong. »Heaven. I'm in Heaven«, singen sie. Alles ist so leicht, so unwirklich, schön, unbeschwert und heiter.

Und eigentlich auch wieder nicht. Eigentlich ist es grotesk. Die Menschen, die Philips Reise und seine Erfindung finanziert haben, die dafür gesorgt haben, dass er hier sein kann, denken nicht darüber nach, wie sie stilvoll und freudig in eine andere Welt überwechseln. Sie leben in dieser Welt, mit ihrer Verzweiflung, ihren Sorgen, ihrem Leid, ihrem Schmerz und ihrer Angst. Und sie suchen jemanden, der ihnen heraushelfen kann. Die Vorstellung des Sarco wirkt dagegen so viel mehr wie eine Schwelgerei, ein weiterer Meilenstein, der Philips Ego schmeichelt, als wie ein gangbarer Weg, um diesen Menschen zu helfen.

Selbst wenn der Prototyp, den ich oben gesehen habe, perfekt funktionierte und lieferbereit wäre, wäre er nicht die Lösung für

Menschen, die ihren Tod verzweifelt komplett selbst bestimmen möchten. Denn über diese Technik – und darüber, wer Zugang zu ihr erhält – bestimmt Philip. Er hält die Rechte am geistigen Eigentum, und wer darüber verfügen möchte, der muss in seine Organisation aufgenommen werden und ihn bezahlen.

Doch da fällt mir ein, was mir Philip da oben noch ganz zum Schluss mit auf den Weg gegeben hat. »Wir wollen den Quelltext offenlegen«, hatte er mir erzählt. Also eine Open-Source-Software. »Wir wollen ihn den Menschen zugänglich machen, die das *Peaceful Pill Handbook* abonnieren. Das bedeutet, man muss ein gewisses Alter erreicht und bestimmte Unterschriften geleistet haben. Sehen Sie, wir wissen, dass wir das nicht für uns behalten können. Aber das spielt keine Rolle.«

Ihm ist klar, dass er nie vollständig kontrollieren kann, wer Zugang zu der Technik erhält, die er erfunden hat. Solange nur alle wissen, dass er der Erfinder war, ist ihm das gleich.

15.
»Das Mittel zum Sterben«

Was ist das nur mit Männern und Autoanalogien? Die RealDoll ist der Rolls Royce der Erwachsenenunterhaltung. Die DS Doll ist der Bugatti Veyron. Clean Meat ist das Auto, das die Pferdekutsche – das tierische Fleisch – ablöst. Der Sarco ist der Tesla unter den Tötungsmaschinen.

Dabei sollen, wenn es nach Philip geht, alle wissen, dass die eigentliche Inspiration für den Sarco gar kein Fahrzeug war, sondern ein Kultfilm aus dem Jahr 1973 mit Charlton Heston.

»Ich muss gestehen, was mich ursprünglich auf die Idee brachte, war die Sterbeszene aus dem Film ... *Jahr 2022 ... die überleben wollen*«, erzählte er mir beim Bier in Venedig. »Diese futuristische Vorstellung, dass es Menschen geben könnte – und solche nehmen heute Kontakt zu uns auf –, die sagen: ›Ich bin jetzt so weit, ich habe mit dem Leben abgeschlossen, und ich möchte tun, was der Erde gegenüber anständig ist.‹«

Damals war mir das entgangen, doch in den Wochen nach der Präsentation hörte ich immer wieder, dass der Filmtitel erwähnt wurde, wenn Philip über den Sarco sprach. Er lässt sich über den »revolutionären« Film aus in einem Werbeartikel für den Sarco in der *Huffington Post*[1] und auch in einem kurzen Interview mit *Vice*, in dem er erneut die bizarre Idee von »einem Tod, der das Richtige für den Planeten tut«, aufgreift[2]. Ich kaufe mir also eine gebrauchte DVD, weil ich wissen möchte, wovon er spricht.

Der Film spielt im fiktiven stinkenden und gewalttätigen New

York des Jahres 2022. In der Stadt leben 40 Millionen Menschen bei glühender Hitze. ... *Jahr 2022 ... die überleben wollen* erzählt die Geschichte eines hartgesottenen Polizisten (Thorn, von Heston gespielt), der einen Mord aufklären will und dabei ungewollt einer globalen Verschwörung auf die Spur kommt.

»Soylent Grün« heißt die Supernahrung aus dem Labor, die die Menschen essen müssen, weil Überbevölkerung und globale Erwärmung konventionelle Landwirtschaft nahezu unmöglich gemacht haben. Angepriesen als »Wundernahrung aus hochenergetischem Plankton«, erinnert es an alle möglichen Lebensmittel, die heute im Silicon Valley zusammengerührt werden.

Die »Todesszene«, die Philip inspiriert hat, kommt ganz am Ende des Films. Thorns bester Freund und Mitbewohner Sol, der so alt ist, dass er sich noch an bessere Zeiten erinnern kann, betritt ein gruseliges Gebäude, in dem ihn Menschen freundlich lächelnd nach seiner Lieblingsfarbe (»Orange«) und seiner Lieblingsmusik (»Klassik«) fragen. Dann führen Mitarbeiter in weißen, orange abgesetzten Kitteln Sol Arm in Arm zu einem erhöhten grabmalähnlichen Bett – einem Sarkophag. Er wird auf ein Kissen gebettet und mit Laken zugedeckt. In orangefarbenes Licht gebadet, trinkt Sol eine Tasse Flüssigkeit. Ein Knopf wird gedrückt. Auf riesigen Leinwänden um ihn herum erscheinen Bilder: orangefarbene Tulpen, orangefarbene Sonnenuntergänge, ein gurgelnder Bach, tropische Fische, Berge und eine Lichtung mit einem Teppich von Narzissen. Gleichzeitig ertönt Beethovens *Sechste*.

Sol stirbt mit weit offenen Augen. Die Bilder und das orangefarbene Licht werden abgeschaltet. Dann rollen die Bekittelten seinen Leichnam zu einer Rutsche, durch die er in der Soylent-Grün-Fabrik landet und zu Nahrung verarbeitet wird. Es stellt sich nämlich heraus, dass die geheime Zutat von Soylent Grün nicht Plankton ist,

15. »Das Mittel zum Sterben« 371

sondern Menschenfleisch. In der Schlusssequenz des Films posaunt Heston hinaus, dass Menschen zu Lebensmitteln verarbeitet werden. »Soylent Grün ist Menschenfleisch!«

Ich blinzele, als der Abspann läuft. Von all den Sterbehilfe-Szenarien, die der Science-Fiction-Kanon erdacht hat, von *Star Trek* bis zu *Futurama*, ist es ausgerechnet dieses, das Philip inspiriert hat? Der ruhige, selbstbestimmte Tod, der in ... *Jahr 2022 ... die überleben wollen* dargestellt wird, ist das Ergeben eines alten, deprimierten und verzweifelten Menschen in sein Schicksal, um die Belastung eines überbevölkerten Planeten zu verringern. Ein Tod, der instrumentalisiert wird, damit Menschen *andere Menschen essen können*. Das ist total verrückt. Kann Philip dieses abschreckende Beispiel wirklich gesehen haben und dann zu dem Schluss gekommen sein, dass die Sterbeszene »Anstand gegenüber dem Planeten« ausdrückt? Ja, Sol hatte keine Schmerzen, wählte den Zeitpunkt selbst und wurde mit seiner Lieblingsfarbe bestrahlt. Doch sein Tod war furchtbar.

Wenn Philip davon spricht, sich zum Wohle des Planeten in den Sarco zu legen, beschreibt er etwas, das unheimlich an die ethischen Selbstmord-Salons aus Kurt Vonneguts Kurzgeschichte *Willkommen im Affenhaus* erinnert. In Vonneguts fiktiver Welt mit ihren 17 Milliarden Menschen zählt zur Strategie der Regierung bei der Bewältigung der Überbevölkerung unter anderem »die Förderung des ethischen Suizids, indem man den nächsten Selbstmord-Salon aufsucht und eine Hostess um einen schmerzlosen Tod bittet, während man in einem Fernsehsessel liegt«[3]. Vielleicht ist das ja rationaler Suizid, denn brutal rational ist es allemal. Sobald man zu der Ansicht kommt, dass man seinen Daseinszweck auf der Erde erfüllt hat, ist es folgerichtig, sobald wie möglich abzutreten und keine kostbaren Ressourcen mehr zu beanspruchen.

Wir standen nie so nah vor solchen Entscheidungen wie heute. Dem Tod zu trotzen ist ein zentrales Ziel des Silicon Valley: Risikokapitalgeber finanzieren Forschung, die den Alterungsprozess aufhalten soll, Forscher sehen eine Zukunft, in der wir uns aktiv entscheiden zu sterben, wenn wir des Lebens müde sind – anstelle des furchterregenden unberechenbaren Schattens, der heute über uns hängt. Selbst wenn es uns nicht gelingt, dem Tod ganz zu entrinnen, so wird sich unsere Lebenserwartung zumindest in den reichen Ländern auf bislang unvorstellbare Spannen verlängern. Der Sarco lässt vermuten, dass er gar nicht für Todkranke konzipiert ist, sondern vielmehr für Menschen, die noch fit genug sind, sich in seinen Sitz zu schlängeln: Menschen, die genug vom Leben haben und beschließen zu sterben. Und weil Krankheit und Behinderung keine maßgeblichen Größen mehr sind bei der Entscheidung, Menschen Zugang zu einem solchen Tod zu gewähren, weil dieser ein Tod ohne Torwächter sein wird, ist es wichtiger denn je sicherzustellen, dass die Entscheidung zu sterben eine rationale ist, die aus freien Stücken getroffen wird.

Womit wir bei der Prüfung des Geisteszustands wären, die vorgeschrieben ist, um den Code für den Sarco zu erhalten – dem Test, den Philip unbekümmert als eine Aufgabe abqualifizierte, die künftig von KI ausgeführt werde, sobald das uneinsichtige medizinische Establishment dem unvermeidlichen Vormarsch der Technologie erst Platz gemacht hat. Oberflächlich betrachtet könnte man natürlich problemlos ein Programm entwickeln, das in der Lage ist zu prüfen, ob jemand weiß, was er tut, wenn er in den Sarco steigt. Das hat ja schon die Deliverance-Software hinlänglich unter Beweis gestellt: Ihre erste Frage war: »Ist Ihnen klar, dass Sie, wenn Sie zur nächsten Bildschirmseite weiterklicken und den Ja-Knopf drücken, eine tödliche Injektion erhalten und sterben?« Die zweite lautete:

15. »Das Mittel zum Sterben«

»Sind Sie sicher, dass Sie verstanden haben, dass Sie sterben werden, wenn Sie fortfahren und den Ja-Knopf auf der nächsten Bildschirmseite drücken?« Ziemlich unmissverständlich. Doch wenn jemand wirklich die rationalen Fähigkeiten besitzt, eine Entscheidung zu treffen, dann muss er in der Lage sein, das Für und Wider abzuwägen und in den richtigen Kontext zu setzen. Wenn Ärzte beurteilen, ob jemand in der Lage ist, selbst zu entscheiden, dann treffen sie ein Werturteil: Sie legen das Verhalten desjenigen ebenso wie seine Äußerungen zugrunde, und zwar nicht nur bei dem Text, sondern auch in den vorausgegangenen Tagen und Jahren. Sie müssen die Entscheidung, die ihr Patient trifft, nicht billigen. Sie müssen lediglich überzeugt sein, dass er sie im Vollbesitz seiner geistigen Kräfte getroffen hat, basierend auf seinen Antworten, seinem Verhalten und seiner medizinischen Vorgeschichte. Das ist ebenso Kunst wie Wissenschaft. Dieses Werturteil verkörpert womöglich die »Der Arzt weiß schon, was am besten für dich ist«-Einstellung, die Philip so abscheulich findet. Dennoch ist es das Einzige, worauf wir uns auf absehbare Zeit stützen können. In komplexen Fällen ist es unwahrscheinlich, dass Computer das schaffen. Bestimmt nicht bis 2030 – das Jahr, für das Philip damit rechnet, dass 3D-Drucker in der Lage sind, schnell und bezahlbar Sarcos zu produzieren. Dabei ist es wirklich wichtig, das jedes Mal richtig hinzubekommen, denn es geht stets um Leben und Tod.

Software ist nicht neutral. KI ist immer von den Vorurteilen der Menschen geprägt, die sie programmiert haben. Alles, was Philip absegnet, ist ebenso wertbefrachtet, wie es eine ärztliche Beurteilung sein könnte. Die Ansicht, dass jeder die Möglichkeit haben sollte, zum selbst gewählten Zeitpunkt eines friedlichen Todes zu sterben, ist ein libertärer Standpunkt – eine politische Überzeugung, keine Tatsache. Mit dieser Technik kann Philip seine Weltsicht durchsetzen, ohne dass eine Regierung oder ein Arzt dazwischenfunkt – allerdings auch bei den Hinterbliebenen, nicht nur bei den Menschen, die in seinen Maschinen sterben. Man könnte sagen, dass er damit andere ebenso bevormundet wie die Ärzte, die er dafür so verachtet.

Wie extrem Philips Ansichten über das Recht zu sterben wirklich sind, ließ sich am klarsten an seiner Reaktion auf die Nachricht vom Tod Noa Pothovens ablesen. Noa war eine niederländische Teenagerin, die im Alter von elf Jahren sexuell missbraucht und mit 14 vergewaltigt worden war und sich seither selbst verletzte, an Magersucht, Depressionen und einer posttraumatischen Belastungsstörung litt. Am 4. Juni 2019 meldete *Daily Mail Online*, dass Noa mit nur 17 Jahren legal »zu Hause von der ›End-of-Life‹-Klinik Sterbehilfe geleistet« worden sei, weil sie »ihr Leben wegen ihrer Depressionen unerträglich fand«. Es war die Titelstory auf der Website, die von Australien bis in die USA und von Indien bis Italien Schlagzeilen machte.

Am Tag darauf ging bei mir eine freudige Pressemitteilung Philips ein. »Tod eines psychisch kranken niederländischen Teenagers belegt nuancierte Sterbehilfe-Debatte in den Niederlanden« lautete die Überschrift. »Die heute weltweit verbreitete Meldung, dass der Jugendlichen Noa Pothoven aus Arnheim Sterbehilfe geleistet wurde, zeigt, wie weit die Sterbehilfe-Debatte in den Niederlanden in den vergangenen zwanzig Jahren gekommen ist. Ich lebe heute in einem Land, das weltweit eine Führungsposition einnimmt, wenn es um Aufgeschlossenheit in der Frage der Entscheidung für alle geht, das eigene Leben zu beenden«, schwadronierte Philip. »Ganz ohne hysterische Nachfragen, ob sie auch krank genug war. Sie war überhaupt nicht krank – körperlich jedenfalls nicht. Dass sie psychisch krank war, ist weitgehend unumstritten ... *ihre* Einschätzung *ihres* Leids [ist] respektiert worden.«

Doch die Geschichte stimmte nicht. Nur Stunden nachdem Philip seine Erklärung veröffentlicht hatte, stellte sich heraus, dass Noa zu Hause gestorben war, nachdem sie Nahrung und Flüssigkeit verweigert hatte – niemand hatte Beihilfe geleistet. Noa hatte sich 2017 ohne Wissen ihrer Eltern an eine Sterbehilfe-Klinik gewandt, die sich jedoch geweigert hatte, ihr sterben zu helfen. »Sie halten mich für zu jung«, erklärte sie gegenüber der Zeitung *De Gelderlander* sechs Monate vor ihrem Tod.[4] »Sie meinen, ich sollte meine Traumatherapie abschließen und mein Gehirn müsse erst voll entwickelt sein. Das dauert bis zum 21. Geburtstag. Für mich war das niederschmetternd, denn ich kann nicht so lange warten.«

Inmitten der Flut des internationalen Interesses kündigte der niederländische Gesundheitsminister Hugo de Jonge an, dass Ermittlungen über Noas Tod eingeleitet würden. »Wir stehen mit ihrer Familie in Verbindung, die uns mitgeteilt hat, dass Sterbehilfe in diesem Fall ausgeschlossen ist. Verständlicherweise bestehen Fragen zu ihrem Tod und der Betreuung, die sie erhielt. Diese sind jedoch erst zu beantworten, wenn die Fakten geklärt sind«, teilte er mit.

Philip korrigierte sich später in einem Blogbeitrag. Er räumte ein, er habe die Geschichte falsch verstanden, doch das spiele keine Rolle. »Für die Niederlande gilt etwas, was die Fake News darüber, wie Noa starb, nicht so wichtig erscheinen lässt ... die Tatsache, dass ihre Eltern ihr gestattet haben, ihre Wünsche durchzusetzen, und dass die Medizin (in ihrer Heldenrolle) nicht eingeschritten ist und gefordert hat, sie vor sich selbst zu retten, sagt viel über dieses Land aus. Von dem Respekt, der Noa erwiesen wurde – wenn nicht durch aktive Unterstützung, dann doch zumindest durch ausbleibende Einmischung –, könnten all jene Länder viel lernen, die darauf bestehen, uns Übrige sozusagen bis in den Tod hinein staatlich zu bevormunden. Rationaler Suizid ist ein Grundrecht.«[5]

Ich glaube an das Recht zu sterben. Ich glaube, dass künftige Generationen im Rückblick schockiert darüber sein werden, wie wir zulassen konnten, dass Verzweifelte leiden – und wie Menschen wie Lesley, die nur von Liebe und Mitleid motiviert sind, der gewaltigen Belastung ausgesetzt werden, Recht brechen zu müssen, um einem Verzweifelten zu helfen, der sich doch nur ein friedliches, würdevolles Ende wünscht. Ich kann aber nicht erkennen, was man aus dem Hungertod eines traumatisierten, magersüchtigen, sich selbst schadenden Kindes großartig lernen kann.

Philip meint, jeder sollte das Recht haben, schmerzlos aus dem Leben zu gehen, wann und wo er möchte – selbst wenn er wie Noa noch mitten in einer Traumatherapie steckt, selbst wenn sein Gehirn noch nicht voll entwickelt ist und selbst wenn es guten Grund zu der Annahme gibt, dass er oder sie eines Tages anders darüber denken könnte. Jeder von ihm vorgeschaltete psychiatrische Test als Hürde zum Erlangen der von ihm angebotenen Informationen und Technik ist aber bedeutungslos, solange Philip glaubt, dass schwer psychisch Kranke ausreichend rational sind, um die Entscheidung zu treffen zu sterben. Das Tastenfeld des Sarco ist ein Feigenblatt, der Haftungsausschluss, der es Philip ermöglicht, für seine Maschine Reklame zu machen, ohne Verantwortung dafür zu übernehmen, wer sie einsetzt. Es spielt keine Rolle, wie lange es noch dauert, bis KI so hoch entwickelt ist, dass sie einen Psychiater ersetzen kann. Philip möchte so oder so, dass jeder Zugang zu seiner Maschine bekommt – selbst wenn die Hoffnung besteht, dass der oder die Betreffende eines Tages gern noch leben würden.

15. »Das Mittel zum Sterben«

Ich spüre Lesley in ihrem neuen Heim im ländlichen Norfolk auf – einem Cottage, umgeben von Feldern. Sie schreibt das eine oder andere und engagiert sich sehr für die britische Vogelschutzorganisation RSPB. Die Zeit, in der sie Menschen beigebracht hat, wie sie sich töten können, liegt hinter ihr. Ihre Episode bei Exit ist mittlerweile kaum mehr als eine wunderliche Erinnerung.

»Es sah alles gut aus«, erzählt sie mir in ihrem sonnendurchfluteten Wohnzimmer. »Wenn man so eine Exit-Versammlung besucht, wird ganz deutlich, dass es für die Menschen dort eine große Erleichterung ist, sich mit anderen auszutauschen. Sonst können sie ja niemandem offen erzählen, dass sie überhaupt über Sterbehilfe nachdenken. Die Freiheit, in einem sicheren Raum offen zu sprechen, erschien mir wirklich großartig.«

Sie berichtet, sie hatte die Idee, Roadshows zu veranstalten, damit Mitglieder aus dem ganzen Land Kontakt zueinander aufnehmen konnten. Die Exit-Zentrale in Australien wirkte interessiert, doch im Grunde ging es ihr nur um mehr Mitglieder. »Ich wurde angewiesen, so viele Menschen wie möglich anzuwerben und sie aufzufordern, das Handbuch zu abonnieren, Bücher und andere Artikel zu verkaufen und generell dafür zu sorgen, dass der Rubel rollte.« Ein trauriges Lächeln huscht über ihr Gesicht. »Als ich den Job antrat, war mir nicht klar, dass ich eine Vertriebsfunktion übernahm.«

Lesley begann zu hinterfragen, was die britischen Exit-Mitglieder für ihr Geld bekamen. Nach dem Fall Brayley war Philip ins Visier der Met Police geraten. Das bedeutete, Lesley konnte nicht versprechen, dass er je wieder Praxis-Workshops halten würde. »Meine Sorge war, dass Exit tatsächlich aktiv die Publicity herausgefordert hatte, die der Grund dafür war. Sie freuten sich immer sehr, wenn hier etwas in der Zeitung stand oder in den Nachrichten kam, das den berühmt-berüchtigten Dr. Nitschke noch bekannter machte. Mir aber gefiel nicht, was das für Auswirkungen darauf hatte, was wir noch für die Mitglieder tun konnten.«

Lesley schlug sich nicht nur mit den Anrufen Lebensmüder herum, sondern auch mit ersten Beschwerden von Kunden, die über Exit Ausrüstung bestellt und nie erhalten hatten. Manche hatten schon ein Jahr oder länger darauf gewartet. Sie setzte sich für sie ein und erreichte, dass ihnen ihr Geld erstattet wurde. Doch das wollten diese Leute eigentlich gar nicht. Sie wünschten sich verzweifelt, jemand würde das Versprechen eines friedlichen Todes einlösen, das ihnen Philip verkauft hatte. Sie wussten nicht, an wen sie sich sonst wenden sollten.

Das Hauptproblem war der Vertrieb des Max-Dog-Stickstoffs: Exit konnte kein Frachtunternehmen finden, das bereit war, zu bezahlbaren Kosten Kanister mit komprimiertem Gas aus Australien ins Vereinigte Königreich zu transportieren. Doch dann fand sich ein britischer Stickstofflieferant, ein Unternehmen aus Margate, der die Kanister für 43 Pfund an Exit verkaufte. Exit stellte seinen britischen Mitgliedern dafür 465 Pfund pro Stück in Rechnung.

»Einschließlich Versandkosten«, schiebt Lesley entschuldigend nach.

»Das ist ein ordentlicher Aufschlag«, stellte ich fest.

»Ja, das stimmt.«

»Und die Leute dachten, sie erhielten ein Exit-Produkt, weil es unter dem Markennamen Max-Dog-Stickstoff verkauft wurde?«

»Es waren Aufkleber auf den Zylindern, auf denen Max Dog stand, doch die Leute wussten, dass sie aus dem Vereinigten Königreich bezogen wurden. Es wurde meiner Ansicht nach also niemand getäuscht.« Sie rutscht in ihrem Stuhl hin und her. »Die Marge erscheint sehr hoch, doch Exit brauchte ja regelmäßige Einnahmen, und die Entwicklung der Max-Dog-Produktpalette war sehr teuer. Ich war also anfangs durchaus damit im Reinen.«

»Und heute?«

Lesley runzelt die Stirn. »Ich akzeptiere, dass sie kostendeckend arbeiten müssen. Sonst gehen sie bankrott. Aber ich glaube, in manchen Fällen schlug der Aufpreis Kapital aus der Not und Verzweiflung der Menschen: Sie wussten, dass manche Leute sich diese Zylinder nicht selbst beschaffen konnten – weil sie alt oder gebrechlich waren oder aus anderen Gründen, die das erschwerten, und dass sie sie über Exit kaufen müssten. Ein bisschen Loyalität zur Sache spielte auch mit hinein. Und sie zahlten einen wirklich sehr hohen Preis dafür.«

Selbst als der neue Lieferant gefunden war, gelang es Exit nicht, einen verlässlichen Vertrieb des billigen Stickstoffs im gesamten Vereinigten Königreich aufzubauen. Während Lesley noch zuständig war, konnten sie ihrer Aussage nach lediglich drei Kanister ausliefern. Ob die Kunden, die sie kauften, sie einsetzten, um ihr Leben zu beenden, weiß Lesley nicht.

Lesley und Exit gingen schon sechs Monate nach ihrer Ernennung zur Koordinatorin für das Vereinigte Königreich wieder getrennte Wege. »Was die Mitglieder meiner Ansicht nach verdient hatten und was sie bekamen, klaffte so stark auseinander. Philip wollte unbedingt, dass es im Vereinigten Königreich weitergehen sollte, und wir versuchten, eine gemeinsame Grundlage zu finden, doch die gab es eigentlich nicht.« Sie trennten sich in beiderseitigem Einvernehmen, wie sie sagt. »Ich bin sehr enttäuscht darüber, dass es so gar nicht das war, wofür ich es gehalten hatte. Ich dachte wirklich, sie würden einer Menge Menschen sehr weiterhelfen. Nachdem ich die Organisation jetzt ein bisschen besser kenne, kann ich nicht mit Überzeugung sagen, dass die Mitglieder eine sehr hohe Priorität genießen. Ich glaube, viele Menschen wurden im Stich gelassen und fühlen sich betrogen.«

David aus Berkshire geht es besser: Der NHS konnte seine mysteriösen Verdauungsbeschwerden diagnostizieren. »Von da an ging es aufwärts. Ich bekomme jetzt die richtigen Medikamente, und es ist alles gut.«

Wir sitzen in seinem Wohnzimmer neben seinem riesigen Fernseher, umgeben von den Andenken an seine Auslandsreisen. Er ist ein bisschen nervös: Seine Tochter kommt bald nach Hause, und er möchte ihr nicht erklären müssen, warum eine Journalistin auf dem Sofa sitzt. Aber er möchte immer noch dringend mit mir sprechen: Diesmal nicht, weil er deprimiert ist, sondern weil er sauer ist.

»Exit ist eine solche Enttäuschung. Je mehr ich mitbekomme, desto zweifelhafter erscheinen mir die Motive. Sie sind wahre Meister der Publicity, doch ohne Infrastruktur oder Lieferkette im Vereinigten Königreich muss man sich doch fragen: wofür?«

David hatte alles gemacht, was Exit-Mitglieder machen sollen. Er kaufte sich das *Peaceful Pill Handbook* und arbeitete sich durch. Er wurde Mitglied, damit er an Workshops und Landesverbandssitzungen teilnehmen konnte. Das war die leichtere Übung: Er musste nur seine Kreditkartennummer angeben und ein Formular zu seinem Alter ausfüllen. Seine Angaben zum Alter oder zu seinem Geisteszustand wurden aber nicht weiter geprüft. Und David bekam die Informationen, die er suchte.

Als wir das erste Mal miteinander sprachen, hatte er gesagt, ihm sei klar, dass Exit überhöhte Preise verlange. Das mache ihm aber nichts aus, weil er an Philip glaube. Doch dann beschlichen ihn Zweifel.

»Sie haben es dort mit Menschen in ihren schwächsten Momen-

15. »Das Mittel zum Sterben«

ten zu tun – Menschen, die zu fast allem bereit sind, um ihr Ziel zu erreichen«, erklärt er.

»Sie waren gar nicht gut beieinander, als Sie auf Exit stießen, nicht wahr?«

Er merkt, worauf ich hinauswill, und weist das von sich. »Für mein Gefühl hat das nichts mit einer Depression zu tun«, protestiert er. »Ich bin zutiefst davon überzeugt, dass jeder das Recht haben sollte, selbst zu entscheiden, wann und wo er sterben möchte. Ich halte die Tendenz der Sterbehilfe-Gegner, mit dem Finger auf Depressionen zu zeigen und Sterbehilfe aus diesem Grund nicht zu erlauben, für falsch. Ja, stimmt, es gab Zeiten, da war ich deprimiert. Doch nie so sehr, dass mich Depressionen übermannt hätten. Ich unterschätze nicht, wozu einen Menschen Depressionen treiben können. Doch nicht jeder, der deprimiert ist, will sich gleich umbringen.«

Was wirklich Davids Unmut erregte, ist die Destiny-Maschine. »Das klingt wie ein Wundermittel, total verheißungsvoll. Man überweist 200 Pfund, dann kriegt man diese Maschine, und – vielen Dank auch – alle Probleme sind gelöst. Doch auf den zweiten Blick kann man die Maschine nur mit einer ganzen Reihe von Hilfsmitteln benutzen, die man sich beschaffen muss, damit alles funktioniert. Man braucht einen Kanister mit einer Gasmischung, den es bislang noch gar nicht gibt.« Er spricht von der Kohlenmonoxid-Stickstoff-Mischung, die sowohl Destiny als auch der Mercitron verwendeten. »Und selbst wenn es sie gäbe – gemessen an dem Stickstoff, der von Exit International verkauft wird, würde das Hunderte von Pfund kosten. Zusätzlich zu den 200 Pfund, die Sie schon für Ihre Destiny-Maschine gezahlt haben. Dem *Peaceful Pill Handbook* zufolge ist sie noch nie eingesetzt worden. Es handelt sich also um eine unerprobte Technik. Und um die wurde so ein gewaltiges Tamtam veranstaltet.«

Im Zuge der publikumswirksamen Vorstellung der Destiny-Maschine in Edinburgh durch Philip wollte David wissen, ob er die Maschine als einer der ersten Kunden kaufen konnte. »Ich habe Exit International mindestens zweimal geschrieben und angefragt, wie das ganze System funktioniere, was alles im Preis inbegriffen sei und was nicht und was ich sonst noch kaufen müsse. Bedauerlicherweise bekam ich keine Antwort.« Seiner Ansicht nach war die Maschine nie mehr als ein Werbegag. »Sie sollte Exit International nur bekannt machen. Sie wollten die Mitgliederzahlen steigern. Und Abonnenten für das *Handbook* gewinnen. Solche Publicity war da nur gut. Ganz besonders, als gerade das Gesetz über das Recht zu sterben im Unterhaus debattiert wurde – der Vorschlag war so zaghaft, und er wurde mit so großer Mehrheit abgelehnt, dass er vermutlich erst in einigen Jahren wieder auf den Tisch kommen würde.«

Philip gibt offen zu, dass noch niemand die Destiny-Maschine eingesetzt hat, um zu sterben. Dabei beruft er sich vage auf »juristische Gründe«, aus denen das Projekt ein Prototyp bleiben musste. Vielleicht wird aus dem Sarco ja so wenig wie aus Destiny und CoGen – abgesehen von den Schlagzeilen. Aber ich bin mir da nicht so sicher. Philips Pläne für den Sarco klingen sehr viel konkreter. Philip erzählte mir, er habe in der Schweiz schon ein Anwesen für die neue Exit-Sterbehilfe-Klinik in petto, die in ein paar Monaten eröffnet werden soll – mit dem Sarco als »Kernstück«. In diesem Moment wird der Sarco 2.0 gedruckt. In dessen Unterteil lässt sich tatsächlich Stickstoff einfüllen. Und Exit hat bereits Pressemitteilungen verschickt mit dem Namen des ersten Menschen, der ihn in der Schweiz einsetzen will: die 41-jährige Amerikanerin Maia Calloway, die an MS leidet.

David ist kein Mitglied mehr. Das ist nicht mehr nötig: Er hat he-

15. »Das Mittel zum Sterben«

rausgefunden, was er wissen wollte, und konnte sich seine eigene Suizidausrüstung zusammenbasteln. Die Teile bezog er von Online-Händlern, die nichts mit Exit zu tun haben. Ich nehme an dass ist der Webfehler im Geschäftsmodell von Exit: Wenn die Mitglieder bekommen haben, was sie brauchen, gehen die Mitgliederzahlen automatisch zurück.

David erzählt gern von seiner Vorrichtung. »Man muss ordentlich recherchieren«, meint er.

»Und alles, was Sie sich da gekauft haben, ist legal – und stammt aus legalen Quellen?«

»Vollkommen legal.«

»War es schwierig, alles zusammenzubekommen?«

»Durchaus. Ein paar Artikel musste ich im Ausland bestellen. Es erinnert ein bisschen an ein Puzzle. Man muss verschiedene Teile so zusammensetzen, dass alles passt. Ich habe eine technische Ausbildung, und selbst ich hatte mit manchen Aspekten beim Zusammenbauen Probleme. Ich denke mal, die meisten Exit-Mitglieder verstehen nichts von der Mechanik und möchten im Grunde etwas Fertiges kaufen, das seinen Zweck erfüllt – mit einer Anleitung, die klar beschreibt: Stecke A in B, mach C – und fertig.«

Er führt mich nach oben in sein Schlafzimmer im obersten Stock. An der Tür steht ein Kleiderschrank. Er bückt sich und zieht einen Wust aus Schläuchen, Kanistern und Reglern aus einem Versteck ganz unten. Er wird ein bisschen hektisch: Er möchte wirklich nicht, dass uns seine Tochter hier erwischt, ist aber so stolz auf sein Machwerk, dass er es mir unbedingt zeigen will.

»Und das ist alles, was Sie brauchen, um sich das Leben zu nehmen?«

»Ja, griffbereit im Schrank.«

Ich überlege, ob ich wohl ruhig schlafen könnte, wenn keinen

Meter entfernt der Mechanismus liegt, der mir eines Tages den Tod bringen soll.

»Fühlen Sie sich nicht ein bisschen unwohl in dem Bewusstsein, was da in Ihrem Schlafzimmer bereitliegt?«

»Nein«, sagt er fest und betont. »Das beruhigt mich und ist meine Versicherungspolice. Es gibt mir Seelenfrieden. Viele haben Angst davor, alt und krank zu werden, unmündig und eine Belastung für andere. So viele Menschen wollen das auf keinen Fall. Wenn man sich eine Möglichkeit verschaffen kann, zum gewählten Zeitpunkt zu verhindern, dass man anderen zur Last wird, nimmt das die Angst vor der Zukunft.«

David braucht keine Todesmaschine. Er braucht eine Welt, in der Alter, Krankheit und Tod keine Angst mehr machen. Eine Welt, in der wir lernen, mit unserer Sterblichkeit zu leben, und bereit sind, Krankheit und Tod als natürlichen Teil des Lebens zu sehen. Dafür brauchen wir hohe Investitionen in die Erforschung von Demenz, Motoneuronenerkrankungen und anderen Krankheiten, die uns so viel Angst einflößen. Wir brauchen mehr Geld für Palliativpflege und soziale Betreuung, damit sich niemand mehr als »Belastung« empfinden kann. Denn die Menschen, die selbstbestimmt sterben wollen, wünschen sich in Wirklichkeit oft nur Würde und Beruhigung – nicht den Tod.

Vor allem aber muss das Recht zu sterben gesetzlich verankert werden. Wir müssen einen Weg finden, Sterbehilfe zu legalisieren, ohne dass beeinflussbare Menschen gefährdet werden, die eigentlich leben möchten. Das erfordert größere intellektuelle Leistungen als die Entwicklung einer Todesmaschine – und es wird niemanden reich oder berühmt machen. Doch bis wir das richtig hinbekommen, besteht die Gefahr, dass Verzweiflung ausgenutzt wird.

15. »Das Mittel zum Sterben«

Maia Calloway ist leicht zu finden. Im Kommentarteil eines Blogbeitrags, den sie für die New Mexico End of Life Options Coalition verfasst hat, hat sie ihre E-Mail-Adresse angegeben. Als ich ihr schreibe, antwortet sie Minuten später. »Ich würde sehr gerne mit Ihnen sprechen und beitragen, was ich kann«, antwortet sie. »Ich finde den Sarco und alles, wofür er steht, faszinierend.« Wir verabreden uns für den folgenden Tag zu einem Skype-Gespräch.

Exit versendet regelmäßig Pressemitteilungen über Maia. Eine kam am Tag der Sarco-Präsentation in Venedig. Ich las sie im Wasserbus, der mich vom Flughafen in die Stadt brachte. Sie enthielt auch ein Bild von Maia, die lächelnd auf einer Bank saß, ein gestreiftes Tuch um die schmalen Schultern – ein zartes Gesicht mit eisblauen Augen. Darin stand, dass Maia bereits einmal in die Schweiz gefahren war, um Sterbehilfe in Anspruch zu nehmen, sich dann aber doch entschlossen hatte, in die USA zurückzukehren.

»Jetzt, fast eineinhalb Jahre später, meint Maia, dass ihre Zeit bald gekommen ist«, stand da in dramatischer Kursiv- und Fettschrift. *»Und sie möchte den Sarco benutzen.«*

Philip erwähnte Maia, als ich an jenem Abend mit ihm sprach.

»Ich habe die Pressemitteilung gelesen«, sagte ich. »Sie kam also in die Schweiz und änderte dann ihre Meinung?«

»So sehr hat sie ihre Meinung gar nicht geändert. Sie merkte, dass das mit ihrer multiplen Sklerose ein langwieriger Prozess war, und dachte, dann fahre ich zurück nach Amerika. Doch sie kommt wieder. Die Frage ist nur, ob ihre Zeitplanung mit unserem Timing übereinstimmt. Wenn die Maschine verfügbar wäre, würde ihr das Konzept zusagen, hat sie geäußert.«

»Sie wäre dann der erste Mensch, der sie benutzt?«

»Wenn der Zeitpunkt stimmt«, bestätigte Philip und drückte in makabrer Vorfreude die Daumen.

Als unser Skype-Gespräch beginnen soll, kommt eine E-Mail von Maia. Ich müsse sie bitte anrufen, denn ohne ihre Pflegekraft könne sie Skype nicht starten.

»Es tut mir so leid«, sagt sie, als sie ans Telefon geht. Sie spricht leise, aber mit fester Stimme. »Nächstes Mal klappt es bestimmt. Ich habe durch die MS ein paar kognitive Probleme.« Sie sei gerade 41 geworden, sagt sie, fühle sich aber »immer mehr wie ein Kind, weil die Krankheit fortschreitet. Es ist, als würde ich jünger. Ich möchte umhegt werden wie ein Kind: Ständig möchte ich umarmt und gedrückt werden und brauche jemanden, der mir mein Essen macht und mich ins Bett bringt.« Maia lebt bei ihrem besten Freund in Taos, einer Kleinstadt in New Mexico an der Südspitze der Rocky Mountains. Ihre Mutter und ihre Schwester starben beide gerade zu der Zeit, als sich ihre MS verschlimmerte. »Es gab eigentlich niemanden, der sich um mich kümmern konnte, außer einer bezahlten Pflegekraft, die ein paar Stunden täglich kam. Deshalb übernimmt das mein Freund. Er ist wie ein großer Bruder für mich.«

Maia spricht so offen und so leise, dass sie sich auch wie ein Kind anhört. Schon nach wenigen Gesprächsminuten meldet sich mein Mutterinstinkt. Mit Schrecken frage ich mich, was Maia in Philips Welt zu suchen hat. Doch als ich mich erkundige, wie sich ihr Gesundheitszustand im täglichen Leben auswirkt, ist klar: Ich spreche mit einer intelligenten, rationalen Erwachsenen. Ihr Wortschatz ist der der erwachsenen, gebildeten Frau, die sie ist.

»Es geht kontinuierlich bergab. Es ist ein schleichender Prozess, wie ein schmaler Korridor, der schlicht immer enger wird. Ich leide nicht an einer Demenz wie Alzheimer, doch meine kognitiven Fähigkeiten sind stark beeinträchtigt. Erinnerungsvermögen, Aufmerksamkeit, ausführende Funktionen, Lernfähigkeit – das alles

15. »Das Mittel zum Sterben«

wird stark in Mitleidenschaft gezogen. Durch die Läsionen des Rückenmarks versagen Arme, Beine und Rumpf den Dienst.« Die unvermeidliche Folge sei Lähmung, sagt sie. »Ist man vollständig gelähmt, gleicht MS stark den Motoneuronenerkrankungen, dauert aber *länger*. In einem oder zwei Jahren könnte ich am ganzen Körper gelähmt sein, doch selbst dann gelte ich nicht als todkrank und erfülle nicht die Kriterien für eine Aufnahme in ein Hospiz. Die letzte Phase könnte bedeuten, dass ich über mehrere Jahre vollkommen bettlägerig bin, keinerlei Kontrolle mehr über meine Körperfunktionen habe und nur noch schwer kommunizieren kann.« Ihren Hals kann sie schon jetzt nicht mehr richtig halten, und sie hat bereits Atembeschwerden. »Eigentlich wollte ich es gar nicht *so weit* kommen lassen. Viel länger möchte ich nicht warten.«

Als Maia noch gesund war, war sie unglaublich ehrgeizig. Sie arbeitete in der Filmproduktion und lebte für ihren Beruf. »Hätten Sie mich damals gefragt, ob ich so leben wollen würde, wie ich heute lebe, hätte ich das kategorisch verneint. Doch den Schritt dann auch wirklich zu gehen ist schwerer, als man denken könnte. Der Überlebensinstinkt setzt ein.«

»Was meinen Sie damit, ›den Schritt wirklich zu gehen‹?«

»Ich meine, selbst etwas zu unternehmen, wie es in Philips *Peaceful Pill Handbook* steht, oder tatsächlich dorthin zu fahren und das Medikament zu schlucken. Ich war ja schon einmal in der Schweiz und hatte grünes Licht, doch dann bin ich zurückgekommen, weil ich noch nicht so weit war.«

Maia schildert ihren Besuch in der Schweiz ganz anders als Philip. Es war gar nicht so, dass sie erfuhr, ihre MS schreite langsamer voran, als sie gedacht hatte. Es war vielmehr so, dass sie sich letztlich nicht durchringen konnte. Sie kam alleine nach Zürich, wurde von den Ärzten der Sterbehilfe-Klinik Life Circle begutachtet und für ein paar Tage mit einer Pflegekraft versorgt. Sie sah sich die Sehenswürdigkeiten an und besuchte ein Kloster. Dann kamen die Schuldgefühle.

»Ich glaube, im Grunde empfand ich Scham. In meiner Kultur ist Selbstmord eine Schande. In Amerika gibt es so viele MS-Kranke, und in unserer Gesellschaft gibt es diese unausgesprochene Abmachung, dass, wenn jemand an progressiver MS leidet, sorry, dann muss er eben damit leben lernen und weiterkämpfen. Wer das nicht bis zum bitteren Ende durchstehen will, der gilt als unsportlich – als mutlos und feige.« Dann musste sie an ihren Vater denken. »Da war dieser Gedanke: Du kannst nicht zulassen, dass dein Vater noch eine Tochter verliert – das geht nicht. Man stirbt nicht vor seinen Eltern.«

Wie er auch ausgeführt wird, Selbstmord ist nie ein ganz einsamer, persönlicher Akt. Es sind immer andere betroffen: Helfer, Passanten, die Menschen, die einen finden, die Hinterbliebenen, die einen lieben.

»Wusste ihr Vater von ihrer Reise in die Schweiz?«

»Nein. Er erfuhr es von einem Freund, der sich wichtigmachen wollte. Er war sehr wütend. Er fühlte sich verraten. Und ich dachte, oje, jetzt ist mein Vater böse auf mich, das ist gar nicht gut. Ich stieg schnell ins Flugzeug und fuhr zu dem Freund zurück, der sich um mich kümmert. Die Abmachung war: Wir würden noch ein bisschen durchhalten und es dann richtig machen – jeden aus der Familie angemessen informieren und hoffentlich jemanden finden, der mich begleiten würde, wenn ich wirklich so weit war. Die Ironie dabei: Seit ich zurück bin, habe ich *nichts* erreicht. Keiner will es akzeptieren. Sie wollen nicht darüber reden. Niemand will mich ins Flugzeug setzen. Und ganz bestimmt will keiner mitkommen. Das Traurige an meiner Geschichte: Obwohl ich zurückgekommen bin,

15. »Das Mittel zum Sterben«

um alles ›richtig zu machen‹, ist die Reaktion meines Umfelds noch genau dieselbe.«

In der Schweiz begegnete Maia Philip das erste Mal persönlich. »Er ist mein Held«, schwärmt sie. Sie hatten sich zuvor E-Mails geschrieben, und als sie erfuhr, dass sie sich zur gleichen Zeit in dem Land aufhalten würden, bat sie ihn um ein Treffen. »Ich fuhr mit meiner Pflegekraft nach Grindelwald und lernte dort Philip, Fiona und ihren kleinen Hund Henny kennen. Es war so schön. Wir aßen zusammen Pizza und redeten über alles Mögliche. Dann zeigte er mir auf seinem iPhone Fotos von diesem Gerät und sagte: ›Daran arbeite ich.‹«

Philip lässt keine Gelegenheit aus. Ich sehe ihn förmlich vor mir, am Tisch mit seiner Frau, seinem Hund, seiner neuen behinderten Freundin und ihrer Pflegekraft, ein Stück Pizza in der einen Hand und sein iPhone in der anderen, wie er die Konzeptbilder vom Sarco zeigt und ein bisschen vom Science-Fiction-Klassiker *Soylent Green* (dt. *Jahr 2022 ... die überleben wollen*) erzählt. Maia war beeindruckt. »Ich dachte, Mann, ist das toll.« Doch, wie es schien, würde es bis zur Fertigstellung noch eine Weile dauern. Also fuhr sie in die Staaten zurück und dachte nicht weiter darüber nach.

Sie blieben in Verbindung. »Ich sagte: ›Wenn ich Ihnen irgendwie weiterhelfen kann, Philip, als Amerikanerin, der das Recht zu sterben verweigert wird, dann möchte ich Ihre Sache gern fördern.‹« Das war alles. »Schließlich sagte er: ›Würden Sie gern den Sarco ausprobieren?‹ Und ich antwortete: ›Nun, ich würde mir das gern offenlassen, und ich werde den Medien erzählen, dass ich sehr daran interessiert bin, weil ich vom Gesetz so allein gelassen werde.‹«

Maia wählt ihre Worte sehr vorsichtig. Sie interessiert sich zwar sicherlich für den Sarco, hat aber nicht die Absicht, darin zu sterben.

»Meine Atemfunktion ist stark verringert, und ich bin auch ein bisschen – wie heißt das, wenn man Angst vor engen Räumen hat?«

»Klaustrophobisch.«

»Genau. Ich halte den Sarco für eine fantastische Sache. Er ist schön, er ist elegant. Wofür er steht, ist so großartig für unsere Welt. Doch für mich, mit meiner spezifischen Erkrankung und meiner Angst, ist er wohl nicht das Richtige, denke ich. Ich bin aber trotzdem fasziniert davon, und ich glaube, das ist die Zukunft.«

Aber dann, noch bevor ich nachfragen kann, führt Maia eine ganze Reihe von Gründen an, aus denen der Sarco bedenklich ist.

»Wenn in der *Newsweek* steht, er sei der Tesla unter den Todesmaschinen, müssen wir aufpassen, dass wir uns von seiner Eleganz und seinem Chic nicht darüber hinwegtäuschen lassen, dass wir hier über Leben und Tod sprechen und dass es sich um einen Prozess handelt, der ganz rational zu betrachten ist.« Der Sarco verleiht dem Tod etwas Glamouröses, Euphorisches und deshalb Verlockendes. Dabei ist Selbstmord schon so ansteckend genug, vor allem unter jungen Menschen und ganz besonders, wenn international darüber berichtet wird. In den Monaten nach Marilyn Monroes Tod stieg die Selbstmordrate in den USA um 12 Prozent[6], und der Tod von Robin Williams wurde mit einem Anstieg um 10 Prozent in den fünf Monaten nach seinem Freitod in Zusammenhang gebracht[7]. Suizid braucht keine neue Maschine, um seinen Reiz zu steigern.

»Sorgen bereitet mir auch, dass es durch Unregelmäßigkeiten im Druckvorgang zu Fehlfunktionen kommen könnte«, erzählt Maia weiter. »Wer vermag zu sagen, welche Abweichungen dabei auftreten könnten?« Daran hatte ich überhaupt nicht gedacht, obwohl Alex in meiner Gegenwart schon in Venedig bereitwillig zugegeben hatte, dass der Druckvorgang ein Albtraum gewesen sei, weil »die Geräte gewöhnlich Mist bauen«. Eine fehlerhafte Maschine wäre verheerend für jeden, der sich dazu durchgerungen hat, sie zu benutzen. Maia hat mit NuTech-Mitgründer Derek Humphry über den Sarco gesprochen. »Derek hat mir gesagt: ›So etwas wurde bereits ausprobiert, und es gab Probleme. Ich rate Ihnen, wenn Sie das tun wollen und die Erste sind, sollte jemand mit einer Spritze danebenstehen.‹ Und ich dachte: Oh, *Shit*.«

Wenn das erste Mal jemand in den Sarco klettert und auf den Knopf drückt, wird das ein Ereignis sein. Philip heizt bereits jetzt das Medieninteresse an. Doch Maia stellt sich ihren Tod nicht als Performance vor. Sie saß nicht im Publikum bei Philips Auftritt auf dem Edinburgh Fringe Festival, als er versuchte, mit seiner neuen Todesmaschine Lacher zu ernten. Sie braucht Gewissheit, dass das, was auch immer sie einsetzt, ihr Leben auch bestimmt beendet. »Ich müsste absolut und durch und durch sicher sein.«

In Maias Leben gibt es keine Sicherheit. Sie ist in einem Schwebezustand – es geht ihr nicht so schlecht, dass sie stirbt, aber auch nicht gut genug, um zu leben. Doch was ihr das Dasein so unerträglich macht, ist die Reaktion ihrer Umwelt darauf, dass sie in keine Kategorie passt – auf ihren Zwischenzustand.

»Für degenerative unheilbare Krankheiten gibt es nicht so viel Anteilnahme wie für Menschen, die todkrank im Hospiz liegen. Doch gesund und im täglichen Wettkampf ist man offensichtlich auch nicht. Man ist isoliert. In der amerikanischen Gesellschaft haben Menschen mit körperlichen Unzulänglichkeiten keinen hohen Stellenwert. Sie ist da knallhart. Ganz besonders in der Medienwelt, aus der ich komme. Jemand mit Narben, Makeln und Beeinträchtigungen ist dieser Gesellschaft nicht willkommen.«

»Doch lautet die Antwort dann nicht, dass die Gesellschaft ihre

Haltung ändern muss? Statt eine Technologie zu entwickeln, die Sie tötet?«

»Ganz richtig. Ich glaube, wir müssen an allen Fronten tätig werden.«

Etwas ganz Ähnliches hat mir Philip in Venedig ebenfalls erzählt. Doch wie der Effekt, den IVF auf die Fertilitätsforschung hatte, könnte auch die einfache Lösung, die der Sarco bietet, die Chancen mindern, dass wir genauer untersuchen, weshalb sich jemand das Leben nehmen will. Der Tod ist zwar nach wie vor ein Tabu und Sterbehilfe eine Option, die nur wenigen Auserwählten offensteht, doch einen Markt für den Do-it-yourself-Tod wird es immer geben. Wie bei illegalen Abtreibungen wird die Nachfrage weiter bestehen, ganz gleich, ob die Technik oder die rechtlichen Rahmenbedingungen vorhanden sind, um eine sichere, würdevolle Lösung zu gewährleisten.

»Der ideale Tod für mich wäre, in meinem Bett zu sterben, mit meiner geliebten Katze, nach einer letzten Mahlzeit«, meint Maia. »Doch in meiner Familie herrscht da eine ungesunde Dynamik. Wie so viele amerikanische Familien haben auch wir schreckliche Angst vor Krankheit und Tod. Angesichts meiner häuslichen Situation ist es vermutlich besser, in der friedlichen Sterbewohnung am See in Zürich oder Basel zu sein, denn dort habe ich garantiert einen sicheren Raum, in dem es kulturell akzeptiert ist und keine Schande.«

Von all den Menschen, die mir begegnet sind, die ihr Leben selbstbestimmt beenden möchten, ist Maia dem Ende am nächsten. Sie geht davon aus, dass sie in den nächsten Monaten in der Life-Circle-Klinik aus dem Leben scheiden wird. Für sie ist der Tod keine Versicherungspolice, die im Schrank liegt, kein vages Konzept, das ihr noch bevorsteht: Sie schaut ihm ins Gesicht.

15. »Das Mittel zum Sterben«

»Gibt es so etwas wie den perfekten Tod?«, frage ich sie. »Kann es ihn geben?«

Maia denkt kurz darüber nach.

»Unter rein optischen Aspekten *ist* es der Sarco. Er ist ein elegantes Gerät, das einem vor dem Ableben ein euphorisches Hochgefühl vermittelt, stimmt's? Das Ganze findet in einer schönen Umgebung statt, denn man kann ihn an seinen Lieblingsplatz mitnehmen. Ästhetisch betrachtet ist das der perfekte Tod«, erwidert sie schließlich. »Doch im Grunde ist der Tod dann perfekt, wenn man mit allen seinen Frieden gemacht hat, wenn man mit seinem Leben und der eigenen Sterblichkeit im Reinen ist. Man muss sich von allem lösen, was einen an persönlichen Besitz bindet, von Groll, Abhängigkeiten und Zorn. Das ist für mich der perfekte Tod – diese Schritte der Akzeptanz zu kennen und zu durchlaufen. Der Sarco ist schön, doch stimmen die anderen Voraussetzungen nicht, kann trotzdem eine gequälte Seele darin liegen.«

»Der perfekte Tod ist demnach ein Gemütszustand, kein Mittel zum Sterben?«

»Ja«, erklärt sie wehmütig. »Ja, ja, ja.«

Epilog

Zum Zeitpunkt der Drucklegung ist Harmony noch nicht auf dem Markt. Sidore und Davecats andere Puppen sind für ihn weiterhin Mittelpunkt seiner Welt, ungestört von der künstlich intelligenten Geliebten, die eines Tages sein Herz rauben könnte. Das JUST-Chicken-Nugget kommt noch in keinem hochpreisigen Restaurant in einem Land mit lockeren lebensmittelrechtlichen Bestimmungen auf den Teller. Das CHOP wartet auf eine FDA-Entscheidung darüber, ob es 2020 die ersten menschlichen Babys in seinen Baby-Beutel stecken darf. Man hofft dort, dass dieser am Ende das Jahrzehnts bereits breite Verwendung findet. Wes und Michael haben einen kleinen Sohn namens Duke. smithe8 hat seinen Reddit-Account gelöscht und ist aus der Mannosphäre verschwunden. Der Sarco 2.0 wird von einem Drucker in Haarlem ausgespuckt, in Schichten aus teilweise biologisch abbaubarem Kunststoff. Maia Calloway wird nicht die Erste sein, die ihn verwendet, doch Philip zufolge stehen hinter ihr noch mindestens 100 Menschen auf der Warteliste, die gern in seiner Hochglanzhülle sterben möchten.

Mit anderen Worten: Keine der Innovationen, auf die ich gestoßen bin, gibt es bislang wirklich. Vorerst sind Harmony, JUST Meat, der Baby-Beutel und der Sarco noch hauptsächlich heiße Luft, doch die Lösungen, die diese Entwicklungen bieten, sind zu verlockend, als dass es sie nicht irgendwann geben wird. Der kommerzielle Imperativ ist zu zwingend. Eines Tages werden sie auf den Markt kommen – wenn auch nicht unbedingt so bald, wie Matt, Josh, das CHOP-Team und Philip versprechen.

Während an deren Produkten noch gearbeitet wird, macht die Konkurrenz große Fortschritte. Doll Sweet nimmt bereits Anzahlungen in Höhe von 300 Pfund für seine Köpfe der ersten Generation entgegen. Cloud Climax hat Emma ins Sortiment aufgenommen, einen Roboterkopf eines anderen chinesischen Herstellers namens AI-Tech, der als »Sekretärin ohne Launen« bezeichnet wird und seinen Eigentümer mit »Meister« anredet. Emma ist kaum mehr als eine zwinkernde, augenklimpernde Schaufensterpuppe, die Kalender-Benachrichtigungen vorlesen kann. AI-Tech verspricht jedoch, »je mehr Sie mit ihr sprechen, desto mehr lernt sie«.

Auf der Dutch Design Week 2019 wurde ein Prototyp einer neuen künstlichen Gebärmutter vorgestellt, der gar nichts mehr mit Lämmern zu tun hat. Der Ektogenese-Ansatz der Eindhoven University of Technology hängt wie ein überdimensionaler purpurner Wasserball von der Decke und verfügt sogar über einen beruhigenden mütterlichen Herzschlag. Das niederländische Team will ihn mit 3-D-gedruckten Kunstbabys testen, die mit einem Wust von Sensoren ausgestattet sind, und so bald wie möglich zu lebenden menschlichen Föten übergehen. Im Oktober 2019 konnte sich das Projekt EU-Mittel in Höhe von 2,9 Millionen Euro sichern. Professor Guid Oei, der Leiter, pries seine Erfindung als »bahnbrechend«.[8]

Clean-Meat-Start-ups schießen in aller Welt wie Pilze aus dem Boden und wachsen so exponentiell wie Starter-Zellen in Kälberfötenserum. Die FDA in den USA und die britische Regierung können sich immer noch nicht entscheiden, ob Clean Meat Fleisch heißen darf, während sich die Clean-Meat-Industrie heimlich, still und leise vom Etikett »clean« verabschiedet: Es zieht nicht, was die Fleischindustrie nervös macht – und das gerade in einer Phase, in der man sie dringend an der Seite haben und hohe Investitionen

Epilog

absahnen möchte. (Selbst Bruce ändert seine Meinung: Im September 2019 teilte er mit, dass das Good Food Institute eine »neue Sprachregelung« übernehme und das Produkt neuerdings als »Kulturfleisch« bezeichne.[9]) Doch Burger auf pflanzlicher Basis erobern die Welt im Sturm. Die Aktien von Beyond Meat legten 2019 den erfolgreichsten Börsengang des Jahres hin – mit Kurssteigerungen von 600 Prozent im ersten Monat.[10] Burger King plant die Markteinführung von Impossible Burgers in allen seinen US-Filialen, und Impossible arbeitet fieberhaft an der Frage, wie sich die Nachfrage befriedigen lässt. Tierfreies Fleisch setzt zum Höhenflug an, selbst wenn Fleisch ohne Körper noch nicht genau weiß, wohin die Reise geht.

Bevor sich für immer verändert, wie wir lieben, leben, essen und sterben, müssen noch große Hürden genommen werden. Erstens ist da der Ekelfaktor, das *Uncanny Valley*, das »unheimliche Tal«, die Abscheu, die Menschen empfinden, wenn etwas so Intimes wie ihr Liebesleben, ihre Ernährung, ihre Geburt und ihr Tod durch ganz neue Produktionsmittel infrage gestellt werden. Die Unternehmer finden einen Weg – mit raffinierten Formulierungen, pathetischen Argumenten und schickem Design. Der Schock des Neuen ist nichts Neues mehr. Wenn man sich daran gewöhnen kann, dass in der Retorte gezeugte Babys normal sind, dann gilt das auch für Roboterfrauen und Babys im Beutel.

Stellt sich die Frage, wer in den Genuss dieser Technologien kommt. Zumindest anfangs werden es Eliteprodukte sein. Da kann Philip noch so viel vom universellen Recht des Menschen auf rationalen Selbstmord schwadronieren – der Tod, wie ihn der Sarco bietet, ist ein Luxus für Privilegierte. Und sosehr sich Josh für eine gerechte Welt einsetzt, »geleitet von Vernunft, Gerechtigkeit und Fairness«, kann ich mir nicht vorstellen, dass die Menschen, denen er in Liberia begegnet ist, schon in absehbarer Zukunft in einen seiner Wagyu-Beef-Burger beißen. Die Ektogenese wird nur solchen Frauen Gleichberechtigung in der Fortpflanzung bescheren, die es sich jetzt schon leisten können, aus gesellschaftlichen Gründen eine Leihmutter einzusetzen. Und Föten können nur in solchen Ländern gerettet werden, die so wohlhabend sind, dass diese Option in ihrem sozialen Fürsorgespektrum enthalten ist. Selbst billigere chinesische Sexroboter werden einen erheblichen Teil des verfügbaren Einkommens verschlingen. Die Männer, die entschlossen sind, ihren eigenen Weg zu gehen, werden das nötige Kleingeld brauchen, um wirklich ohne Frauen auszukommen.

Die Tech-Industrie ist eine Männerdomäne. In ihren Erfindungen spiegeln sich männliche Egos und männliche Wünsche. Dabei werden Frauen von all den Technologien, die mir begegnet sind, überproportional betroffen sein – nicht nur von Sexrobotern und künstlichen Gebärmüttern. Die Menschen, die mithilfe von Kevorkians Maschinen starben, waren größtenteils Frauen[11], und wo Sterbehilfe legal ist, wird sie von Frauen häufiger in Anspruch genommen als von Männern[12], obwohl Selbstmord eher ein männliches Phänomen ist. Frauen leben in aller Regel länger als ihre Partner und sind gewöhnlich eher Pflegende als Gepflegte. Möglicherweise haben sie mehr Angst davor, zur Belastung zu werden. Und, wie mir Mark Post verriet: »Fleisch wird seit jeher mit Macht assoziiert.« Fleisch klingt nach »essen wie ein Mann«. Überall auf der Welt essen Männer mehr Fleisch als Frauen[13]. Fleisch ist maskulin. Das Gleiche gilt für den um sich greifenden übermäßigen Verzehr, der so viel Schaden anrichtet und dazu führt, dass wir uns von einer immer ausgefeilteren Technik abhängig machen, während wir uns vordem noch ganz gut selbst versorgen konnten. Diese Innovationen sagen viel aus über die männliche Lust auf

Nahrung und Sex und den Wunsch der Männer, Macht über Geburt und Tod zu haben.

Doch Chaos und Machtlosigkeit fürchten Frauen und Männer gleichermaßen. Menschen möchten ihre Umwelt, ihre Nahrung, ihren Körper und einander gerne kontrollieren. Sexroboter sind ein Ersatz für Partner – ohne die Autonomie, die zwischenmenschliche Beziehungen so unsicher macht. Sauberes Fleisch ist ein Ersatz für Tiere – ohne die Kacke, die Krankheiten und den Schmutz, die unsere Existenz bedrohen. Künstliche Gebärmütter sind ein Ersatz für schwangere Frauen, ohne deren fehlbare Körper und deren Rabenmutterpotenzial. Todesmaschinen sind ein Ersatz für einen unberechenbaren, würdelosen Tod. Sie alle sind Stellvertreter, die Distanz schaffen zwischen uns und unserer Natur, unserer Umwelt und unseren Mitmenschen.

Wenn wir zulassen, dass Essen, Sex, Geburt und Tod an Maschinen ausgelagert werden, um uns die Illusion von Kontrolle zu verschaffen, riskieren wir, unsere Empathie, unsere Unzulänglichkeiten, unsere Handlungsfreiheit und die Kontingenz unseres Daseins zu verlieren. Technik entmenschlicht uns. Selbst wenn sie tatsächlich in bester Absicht entwickelt wird (Um den Planeten zu retten! Um Babys zu retten! Um den Einsamen Gesellschaft zu geben! Um die Kranken zu befreien!), kann niemand sagen, in wessen Hände diese Erfindungen fallen werden, wofür sie verwendet werden und wohin sie uns am Ende bringen.

Die »Probleme«, die von den in diesem Buch erwähnten Innovationen gelöst werden sollen, wurden doch erst von der Technik geschaffen. Die industrielle Landwirtschaft hat dafür gesorgt, dass tierisches Fleisch untragbar geworden ist. Die Pille hat den Frauen die Unabhängigkeit ermöglicht, die für Männer so lästig ist, wenn sie sich eine Partnerin wünschen, die nur zu ihrem Vergnügen da ist.

Medizinische Interventionen haben dafür gesorgt, dass die Schwangerschaft im weiblichen Körper immer riskanter erscheint, und es ist die bessere medizinische Versorgung, die Alter, Krankheit und Tod so schrecklich macht. Wann immer wir uns auf technische Lösungen verlassen, riskieren wir, abhängig zu werden von einer gleich um mehrere Größenordnungen komplexeren Ausführung von Aufgaben, die uns früher ganz selbstverständlich vorkamen. Wir entmachten uns und verlieren uns.

Dabei ist keine dieser Erfindungen wirklich eine Lösung: Sie sind allesamt Ausweichmöglichkeiten. Statt sich zu überlegen, warum sich manche Menschen Partnerinnen ohne Autonomie wünschen, Babys bekommen wollen, ohne schwanger zu sein, große Mengen Fleisch verspeisen möchten, obwohl es dem Planeten und ihrem Körper schadet, oder ihren eigenen Tod komplett selbst bestimmen möchten, versuchen die Menschen, die mir begegnet sind, uns Möglichkeiten zu verkaufen, unsere angeborenen menschlichen Ängste zu ignorieren. Statt uns freier zu machen, helfen sie uns, mit den Einschränkungen zu leben, die uns erst unfrei machen. Sie entpolitisieren, verschleiern und umgehen sie. Sie liefern uns Gründe, uns selbst nicht besser kennenzulernen.

Was das für uns alle bedeutet? Nun, alles Mögliche. Das dystopischste Extrem wäre, dass Frauen künftig obsolet werden, dass Empathie zu harter Arbeit verkommt, dass multinationale Konzerne die gesamte Fleischindustrie in der Hand haben, dass gefährdete Menschen in der Lage sein werden, sich ohne jede Aufsichtsinstanz ihren eigenen Tod herunterzuladen. Das entspräche aber einem fatalistischen Menschenbild, das ich nicht teile.

Wir können die Zeit nutzen, die uns noch bleibt, bis diese Erfindungen auf den Markt kommen – um zu prüfen, warum wir überhaupt glauben, sie zu brauchen. Dann können wir die Änderungen

Epilog

vornehmen und die Opfer bringen, die nötig sind, um grundlegende Probleme der Menschheit zu lösen, statt sie von Technologen übertünchen zu lassen. Und wir *müssen* Opfer bringen: Wir können nicht weiterhin Mengen von Steak essen. Wir können nicht alles haben, was wir uns wünschen, ohne Konsequenzen – ganz gleich, was uns Wissenschaftler und Unternehmer erzählen.

Fortschritt ist der Mut, die eigene Geisteshaltung zu verändern, und das muss vor der technischen Innovation kommen – nicht durch sie. In manchen Regionen der Welt arbeiten wir bereits an den nötigen Veränderungen, um auch ohne diese Erfindungen voranzukommen. Zumindest in wohlhabenden Ländern haben jedes Jahr mehr Bürger das Recht, sicher und würdevoll zu sterben. Mütter genießen eine bessere Versorgung und mehr Schutz am Arbeitsplatz. Immer mehr Menschen leben vegan oder essen bewusst weniger Fleisch, und immer weniger Eltern erziehen ihre Kinder zu Fleischfressern. Die Incels und MGTOWs der Männerrechtsbewegung sind eine zwar augenfällige, doch winzige Minderheit: Die meisten Männer möchten, dass ihre Partnerinnen, Schwestern und Töchter respektiert, geschützt und gleichgestellt werden.

Das wissen die Menschen, denen ich auf diesen Seiten nachgespürt habe. Aber sie wissen auch, dass es schwer ist, die Gesellschaft zu verändern. Und dass eine einfachere Lösung viel Geld in Aussicht stellt. Ob wir sie ihnen aber abkaufen, bleibt uns überlassen.

Ach, hätten sich doch nur alle die Mühe gemacht, Churchills wegweisenden Artikel »50 Years Hence« aus dem Jahr 1931 ganz durchzulesen: »Projekte, die sich frühere Generationen nie hätten träumen lassen, werden unsere unmittelbaren Nachfahren mit Beschlag belegen. Ihnen werden furchtbare, zerstörerische Kräfte in die Hände gelegt. Sie werden überschwemmt mit Annehmlichkeiten, Aktivitäten, Angeboten und Vergnügungen, doch das Herz wird ihnen schwer werden, und ihr Leben wird öde sein, wenn sie keine Visionen mehr haben, die über das Materielle hinausgehen.«

Ich habe versucht herauszufinden, was diese unerhörten Projekte für unsere unmittelbaren Nachkommen bedeuten. Des einen Dystopie ist des anderen glänzende Zukunft. Doch die Worte, die sich mir am stärksten eingeprägt haben, kamen nicht von Matt McMullen, Mark Post, Anna Smajdor oder Philip Nitschke. Sie wurden von dem vielleicht bescheidensten Menschen geäußert, der mir bei meinen Recherchen begegnet ist.

Als ich an jenem kalten Tag in der Open University in Milton Keynes mein Notebook zusammenpackte, nahm Matthew Cole, der vegane Soziologe, seinen letzten Schluck Kaffee.

»Wenn wir technische Lösungen erfinden anstelle von ethischen Reformen, Revolution, Rebellion ... Jedes Mal wenn die Technik versucht hat, an die Stelle der Ethik zu treten, haben wir uns damit einen Bärendienst erwiesen«, meinte er. »Wir nehmen uns die Chance, uns weiterzuentwickeln.«

Man kann nicht guten Gewissens nur zum eigenen Vorteil leben, doch ein Leben mit Unvollkommenheit, Kompromissen, Opfern und Zweifeln ist ein derart grundlegendes Element menschlicher Erfahrung, wie geboren zu werden, zu essen, zu lieben und zu sterben. Wir können entscheiden, ob wir uns mit den Unzulänglichkeiten unserer Existenz abfinden oder weiter versuchen, sie durch Technik auszumerzen – Technik wie die Ohrstöpsel in meinem Hotelzimmer in Las Vegas. Wir brauchen weder Sexroboter noch veganes Fleisch. Die Freiheit und die Macht, die sie uns versprechen, stehen uns bereits zur Verfügung. Doch wenn wir sie einsetzen, bedarf es dafür sehr viel mehr, als nur eine Tüte zu öffnen, eine Tür zu schließen oder einen Schalter umzulegen.

Dank

Ich bin all den Menschen unglaublich dankbar, die ich für dieses Buch interviewen durfte. Sie hatten oft keine Vorstellung, wie viel Zeit sie die Gespräche mit mir kosten würden. Vielen Dank dafür, und sehen Sie mir bitte nach, dass ich so viele Fragen hatte.

Außerdem möchte ich mich gern bedanken bei:

Meinen Agentinnen, Sophieclaire Armitage und Zoe Ross, für ihren Zuspruch und ihre Anregungen – und weil sie sofort begriffen haben, worum es mir ging.

Meinem Redakteur Kris Doyle für seine Begeisterung, seinen klaren Blick und für den Titel.

Den Menschen, die ich mit Anrufen belästigt und von weitaus wichtigeren Dingen abgehalten habe: Julie Kleeman, Rick Adams, Sarah Eisen und Saul Margo. Danke für euer Fachwissen.

Meinen Kolleginnen und Kollegen beim *Guardian*: Große Teile dieses Buches wären ohne die Recherchen, die ich für dort erschienene Artikel anstellte, gar nicht möglich gewesen. Ganz besonderer Dank gilt dabei Tom Silverstone, der so viel dazu beigetragen hat, meiner Arbeit über Sexroboter Leben einzuhauchen, und Mike Tait und Mustafa Khalali, die den Film in Auftrag gegeben haben, den ich mit Tom produzierte.

Danke auch an Clare Longrig, Jonathan Shanin, David Wolf, Charlotte Northedge, Ruth Lewy und Melissa Denes, die mir durch das messerscharfe Redigieren dieser Artikel beigebracht haben, wie man schreibt.

Allen, die die frühen Fassungen durchgesehen haben: Rick

Adams, Ed Reed und Elizabeth Day. Und Stig Abell, der mir als Erster geraten hatte, doch ein Buch zu schreiben.

Laura Solon und Dan Pursey in Los Angeles und Olivia Solon und Stu Wood in San Francisco, die mich durchgefüttert, mit Kaffee versorgt und in ihren Gästezimmern beherbergt haben.

Meinen Eltern David und Manou und meinen Schwestern Susanna, Nicole und Julie. Wo soll ich anfangen? Ich bin so froh, dass ich euch habe.

Anna Kehayova, die dafür gesorgt hat, dass mein Leben nicht aus den Fugen geriet, während ich dieses Buch schrieb. Dafür kann ich gar nicht genug danken.

Meinen Kindern, die sich im Großen und Ganzen aus meinem Schlafzimmer fernhielten, wenn ich dort saß und schrieb. Eines Tages werdet ihr alt genug sein. Dann kann ich euch sagen, wie das Buch heißt, das ich euch gewidmet habe.

Scot, meinem Partner in allem und dem intelligentesten Menschen, den ich kenne.

Der allergrößte Dank gebührt aber Corrie Bramley, der ich so viel schulde. Ohne sie wären alle Seiten dieses Buches leer geblieben.

Anmerkungen

Erstes Kapitel: »Hier wird gezaubert.«
1. https://sexevangelist.me/what-is-sextech-and-how-is-the-industry-worth-30-6-billion-developing-d5f0a61e31d6 laut Unternehmer und Investor Tristan Pollock nach dem Besuch von 500 Start-ups
2. https://today.yougov.com/topics/lifestyle/articles-reports/2017/10/02/1-4-men-would-consider-having-sex-robot
3. https://www.researchgate.net/publication/316176303_Influences_on_the_Intention_to_Buy_a_Sex_Robot

Zweites Kapitel: »Die Illusion von Gesellschaft«
1. Bei Menschen, die sich mit Sexrobotern befassen, gehört diese Idee inzwischen schon zum Standard. Mehr dazu finden Sie in *Love and Sex with Robots* von David Levy und *Turned On* von Kate Devlin.
2. In *Turned On* beleuchtet Kate Devlin diese Geschichte und ihre Vorgeschichte sehr ausführlich und unterhaltsam.
3. http://www.foxnews.com/tech/2010/01/11/worlds-life-size-robot-girlfriend.html
4. https://www.telegraph.co.uk/news/newstopics/howaboutthat/6963383/Foxy-Roxxxy-worlds-first-sex-robot-can-talk-about-football.html
5. https://spectrum.ieee.org/robotics/humanoids/redhot-robots
6. https://abcnews.go.com/Technology/CES/high-tech-sex-porn-flirts-cutting-edge/story?id=9511040
7. http://edition.cnn.com/2010/TECH/02/01/sex.robot/index.html
8. https://www.nytimes.com/2017/07/17/opinion/sex-robots-consent.html
9. https://www.thetimes.co.uk/article/a-sinister-development-in-sexbots-and-a-strong-case-for-criminalisation-qxxxjkmsl

Drittes Kapitel: »Der Roboter spürt nichts«
1. https://fortune.com/2016/02/24/robotics-market-multi-billion-boom/
2. https://www.nytimes.com/2018/05/02/opinion/incels-sex-robots-redistribution.html
3. https://www.spectator.co.uk/2018/05/heres-what-every-incel-needs-a-sex-robot/

4. Sergio Santos und Javier Vazquez, *The Samantha Project: a Modular Architecture for Modeling Transitions in Human Emotions*. International Robotics & Automation Journal, Band 3 Ausgabe 2, 2574-8092, 2017.

Viertes Kapitel: »Hier stehen alle unsere Beziehungen auf dem Spiel«
1. https://www.thetimes.co.uk/article/i-have-other-men-he-has-other-women-were-both-happy-29wkdjd99
2. Noch viel mehr ins Detail geht Kate Devlin in ihrem Buch *Turned On* über die Vergangenheit, Gegenwart und Zukunft der Sex-Tech aus wissenschaftlicher Perspektive. Sehr lesenswert.
3. Steht so in ihrem Buch.

Fünftes Kapitel: Rinderwahnsinn
1. OECD (2018), Meat consumption (indicator). doi: 10.1787/fa290fd0-en (aufgerufen am 21. November 2018).
2. http://www.beefusa.org/beefindustrystatistics.aspx
3. Ich habe hier ein bisschen kreativ gerechnet, aber richtig, wie ich glaube. Aus 13 Milliarden Kilo werden 100 Milliarden Viertelpfünder, die jeweils rund 1,7 Zentimeter dick sind. Bis zum Mond sind es 38,43 Milliarden Zentimeter.
4. https://www.ciwf.org.uk/media/3640540/ciwf_strategic_plan_20132017.pdf
5. http://www.fao.org/news/story/en/item/197623/icode/
6. https://www.grain.org/article/entries/5825-big-meat-and-dairy-s-supersized-climate-footprint
7. https://josephpoore.com/Science%20360%206392%20987%20-%20Accepted%20Manuscript.pdf
8. http://www.worldwatch.org/files/pdf/Livestock%20and%20Climate%20Change.pdf
9. http://english.cas.cn/newsroom/news/201507/t20150715_150362.shtml
10. https://www.fda.gov/downloads/forindustry/userfees/animaldruguserfeeactadufa/ucm588085.pdf
11. http://www.who.int/news-room/fact-sheets/detail/antimicrobial-resistance
12. https://amr-review.org/sites/default/files/160525_Final%20paper_with%20cover.pdf
13. http://iopscience.iop.org/article/10.1088/1748-9326/11/10/105002/pdf
14. https://academic.oup.com/bioscience/article/54/10/909/230205
15. Dabei wurde eine Zahl von 15 Litern pro Minute zugrunde gelegt, die für die Durchschnittsdusche angemessen scheint.
16. https://waterfootprint.org/media/downloads/Report-48-WaterFootprint-AnimalProducts-Vol1_1.pdf

17. https://www.researchgate.net/profile/Suzie_Greenhalgh/publication/285775211_Eutrophication_and_hypoxia_in_coastal_areas_a_global_assessment_of_the_state_of_knowledge/links/5679c00e08ae361c2f67f4d8/Eutrophication-and-hypoxia-in-coastal-areas-a-global-assessment-of-the-state-of-knowledge.pdf
18. http://www.fao.org/animal-production/en/
19. https://ourworldindata.org/co2-and-other-greenhouse-gas-emissions
20. https://josephpoore.com/Science%20360%206392%20987%20-%20Accepted%20Manuscript.pdf
21. https://www.meatinstitute.org/index.php?ht=display/ReleaseDetails/i/122621/pid/287
22. https://www.vegansociety.com/news/media/statistics

Sechstes Kapitel: Die Veganer, denen Fleisch über alles geht

1. Diese Zahl stammt von Josh Tetrick persönlich, doch wie Sie gleich sehen werden, ist alles, was er sagt, mit Vorsicht zu genießen.
2. http://uk.businessinsider.com/hampton-creek-ceo-complaints-2015-7?r=US&IR=T
3. https://www.bloomberg.com/news/articles/2016-08-04/food-startup-ran-undercover-project-to-buy-up-its-own-products
4. Mark Post schätzt den Bedarf auf 50 Liter.

Siebtes Kapitel: Fisch auf dem Trockenen

1. http://www.fao.org/3/i9540en/I9540EN.pdf
2. http://advances.sciencemag.org/content/4/8/eaar3279
3. https://www.sciencedirect.com/science/article/pii/S0308597X09000050
4. https://www.who.int/nutrition/topics/3_foodconsumption/en/index5.html
5. Nämlich Danny Fortson von der *Sunday Times*, im Podcast Danny in the Valley, https://player.fm/series/danny-in-the-valley/finless-foods-mike-selden-we-brew-fish-meat
6. https://www.theguardian.com/uk/2006/may/12/animalwelfare.topstories3
7. https://www.vegansociety.com/whats-new/news/vitro-meat-distraction-veganism

Achtes Kapitel: Nachgeschmack

1. https://www.nytimes.com/2008/05/13/science/13coat.html
2. https://www.latimes.com/opinion/op-ed/la-oe-friedrich-ivmeat-20180725-story.html
3. https://pubs.acs.org/doi/ipdf/10.1021/acs.est.5b01614

4. https://pubs.acs.org/doi/abs/10.1021/es200130u
5. https://link.springer.com/article/10.1007%2Fs11367-015-0931-6
6. https://www.sciencedirect.com/science/article/pii/S2211912417300056
7. https://www.sciencedirect.com/science/article/pii/S0924224417303400?via%3Dihub

Neuntes Kapitel: Das Geschäft mit der Schwangerschaft

1. https://www.equalityhumanrights.com/en/managing-pregnancy-and-maternity-workplace/pregnancy-and-maternity-discrimination-research-findings
2. http://www.nationalpartnership.org/our-work/resources/workplace/pregnancy-discrimination/by-the-numbers-women-continue-to-face-pregnancy-discrimination-in-the-workplace.pdf
3. (1. Mose 16,2-4)
4. https://books.google.co.uk/books?id=e6fGBAAAQBAJ&pg=PA383&lpg=PA383&dq=%22It+has+been+twenty-five+years+since+Professor+Pancoast-+performed+the+first+artificial+impregnation+of+a+woman%22&source=bl&ots=8qm4WdgCHv&sig=ACfU3U0UW6zrv0Xn6O8yZ4NfGv9Hy-aJHGw&hl=en&sa=X&ved=2ahUKEwibiObO_OXhAhVOThUIHctt-DwYQ6AEwAHoECAEQAQ#v=onepage&q=%22It%20has%20been%20twenty-five%20years%20since%20Professor%20Pancoast%20performed%20the%20first%20artificial%20impregnation%20of%20a%20woman%22&f=false
5. https://www.nytimes.com/2014/07/06/us/foreign-couples-heading-to-america-for-surrogate-pregnancies.html
6. https://www.bbc.co.uk/news/world-46430250
7. https://www.courthousenews.com/surrogate-mothers-attempt-to-regain-her-children-fails-in-ninth-circuit/
8. https://lucaslaw.blog/
9. https://www.abc.net.au/news/2016-04-14/baby-gammy-twin-must-remain-with-family-wa-court-rules/7326196
10. https://www.bbc.co.uk/news/world-europe-42845602
11. http://www.europarl.europa.eu/doceo/document/P-8-2016-005909_EN.html?redirect

Zehntes Kapitel: Der Baby-Beutel

1. https://www.nature.com/articles/ncomms15112
2. https://www.reuters.com/article/us-health-preemies-survival-impairments/survival-rates-for-extremely-preterm-babies-improving-in-u-s-idUSKBN15U2SA

Anmerkungen

3. https://jamanetwork.com/journals/jama/fullarticle/2434683
4. https://www.bmj.com/content/345/bmj.e7961
5. March of Dimes, The Partnership for Maternal, Newborn & Child Health, Save the Children, World Health Organization. Born Too Soon: The Global Action Report on Preterm Birth (WHO Publications, 2012).
6. https://www.bmj.com/content/345/bmj.e7976
7. Aus: EVE Therapy FAQ.
8. http://bactra.org/Daedalus.html
9. https://sourcebooks.fordham.edu/pwh/glf-london.asp
10. https://www.nature.com/articles/ncb3347
11. https://www.nature.com/news/embryology-policy-revisit-the-14-day-rule-1.19838#/agreement

Elftes Kapitel: Die unbefleckte Schwangerschaft

1. Diesen Begriff prägten Scott Gelfand und John Shook 2006, https://www.amazon.com/Ectogenesis-Artificial-Technology-Reproduction-Inquiry/dp/9042020814
2. https://www.dailymail.co.uk/news/article-2424063/Academic-claims-doctors-nurses-dont-need-compassion-patients.html
3. https://www.bbc.co.uk/news/health-46438396
4. https://www.theguardian.com/science/2018/oct/14/scientists-create-sperm-eggs-using-skin-cells-fertility-ethical-questions
5. https://www.refinery29.com/en-gb/trans-woman-motherhood

Zwölftes Kapitel: »Endlich. Frauen sind überholt«

1. http://projectprevention.org/statistics/
2. https://www.al.com/news/2015/09/when_the_womb_is_a_crime_scene.html
3. https://www.ncbi.nlm.nih.gov/pmc/articles/PMC3150504/
4. https://www.telegraph.co.uk/news/uknews/law-and-order/10486452/Child-taken-from-womb-by-caesarean-then-put-into-care.html https://www.telegraph.co.uk/comment/columnists/christopherbooker/10485281/Baby-forcibly-removed-by-caesarean-and-taken-into-care.html
5. https://translate.google.com/translate?hl=en&sl=auto&tl=en&u=https%3A%2F%2Fwww.tv2.no%2Fnyheter%2F8219203%2F
6. http://sciencenordic.com/protests-mount-against-norwegian-child-welfare-service
7. https://www.bbc.co.uk/news/magazine-36026458

Dreizehntes Kapitel: Der Do-it-yourself-Tod
1. https://www.dignityindying.org.uk/news/poll-assisted-dying-support-84-britons/
2. Diese Zahlen stammen aus den US-Landesstatistiken, zitiert von Atul Gawande in *Being Mortal* [dt. erschienen: *Sterblich sein*, Fischer Taschenbuch, 2017 – A.d.Ü.], als Lesestoff ein absolutes Muss für jeden, der begreifen will, wie die Technik die Bedeutung des Todes verändert hat.

Vierzehntes Kapitel: »Der Elon Musk der Sterbehilfe«
1. https://www.nytimes.com/1990/06/06/us/doctor-tells-of-first-death-using-his-suicide-device.html
2. https://academic.oup.com/gerontologist/article/41/4/439/600708
3. Das stammt zu großen Teilen aus Arbeiten der Detroit Free Press, hier der Verweis: http://www.patientsrightscouncil.org/site/wp-content/uploads/2011/07/Update_2011_3.pdf
4. https://www.smh.com.au/national/nitschke-launches-50-death-machine-20031118-gdhss2.html
5. https://www.telegraph.co.uk/theatre/what-to-see/edinburgh-2015-dr-death/
6. https://www.smh.com.au/entertainment/comedy/melbourne-international-comedy-festival-review-no-one-dying-of-laughter-in-philip-nitschkes-dicing-with-death-20160404-gny6oz.html
7. https://www.newsweek.com/elon-musk-assisted-suicide-machine-727874

Fünfzehntes Kapitel: »Das Mittel zum Sterben«
1. https://www.huffpost.com/entry/sarco-death-philip-nitschke_n_5abbb574e-4b03e2a5c7853ca
2. https://www.vice.com/en_uk/article/5979qd/sarco-euthanasia-machine-philip-nitschke
3. http://www.vrdiscovery.com/scifimed/MonkStry.pdf
4. https://www.gelderlander.nl/home/noa-16-uit-arnhem-is-nu-al-klaar-met-haar-verwoeste-leven~a01a7bd1/
5. https://www.peacefulpillhandbook.com/the-death-of-noa-pothoven/
6. https://jech.bmj.com/content/57/4/238.full
7. https://journals.plos.org/plosone/article?id=10.1371/journal.pone.0191405
8. https://www.bionews.org.uk/page_145518
9. https://www.gfi.org/cultivatedmeat
10. https://www.ft.com/content/df314088-8b91-11e9-a24d-b42f641eca37
11. https://academic.oup.com/gerontologist/article/41/4/439/600708

12. http://theconversation.com/we-need-to-address-questions-of-gender-in-assisted-dying-85892
13. https://www.ncbi.nlm.nih.gov/pmc/articles/PMC5920154/

Um die ganze Welt des
GOLDMANN-*Sachbuch*-Programms
kennenzulernen, besuchen Sie uns doch
im Internet unter:

www.goldmann-verlag.de

Dort können Sie
nach weiteren interessanten Büchern **stöbern**,
Näheres über unsere **Autoren** erfahren,
in **Leseproben** blättern, alle **Termine** zu Lesungen und
Events finden und den **Newsletter** mit interessanten
Neuigkeiten, Gewinnspielen etc. abonnieren.

Ein *Gesamtverzeichnis* aller Goldmann Bücher finden Sie dort ebenfalls.

Sehen Sie sich auch unsere *Videos* auf YouTube an und werden Sie ein *Facebook*-Fan des Goldmann Verlags!

www.goldmann-verlag.de
www.facebook.com/goldmannverlag